U0913808

《抗战文化研究》编委会

主　任：杨　义（中国社会科学院）

副主任：李建平（广西抗战文化研究会、广西社会科学院）

　　　　张中良（中国社会科学院）

委　员：(以姓氏笔画为序)

　　　　王培元（人民文学出版社）

　　　　邓正兵（江汉大学）

　　　　刘增杰（河南大学）

　　　　李光荣（西南民族大学）

　　　　张凤琦（重庆市社会科学院）

　　　　张　泉（北京市社会科学院）

　　　　陈青生（上海市社会科学院）

　　　　金惠俊（韩国釜山大学）

　　　　郝明工（重庆师范大学）

　　　　逄增玉（东北师范大学）

　　　　钱理群（北京大学）

　　　　黄万华（山东大学）

　　　　黄伟林（广西师范大学）

　　　　章绍嗣（中南民族大学）

　　　　傅光明（中国现代文学馆）

【第七辑】

KANGZHAN WENHUA YANJIU

抗战文化研究

李建平 张中良 /主编

广西抗战文化研究会
广西社会科学院文史研究所 /选编

GUANGXI NORMAL UNIVERSITY PRESS
广西师范大学出版社
·桂林·

图书在版编目（CIP）数据

抗战文化研究. 第 7 辑 / 李建平，张中良主编.
桂林：广西师范大学出版社，2013.11
ISBN 978-7-5495-4714-2

Ⅰ. ①抗… Ⅱ. ①李…②张… Ⅲ. ①抗日战争—文化史—研究—中国 Ⅳ. ①K265.03

中国版本图书馆 CIP 数据核字（2013）第 280139 号

广西师范大学出版社出版发行
（广西桂林市中华路 22 号 邮政编码：541001
网址：http://www.bbtpress.com）
出版人：何林夏
全国新华书店经销
桂林日报印刷厂印刷
（广西桂林市八桂路 2 号 邮政编码：541001）
开本：720 mm × 960 mm 1/16
印张：21.5 字数：360 千字
2013 年 11 月第 1 版 2013 年 11 月第 1 次印刷
印数：0 001～1 600 册 定价：48.00 元

如发现印装质量问题，影响阅读，请与印刷厂联系调换。

承蒙
广西社会科学院资助出版
特此鸣谢

目 录

历史当代性研究

思潮与运动

人物研究

文本论析

抗战艺术研究

书评与史料

研究档案库

作者·编者·读者

资讯

★ 历史当代性研究

从史实看台湾殖民统治肯定论之虚妄

杨红英

[摘　要]20 世纪 80 年代台湾出现肯定日本殖民统治的台独论述，迄今犹有余绪。但考察日本在台的五十年同化政策，不难发现其用语言、思想、日常生活等方面的同化去掩盖其政治排斥、经济榨取、民族歧视的实质。厘清这一段史实，任何台湾殖民统治的肯定论、美化论都将被证明是政治操弄下的虚妄建构。

[关键词]同化；台独论述；台湾殖民统治肯定论

台湾在战后经过国民党的接收后，施行了冷战体制下的威权统治，这引发了反对国民党专政的党外民主运动，以日本和美国为大本营的海外台独运动是其最为激进的表现。但随着国际情势的变化，尤其是 20 世纪 70 年代台湾退出联合国，美日与中华人民共和国建交，国民党渐渐开放党禁，解除戒严，逐步实现了政权的本土化与民主化，台独运动的反抗焦点逐渐模糊。所以自 80 年代以来出现了一种新的台独论述，如 1983 年杨碧川在《深耕》杂志第 8 期上发表《后藤新平——台湾现代化的奠基者》、1997 年李登辉时代的准教科书《认识台湾》、殖民时代怀旧风的兴起与日本右翼司马辽太郎的《台湾纪行》、日本“新历史教科书编撰会”对战前日本在亚洲各地的殖民地统治的重新思考、2000 年小林善纪的漫画《台湾论》可以说同声相应，其核心即是对日本殖民统治的肯定，迄今犹有余绪。这一“归心”“所向”，很容易让人联想到日据时期日本在台的同化殖民统治，是其同化政策的开花结果，但回到历史现场，将不难发现“独派”此一政治操弄背后的真实面目。

一、同化主义

日本著名的自由主义知识分子、殖民政策研究专家矢内原忠雄在《殖民与殖民政策》一书中,根据殖民地统治之方针,将世界殖民政策区分为从属主义(Subordinationism)、同化主义(Assimilationist)与自治主义(Autonomism)三类。从属主义系指在殖民地统治上,对于殖民地自体利益的否定,一切悉基于殖民"母"国之利益,殖民地与殖民地人不过是其统治权力支配的客体。因此,不承认殖民地人民之参政权,所谓法制只是由统治者依其本身需要而制定;殖民地人民的生存与利益(并非权利),只有在不妨碍乃至于有利于其榨取之条件下,才会被"慈善"地赐予。同化主义系以对殖民地人民施行法制、风俗、习惯以至语言之同化,在法律及政治上则赋予殖民地人民与其殖民母国人相同的自由、权利与地位,因此,殖民地人民得以产生代表参与殖民"母国"之议会。自治主义则为尊重殖民地人民之固有法制、风俗、习惯、语文等,尊重殖民地人民之政治权利与自由意志,在立法上,殖民地人民可以产生自己的议会,选择自己所需要的法制。① 综观日本在台的殖民政策,从第一任学务部长开始垫下同化的基调,虽然"以生物学原则"统治台湾的后藤新平较多从获得殖民利益的角度实行从属主义式的统治,但对同化政策也有一定的继承——他曾强调台湾教育始终不渝之目的为"国语(日语)"普及,而普及"国语"作为台湾教育之根本的理由在于:第一,作为沟通用语;第二,作为发展文化必备之工具;第三,作为同化之必要手段。在其民政长官任内的 1898 年,后藤新平开始在台湾设立公学校。第一任文官总督上台后,一系列改革措施所标榜的即是内地延长的同化主义,到二战期间皇民化政策更使同化行为走向激狂。可以说同化是日本殖民者一直高扬的公开论调,企图通过有自身特色的同化主义为其殖民统治寻找正当性与合法性。

同化主义,本是日本借鉴自法国的一种殖民政策。法国人用他们自大革命以来所坚信的自由平等博爱的观点来观照其殖民地,认为不能把法国的海外领地看成是法国的附属国,而应该当成是法兰西共和国的一个组成部分,从而壮大法兰西。这种同化理论来自一种文化自信,他们认为法国所创造的文明是最优秀的文明,法国人应该把法兰西文明传播到世界各地,因而主张殖民地与法国在政治、经济上保持一致,土著居民应通过受教育而接受法兰西文化,最终自然同化为法国公民。② 同化主义主要以 1878—1895 年法国对阿尔

---

① 黄静嘉:《春帆楼下晚涛急——日本对台湾的殖民统治及其影响》,北京:商务印书馆,2003 年,第 54 页。

② 高岱、郑家馨:《殖民主义史(总论卷)》,北京:北京大学出版社,2003 年,第 219—220 页。

及利亚的统治为代表。法国政府为在西非推行同化政策，在1912年制定了《入籍法》。该法令规定：凡出生在法属西非、能效忠于法国或任公职10年以上、能阅读或书写法文、拥有生活资料、具有良好品质者可获得法国的公民权。[①] 究其实，同化主义的根本逻辑即在线性进步史观的基础上建立宗主国与殖民地的先进/落后、文明/野蛮的二元模式，这一模式使其同化过程中的歧视成为必然，利益侵占变得合法，更造成了殖民地人民在民族、文化认同上的迷乱与伤痛，这也正是后殖民批评先驱法侬(Frantz Fanon)所揭示的"去殖民化"的重要动力与意义。

虽然这种同化政策理论上提倡应尽量避免使用暴力、杀戮的手段，通过实施现代教育、鼓励通婚等措施对殖民地人民进行精神、思想和血缘的同质化和民族融合，让他们融入统治者的社会价值体系中，符合西方自启蒙运动以来对现代普世价值的乐观与自信，但这一理论无视殖民地现实社会的特殊性存在，抹杀原地住民的文化习俗，破坏殖民地的自然成长，容易引起原住民的反抗并会让殖民地统治陷于困难的一面，也越来越受到人们的关注。在1889年殖民地会议中，法国社会学家黎朋从民族心理学的角度出发，对同化主义做出强烈的批判。之后一连串的反同化思想相继出现，为此连当时主导殖民地同化主义统治的法国都不得不转换其统治方针。而且黎朋的反同化思想在明治后期被导入日本，广泛地受到日本各界学者、政治家，例如后藤新平、东乡宾等台湾总督府官僚之欢迎，并投射在这些人的统治思考上。[②] 1900年在巴黎万国博览会所召开的国际殖民地社会学会议中，荷兰及阿尔及利亚的代表纷纷发表了意味着宣告同化主义破产的宣言。与会各国代表强调与"原住民社会做调和"的主张，否定同化政策实施的适当性。经由这次会议，全世界殖民地统治潮流逐渐转向自治主义。伴随着这种转向，同化教育不但被认为统治成本高昂，也违反世界道德观与文化观，容易造成社会的动乱，因而陆续被统治者放弃。取而代之的，便是以实施农务劳动、手工业生产为主流的实务性教育。

矢内原忠雄考察了三种殖民政策出现的时间，从属主义对应的是重商主义的发展，在17、18世纪达到最高峰；同化主义则出现于19世纪晚期的帝国

---

① 高岱、郑家馨：《殖民主义史(总论卷)》，第220页。

② 陈培丰：《"同化"の同床异梦——日治时期台湾的语言政策、近代化与认同》，王兴安、凤气至纯平译，台北：麦田出版社，2006年，第128—129页。

主义时期;自治主义出现在20世纪初。所以他认为,同化政策是比自治主义更为落后的一种殖民政策[①],从历史的角度来看,是一种过时的、不符合时代潮流的殖民政策,因而对之有较多的批评。尽管如此,日本还是逆势而动,在台湾实行了由渐进到激进的同化殖民统治。

二、日本在台的同化政策

日本在台湾的殖民统治大致以1919年第一任文官总督田健治郎上台后实行了一系列的改革为标志,分为前后两期。前期在行政体制上实行总督制,总督集立法、司法、行政、军事等诸大权于一身,1896年制定并于同年4月1日起施行直至1906年12月31日的"六三法"和1906年制定翌年1月1日起执行直至1921年12月31的"三一法"是总督专制政治的法律依据,而"三一法"是"六三法"的延续,殖民地台湾的立法委托总督行使的本质并无改变。经过26年的殖民统治,日本已初步在台建立了统治秩序,同时为了因应"一战"后风起云涌的民族民主运动以及台湾岛内强烈要求撤废"六三法"的请愿运动,日本于1921年12月31日结束了台湾律令立法原则,实行"法三号",改采敕令立法为原则,即将日本本土之法律的全部或一部分在必要时以天皇敕裁之敕令施行于台湾,这是殖民者在立法上强调"内地延长主义"的体现,企图让殖民地人民相信他们将逐渐获得与殖民母国人民相等的法律地位。

在教育上推行"国语"同化教育。"国语"教育的倡导者伊泽修二是日据时期总督府的首任学务部长,虽然在任只有短短两年,但对台湾殖民地教育史产生了重要影响。鉴于西方殖民国家往往是右手拿手枪,左手拿《圣经》以完成殖民地的征服过程,基督教在殖民过程中发挥了重要作用,对于并没有基督教信仰\儒释道传统文化根深蒂固的台湾社会,用什么来征服台湾人的精神,使其人民日本化,伊泽认为最好的武器是日本天皇制的精神、伦理,即日本的国体。而且伊泽修二不顾明治政府的殖民顾问克林伍德以及传教士巴克礼的劝说,坚持用日语——被称为日本人的精神血液的"国语"作为教学工具,推广"国语"。通过"国语"教育向台湾人灌输日本天皇制的精神、伦理,使他们完全同化为日本人是伊泽的教育理想。日本人在台湾的殖民教育经过了三阶段:1895—1921年,教育机构逐步完备,日台人教育实施分而治之的双轨制,此为创始期;1922—1941年,基本建立了完整的教育体系,中等以上学校实施日台

---

① 荆子馨:《成为日本人——殖民地台湾与认同政治》,台北:麦田出版社2006年,第141页。

人共学制，此为发展期；1941—1945 年，随着公小学校区别的取消和义务教育制度的实施，近代化教育体制已在台湾形成，此为成熟期。[①] 据统计，日据时期台湾地区小学以上文化程度者 1922 年为 29.2%，1935 年 41.5%，1943 年为 65.8%，[②]相对于同时期的祖国大陆和东南亚国家，这个初等教育水平算是相当高的。

除了在立法上体现"内地延长主义"的同化政策和通过"国语"教育对台湾人进行语言和思想的同化外，日常生活也是日本实行同化的重要方面，认为"通过日常生活的充分日本化，来首先体会日本人的心境，然后在不知不觉中感受皇民意识，并达到一定境界。促使台湾人民改变信仰观念，转而纪念日本东洋式的祖灵崇奉和立国开物本源观念，是引导本岛人（台湾人）精神上日本化"[③]的重要手段。为此，日本殖民者大力鼓吹参拜神社，要求人民在经过神社的时候脱帽敬礼，并作为一项公民义务来执行。同时，还常常以给予拜神社者种种优等措施来吸引台湾人参加。到了皇民化运动时期，更强制推行寺庙整理政策，将台湾民间信仰神像收集焚毁，称为"诸神升天"，不许再兴奉祀，进一步强化神社参拜活动。鼓励通婚也是殖民者的同化措施之一，通过婚姻生活培养共同的观念和习惯，并达到血缘融合浑一。1920 年，总督府通知各地方官员积极受理日台人通婚案；1921 年，修改户籍法第 40 号，广开通婚之路；1933 年更颁布实施细则，大力予以推动，谋求一次达成"内台融合浑一"。此外，在婚丧葬祭等方面，也极力推行东洋式礼仪，并要求日常起居中穿日本和服，使用日式风吕（澡盆）等等。

三、同化的现实与悖论

按照同化主义的理想，亦即日人所谓"内地延长主义"原则，经过同化后，殖民者应在法律及政治上赋予殖民地人民与其殖民母国人相同的自由、权力与地位，如殖民地人民可以选举代表参与殖民"母国"之议会等，殖民地人民与殖民母国人之间也应是平等的帝国公民。但是，考之日据时期的台湾史，日本殖民者利用同化的虚妄愿景，制定种种政策保持殖民者对被殖民者的优越性，

① 陈小冲：《日本殖民统治台湾五十年史》，北京：社会科学文献出版社，2005 年，第 307 页。

② 赖建成：《日据时期台湾的合作经济制度——一九一三至一九四五》，《清华学报》，1988 年，第 18(2)卷：第 345—364 页。

③ 白井朝吉：《台湾皇民化诸问题》，《台湾时报》，1940 年 1 月 6 日。

保障其在台湾的统治地位以及获取最大的殖民利益，促进殖民母国的工业化，壮大其实力。

除此殖民利益的考量，同化政策对近代日本引以为傲的国体论也构成了潜在的矛盾与威胁。宣扬“君民同祖”、“万世一系”、“忠君爱国”的国体论，是建立在大和单一民族基础上的拟血缘制之国家观，这种国体论是明治新政府的缔造者们用以发挥像西方基督教那样统合民心作用的天皇信仰，它在打破传统士农工商的等级制度、凝聚统合民心、整合国家建立现代日本过程中曾发挥了重要作用，因此日本人对之抱有不亚于宗教信仰的狂热。而同化政策的最终目标是将文化落后的异民族同化为大和民族，这对于“万邦无比”“金瓯无欠”的优越国体无疑是一个潜在的威胁。所以虽然日本殖民者汲汲于从语言、思想、日常生活等方面对台湾人民实施同化政策，但从未停止过对台湾人民的政治排斥、经济榨取、民族歧视，在此基础上形成的殖民体制是一种日本学者驹込武所谓“在‘国家统合’(法政制度方面)的层次上排除台湾人，而在‘文化统合’(文教思想方面)的层次上却标榜容纳台湾人的矛盾架构”。[①] 这可以从以下几个方面得到证明：

首先，从立法来看，虽然自 1922 年台湾立法改律令立法为敕令立法，让日本本土法律实施于台湾，但实际上，“所有的法律均由殖民地统治者(殖民地总督以至日本内阁中央)专断制定，而各种法制均具有对殖民地人民之民族歧视、凌虐以至横暴的特色。殖民地人民不仅对于整个殖民地统治上从未享有丝毫立法权，纵当其施行所谓地方自治制之时期，在其地方公共团体事务上，亦不享有实质的自治权”。[②]

其次从教育来看，日人虽然极力推行“国语”教育，使台湾的初等教育达到一定的水平，但其教育政策却隐含着对殖民地人民的压迫与歧视。表现在教育资源的利用上，是专收日本儿童的小学校在师资、教学设备等教育经费的投入方面远远优于专收台湾儿童的公学校(这种双轨制小学教育一直实行到 1944 年)，教学内容的深浅难易程度也有很大差别，而中学入学考试以日本小学校为标准，这使台湾学生在升学考试中处于极为不利的条件，用殖民地人民脂膏所建立的较高教育机关在相当长的时期中，甚至是以日本本土招生为其

---

① 陈培丰:《“同化”の同床异梦——日治时期台湾的语言政策、近代化与认同》，王兴安、凤气至纯平译，第 20 页。

② 黄静嘉:《春帆楼下晚涛急——日本对台湾的殖民统治及其影响》，第 328 页。

主要学生来源。其次，从殖民者的教育侧重点来看，主要发展殖民地的"国语"教育、初等教育和实业教育，而对有力提升文明程度的普通中高等教育却一再限制，其主要目的显然是培养中下级技术人才，以利于殖民榨取机关的运作。日人的主张，"将来台湾土人教育之至当措置为，以产业上之技能教育为主，低度之普通教育为从，尽可能不施高度之普通教育"[①]即是一个明证。所以表面上向全岛人开放的教育体制，实质上是殖民者独占中高等教育资源，实现和保障其在政治、经济、文化上对台湾人的优势的工具。据资料显示，总人口恒为日人 15 倍的本岛人，在昭和十九年（1944 年）台北帝国大学学生 357 人中，本岛人仅 85 人，其中 80 人为医学部学生，文政学部 2 人，理农学部 1 人，工学部 2 人。而同年日人中学生为 7888 人，本岛人为 7230 人，由投考人与录取者之比率看，本岛人进入中学的机会，远低于在台日人，即日人录取之比率为 61.9%，而本岛人录取之比率仅 18.7%。[②]

再次，从行政体制来看，有许多台湾人经过大学、留学教育已具备很高的治理才能却被长期排斥在公教等行政管理体制之外，昭和二十年（1945 年）战争及殖民地统制结束时，经历了战争中屡次"开放"的结果，在敕任官 167 人中，[③]本岛人只有一个，且为与行政无关的医学博士杜聪明；奏任官 2120 人，本岛人只 29 人，且绝大多数为技术人员；判任官 21798 人中，本岛人则占 3726 人，也只为总数的 17%。日本人不仅独占了高级官吏，并依"法"享受特别加俸（较同级本岛人高 50—60%）外，并且所有的同业组合、公共埤圳、农会、水利组合、街庄长等，均为日本人（主要为退职官吏）所占据。在日本本土须依自治选举负责人的各级团体，在台湾法律上则多由官派。[④]

最后，从经济来看，经过殖民者长期的掠夺，台湾经济完全被殖民地化，一方面在结构上受制于以米、糖为中心单一作物生产形态的张力控制，不可避免地出现一种特殊偏颇现象；另一方面从阶级来看，本地资本势力由于遭到强大

---

① 吴宓察：《从日本殖民地教育制度发展看台北帝国大学的设立》，吴宓察《台湾近代史研究》，台北：稻乡出版社，1990 年，第 160 页。

② 黄静嘉：《春帆楼下晚涛急——日本对台湾的殖民统治及其影响》，第 330 页。

③ 在台湾，总督为亲任官，民政长官为高等官，各局长、州知事等多为敕任，地方厅长、州部长等为奏任，总督府本部的官补、技手、大学助教授及地方的警部等均为判任官。总督依法直接处置判任以下之官员。但对奏任以上的官员任免，须由各主管大臣上呈报批。然而，在实际运作中，由于总督是殖民地的现地长官，有关各级官员的任用大多得尊重总督的建议。

④ 黄静嘉：《春帆楼下晚涛急——日本对台湾的殖民统治及其影响》，第 329 页。

的压迫而日趋衰落。[①] 据统计,1929 年台湾各种公司之资本额,日人资本占 76.46%,台人资本占 21.89%,各种企业之总投资额中,日人资本占 78.4%,台人资本占 19.81%。在工业资本中,日人资本占 90.73%,台人占 8.44%。而在股份有限公司中,以 1941 年为例,实收资本 20 万日元至 500 万日元的较小企业中,日人资本占 72.7%,台人资本占 25.5%,实收资本在 500 万日元以上的大企业中,日人资本占 96.9%,台人资本占 2.8%。[②] 而且,正是通过"工业日本、农业台湾"的模式,通过对殖民地农业的剥削,日本工业化进展才能顺利达成。[③]

综上所述,即使是在同化最为激狂,急于将台湾绑上日本军国主义战车的皇民化时期,日本殖民者以同化相标榜的殖民政策任然无法掩盖其殖民本性,其对台湾人民的经济掠夺、民族歧视和政治压迫依然照旧,台湾的知识者对此有深刻了解。民族运动家叶荣钟曾经说过,"日人千方百计,想把台湾人同化,其实真正同化,变成十足的日本人,他们也未必一定欢喜。他们只是要台人忘却祖国,而做比他们所谓"母国人"次一等的殖民就是了",而在现实中殖民者所标榜的同化政策与其实际的运作又有着巨大的差距,"他们政府的政策和个人的行为完全背道而驰,但是他们的歧视和欺侮,无疑给台人的祖国观念与民族意识的幼苗,灌输最有效的化学肥料一样,使它滋长茁壮而至于不可动摇。"[④]1914 年的"台湾同化会"在殖民政府的百般阻扰下草草收场,这种同化主义的虚伪性表露无遗。[⑤] 正是在打破了同化的迷思之后,台湾知识分子更加清醒而坚决地走上了近代民族主义运动的道路。而这一觉醒在俄国十月革命胜利,威尔逊民族自决主张,以及朝鲜"三一革命"和大陆五四运动等一系列国际思潮与形势的风雷激荡之下,终于在 1920 年代爆发为蔚为壮观的追求解放自治的文化政治运动,形成台湾民族运动的黄金时代。而从光复之初台湾人民对国军及国民政府的盛情夹道欢迎中,我们可以看到台湾人民对日本殖民统治的清醒认知与其真实的民心所向。正如台湾著名新文学家、盐分地带诗

---

① 涂照彦:《日本帝国主义下的台湾》,李明峻译,台北:人间出版社,2003 年,第 535 页。

② 张汉裕:《日据时期台湾经济之演变》,台湾银行经济研究室编《台湾经济史二集》,台北:台湾银行出版社,1955 年,第 96—97 页。

③ 许介鳞:《日本殖民统治赞美论总批判》,台北:文英堂出版社,2006 年,第 37 页。

④ 叶荣钟:《小屋大车集》,台中:"中央"书局,1977 年,第 24 页。

⑤ 蔡培火、陈逢源、林柏寿、叶荣钟:《台湾民族运动史》,台北:自立晚报社,1983 年,第 14—35 页。

人吴新荣在其庆祝台湾光复的诗歌《祖国军来了》中写道：

旗风飘城市，
鼓声覆天地，
祖国军来了！
来得何迟迟！
半世黑暗夜，
今始见朝曦。

大地欢声高，
同胞义气昂，
祖国军来了！
来得何堂堂！
半世为奴隶，
今而喜欲狂。

自恃皇帝裔，
又矜明朝节，
祖国军来了！
来得何烈烈！
半世破衣冠，
今尚染碧血。①

回到历史现场，认识日本同化政策的实质，我们将不难理解日据时期台湾民族主义运动发生的必然性，也将有利于看清“独派”在国民党政权逐渐本土化和民主化后，反抗焦点模糊之下，寻找新的台独论述，通过殖民统治的肯定论、美化论攻击“统派”以及贬低国民党统治，并寻求日本支援的真实目的，是政治操弄下的虚妄建构。此一论述无视日本统治的殖民本质，从殖民者局部的现代性建设出发全盘肯定殖民统治的做法，犯了严重的以偏概全的逻辑错

① 《1945台湾光复新声——台湾光复诗文集》，曾健民编，台北：INK印刻出版有限公司，2005年，第45—46页。

误,而其潜在的淡化殖民统治的不义与罪过、抹杀殖民地人民抗日记忆的种种不实之处,也是日据时期直接承受殖民统治的屈辱与苦难的台湾人民与日本其他殖民地人民决然无法接受的。

作者简介:

杨红英,女,1976 年 6 月生,四川雅安人,江苏理工学院中文系讲师,文学博士,主要研究方向为台湾文学。

桂林抗战艺术研究缘起及意义

——《桂林抗战艺术史》绪论

李建平

[摘要]桂林抗战艺术主要指自1937年7月7日“卢沟桥事变”爆发至1944年9月桂林大疏散不久即沦陷的这七年时间里，发生在桂林的抗日艺术活动，包括艺术创作、展览、出版、社团、教育、理论研讨、文艺批评、中外交流等。戏剧、美术、音乐、舞蹈是当时活动最为广泛，内容最为丰富，影响最为广大，战斗力量最强的艺术样式。开展桂林抗战艺术研究，是抗战文化研究逐步深入的一种必然。研究其发展过程和发生原因，评价其在战时的作用和对当下文艺发展的启迪意义，分析其蕴含的先进文化内涵，有利于深化抗战文艺理论和学术研究的先进性和当代性，将抗战文化研究推向深入，造就新境。

[关键词]抗日战争；抗战艺术；桂林抗战艺术史

[基金项目]2009年国家社科基金艺术学项目“桂林抗战艺术史”(批准文号:09BA008)阶段性成果(项目负责人:李建平)

一、研究背景和基础

开展桂林抗战艺术研究，是抗战文化研究逐步深入的一种必然。

抗战时期桂林的文艺运动，其活跃程度和重要性不亚于战前的北平、上海。由1937年到1944年，当时先后在桂林活动的作家、艺术家和学者有1000多人，著名艺术家有郭沫若、茅盾、巴金、夏衍、徐悲鸿、田汉、欧阳予倩、艾青、柳亚子、胡愈之、胡风、王鲁彦、艾芜、聂绀弩、宋云彬、黄药眠、范长江、端木蕻良、司马文森、秦牧、秦似、焦菊隐、熊佛西、洪深、凤子、李桦、黄新波、丰子恺、廖冰兄、关山月、张曙、林路、吴晓邦、戴爱莲等；著名学者有陶行知、梁漱溟、马君武、陈望道、沈志远、雷沛鸿、李四光等。许多重要的作品在这里创作，许多重要的剧作在这里首次上演和发表；出版和发行的书刊，在全国堪称第一。著名出版家赵家璧曾说,抗战时期国统区的书刊,有80%是在桂林出版的。[①] 曾任全国人大常委会副委员长的文化名人胡愈之1978年在回忆抗战初期的文化形势时说:"山明水秀的桂林,本来是文化的沙漠,不到几个月时间(指1938年10月到1939年上半年——李建平注)竟成为国民党统治下的大后方的唯一抗日文化中心了。"[②]1944年2—5月举办的西南五省戏剧展览会,更是聚集了南方五省近千名戏剧工作者和文化工作者参加,演出剧目126个,成就了中国现代戏剧史上的空前盛举,影响远至海外。抗战胜利后不久出版的《中国抗战文艺史》评价桂林在战时的文艺地位是"抗战文艺运动的大据点"。[③]

据此可以领会到,开展桂林抗战文艺研究,对中国抗战文艺和文化研究是十分重要和必要的。然而,中国的抗战文艺研究,自1947年蓝海出版《中国抗战文艺史》直到70年代末的长达30年时间里,基本没有进展。1978年12月党的十一届三中全会开启中国改革开放新时期以来,抗战文艺研究才逐步受到重视并兴盛起来。

首先是史料的发掘和整理工作进展很快,出版的成果很多。解放区文艺运动的资料整理工作一直走在前面。有关学者整理出版的成果有《中国解放区文学书系》20卷,《延安文艺丛书》16卷,刘增杰、赵明、王文金等编《抗日战争时期延安及各抗日民主根据地文学运动资料》(上中下三册)等。20世纪90年代中期,重庆出版社和广西教育出版社又先后出版了大型的《抗战时期国统区抗战文学资料丛书》20卷和《中国沦陷区文学大系》7卷,形成了对抗战时期中国三大区域文学资料比较完备的收集和整理。重庆、桂林、昆明、武汉、上海等地的学者对抗战时期各文化中心的资料收集也取得相当大的成效。主要有:四川社会科学院编《抗战时期文艺期刊篇目索引》及其续编,武汉市文艺理论研究室编《武汉文学艺术史料》三辑,上海社会科学院主编《上海孤岛文学资料丛书》,重庆师范学院编《国统区文艺资料丛编》,广西社会科学院文学所等编《抗战时期桂林文化运动资料丛书》7种,李建平编《抗战时期桂林文学活动》、杨益群编《抗战时期桂林美术运动》,魏华龄、李建平主编《抗战时期文化

---

① 赵家璧1947年5月18日在《大公报》(上海版)发表《忆桂林——战时的"出版城"》中说:"(民国)三十年至三十二年桂林被誉为文化城。……抗战期间全国所谓的精神食粮——书,有百分八十由桂林出版供给的,所以说桂林为文化城不如讲出版城更恰当些。当时每天出版的书、期刊在二十种以上,刊物普通销路约近一万份。"

② 胡愈之:《忆长江同志》,载1978年11月23日《人民日报》。

③ 蓝海:《中国抗战文艺史》,转引自《抗战文献类编·文艺卷》(第四册),北京:国家图书馆出版社,2010年,第604页。

名人在桂林》，文天行等编《作家战地访问团史料选编》，苏光文编《抗战文学纪程》，王大明等编《抗战文艺报刊篇目汇编》，文天行等编《中华全国文艺界抗敌协会资料》，等等。大量的资料成果，为深入开展抗战文艺和文化研究奠定了基础。

其次，在学术研究方面，也取得较多成果。1980 年代以后的抗战文艺研究，大体分成四大板块开展：一是以四川和重庆为中心，包括广西、云南、贵州、湖南、湖北等省开展的国统区文艺研究（现一般称作大后方文艺研究）；二是北京、陕西和华北数省开展的以延安文艺运动为重点的解放区文学研究；三是以东北三省为中心、包括北京等地开展的东北和华北沦陷区文艺研究；四是以上海为中心开展的"孤岛"文艺研究。这些研究，在 80、90 年代时取得较大的成果，如大后方文艺研究，四川省在 80 年代初期创办了《抗战文艺研究》期刊，编撰出版《国统区抗战文艺研究论文集》、《国统区抗战文艺运动大事记》以及《国统区抗战文学研究丛书》等，广西出版了《桂林抗战文学史》、《桂林抗战文艺概观》、《桂林抗战文化研究文集》、《桂林抗战文艺词典》等；解放区文艺研究方面出版了《延安文艺研究》杂志和《晋察冀文艺史》、《中国解放区文艺史》、《延安文艺史论稿》等。沦陷区文艺研究方面，东北出版了《东北沦陷时期文学史》，北京出版了《沦陷时期的北京文学八年》等。总体性的研究成果则有肖效钦、钟兴锦的《抗日战争文化史》（中共党史出版社，1992 年）、苏光文的《抗战文学概观》（西南师范大学出版社，1985 年）等。

但是，自 90 年代中期起，一些地区如四川等地的抗战文艺研究停顿了 10 来年，《抗战文艺研究》停刊。就全国整体而言，自 90 年代中期到 2005 的约十年时间里，只有唐正芒等人的《中国西部抗战文化史》（中共党史出版社，2004 年），靳明全等人的《重庆抗战文学论稿》（重庆出版社，2003 年）等为数不多的成果，抗战文艺研究大体属于沉寂状态。

2005 年，在纪念中国抗日战争和世界反法西斯战争胜利 60 周年的氛围中，抗战文艺研究的沉寂局面开始被打破。在史学界关于抗日战争史研究方面取得实质性突破[①]的基础上，抗战文化和文艺研究也有新进展。这一年，有

① 新世纪以来，抗日战争史研究重要的理论突破是胡锦涛主席 2005 年 9 月 3 日在纪念中国人民抗日战争暨世界反法西斯战争胜利 60 周年大会上的讲话。讲话中关于抗日战争的战略力量和中华民族伟大的民族精神的观点，肯定了中国共产党领导的八路军、新四军和国民党所属军队一同构成抗日战争的主体力量，各自在敌后战场和正面战场战斗，共同抗击日本侵略者；肯定了抗战精神是中华民族伟大的民族精神的重要部分。

多本抗战文艺史著作出版。湖南美术出版社出版的《抗日战争美术图史》可谓最为厚重与最有特色的抗战文艺研究成果,王小昆的《桂林抗战音乐文化研究》(大众文艺出版社,2005年)也资料颇丰,对抗战时期桂林音乐活动的整理堪称齐备。民革中央孙中山研究学会重庆分会主编了《重庆抗战文化史》(团结出版社,2005年),该著作综合研究了抗战文化中心——重庆的舆论、思想、文艺、教育以及科学等,深化了重庆抗战文化研究,在中国抗战文化研究领域也颇为重要。此外,张泉的《抗战时期的华北文学》(贵州教育出版社,2005年)、袁小伦的《粤港抗战文化史论稿》(广东人民出版社,2005年),也都提供了新的学术观点。尤其值得一说的是,重庆在升格为直辖市后,更加重视对抗日战争史和抗战文化的学术研究以及对抗战文化遗产的开发,成立了中国抗战大后方历史文化研究中心、文献中心和档案中心,并规划了出版100卷《中国抗战大后方历史文化研究丛书》的宏大计划,令人振奋。广西和重庆的学者,还先后于2007年和2010年创办了《抗战文化研究》和《抗战文史研究》学术集刊,为学界提供抗战文化研究成果的发表阵地。

但是,同时我们又可以看到,国内的研究存在以下几点不足:一是后续研究不足,资料发掘和整理取得较大成果,但对抗战文艺的丰富内涵和深刻文化意义尚有待深入研究。在编撰一部全面反映抗战文艺史实、总结抗战文艺经验和成就方面的文艺史著作方面,还一直没有突破。自蓝海的《中国抗战文艺史》出版以来,60多年了,还无《中国抗战文学史》和新的《中国抗战文艺史》面世。二是文学研究成果比较丰富,艺术研究尚处于起步阶段,资料整理也还不够充分,厚重的抗战艺术史著作尚少,全面论述中国抗战艺术史的著作更无。三是西部地区,尤其是广西桂林的文艺运动的丰厚内容和对中国抗战文艺史研究的重要性尚未引起学术界的足够重视,这一块抗战艺术富矿尚待深入开掘。经过30多年的努力,广西学者已出版了《桂林抗战文学史》《桂林抗战文艺概观》《桂林抗战文化史》等成果,《桂林抗战艺术史》也亟待推出。

鉴于此,深化抗战文化研究,尤其是进一步完善中国抗战艺术史或中国抗战文艺史研究,推拥一部学界早已期盼的《中国抗战艺术史》或《中国抗战文艺史》的出版,需要我们付出更大的努力。《桂林抗战艺术史》就是在此种学术背景下诞生的。这一课题的开展,将与已完成的《桂林抗战文学史》和《桂林抗战文化史》一起,完整展示桂林这个"抗战文艺运动的大据点"的盛况和成就,展示中国人民以"文化抗战"的特殊形式,团结御侮、反抗外敌的精神气概和文艺成就,为《中国抗战艺术史》的编撰提供翔实的资料和思考的启迪。

之所以反复强调研究抗战艺术、编撰抗战艺术史的重要性，笔者在 2007 年参加中国社会科学院文学研究所举办的中国文学史编撰学术研讨会上做过发言，会议后整理成文发表在《抗战文化研究》第二辑[①]，这里引录部分文字如下：

蓝海的《中国抗战文艺史》是我国第一部现代文学断代史，也是研究中国抗战文艺发展的必备专著。该书 1947 年由上海现代出版社出版，当时只有 166 页，约 8 万字。1949 年被译成日文由日本评论社出版。1984 年，山东文艺出版社出版了朱德发执笔的蓝海《中国抗战文艺史》修订本，约 30 万字。至今又过去了 20 多年，仍无一部完整、严谨意义上的《中国抗战文艺史》出现。

现代文学史著作据说已经编撰出版了 220 种了[②]，抗战文艺史作为最早出现的现代断代文学史，作为占了现代文学史近 1/2 时间[③]的一个现代文学史的重要组成部分，中国文学史建构特别需要编撰出一部新的《中国抗战文学史》或《中国抗战文艺史》。无论是从政治的需要（两岸统一、亚洲和平），还是学术建设需要，都是如此。

有的学者倾向于写《中国抗战文学史》，我主张写《中国抗战文艺史》。理由是：抗战时期的文学艺术是不可分的，艺术的作用甚至站在了文学的前头。我们看到，历史所呈现的人物群体是“中华全国文艺界抗敌协会”而不是“作家协会”，活跃在那一时代的文艺主角是《松花江上》、《义勇军进行曲》、《大刀向鬼子们的头上砍去》、《黄河大合唱》等救亡歌曲，是《放下你的鞭子》、《屈原》、《梁红玉》、《兄妹开荒》、《白毛女》等舞台表演艺术作品，最有战斗力的文艺队伍是演剧队、戏剧兵、漫木工作队。很难有哪一部纯粹的文学作品能超出上述艺术作品的影响和流行程度。抗战文艺的最高成就也是艺术作品——《义勇军进行曲》，她后来成为中华人民共和国国歌，成为了中华民族的国魂。离开了艺术史实去专写文学史，显然难以充分反映抗战文学、抗战文艺的本质和它们在那一时代所发挥的巨大作用，亦即无法写出与抗战这伟大时代相称的厚重史著。所以我认为，一部新的《中国抗战文艺史》，应当结合抗战艺术史实撰写，而不是专写“抗战文学史”。

---

① 《抗战文化研究》（第二辑），李建平、张中良主编，桂林：由广西师范大学出版社，2008 年。

② 秦弓：《抗战文学研究的概况与问题》，《抗日战争研究》2007 年第 4 期。

③ 以抗日战争自 1931 年 9 月 18 日起计算，抗战文艺史可写 14 年，在 1919—1949 年的中国现代文学 30 年里，占到近一半时间。

这些,构成了我们开展《桂林抗战艺术史》研究的学术背景和时代背景。30年前,我们开始做《桂林抗战文学史》研究,在重点研究文学家的活动和其作品的同时,已经涉及田汉、夏衍、欧阳予倩、熊佛西、徐悲鸿、李桦、张曙、林路、吴晓邦、戴爱莲等大批艺术家的活动,积累了一批研究资料,后来出版了前期成果《桂林抗战文艺概观》,并参与了《桂林抗战文艺词典》的编撰,主编了《抗战时期文化名人在桂林》。这些研究,积累了史料,拓展了思维,形成了一些学术观点的雏形,为今天开展《桂林抗战艺术史》研究奠定了基础。

二、研究对象和重点

桂林抗战艺术,主要指1937年7月7日"卢沟桥事变"爆发至1944年9月桂林大疏散不久即沦陷的这七年时间里,发生在桂林的抗日艺术活动,包括艺术创作、展览、出版、社团、教育、理论研讨、文艺批评、中外交流等。《桂林抗战艺术史》的研究对象主要设定在戏剧、美术、音乐、舞蹈四大类,而且主要是与抗日救亡运动相关的艺术现象。这样的划定,是根据当时桂林抗日文艺活动的具体情况而定的。戏剧、美术、音乐、舞蹈是当时活动最为广泛,内容最为丰富,影响最为广大,战斗力量最强的艺术样式,而其他艺术类型则非常薄弱与无力,无法与上述四大类并列,因此在做桂林抗战艺术史研究中,它们是可以暂时搁置的。如电影,桂林当时基本没有制作活动,只有放映活动;如书法,主要是在宣传上体现,很难提炼艺术价值;至于摄影,当时胶卷稀缺,少量的胶卷一般只用作新闻摄影,极少有艺术摄影出现。

时间方面,史学界已经将1931年日军发动"九一八"事变的9月18日定为中国抗日战争的开端,是为中国局部抗战的起点;1937年7月7日日军挑起"卢沟桥事变"、中国军队奋起抵抗为中国全面抗战的开始。桂林由于处于远离东北的岭南地区,与抗日战争密切相关的文艺活动主要是自1937年7月中国全面抗战爆发后开展的,因此,我们的研究在时间范围上定在1937年7月7日以后,直至1944年9月14日桂林大疏散,最后一批文化名人撤离桂林为止,前后大约7年时间。

至于研究的重点,在与抗日救亡活动密切相关的艺术内容方面。因为我们确定的是"抗战"艺术史课题,不是纯粹的艺术史研究。我们的研究,一方面是总结那一特殊时段里的艺术成就和规律,再一方面是提炼那一时代蕴藏在艺术领域里的民族文化精神,而只有抗战文化,才能代表那一时代的民族文化精神。因此，与抗日救亡活动密切相关的艺术形式和艺术活动是我们的重点。有些艺术样式，如书法、摄影、工艺设计、广告、建筑等，虽然与抗日救亡运动也有或多或少的联系，但这种联系十分微弱与勉强，故不放在这里研究。这部分内容，我们认为可以在以后的“民国文艺史”或“民国时期的广西文学艺术”之类课题里进行。

三、主要内容和重要观点

《桂林抗战艺术史》分为“绪论”、“声势浩大的戏剧运动”、“戏剧家的活动及其剧作”、“成就卓著的美术运动”、“美术家的活动及其作品”、“蓬勃开展的音乐活动”、“音乐家的活动及其作品”、“别开生面的舞蹈活动”、“舞蹈家的抗日舞蹈活动”、“桂林抗战艺术的形成原因”、“价值与启迪”共 11 章，在介绍战时桂林文艺概貌的基础上，对桂林抗战艺术运动的各个发展阶段作出具体细致的勾勒，对桂林抗战艺术运动的成就作出评价，对戏剧、美术、音乐、舞蹈各艺术门类的活动概况，分别作专项研究。《桂林抗战艺术史》以历史发展线索为经，以各艺术门类的发生状况为纬，通过社会调查、文献资料收集、档案查阅、观点交流、会议研讨、分工写作、汇总统稿等方式，运用历史学、美学、艺术学、文艺学理论和历史叙述、文本研究、文艺批评、理论阐述等方法开展研究，全面反映抗战时期桂林艺术运动的史实、成就，总结历史经验，探索历史运行规律，提炼艺术理论，形成一部第一次对有“抗战文艺运动的大据点”之称的桂林的抗战艺术运动作出全面的有深度的艺术史总结，为中国现代文艺史填补重要内容的艺术史专著。

《桂林抗战艺术史》的重要观点表现在以下几点：

1. 桂林抗战文艺是中国抗战文艺运动的重要组成部分，筑成大后方“文化抗战”的重要阵地，推动了全面抗战与持久抗战。其繁盛标志可概括为文人荟萃、出版繁荣、作品丰硕、活动频繁。桂林抗战文艺运动为祖国的复兴谱写出一曲曲光耀夺目的艺术华章，做出了卓越的艺术贡献。

2. 桂林抗战艺术是抗日战争时期由中国共产党人领导、团结爱国进步知识分子共同开展并创立的先进文化的重要组成部分，是爱国主义和民族优秀文化的结晶。“先进文化”是抗战文艺的内在本质和外在标志。抗日战争促进了现代艺术由启蒙到救亡的转变，文艺成为文化抗战的武器。抗战文艺使中国的艺术走出书斋、剧场、画室和音乐厅，走上了抗日救亡的战场，由单纯的审美、娱乐功能，提升为宣传、鼓动、教育的功能，并直接为民族解放战争服务，扩张了艺术的功能,提升了艺术的品质,使现代艺术成为构建中国先进文化的重要组成部分。作为抗战时期大后方文艺运动的重要阵地并一度成为文化中心的桂林,其抗战艺术业绩大力推进了战争年代中国先进文化的建设,为先进文化的构建做出了贡献。

在抗日战争这场伟大的民族战争中诞生的中国先进文化,包括以毛泽东同志为代表的中国共产党人创造的新民主主义理论,也包括爱国进步文艺家、教育家、科学家创造的抗日进步文艺和民族的、现代的教育思想与现代科学技术。

抗战文艺作为战争年代先进文化重要的表征之一,它最本质的特征在于以下几点:一是在内涵上包含维护民族尊严和国家主权的爱国主义精神。在抗日战争那最艰苦的岁月里,爱国进步的文艺家们,以自己的爱国奉献之心,创作出一幕幕充满爱国主义精神的剧作、一幅幅洋溢爱国主义情愫的画作、一部部激荡着爱国主义情绪的音乐作品,鼓舞着中国人民和一切爱国者万众一心、坚韧不拔地为民族解放和民族振兴而奋斗。抗日文艺为中华民族的爱国主义传统和战争年代的先进文化注入了新的内涵。二是具有凝聚民心团结御敌的战斗功效。在战争年代,艺术成为动员和团结全民族力量一致抗战的武器。抗日爱国的艺术家们以自己独特的艺术才干,运用戏剧、音乐、美术等各种艺术样式,或揭露日寇暴行、或塑造中国军民的战斗英姿、或表现后方民众支援抗战的行动,等等,最充分地发挥出自己的感染力和战斗力,传播持久抗战、全面抗战的思想,有力推动了以国共两党合作为基础的抗日民族统一战线的巩固和发展,从而促使中国大地上汇涌成万众一心反抗外敌的民族洪流,凝聚成巨大的民族力量,共赴国难,一致对外。抗战时期的戏剧家不愧被时代称作"戏剧兵"[①]。三是体现出民族化大众化的艺术特征。作品中包含浓郁的民族精神,战斗的生活内容与鲜明的民族艺术形式,使文艺贴近战争,贴近前线,贴近大众,成为中国先进文化最活跃与最有影响力的一部分。

3. 抗战艺术是构成民族精神的重要成分。印刻在中华民族发展史上的抗日战争和留存于中国广袤土地上的抗战艺术,绝不是一段平凡的艺术历程和一些普通的物象。它隐藏着中华民族在"涅槃"中成长的密码,是我们民族发展进程中无法脱离的"场"。抗战艺术诞生的特殊性和它成长过程中产生的重要性决定了它的内涵十分深邃,意义十分重大,魅力十分悠远。它构成了我们

---

① 田汉 1944 年作《题西南剧展》诗,有"壮绝神州戏剧兵"诗句。

民族精神的重要元素，构成了今天中华民族皈依的精神家园，是民族精神中最真切可感的一个部分，是一种可视可感的历史具象和民族力量。它所蕴含的崇高美、正义性和民族力，既是其之所以伟大的本质特征，又已构成了中华民族自立自强于世界民族之林的崇高表征。

4. 抗战艺术是重要的文化遗产。在炮火和硝烟中诞生的抗战艺术，不仅在民族危亡的时刻发挥了巨大的文化抗战作用，在和平到来的时刻，它仍以最真实和最有艺术质感的具象形态，留存于人类的精神生活之中，构成了世世代代传诵的旋律和瞻仰的具象，成为今天我们十分珍视的重要文化遗产。抗战艺术作为珍贵的文化遗产，具有重要的价值，是爱国主义的教育基地，是文化产业的资源宝库，是文化旅游的极好载体。

四、研究目的与价值

《桂林抗战艺术史》基于前期研究的丰富成果、积累的大量资料和长期的学术思考展开，旨在全面总结桂林抗战艺术运动的成果、成就，研究其发展过程和发生原因，评价其在战时的作用和对当下文艺发展的启迪意义，评价其蕴含的先进文化内涵，达到弘扬民族优秀文化和文艺的爱国主义传统，深化抗战文艺理论和学术研究的先进性和当代性的目的，以期将抗战文化研究推向深入，造就新境。

《桂林抗战艺术史》具有完善抗战文艺史体系，填补中国现代艺术史尤其是抗战文艺史的一个重要空白，丰富抗战文艺研究的理论意义和学术价值，具体表现在：

1. 史料丰富、翔实，可资学界进一步使用。该项目在大量的史料收集的基础上开展，论述扎实，有理有据。尤其是对一批重要艺术家在桂林的活动，有丰富的资料展示，许多史料是第一次在艺术史上披露。

2. 史论结合的论述体系丰富了抗战艺术理论。《桂林抗战艺术史》不仅仅有历史过程的叙述，还有相当分量的理论论述，论述内容较一般艺术史著作更为广泛和深入，包括分析历史现象的成因、总结历史经验、提炼历史运行规律、论述历史的价值和对今天的启迪作用等，提升了项目的理论含量，为学界撰写《中国抗战文艺史》提供了重要史料和启迪思路。

3. 图文并茂的学术呈现增强了学术的传播力和影响力。《桂林抗战艺术史》在文字论述的基础上，辅以 100 多幅艺术史图片，生动展示了历史状貌，增强了对历史真实的呈现和学术内涵的表现。

《桂林抗战艺术史》的应用价值在于:对抗战文艺研究、中国现代艺术史研究、中国现代艺术家研究、中国现代文化史和广西地方史研究均有直接的史料引用、观点启迪、文化整合的应用价值。其中总结的桂林抗战艺术发展的一些做法和经验,对今天地方文化艺术尤其是广西地方文化艺术的发展,仍然具有现实的借鉴意义。

抗战艺术作为抗战文化的重要组成部分,已构成优秀的民族文化传统。在新世纪振兴中华、建设社会主义文化强国的进程中,中国知识分子承担着传承民族精神和优秀文化传统的重大责任,我们愿意在其间尽心尽力,坚定前行。

作者简介:

李建平,广西社会科学院研究员,广西抗战文化研究会会长。研究方向为中国现当代文学、抗战文化。

中国共产党的非权力性影响力创造桂林抗战文化城

——中国共产党对桂林抗战文化城非权力性影响研究之一

盘福东　郑文成

[摘要]中国共产党非权力性影响建立在抗战文化人和进步青年信服的基础上,不带有强迫性,是通过潜移默化内化为抗战文化人和进步青年的某种动机而发挥作用,表现为自愿和主动。国民党桂系或国民党广西省政府权力对抗战文化人和进步青年的影响是有限的,而中国共产党非权力性影响力对抗战文化人和进步青年的激励是巨大而持久的。中国共产党非权力性影响力所形成的精神力量,可以说是国民党统治区桂林抗战文化城这一独特现象的关键,是创造国民党统治区桂林抗战文化城奇迹的基石。中国共产党非权力性影响能够极大地增强抗战文化人和进步青年对中国共产党的信赖与敬佩,从而促使抗战文化人和进步青年把对中国共产党在号召民众抗日救国上的信赖迁移到对中国共产党客观上领导桂林抗战文化城的大力支持上来。

[关键词]中国共产党;非权力性影响力;桂林抗战文化城

中国共产党非权力性影响力对桂林抗战文化城的形成起了非常重要的作用。本文试从非权力性影响力的视角来探讨中国共产党非权力性影响力对桂林抗战文化城所起的重大作用。

一、中国共产党非权力性影响力与国民党桂系及国民党广西省政府权力性影响力比较

"非权力性影响力",是当代管理学上的一个名词,相对于"权力性影响力"而言。那么,20 世纪 40 年代中国共产党非权力性影响力对桂林抗战文化城有着什么样的关系呢?我们有必要搞清楚中国共产党非权力性影响力在桂林抗战文化城的重要作用。

权力性影响力是社会组织赋予的,是一种法定的职位权力。一级政府或行政机关行使某种行政职权,便有了这级政府或行政机关相应的法定权力。政府或行政机关相应的法定权力,是一种"硬"性力。而非权力性影响力,则是由非政府或非行政机关的组织或团体领导者、管理者的品德修养、知识能力、情感状态等素质和行为形成的,是一种自然的影响力,是一种"软"性力。"软"性力虽然不具备"硬"性力那样的强制性和约束力,但其感召力、吸引力、渗透力却可以远远大于"硬"性力。客观地说,在国民党统治区的桂林,中国共产党在桂林抗战文化城中的地位,既不是一个领导机关,也没有设立合法的行政管理机构,所以构不成公开领导和合法管理的权力性影响力。然而,中共中央南方局直接领导的八路军桂林办事处巧妙地运用这种影响力所形成的感召力、吸引力、渗透力,却远远大于国民党桂系及国民党广西省政府的"硬"性力,中共中央南方局直接领导的八路军桂林办事处通过"软"性力影响带动桂林抗战文化人士去完成抗战文化任务。

八路军桂林办事处的领导者和工作者其身正,不令而行,八路军桂林办事处非权力性影响力对国民党桂系及国民党广西省政府领导者、管理者的有效性与权威性,在相当程度上起着决定性作用。八路军桂林办事处领导者依靠其公正无私、顾全大局、身先士卒、关心抗战文化人士的人格魅力深深影响着抗战文化人士。实际上,国民党桂系及国民党广西省政府权力性影响力如果没有八路军桂林办事处非权力性影响力作基础,其力量是非常脆弱的,桂林抗战文化城也不可能形成。国民党桂系及国民党广西省政府无法使人自觉服从,自觉敬仰,所以其权力性影响力是微弱的。八路军桂林办事处依赖品格能力产生的非权力性影响力,给人以一种"随风潜入夜,润物细无声"的精神感染,使抗战文化人士心悦诚服地接受,追随,绵长而持久。

八路军桂林办事处的非权力性影响力是由机关(领导)自身素质形成的一种自然性影响力,它既没有正式的规定,没有上下授予形式,也没有那种命令与服从的约束力,但其影响力却比国民党桂系及国民党广西省政府权力性影响力广泛、持久得多。在国民党桂系及国民党广西省政府的权力影响下,被影响者心理和行为更多的是顺从和依赖关系。八路军桂林办事处非权力性影响力是由领导者、工作者的品德修养、知识水平、生活态度、情感魅力以及自己在实际工作中的成绩和表率作用等素质和行为所形成。周恩来、叶剑英、李克农布置工作时无声胜有声,不加"重要"修饰词,人们都会感到重要。问题一经提出便能得到解决;国民党桂系及国民党广西省政府领导讲话雷声大却苍白无力。如何看待国民党统治区桂林抗战文化城这一独特现象？笔者认为，这与发挥好非权力性影响力有重要关系。

二、中国共产党与桂系建立统战关系为桂林抗战文化城奠定了基础

提高非权力性影响力重在取信于民。人民群众的信任是一种无形的力量，也是无形的财富。中国共产党与桂系建立统战关系为桂林抗战文化城奠定了基础。

1931 年九一八事变以后，日本帝国主义侵占了我东北三省，继而把侵略的魔爪伸向华北，在“华北危急”、“平津危急”、“中华民族危急”的民族生死存亡时刻，中日民族矛盾上升为主要矛盾，直接影响着全国政治形势与广西政局的发展。桂系出于对付、防范蒋介石消灭异己的戒备和对蒋介石不抵抗政策的强烈不满，在一定程度上把原来对准共产党的矛头，逐步转向日本侵略者及对日实行妥协政策的蒋介石政府，桂系逐渐成为积极要求抗日的地方实力派。这就为中国共产党与桂系建立统战关系奠定了基础。

1933 年中国共产党发表了《为反对日本帝国主义侵入华北愿在三条件下与全国各军队共同抗日》宣言，首次提出中国工农红军准备在三个条件下和任何武装部队订立共同对日作战的协定。1934 年，中共中央特别事务科（简称特科）即派党员谢和赓、宣侠父到广西对李（宗仁）、白（崇禧）开展统战工作。谢和赓是桂林人，出身官僚书香世家，与白崇禧及白崇禧的岳父马健卿有世交关系。凭着这种特殊的社会关系，谢和赓与宣侠父很顺利地进入桂系要害部门工作，谢和赓任白崇禧的上校机要秘书，宣侠父任“广西绥靖公署”的上校咨议，为在桂系上层秘密开展统战工作取得了合法身份。1935 年，白崇禧、潘宜之曾邀请中共党员胡兰畦到南宁了解情况，胡兰畦就抗日救亡问题与白崇禧、潘宜之多次交换意见，商讨合作事宜。

1935 年 8 月，中共发表了《为抗日救国告全国同胞书》，呼吁各党派、各军队、各界同胞，无论过去和现在有任何政见和利害不同，均应停止内战，“以便集中一切国力（人力、物力、财力、武力等）去为抗日救国的神圣事业而奋斗”[①]。

1935 年 12 月 17 日至 25 日，中共中央在瓦窑堡召开了政治局扩大会议，制定了建立抗日民族统一战线的策略，提出“不但要团结一切可以团结的反日

---

① 《中共党史教学参考资料》（二），北京：人民出版社，1957 年版，第 31 页。

的基本力量,而且要团结一切同盟者"①。从此,中国革命形势由土地革命战争向民族革命战争转变,拉开了抗日民族统一战线的序幕。在广西,中共对国民党桂系的统战工作加强了非权力性影响。

1936 年 6 月 1 日,国民党两广地方实力派联合发动了一场逼蒋抗日事变。6 月 8 日,毛泽东发表对"六一运动"(又称"两广事变")的谈话,指出"西南抗日反蒋的军事行动,客观上是革命的与进步的行动",并表示了支持的态度。同年 7 月,中共中央派云广英(化名林秀先)以红军代表的名义秘密到广西,对桂系进行统战工作,以真诚合作的态度向李宗仁阐述中共方面的"停止内战,一致对外"和"建立广泛的民族统一战线"的主张,得到李宗仁的认可和"赞成",并希望"相互配合"。面对中共方面的积极推动,桂系深感有必要派代表去陕北,与中共订立合作抗日救国的协定。1936 年 8 月 30 日,桂系派钱寿康秘密抵达陕北向中共中央递交了李宗仁的信件和"协议"草案,毛泽东、周恩来等对桂系提出的草案提出修改意见后,钱寿康带"协议"草案回广西请李宗仁、白崇禧等审查"再行确定"。9 月 22 日,毛泽东亲自致函李济深、李宗仁、白崇禧,呼吁"在全国范围内停止内战,一致抗日",强调中共与桂系"双方订立抗日救国协定,实属绝对的必要"。②

1936 年 11 月,"西安事变"前夕,在广西的李宗仁接到了张学良的密电,即派刘仲容为代表前往西安会晤张学良。中共中央代表周恩来向刘仲容阐明了关于和平解决"西安事变"的政治主张。刘仲容回到广西后,向李宗仁转述了在延安了解到的情况和中共对广西的意向。李宗仁、白崇禧联名致电周恩来,表示"赞同"。③ 1935 年 12 月,刘仲容被派与中共中央北方局的王世英、南汉宸等联系,寻求支持。此后,刘仲容曾三次到西安,两次到延安,向张学良、杨虎城以及毛泽东、周恩来等中共领导人详细介绍广西的情况,在与中共领导人会晤中又进一步了解了抗日民族统一战线政策。刘仲容回广西后,向李宗仁详细转达了毛泽东、周恩来的谈话内容,以及中共代表张云逸访桂问题。李宗仁安排刘仲容在桂系高级干部会上介绍延安之行的情况。1937 年 5 月,中共中央决定派张云逸为全权代表,到广西进行合作抗日谈判。张云逸到达桂林后根据毛泽东、朱德、周恩来的指示,向李宗仁、白崇禧坦率地阐明了对国内外

① 《中共中央关于政治形势与党的任务的决议》,《中共党史教学参考资料》(二),北京:人民出版社,1979 年版,第 51 页。

② 《毛泽东书信选》,北京:人民出版社,1983 年版,第 70～71 页。

③ 刘仲容:《西安事变的回忆》,《文史资料选辑》第 9 辑,第 59～60 页。

形势的看法和中共中央关于逼蒋抗日的方针、中共中央致电国民党三中全会所提出的“五项要求”和“四项保证”的详细内容，以及提出关于建立抗日民族统一战线，团结全国力量抵抗日本侵略的主张。会谈中，李宗仁、白崇禧赞成中国共产党对形势的看法和建立抗日民族统一战线的主张，愿意团结一致共同迫蒋抗日。至此，中共“非权力性影响力”对桂系的统战工作，为抗日战争时期与桂系的合作奠定了基础。

1937 年 7 月 7 日，日本帝国主义发动全面侵华战争，使中华民族面临亡国的严重危机，在这生死存亡关头，只有全民族团结抗战才是唯一出路。“卢沟桥事变”的第二天，中共中央发出《通电》呼吁“全民族实行抗战”，15 日，公布了《国共合作宣言》，蒋介石于 7 月 17 日在庐山发表谈话，标志着以国共合作为基础的中国抗日民族统一战线的形成。在新的形势面前，中共非权力性影响力对桂系的统战工作又有了新的进展，为抗战文化的发展创造了一个比较宽松的政治环境。

中国共产党人非权力性影响力是巨大的，它在抗日民族统一战线上的作用是权力、职位所不能替代的。八路军桂林办事处在中共西南局的领导下奠定了扎实的非权力性影响力基础。

三、中国共产党人非权力性影响力营造的政治环境造就桂林抗战文化城

中国共产党人解决问题的能力使人们产生敬佩感，从而增加非权力性的影响力。中国共产党的抗日民族政策、中国共产党对抗日战争发展的预见性，在国民党统治区桂林抗战文化城创造出一种独特的政治环境。

1932 年，国民党桂系当局以“国难严重”、“励精图治”(刘斐、李任仁致杨东莼的信)为由，邀中国共产党人杨东莼来桂，任广西省立师范专科学校校长。杨东莼上任后，为贯彻实施自己的教育思想和教学方针，必须创造政治环境，从而建立一支进步的教师队伍。

首先，杨东莼聘请大革命时期第三军党代表朱克靖(当时改名为朱笃一)任教务主任，又聘请薛暮桥、金奎光、廖庶谦(伯华)、沈起予、杜敬斋、王伯达、张海鳌、官亦民等进步学者到广西省立师专任教。朱克靖讲“世界大势”，薛暮桥讲“农村经济”和“政治经济学”，王伯达讲“社会进化史”等。这些课程，都运用马克思主义观点，把政治思想的传播与教学结合起来，实际上是向学生灌输马克思主义理论，营造政治环境，奠定了抗战文化城政治基础。

杨东莼还从 12 万银元的开办费中，挤出 2 万余元购买新兴社会科学类进

步书刊,例如邓初民的《社会进化史纲》,李浩吾的《新教育大纲》,张如心的《哲学概论》,马克思、恩格斯的《共产党宣言》,恩格斯的《家庭、私有财产和国家的起源》,列宁的《帝国主义论》,以及《唯物辩证法》《政治经济学》等政治书。此外,还翻印马列主义经典著作《国家与革命》《两个策略》《退一步进两步》《"左派"幼稚病》《叛徒考茨基》等政治书,广西省立师专人手一册。

广西省立师专还办有《师专校刊》和《月牙》两种杂志。1932 年《师专校刊》创刊号上,广西教育厅厅长李任仁尖锐地指出:

过去的教育,事实已证明是失败了,我们办教育当然是希望它有实效,但过去及现在的事实看来多毕业一批学生,社会上便增加一批失业的知识分子,以前毕业人数少,还可以容纳得下,现在再也没有这么多的机关来容纳这么多的人了,知识分子失业的多,社会便会发生乱子,这是要紧的一点。……中国的农村经济日益崩溃,并需许多人才去建设农村经济。但事实上,一般有学识的人,都拼命聚集城市。不用说大学生不愿回乡村去,便是中学生也不愿回乡村去。……我们中国,是以农立国的,社会经济大半还停留在农业经济。农民占全国人口的 85%以上。有学问的人,假使都离开了乡村,结果便留下大多数守旧而无知的农民在那里。这样他们还能够自己找出路吗?假使这 85%以上的农民生活不安定,你们 15%的人还能安处神州大陆吗?还能建设个好的社会吗?……师专学生,每个人都应负起改建农村的责任,要和社会打成一片,你们不单训练成科学的头脑,同时要训练成农民的身手。过去的读书人做官的观念深,因为过去的教育完全用脑劳心,做"大人之事"造成士的特殊阶层,这完全不合现代的潮流,现代的社会组织繁复,生产事业日益改进,一切事业都要有知识才成,要把一切知识融合到事业上面,这便是师专的教育旨趣,要这样你们将来才能负起改造农村的责任。①

1933 年暑假,杨东莼搞了一次大规模的广西农村经济调查,这次调查由薛暮桥具体组织实施。经过七八个月的调查统计,写出了典型调查报告,并在校刊上选刊了部分调查报告,杨东莼特为这期特刊写了前言,题为《理论与实际》,全文如下:

---

① 李任仁:《在广西师范专科学校第一届学生开学暨校长就职典礼会上的讲话》,《师专校刊》1932 年第 7 期。

不说无根据的话，这是科学家应有的态度。事实上，离开了实际，我们便无话可说，更无理论之可言。这就是说：理论应基于实际，即理论应有根据；否则，便成为空论，空论却不能运用到实际上去。实际与根据，既是理论的基础，所以实际是否真确，根据是否实在，便是根本的问题。因为不真确的实际与不实在的根据，可以导出谬误的理论。科学家处理实际的武器，是统计与调查，是分析与综合，是假设与实验。但进步的科学家处理实际时所用的武器则不止此，进步的科学家并不从静的方面去处理实际，并不为孤立的事实所制限，却从关联中从联系中去把握事实（即实际），并不从不变中去追求实际，却从变化中去追求实际。进步的科学家，除掉着重于个别的事实（即实际），却还要着重于一般的事实，除掉着重于具体的方面，却还要着重于抽象的方面，要是这样，才可以把握住真确的实际，才可以获得实在的根据；有了真确的实际与实在的根据，自然可以导出正确的理论。要是这样，理论才可以运用到实际上去，才可以得到理论与实际的真正的统一。

有许多理论，从静的方面看去，从不变中看去，从孤立的个别的方面看去，似乎合乎实际，但在事实上，这些理论一点也不合于实际，而且实践这试金石，一定要给予这些理论以正确的证明，证明这些理论一定不能用到实际上去。反之，有许多理论，在表面上看来，似乎离开实际很辽远，但因为他们是从动的方面，是从变化中，是从关联中观察并研究而得来的，所以实践这试金石却一定证明它们与实际的一致性及统一性。对于这一点，凡是研究科学的人，都应当有真切的体认。

这一期校刊，登载很多各地的农村见闻杂记，我恐怕各同学说些无根据的话，失了科学家的态度，所以我在卷头上贡献我的一点意见，以作各同学的参考。①

这篇 705 字的文章没有运用政治术语，但是闪耀着马克思主义的光辉。如文中指出：理论“要从关联中从联系中去把握实际”，从“变化中去追求实际”；既把握“着重于个别的事实”，“还要着重于一般的事实”；既“着重于具体方面”，“还要着重于抽象方面”；这样，“才可以把握住真确的实际”。同时又指出：政治不要“从静的方面看去”，不要“从孤立的个别的方面看去”，要“从动的方面”、“从变化中”、“从关联中观察”。这些观点，都是唯物辩证法的政治

① 杨东莼：《理论与实际》，《师专校刊》2 卷 2～3 期，1933 年。

观点。

杨东莼1933年6月在桂林就提出了"实践这试金石"的观点,这一"实践"是检验理论的"试金石"的观点,和1937年7月毛泽东在《实践论》中提出的"实践是检验真理的唯一标准"观点是一致的。

杨东莼还在《师专校刊》发表了《在师专开校典礼上的答词》①、《我们对团体训练应有的认识》②,阐述了他办师专的教育方针和指导思想。

广西省立师范专科学校编辑出版的综合性社科理论刊物《月牙》的"发刊词"指出:"借这个刊物,做星星的野火,好去燃烧起那被压伏在反动统治下的民众的心里的革命烈焰,一齐起来,廓清一切黑暗的反动势力"。《月牙》对校内赠阅的同时也对外发行,从1935年11月到1936年6月止,共出版10期。内容包括:国内外时事评论,社会问题调查研究,教育问题的研究和批判、社会科学理论的探索和介绍,批评文艺理论和文艺作品。《月牙》"抗日专号"、"新年(1936)特大号"和"反法西斯蒂专号""把近年来的对于中国社会史的分析的各种奇形怪样的理论,做了一次大扫除。这于研究中国社会史的读者,实在是一件善举"。③ 郭英布在《革命简说》一文讲述了三点:1.革命是什么?2.革命发展的必然性;3.革命的客观条件和主观力量。"谁要是不努力革命,谁便要给革命的洪涛所扑灭,所以我们非努力革命不可。"④覃注礼在《中国青年往哪里去》一文指出:"当前的青年,要找自己的出路,只有跑上'革命'的道路,在'革命'的大旗下,作反帝国主义和反封建的斗争才有办法!"⑤《月牙》的文章抓住当时青年在思想领域里的主要问题,出论严正,立场鲜明,理论联系实际,切合青年的心,因而被广泛地传播。《月牙》宣传了中国共产党的政治主张和方针政策,为当时的抗日救亡运动指明了方向。

1934年4月杨东莼离校,1935年初,陈此生任广西省立师专教务主任,请来了陈望道、夏征农、邓初民、马哲民、施复亮、杨潮(羊枣)、祝秀侠、熊得山、胡伊默、沈西苓、马宗融、廖必光、盛此君等一批政治水平高的学者到广西省立师专任教,开展传播马克思主义和革命思想的政治活动,并展开"中国革命问题"和"中国社会性质问题"的大辩论。同学们理论联系实际,不仅提高了马列主

① 见《师专校刊》第7期。

② 见《师专校刊》第二卷第4、5、6期。

③ 马哲民:《怎样研究中国的"经济结构"》,见《月牙》第3、4期合刊。

④ 见《月牙》第3、4期合刊。

⑤ 见《月牙》第3、4期合刊。

义理论水平，而且提高了政治觉悟，营造出抗战政治氛围。

1932年创办、结束于1936年的广西师范专科学校，由国民党桂系当局主办，然而因中国共产党的非权力性影响，一度为中共党员和进步教师所掌握，培养出了一大批革命青年，为后来建立“反帝反法西斯同盟”、“抗日反法西斯同盟”和1936年秋在广西建立中共党组织奠定政治基础，也为20世纪30年代桂林的进步文化事业和桂林抗战文化城作出了贡献。

除了广西师专编辑出版的综合性的政治理论刊物，在桂林抗战文化城先后出版的政治理论刊物还有：《教育论坛》(1932年创刊)、《创进》(1936年10月创刊)、《正路》(1936年11月创刊)、《基础教育》(1937年3月创刊)、《前导》(1937年1月创刊)、《知由旬刊》(1937年4月创刊)、《文化救国》(1937年5月创刊)、《抗战半周刊》(1937年11月创刊)、《全面抗战》(1938年1月创刊)、《克敌》(1938年3月创刊)，这些政治理论刊物在传播革命思想和政治动员抗日救亡运动作出了各自的贡献。这其中的奥秘就是中国共产党非权力性影响力。

结论：创造桂林抗战文化城奇迹的奥秘就在中国共产党的非权力性影响力

1938年10月武汉沦陷，八路军桂林办事处成立以后，到1944年秋桂林大疏散以前这一段历史时期，桂林被誉为“抗战文化城”，是抗战中国大后方的文化中心之一，这值得大书特书。如何看待国民党统治区桂林抗战文化城这一独特现象？过去曾有学者把桂林抗战文化城看成国民党桂系的开明或国民党广西省政府领导的权力性结果，之所以这样认定，大概是从桂林抗战文化城诞生在国民党统治区，由国民党桂系或国民党广西省政府的领导，这是原因之一；其次是许多文化活动，多是党外知识分子所倡导的，于是就忽视了中国共产党非权力性影响力。这是认识上的局限，是不符合历史的客观实际的。

在国民党统治区，桂林成为抗战文化城这一独特现象，其中的奥秘之一就是中国共产党非权力性影响力。其特点是建立在抗战文化人和进步青年信服的基础上，不带有强迫性，是通过潜移默化内化为抗战文化人和进步青年的某种动机而发挥作用，表现为自愿和主动。而国民党桂系或国民党广西省政府权力对抗战文化人和进步青年的影响是有限的，中国共产党非权力性影响力对抗战文化人和进步青年的激励是巨大而持久的。中国共产党非权力性影响力所形成的精神力量，可以说，是国民党统治区桂林抗战文化城这一独特现象的关键，是创造国民党统治区桂林抗战文化城奇迹的基石。中国共产党非权力性影响能够极大地增强抗战文化人和进步青年对中国共产党的信赖与敬佩，而且促使抗战文化人和进步青年把对中国共产党在号召民众抗日救国上的信赖迁移到对中国共产党客观上领导桂林抗战文化城的大力支持上来。总之，中国共产党非权力性影响力巧妙地运用抗日民族统一战线创造性地开展活动，中国共产党是桂林抗战文化城和桂林抗战文化运动中的核心，创造桂林抗战文化城奇迹的奥秘就在中国共产党的非权力性影响力！

作者简介：

盘福东，桂林市博物馆研究员，广西抗战文化研究会副秘书长，研究方向为抗战文化、民族文化。

郑文成，桂林博物馆馆员，研究方向为文物与考古。

历史书写遭遇文学记忆[①]

——以从文80载的抗战时期沦陷区女作家梅娘为例

张 泉

[摘要]中国近代史上的日本占领区文学，隶属于中国现代文学，又具有区别于其他时空中的中国现代文学的特殊性，对其加以研究时，方法问题尤其重要。通过评介北方沦陷区代表梅娘及其研究史，提出进行相关研究的两个背景性框架："记忆所系之处"历史解读法；四个与殖民、殖民语境相关的宏观维度。借助这两个背景框架，建立起设身处地的视角，或许有助于在更为宽阔的视野中阐释研究对象，辩证地认识其文学活动中的殖民地痕迹，同时，也有助于在中国现代史里构建更为客观的殖民地的文学想象和文学记忆。

[关键词]中国现代文学；沦陷区文学；梅娘；研究方法

在20世纪中国文学中，抗战文学占有相当的份额。可以将其分为两个部分：广义抗战时期的文学；战后反映那个特定时期或事件的作品。

随着世界反法西斯战争的胜利，抗战时期的文学在1945年画上了句号，但相关研究远未完善，特别是日本占领区文学，未能如实地将其均衡纳入文学史[②]；抗战题材的创作战后一直在持续，但在近70年后的当下，遭致了最为广

---

① 此文系2013年5月26—29日首都师范大学在北京召开的"创伤记忆与文化表征：文学如何书写历史"国际学术研讨会上提交的论文。

② 以中国现代文学30年而论，如果将日本占领区面积乘以沦陷时间，沦陷区文学在中国现代文学中占有相当大的份额。当然，文学史不是地域、时段平均值的汇集。但广袤的沦陷区的文学是如此的独特，如果接纳了它却没有最基本的篇幅作保证，文学史所展现的文学历史地图，就很难实现共时文学生态基本均衡，就很难真实还原中国现代文学的历史——半封建半殖民地旧中国的文学的历史。

泛的严厉批评。[①] 本文缩小范围,重点讨论抗战时期的文学中的日本占领区文学,及其与当代的关联。

一直被排除在中国现代文学史之外的中国沦陷区文学,在20世纪90年代以后,以填补空白的姿态渐次进入新版文学史,但全盘否定沦陷区文学的观点一直存在。[②] 在这里,以前不久仍健在的女作家梅娘(1917—2013)为例。

拨乱反正初期的梅娘研究,以概说和评判为主。而后,纳入学术体制的梅娘研究进一步细化和专业化。学位论文、期刊论文是检视作家研究现状的一个抽样指标。这里,仅以主题"梅娘"对中国知网这一个数据库做简单检索,由此来略见一斑。

以相当篇幅论及梅娘的博士学位论文有6篇。[③]

专题硕士论文在数量上比较大,2004至2007年4年间有9篇,2008至2012年5年间有18篇,合计27篇。

学术期刊文章,1979至1997年19年间有6篇,1998至2007年10年间有54篇,2008至2012年4年间有37篇,合计90多篇。

所涉论题相当广泛,包括传记生平研究、作家论、作品研究、女性小说研究、女性主义研究、比较研究、影响研究、风格研究、精神分析研究、叙事话语研究、性别研究、旧作修改研究,等等。

这表明,梅娘已经成为关注度较高的学术研究对象。

2012年5月23日,中国现代文学馆二期常设展览《中国现当代文学展》,在做了大幅度的补充修订后,正式对公众开放。其中"沦陷区文学"板块中的"华北地区"部分,仅选张秀亚、梅娘、白羽三人。梅娘被纳入中国现代文学经

---

① 学界的一个共识是,中国当代文学对于20世纪历史的书写,并没有取得与20世纪中国民族遭遇的历史相称的业绩,其中的抗战题材作品,尤其是问题较多的领域之一,也引起了社会反响。2013年3月4日,演员陈道明在全国政协会议上发言说,大量抗日剧与历史不符,到了"胡闹"的程度。对于年代久远的古装剧,演绎时可以用具有弹性的方式进行,但对于沉重屈辱的中国近代史,不可随意演绎,"这是价值导向的问题",将对青少年产生错误的引导。

② 在重新审视沦陷区文学的过程中,相互对立的观点时有碰撞。形成争论的有两次。20世纪80年代黑龙江省社会科学院文学研究所铁锋的否定文章,引发黄万华等人的回应。进入21世纪后,江苏社科院陈辽的否定文章,也引起张泉等人的讨论。

③ 《孤独的舞蹈——东北沦陷期女性作家群体小说论》(刘爱华,东北师范大学,1999)、《秋水斜阳芳菲度——中国现代女作家传记研究》(朱旭晨,复旦大学,2006)、《20世纪中国小说性爱叙事研究》(王彦彦,兰州大学,2007)、《殖民异化与文学演进——侵华时期满洲中日女作家比较研究》(王劲松,四川大学,2007)、《精神抵抗:东北沦陷区报纸文学副刊的政治身份与文化身份》(蒋蕾,吉林大学,2008)、《伪满洲国时期东北知识分子的日本认识》(傅羽弘,东北师范大学,2008)、《抗战时期东北作家研究(1931—1945)》(范庆超,中央民族大学,2011)等。

典的定位，再度予以表现。

目前，尽管梅娘研究在数量上已相当可观，但主题接近的趋同化现象也是显而易见的。进一步深化梅娘研究的题目和领域，仍有不少工作要做。列举如下：

在文类方面，讨论小说比较多，其次是散文。其实，梅娘还涉足多种样式的文学领域。如儿童文学，包括通俗故事、童话、连环画解说词等，而且数量非常大。梅娘的本职工作是农业电影制片厂的编剧，职务写作也是梅娘创作的组成部分。

就梅娘的五个创作时段而言，目前的研究多集中于第一阶段即日据时期的殖民地写作，其次是改革开放以后的时段。实际上，梅娘的其他三个创作时段也各有特点。如覆盖1953年至1957年8月的第二阶段，作品形式多样，发文量非常大。比如一篇冠名《什么是爱情》的中篇小说，就被连载了54次。

梅娘同时代人研究。梅娘阅历丰富，不同阶段直接的、间接的社会交往均非常广泛——从伪政权教育督办周作人到香港的小女生。这个题目无疑会支撑起一个有意思的专项研究。

在基础性资料整理方面，至今没有较为完备的梅娘年谱、梅娘作品系年、梅娘研究目录等。这些本应是作家研究学位论文的不可缺少的部分，由此也见出，大陆的学位论文的撰写有待规范。资料来源除出版物外，还应该有个人及相关机构的档案。后者对于作家生平研究尤其重要，但至今为止还未见有人涉及。

不能不提的还有传记：至今还没有一部梅娘传。"迷一样的梅娘"——撰写梅娘传，肯定会面临诸多挑战，史实辨析就是其中之一。是挑战，同时也是梅娘研究突破的机遇。梅娘传也可类型多样：文学故事类传记、学术考据类传记、评判质疑类传记。不妨先易后难。

梅娘研究的意义不仅仅在文学领域。

梅娘出生于已经割让给沙皇俄国的海参崴，成长和起步于伪满洲国都城"新京"，留学宗主国首都东京，侨居日本新闻报业中心大阪，活跃于汪精卫伪政权治下的华北政务委员会直辖市北京及沦陷区文坛，返回国共内战正酣的东北家乡，寓居光复后从日本殖民地回归中国版图的台北市北投区，千里迢迢从台湾奔赴北平投身即将诞生的新中国的文化建设，在经历了政治运动带来的七灾八难、游历世界各地之后，依旧坚守在北京农业电影制片厂的老宿舍楼里……再加上她的父亲从一个山东少年一跃成为东北富贾的闯关东神话中国版的美国西部梦,她那日据时期执掌华北作协又在战后国共博弈中扮演秘密角色,随着1949年1月27日驶往基隆的上海太平轮中途失事而留下不解迷局的丈夫柳龙光,她仅存的女儿历经跌宕起伏之后远嫁在中国改革开放大潮中最早投资北京房地产的北美人,从电影《祖国的花朵》中的少年先锋队中队委转身为洋商贵妇,一双孙女落户美国高科技聚集地硅谷和世界宜居城市之冠加拿大温哥华,"新时期"的新移民……

梅娘的人生历程和社会关联,融涵了并折射出近代中国一百多年以来的演化史,加以梳理和阐释,可以演绎出波澜壮阔的编年史大戏,是中国近代史研究上一个难得的个案。

时至今日,仍有观点对梅娘乃至沦陷区文学予以全盘否定:

> 梅娘40年代的作品,力图呈现的是女性、家族在殖民时代的历史。经过了五十多年的风雨沧桑,复出后在修订版中的解殖和重新建构的国家民族主义,都说明了殖民地文学(尤其是伪满洲国文学)在文学史上的"无史"或过分被拔高的历史境况。殖民化是一个从外到内的渗透演进过程。作家在前殖民时代的作品,以文学的"内部殖民"对特定历史时空的政治文化做出了反应。当全球进入后殖民时代,梅娘的作品也无法逃脱后殖民时代"自内殖民"的历史存在。正如哈贝马斯认为以"生活世界的殖民"来形容资本主义关系的深化和广化对生活的冲击。事实上,殖民化不仅指描述阶级、民族、文化、性别等不同范围的经验,它还包括对现实生活世界的冲突和影响。①

坚持认为"满洲国"没有文学或主要是汉奸文学的依据之一是,梅娘的回忆文字及其对旧作的修改。

关于沦陷区作家政治身份的界定问题,我曾做过一般性的概论。② 要想界定像梅娘这样的创作生涯漫长、呈现出多种面向的作家,需要对更多的问题做更细致的辨析。比如:

第一,关于"南玲北梅"之说。

---

① 王劲松:《殖民异化与文学演进——侵华时期满洲中日女作家比较研究》,博士论文,四川大学2007,第235页。又见王劲松、蒋承勇《历史记忆与解殖叙事:重回梅娘作品版本的历史现场》,《文学评论》,2010年第1期。

② 张泉:《殖民语境中文学的民族国家立场问题——关于抗战时期日本占领区中国文学中的亲日文学》,《汕头大学学报》2008年第2期。

第二，殖民地文学文本在恢复国家主权后的修订的问题。

第三，如何进行沦陷区文学的比较研究。

第四，沦陷区的普适文明规范的是与非。

第五，缘何殖民地作家能够被纳入文学经典。

还有更多的问题，无法一一展开。为便于这些问题的讨论，我在这里主要介绍和提出进行相关研究的两个背景性框架。

第一个背景框架，"记忆所系之处"历史解读法。

从广义上说，文学史是记忆历史的方式之一。

传统的历史叙事法大多预设历史是由一系列确定事物构成的组合体，历史书写只需对其加以整理、分析、排比，并予以均衡化的表述。法国历史学家皮耶·诺哈主编的《记忆所系之处》(1984—1992；台湾3卷本选译本，2012)，令人信服地证明，历史上的物质的或非物质的实体，经由时空的流转，其原来的意义一直在改变，并介入了历史的建构。① "记忆所系之处"的再现真实历史的方法，也给如何解读沦陷区文学，提供了颇具启发性的思路。

文学研究的对象主要是非物质的实体。根据作家在特定语境中的只言片语给文本贴上政治标签，是最省力的，但无助于还原历史。在知晓了记忆与历史间盘根错节的关联之后，我们或许能够以平和的心态看待作家的自述作品和修改作品。仅就殖民地文化、沦陷区文学而言，从形成到现在，已逾百年。期间，随着时世的变迁，有太多的记忆变化，以及意义的生灭演化。并不是所有的历史实体都是记忆的重点。或许，在作家的自述作品中发现一些"记忆所系之处"——区域、社群的象征性遗产，更有价值。

不过，仅仅"记忆所系之处"的历史研究方法，仍无法解释被纳入殖民体制的作家缘何也能被纳入中国文学经典的问题。中国现代文学是在西方列强入侵中国的过程发生的。在世界殖民史上，中国被殖民的情况与众不同。关注文学与外部殖民因素的关联，建构起具有中国特色的沦陷区文学多维殖民语境评价系统，或许有助于还原复杂多样的日本占领区文学样貌，及其在现代文

---

① 比如，物质的实体埃菲尔铁塔。它在1889年巴黎万国博览会前夕完工时，被视为"丑陋的"钢铁工程建筑物，反对的多，欢迎的少，当年曾签约确保20年内不被拆除。但到了今天，其意义经过千回百转，变成了象征法国浪漫的巴黎地标，同时又追加了代表19世纪末那美好年华的想象。又如，非物质的实体"自由、平等、博爱"。在18世纪末法国大革命时期，这个口号并未被制度化。它的内容和顺序，是后来逐步组合而成的，在升格为法兰西共和国的国家格言后，又被附会成法国大革命的象征。这个响彻世界的口号，在法国过去200年间的整合流传，既诠释了历史，也附着了法国人的集体记忆，揭示出国家身份内涵变化的轨迹。

学史上的位置及意义。[①] 为此,有必要引入第二个背景框架,即四个与殖民、殖民语境相关的宏观维度。

第一个维度,世界范围内的体制殖民、新殖民、后殖民三个殖民阶段历时演化维度。

实施领土占领的体制殖民阶段,从15至16世纪欧洲人的世界地理发现到1945年第二次世界大战结束,持续近三百年。在这个阶段,中国与其他许多被殖民国家的不同之处是:始于世界体制殖民的后半期(1840年);局部被殖民;20世纪30年代以后,日本逐步成为中国最大的和唯一的殖民者。

新殖民阶段,1945年至1970年代。政治独立后的新兴国家领导人发现西方列强通过军事基地、跨国公司、和平队等方式,继续对原殖民地国家实施政治控制和经济掠夺是一种新的殖民形式,需要加以警惕、批判和反抗。在这个阶段,中国大陆在两极对立的"冷战"格局中与西方隔绝,未受"新殖民"的影响,没有介入其中。

后殖民阶段,1970年代以后。在新的世界体系中,西方,特别是美国的文化价值观及文化产业对发展中国家的影响越来越大。源于西方学界的"东方主义"学说与现代、后现代理论结合,试图通过揭示西学谱系里的东方学真相,探寻西方的思想文化以及艺术的价值与传统在全球居于主导地位的现状和根源。由此,引发了以"文化霸权"批判为指标之一的"后学"热潮。在这个阶段,中国大陆实施"开放",逐渐全方位进入世界一体化,置身西方文化霸权、文化批判潮流。

梳理这一维度旨在提示,随着殖民阶段的转换,体制殖民期作家以及后来的殖民地文学研究者,在再建体制殖民期的文学记忆、文学想象和文学阐释时,他们的立场和视角在不同阶段会发生变动和漂移。中国的独特之处是,经过20多年"独立自主"的新型国家建设和意识形态改造,消除了殖民地的遗迹。而在许多原殖民地国家,仅就宗主国语言而言,至今仍是官方语言或流通语言。西方的后殖民理论所描述和依据的对象,是长时期全境被殖民国家的经验。在讨论中国沦陷区文学时,盲目套用"解殖""内部殖民""自内殖民""自内解殖""解殖处理""后殖民"等外来术语,于事无补,且平添含混。提升中国

① 参见张泉《殖民/区域:建构中国现代文学史的一种维度——以日本占领华北时期的北京台湾人作家群为例》,《文艺争鸣》2011年9期,以及《深化中国沦陷区文学研究的一种方式——东亚场域中共时的殖民体制差异/历时的时代转换维度》,《上海大学学报》2012年2期。本文在其基础上扩展为四个维度。

殖民地文学研究的水准，不是引进西方现成的“东方主义”，而是要与中国的实际相结合，构建一套适于中国半殖民地经验的“后殖民”话语。[①]

第二个维度，七七事变造成的中国现代文学史中的战前、战时、战后三个阶段的历时转换维度。

以1937年全面抗战爆发和1945年抗战胜利造成的这一历时转换，对于日本占领区文化、文学环境的影响尤为显著。殖民把内地日本占领区的新文学传统切断，直露的抗日文学不再，出现了北京梅娘、吴兴华，上海张爱玲、杨绛等一大批“异数”作家。但言说语境截然不同的战时沦陷区文学并非昙花一现。尘封多年之后，她们陆续被纳入民族国家文学谱系，各以其不可替代的新质，丰富了民国时期的中国文学。

第三个维度，中国全面抗战时期国统区、共产党抗日民主根据地、沦陷区三大区划间的共时体制差异维度。

1938年10月27日武汉全境沦陷，中国抗战进入战略相持阶段，形成了相对稳定的三大独立区划，中国反抗殖民的军事、政治、文化形态，呈现出多样性。对于中国沦陷区民众来说，国家认同实体中华民国一直存在，大大增加了日本殖民统治的难度。共时并存的国统区、共产党抗日民主根据地、沦陷区三大区域文学，也是第二次世界大战时期中国所特有的文学现象。在区域重要性上，沦陷区文学与其他区域没有区别，但由于言说语境迥异，在评价标准的政治内容方面，应当承认和正视差异，而不是以一个区划的政治标准来全盘否定另一个区划。

第四个维度，日据时期殖民地台湾、“满洲国”、沦陷区三种统治模式间的共时殖民体制差异维度。

1895年、1931年、1937年，日本殖民者分别在中国筹建三种殖民模式：台湾、关东州等纳入日本本土的割据模式；另立新国家的东北“满洲国”模式；僭越国民政府的内地伪政权模式。体制殖民期的军事占领，血与火的殖民、反殖民对抗，规约着殖民地文化，是决定殖民地文学基本面貌的要素。殖民地、“满

---

① 《历史记忆与解殖叙事：重回梅娘作品版本的历史现场》（《文学评论》2010年1期）一文称：“日军侵华时期中国沦陷区出现的殖民化现象，并未随着战争的结束而消失。殖民化成为一种文化记忆烙印在受殖主体无意识深处，使民族主体意识不能得到应有的位置。”这样的看法，正是照搬西方后殖民论述、无视中国在殖民阶段转换中所扮演的独特角色的必然结果。退一步说，该文所批判的梅娘添加抗日内容之举，不正是表明她转向或放大“民族主体意识”？何来在半个世纪的与世隔绝和思想改造后，“殖民化成为一种文化记忆烙印在受殖主体无意识深处”？

洲国”和沦陷区三种相互隔绝的模式之间,殖民内容和统治力度存在着差异性,即:文化统治的强度依次递减,直接意义上的抗日文学表达的空间依次递增,造成各地文学样貌的不同。在日据区域内的跨文化、跨域流动,促成各地文学场域的重组。三种殖民体制间的这一差异维度,是中国殖民地文学研究、特别是各沦陷区区域比较研究的结构性背景,也是各地文学评价政治标准差异化的依据之一。①

体制殖民阶段的“殖民”,是殖民者的政府行为,有整套的国家机器在维持运转。在世界殖民史上,各殖民地被殖民的时间长短不一,治理形态复杂多样,各国原住民就是在特定的殖民语境中一代代繁衍生息的。有人群的地方就有文学,文学也随着一代代人延续。

在中国,除日据50年的台湾外,殖民地文学没有超过一代就结束。梅娘在沦陷期大约12年间的虚构文学作品不是“殖民”,不是为虎作伥,而是一介少女的殖民地生存体验或感知。这个少女恰巧生在了一个极为特殊的大家庭,得以认识了各色人等,得以游走于不同类型的殖民地及宗主国之间,在阅历和观念上具备了新文学创作的条件,作品也就能够反映出殖民地一部分人的生活,以及殖民统治带来的影响。

在做殖民期的梅娘以及而后梅娘的文学道路等研究史时,将上述四个与殖民、殖民语境相关的宏观维度作为背景加以具体考量,或许有助于设身处地——在更为宽阔的视野中阐释研究对象,辩证地认识其文学活动中的殖民地痕迹,也有助于在中国现代史里构建更为客观的殖民地的文学想象和文学记忆。

期望两个背景性框架,对于研究作家记忆与中国20世纪文学史书写的问题,也有参考意义。

作者简介:

张泉,北京社会科学院研究员,研究方向为抗战时期文学艺术。

---

① 参见张泉《殖民语境中文学的民族国家立场问题——关于抗战时期日本占领区中国文学中的亲日文学》。

★ 思潮与运动

论《讲话》与《我们所需要的文艺政策》之异同[①]

洪　亮

[摘要]张道藩1942年发表的《我们所需要的文艺政策》(文中简称《文艺政策》)是正面阐扬国民党文艺政策的重要文本,它与毛泽东的《在延安文艺座谈会上的讲话》(文中简称《讲话》)具有潜在的对话关系,二者关注的问题颇有相似之处,如文艺与政治的关系问题、文艺的对象问题、创作方法与创作态度问题、"歌颂与暴露"问题等等。不过《讲话》将政党对文艺的要求阐释得明晰而系统,从方方面面为作家的创作提供了指针,而相形之下《我们所需要的文艺政策》则显得有几分暧昧,不是欲说还休、遮遮掩掩,就是模棱两可甚至自相矛盾。将这两个文本进行对比研究,可以清楚地看出抗战期间国共两党在文艺政策方面的得失。

[关键词]《讲话》;《我们所需要的文艺政策》;文艺的对象;创作态度;"歌颂与暴露"

1942年9月1日,《文化先锋》的创刊号上登载了署名张道藩[②]的长文《我们所需要的文艺政策》(下文简称《文艺政策》)。这是1949年以前正面阐扬国民党文艺政策的最重要文字之一,其历史价值不言而喻,而其中随处可见的含混、矛盾、犹豫不决,又十分耐人寻味。因此,近几年来该文引起了许多研究者

---

① 《讲话》即毛泽东《在延安文艺座谈会上的讲话》(文中简称《讲话》)。

② 按李辰冬的说法,该文实际是由他起草的,并经过了张道藩等人的讨论、修订(李辰冬:《抗战时期文艺政策的订立》,原载《中央月刊》第十一卷第9期,见李瑞腾编《抗战文学概说》,台北文讯月刊杂志社,1987年)。不过即便此说属实,既然该文由张道藩署名,且他也参与了修改讨论,就必然会体现他本人的意见。退一步说,无论作者是谁,该文作为宣扬官方文艺政策的文本属性都不会改变。

的关注,李怡、姜飞等先生都曾著专文探讨过这篇文章及其引起的争论。尽管研究者对《文艺政策》的讨论已相当深入,但笔者认为该文仍有继续开掘的空间,尤其是,多数研究者都提到这篇文章与毛泽东的《在延安文艺座谈会上的讲话》(以下简称《讲话》)具有潜在的对话关系,但是这两个文本之间的异同至今尚未得到详细的梳理。因此本文试图对《文艺政策》做进一步的详细分析,并着重探讨它与《讲话》的关系。

在进入对具体文本的分析之前,我们有必要了解一下发表《文艺政策》的刊物——《文化先锋》的创刊背景。《文化先锋》是国民党中央文化运动委员会的机关刊物,中央文化运动委员会于 1940 年 12 月筹组,次年 2 月正式成立,起初隶属于国民党中宣部,1943 年 9 月扩大编制,并改为直属中央,1949 年夏又并入国民党中宣部。在差不多整个 40 年代,这一机构一直是国民党对文化领域加以领导、控制的重要途径之一。张道藩不仅是它的创办者,而且自始至终都是它的实际领导者。不过在其成立之初的一年多时间里,这个以“综合各部门的文化工作,集中各部门的文化人才,并由中央主管,文化事业各机关一致参加,共同领导,以全力克服各种文化事业的困难,充实各种文化工作的内容,并统一全国文化运动的步骤与方针”[①]为宗旨的机构,并没有太多的积极行动,它的“成绩”远远不及国民党的另外两个“文化机构”——隶属于行政院的中央图书杂志审查委员会和隶属于军委会的战时新闻检查局。当然,仅靠消极的查禁书刊、压制反对派的言论来巩固自身的文化领导权,这是远远不够的,在共产党的宣传攻势面前,国民党的文化部门往往缺乏有成效的应对措施。尤其是在 1941 年初皖南事变(国民党方面称之为“新四军事件”,它恰好发生在中央文化运动委员会从筹备到成立的那段时间之内)发生后,国共两党之间表面上的团结变得越发难以维持,国内的政治斗争日趋激烈,中国共产党借此机会对国民政府展开了猛烈的宣传攻势,而国民党中宣部虽然为此专门拟定了所谓《特种宣传纲要》,试图把制造摩擦、破坏团结的责任完全推给中共一方,但从实际效果看,国民党在争取人心方面显然略逊一筹。一个明显的例证是:在皖南事变之后的一两个月之内,共产党的机关报《新华日报》在国统区的发行量已超过一万五千份,其影响力直逼《大公报》,竟让国民政府军委会办

---

① 《国民党中央宣传部文化运动委员会工作纲领》,《中华民国史档案资料汇编 · 第五辑第二编 · 文化(一)》,中国第二历史档案馆编,南京:江苏古籍出版社,1998 年,第 11 页。

公厅和中宣部手足无措。[①]

国民政府当然不会甘心在文化宣传方面一直处于劣势。1942 年 5 月 1 日，军委会在致教育部的一封密电中，明确提出要推动“民族文化”的建设，反对自由主义和共产主义的文化，[②]这可以看作国民党加强对文化领域的控制的一个信号。此后不久，又发生了一件颇令国民党的文化部门头痛的事，那就是毛泽东《讲话》在国统区的传布。《讲话》作于 1942 年 5 月，虽然直至 1943 年 10 月 19 日才在《新华日报》上正式发表，但它流布到国统区的时间却要早得多，目前有据可查的最早向国统区介绍《讲话》的文章，是刊登在 1942 年 6 月 12 日《新华日报》上的萧军的《对于当前文艺诸问题底我见》，该文介绍了延安文艺座谈会第一次会议的情况，并通过“立场、态度、给谁看、写什么、如何搜集材料、学习、补充几个问题”等几个小标题，基本完整地复述了毛泽东在《讲话》引言部分中提出的基本思想。这篇文章在国统区的见报，距离延安文艺座谈会结束仅仅二十天，由此可见共产党在意识形态斗争方面的动作之迅速。国民党方面对此自然不能视而不见，作为应对，他们必须设法提升其官方意识形态的影响力，并制定出相应的文化政策，而由张道藩领导的已经成立了一年有余的中央文化运动委员会，此时也不能不拿出一些实际的动作来。《文化先锋》就是在这样的背景下创办的。[③]

因此，《文化先锋》自创刊伊始就不可避免地要承担起意识形态斗争的任务，而张道藩的《文艺政策》则是该刊推出的第一篇重磅文章。然而了解了上述背景后再来看这篇文章本身，我们或许会感到有些奇怪：尽管题为“文艺政策”，但是“政策”制定者本应具有的权威在该文中却鲜有体现，相反，我们看到的往往是商量、让步乃至自我辩解的口吻。在正面阐释自己的主张即“三民主义文艺”之前，作者首先说：

本来文艺一向都在自由的环境下发展，虽然它无时无刻不反映政治，无时无刻不受政治的束缚，但始终是不自觉，无意识的，今将三民主义与文艺政策

---

① 《军委会办公厅关于抵制〈新华日报〉发行量猛增办法与国民党中央宣传部往来函电》，《中华民国史档案资料汇编 · 第五辑第二编 · 文化(一)》，第 530 页。

② 《军委会关于实施当前之文化政策与宣传原则致教育部密代电》，《中华民国史档案资料汇编 · 第五辑第二编 · 文化(一)》，第 14—19 页。

③ 倪伟称“张道藩依据蒋介石的有关训示创办《文化先锋》”（倪伟：《“民族”想象与国家统制》，上海教育出版社，2003 年，第 283 页），但未注明依据。笔者并没有发现其他一手资料表明《文化先锋》与蒋介石有直接关系，暂且存疑。

"相提并论",一定使许多人惊异,以为无稽之谈,或投机之论……封建社会、资本社会、共产社会都有它们独特的文艺,那末,较之它们更为完美的三民主义社会既是另一样社会意识的形态,为什么不能建立自己的文艺呢?封建、资本、共产社会都利用文艺作为组织民众,统一民众意识的工具,那末,我们为什么不能也拿文艺为建国的推动力呢?①

将三民主义理解为与封建、资本、共产社会相并列的"意识形态",这似乎略显古怪,正如李怡先生所指出的,一个重视"民族"、"民权"与"民生"问题的民国社会未必是世界与历史上的独特创造,封建主义、资本主义、共产主义的社会也有各自的"民族"、"民权"与"民生"设计。② 不过这里体现出的作者为三民主义文艺寻求合法性的艰难探索,却是显而易见的。紧接着,作者又对几种可能的反对意见一一作了解释,如:"有人要问,文艺作品是用意象来表现,政治理论是用观念来显示,那末,观念怎能变成意象,而意象又包含观念呢?意象与观念是两种判然殊异的东西,怎能并为一谈呢?""又有人要问,文艺作品的效果在美感,政治理论的效用在行动,那末,行动怎能变成美感,而美感中又怎能产生行动呢?美感与行动又是两种判然殊异的结果,怎能并为一起呢?"等等。作者如何对这些问题进行解释并不重要,重要的是其态度本身:"文艺政策"本应是政党进行思想控制的手段,它必然具有某种不容置辩的权威性乃至独断性,但是该文这种不断的自我辩解,实际上已经构成了对所谓"政策"的消解,而更像是一个文艺界中人在与同仁进行探讨。

在提出"文艺政策"之前,作者的态度已显得犹豫不决,而其提出的政策本身,也是模棱两可、含糊其辞。作者首先列举了三民主义"与文艺有关的四条基本原则":第一,三民主义是为全国人民求生存,所以我们的文艺要以全民为对象,绝对要泯灭阶级的痕迹;第二,三民主义是以事实定解决问题的方法,我们解决文艺问题的方法亦应考虑我们自身的现实,不能只一味移植西洋的"奇花异卉";第三,仁爱为民生的中心;第四,主张国族至上。由此,作者推论出新的文艺政策,即所谓的"六不"和"五要":不专写社会的黑暗,不挑拨阶级的仇恨,不带悲观的色彩,不表现浪漫的情调,不写无意义的作品,不表现不正确的

① 张道藩:《我们所需要的文艺政策》,《文化先锋》第一卷第1期(1942年9月1日)。下文引用同一篇文章时不再注明。

② 李怡:《含混的"政策"与矛盾的"需要"——从张道藩〈我们所需要的文艺政策〉看文学的民国机制》,《中山大学学报(社会科学版)》2010年第5期。

意识；要创造我们的民族文艺，要为最受苦痛的平民而写作，要以民族的立场来写作，要从理智里产生作品，要用现实的形式。这其中的种种矛盾是显而易见的，例如：作者虽强调“事实定解决问题的方法”，但又认为“总理已经将事实的材料摆在我们面前，我们从事文艺者只要在他的遗教里汲引材料，解决问题就够了”；在“六不”里有“不专写社会的黑暗”、“不挑拨阶级的仇恨”，但“五要”中又出现了“要为最受痛苦的平民而写作”。如此等等。对于这些矛盾，无论是当时与张道藩进行论争的梁实秋，还是今天的研究者，都从各种角度做过论述与分析，故本文不再赘述。①

如前所述，《文化先锋》的创刊有一个重要背景，即《讲话》在国统区的传布。而张道藩的《文艺政策》则明显带有与《讲话》唱对台戏的意味，只不过没有讲明而已。其原因按照张道藩后来的说法，是“那时正是‘国共合作’期间，共产党虽然蓄意自毁诺言，我们不能不顾全大局；许多话都不便明说，只能从字里行间来暗示”②。不过虽然同为“文艺政策”③，这两个文本却呈现出了截然不同的面貌，它们之间的反差是饶有意味的。

尽管政治立场相反，但是《讲话》与《文艺政策》所关注的问题其实非常相似。首先，二者都谈到了文艺与政治的关系，只不过不同于《文艺政策》的犹豫不决、底气不足，《讲话》在此问题上的态度则是斩钉截铁，其引言部分就指出：“我们今天开会，就是要使文艺很好地成为整个革命机器的一个组成部分”，结论部分又说：“无产阶级的文学艺术是无产阶级整个革命事业的一部分，如同列宁所说，是整个革命机器中的‘齿轮和螺丝钉’，因此，党的文艺工作，在党的整个革命工作中的位置，是确定了的，摆好了的。”④显而易见，在毛泽东那里，文艺从属于政治甚至从属于政党，这是理所当然、绝对不容商量的，而张道藩却毫无这样的气魄。

其次，“为什么人的问题”也是《讲话》与《文艺政策》共同关注的。《讲话》

---

① 参见李怡：《含混的“政策”与矛盾的“需要”——从张道藩〈我们所需要的文艺政策〉看文学的民国机制》；姜飞：《文艺与政治的合纵连横——关于抗战时期“文艺政策”的论战及其他》，《现代中国文化与文学》第九辑，巴蜀书社，2011年；计璧瑞：《张道藩与国民党的文艺政策》，《中国现代文学研究丛刊》2012年第1期。

② 赵友培：《文坛先进张道藩》，台北：重光文艺出版社，1975年，第194页。

③ 关于《讲话》的性质，研究者往往将其理解为毛泽东的文艺思想、文艺理论，而袁盛勇先生则令人信服地指出：它其实是共产党的“文艺政策”，如何实现“党的文学”才是它要处理的核心问题。参见袁盛勇：《〈讲话〉的边界和核心》，《文艺争鸣》2012年第5期。

④ 毛泽东：《在延安文艺座谈会上的讲话》，《解放日报》1943年10月19日。下文引用同一篇文章均出自此版本，不再注明。

中的表述是:文艺是为着"人民大众"的,亦即据说占人口总数百分之九十以上的"工人、农民、兵士和城市小资产阶级"。《文艺政策》则与此针锋相对:"我们创造三民主义文艺的对象是那些呢?是'全民众'。以往的作家都多少带点阶级性,我们要绝对泯灭阶级的痕迹而创造全民性的文艺。"如此肯定的语气,在整篇《文艺政策》中几乎是绝无仅有的,这自然是因为强调阶级性还是民族性是国共两党分歧的最重要焦点,所以张道藩无论在什么地方让步,也不能在此处让步。如果说张道藩关于文艺与政治关系的"答辩"可以看作以自由主义作家为假想敌的话,那么在文艺的对象问题上,他则是与共产党直接对垒,所以他必须拿出尽量强硬的姿态来。

再次,与"为什么人的问题"密切相关的,是作家的创作方法与创作态度的问题,这在《讲话》与《文艺政策》中也都有各自的表述。二者都对那种"为艺术而艺术"的态度进行了严厉的批判,《文艺政策》一上来就说:"抗战后我国文艺界起了变化,走出象牙之塔而趋向社会,趋向大众。文艺已不是有闲阶级的唯美主义者们在贫乏的内容上玩弄文学的东西,而变成了抗战的生力军。它负起了唤起民众,组织民众的积极责任。它摆脱掉专门学者,美学家,以及超然派的文艺家们的羁绊,而跳到从事社会工作者的怀里,与抗战建国发生关系。唯智主义的美学原理,文艺原理……与现实社会脱节,而不够作文艺创作的指导。"《讲话》中关于普及与提高关系的论述、对所谓"阳春白雪"的讽刺等等,都体现了与之类似的观点,但《讲话》显然走得更远,它所要求于作家的并不只是"唤起民众,组织民众"——这在毛泽东看来仍然过于高蹈——而是要"和群众打成一片",甚至在"群众"面前认识到自身的罪恶:"拿未曾改造的知识分子和工人农民比较,就觉得知识分子不干净了,最干净的还是工人农民,尽管他们手是黑的,脚上有牛屎,还是比资产阶级和小资产阶级知识分子都干净。"这里所说的已经不是创作态度,而是阶级意识了,如此居高临下的对于知识分子的审判,可谓非政治家的大手笔莫办。张道藩固然可以抨击"有闲阶级的唯美主义者",但他绝不敢向整个知识分子阶层宣战。

另外,《讲话》与《文艺政策》还会不约而同地提到一些具体的创作问题,其中最突出的便是"歌颂与暴露"问题。《讲话》批判了各种由于"缺乏基本的政治常识"而引起的"糊涂观念",其中大部分都与此问题有关,如"从来的文艺作品都是写光明和黑暗并重"、"从来文艺的任务就在于暴露"、"还是杂文时代,还要鲁迅笔法"、"我是不歌功颂德的,歌颂光明者其作品未必伟大,刻画黑暗者其作品未必渺小"等等,如此不厌其烦的列举,表明了毛泽东对于"歌颂与暴露”问题的重视程度。无独有偶,《文艺政策》中提出的“六不”之第一条,就是“不专写社会的黑暗”。不过在两篇文章相似的表述背后,却存在着完全不同的逻辑:张道藩首先是承认黑暗的存在的,他在文章中会提到“军阀的跋扈,内战的频仍,政治的黑暗,官僚的贪污,社会的紊乱,民生的痛苦,教育的失轨,青年的堕落”等等,他只不过要强调指出,文艺的任务并不仅仅是反映社会现实,还要用理想去“改造现实、发展社会、美化生活”,所以他批评“一般人对三民主义的理想社会还无深刻的认识”,强调作家对社会要有“整个的认识,整个的理想,整个的改造办法”。不过既然是讲改造现实,那就要首先认清现实中的缺点,所以在张道藩的逻辑中,“暴露黑暗”并没有被完全否定,他只是强调不能“专写”黑暗而已。至于《讲话》,则将“歌颂与暴露”问题直接与作家的阶级立场捆绑在了一起:“你是资产阶级文艺家,你就不歌颂无产阶级而歌颂资产阶级;你是无产阶级文艺家,你就不歌颂资产阶级而歌颂无产阶级和劳动人民:二者必居其一。歌颂资产阶级光明者其作品未必伟大,刻画资产阶级黑暗者其作品未必渺小,歌颂无产阶级光明者其作品未必不伟大,刻画无产阶级所谓‘黑暗’者其作品必定渺小。”这种二元对立的表述是何等的简洁明快,在此逻辑之下,歌颂与暴露的对象被做了严格的规定,如若违反,那就不是文艺问题,而是政治立场问题。毛泽东也不是完全否认革命队伍内部存在缺点和不足,但是写工作中的不足“只能成为整个光明的陪衬”,而人民大众的缺点只能“用人民内部的批评和自我批评来克服”。如此一来,“歌颂与暴露”的问题就被解决得干净彻底,而绝不像《文艺政策》那样拖泥带水。

总的来看,作为“文艺政策”的《讲话》确实远比《文艺政策》更加货真价实。《讲话》将政党对文艺的要求阐释得明晰而系统,从方方面面为作家的创作提供了指针,而相形之下《文艺政策》则显得有几分暧昧,不是欲说还休、遮遮掩掩,就是模棱两可甚至自相矛盾。难怪后来台湾的文学研究者在回顾这段历史时会说:“这一篇文字,严格说来,算不上文艺政策,只是张道藩对于文学创作的讨论。”[①]在这场“文艺政策”的对垒中,国民党一方的失败是显而易见的,不过这并不能归咎于张道藩(或许还包括李辰冬等人)的无能,而是因为:此次对阵的双方根本就不在一个层次、一个级别上。毛泽东作为政治领袖,他和他的政党不仅在其统治区域内拥有充分的控制力,而且在全国范围内都具有相当的影响力和感召力,所以毛泽东在制定文艺政策时,可以集政治上的权威性

① 周锦:《中国新文学史》,台北:长歌出版社,1976年,第554页。

和道德上的优越感于一身，并且他可以有充足的自信，确信其文艺政策将得到坚定不移的贯彻和执行，所以在他的发言姿态中，我们看不到丝毫的犹豫。而张道藩等人则恰恰相反，他们只是国民党的文化官员，而且自身也具有文人身份，所以他们一方面缺乏高屋建瓴的气势，对于制定“文艺政策”一事本来就未必有多少自信，另一方面，他们又不能忘记文艺创作有其自身的规律，无法完全被政治所规约，这样一来，他们在发言时就只能采取商量的口气，而且有时难免陷入进退失据、左右为难的窘境。

有论者认为，由于张道藩等“文艺政策”推行者自身的身份矛盾，“最终为中国文学的民国官方控制留下了诸多的漏洞和破绽，当然，也就为文学的发展腾挪出了可观的自由空间”①。如果单从《文艺政策》这一文本来看，上述结论无疑是成立的。不过需要指出的是，“文艺政策”绝不是国民党用来控制文艺的唯一手段，消极的审查、禁毁书刊与积极的制定文艺政策，在国民政府的文化部门看来应该是相辅相成的，而且前者的作用有时甚至更加重要。1938 年7月，国民政府颁布了抗战期间的图书杂志审查标准，其中开列了种种应该加以禁止的“不当言论”，我们不妨摘录数条如下：

(甲)谬误言论：

三、立论态度完全以派系私利为立场，足以妨碍民族利益高于一切之前提者；

四、其鼓吹之主张不合抗战要求，足以阻碍抗战情绪，影响抗战前途者；

五、故作悲观消极论调，或夸大敌人，足以削减抗战必胜之信念者；

(乙)反动言论：

五、鼓吹偏激思想，强调阶级对立，足以破坏集中力量抗战建国之神圣使命者。②

如果将张道藩在《文艺政策》中列举的所谓“六不”与上述禁令做一番对比，我们不难发现其间存在的颇令人尴尬的联系。张道藩等人的文人身份会影响到其制定的文艺政策，使其出现裂隙，这固然是事实，但他们的文化官僚

---

① 李怡：《含混的“政策”与矛盾的“需要”——从张道藩〈我们所需要的文艺政策〉看文学的民国机制》。

② 《国民党修正抗战期间图书杂志审查标准》，《中华民国史档案资料汇编·第五辑第二编·文化(一)》，第 552—553 页。

身份在此至少也是同等重要的，所以尽管他们的言论有时会显出几分温和，但我们不能因此而忘记站在他们背后的是一个推行严厉的文化专制的政府。总之，面对《文艺政策》这样一个相当复杂的文本，我们一方面要注意到其内在的矛盾与裂隙，另一方面也不能将这种裂隙过分夸大，尤其是，当我们通过作为文本的"文艺政策"来考察特定历史社会条件下的文学空间的实际样态时，更应格外小心。

作者简介：

洪亮，中国社会科学院研究生院文学系博士生，研究方向为中国现代文学。

抗战结束后中等教育权势的转移
——以中学国文教科书的编写为视角

李 斌

[摘要]抗战爆发后,国民政府推行中小学部分教科书国定制,并编出《初中国文甲编》,令全国中学采用。《初中国文甲编》的核心目的,是落实蒋介石抗战时期教育思想,提倡"智仁勇"、"礼义廉耻"、"忠孝仁爱信义和平"等传统观念。抗战胜利后,国民政府将国定本推向收复区,不仅受到出版商的抵制,而且受到民主人士的强烈谴责。在此情况下,开明书店新编中学国文教科书,站在人民大众的立场,呼应争取民主的时代潮流,表现对人民民主的渴望。两套不同的教科书揭示了40年代政府和民间在国文教育上的不同侧重,并昭示了中等教育的权势从政府向民间的转移。

[关键词]中学国文教科书;民主;国民政府教育部;开明书店

抗战爆发后,"向来出版教科书的各大书局除正中外,最初都没有迁往后方,于是教科书的印刷运输都感困难,供应数量大量减少。一方面学校和学生数增加,另一方面教科书供应量减少,于是供不应求,形成普遍'书荒'",新印的教科书"版本缩小,纸张恶劣,印刷模糊",引起了普遍关注。[①] 冯玉祥在1943年给教育部长陈立夫的信函中指出,后方教科书"纸张印刷多不清晰,且易磨损,儿童目力实多伤害"[②],要求教育部设法改善。

国民政府抓住这一时机,推行蓄谋已久的中小学教科书国定本发行制度。早在1934年,教育部就曾组织教科用书编辑委员会,中小学教科书"多数完成,其中一部分并经印行试用。"[③]1935年11月,国民党第五次全国代表大会

---

① 陆殿扬:《中小学国定教科书编纂之经过及其现状》,《中华教育界》复刊第1卷第1期,1947年1月15日。

② 沈岚:《冯玉祥关于改善小学教科书现状与陈立夫往来函》,《民国档案》2002年第3期。

③ 《编辑经过》,国定本《初中国文甲编》(第一册),重庆白报纸本,1946年第1版。

宣言第三纲“弘教育以培民力”中第一目即为“实行教科书之统一与改良”。1938 年，国民党临时全国代表大会在武昌召开，会议通过的《战时各级教育实施方案纲要》指出：“对于各级学校各科教材须彻底加以整顿”，“先编辑中小学公民、国文、史地等教科书”。[①] 同年，蒋介石手谕教育部“令即改编中、小学国文、史地、常识诸科教科书。”[②]教育部组织人员“草订或修正各级学校各科课程标准，再依照课程标准订定各科教材要目，以为选择教材及编辑教科书之标准”[③]。复于同年夏“在汉口招考编辑人员”。[④] 随后改组教科用书编辑委员会。1942 年 1 月，“扩大国立编译馆的组织，把教科用书编辑委员会并入国立编译馆为教科用书组，由陈部长自兼馆长，切实领导，积极进行。”[⑤]“先后延聘张道藩、许心武二公为本会主任委员，领导工作，聘梁实秋、李清悚二位为本会中、小学教科书编辑组主任，主持编辑。”[⑥]在国定本教科书编辑出版达到一定规模后，教育部命令各省市，“小学各科及中学公民、国文、历史、地理四科各校必须采用部编课本，不得歧异”，且“各出版家已将原有同科旧本的纸型封存销毁，不再印售”。[⑦]

一、体现国民政府教育思想的《初中国文甲编》

1940 年 7 月，教育部公布《修正初级中学国文课程标准》与《修正高级中学国文课程标准》。《修正初级中学国文课程标准》建议初中国文“教材可分甲、乙、丙三编”。不久后，国立编译馆所编之《初中国文甲编》开始出版，而乙、丙编始终未见出书。

《初中国文甲编》编辑人员包括桑继芬、徐世璜、彭阜午、羊达之、吴伯威、徐文珊、方阜云等，国民党内的文化人几乎都位于订阅者之列。该书共六册，由正中书局、商务印书馆、中华书局、世界书局、大东书局、开明书店、文通书局所组成的国定中小学教科书七家联合供应处在上海、重庆同时印刷发行。“预

① 《中华民国史档案资料汇编·第五辑第二编·教育(一)》，中国第二历史档案馆编，南京：江苏古籍出版社，1997 年，第 14 页。

② 《编辑经过》，国定本《初中国文甲编》(第一册)。

③ 《中华民国史档案资料汇编·第五辑第二编·教育(一)》，第 14 页。

④ 吴伯威：《关于国定本中学国文》，天津《大公报》1947 年 2 月 21 日第 1 张第 3 版。

⑤ 陆殿扬：《国定教科书编印经过及现状》，《出版界月刊》第 1 卷第 6、7 期合刊，1944 年 8 月 15 日。

⑥ 《编辑经过》，国定本《初中国文甲编》(第一册)。

⑦ 陆殿扬：《中小学国定教科书编纂之经过及其现状》。

定以一年为试用期间，再由国立编译馆加以修订，以后并期每三年或五年修订一次，务期成为一完善之课本。"[①]就笔者所见资料来看，该书至1947年已完成了第二次修订。第二次修订本由中华书局单独印刷发行。由于教育部禁止其他同类教科书发行，这套教材发行量很大，笔者所见的上海白报纸本第六册于1945年10月出第1版，至1946年12月，已出至第140版，创造了民国时期中学国文教科书印刷次数的新高。

《初中国文甲编》主要凸显了抗战时期国民政府的教育理念。

1939年1月，国民党五届五中全会在重庆召开，会议主题是"整顿党务"。蒋介石作了《唤醒党魂、发扬党德与巩固党基》及《整顿党务之要点》的演讲，提出"党德"是"忠孝仁爱信义和平的八德"与"智仁勇三德"。[②] 所谓"忠孝仁爱信义和平"、"智仁勇"，以及此前不久新生活运动中引为依据的"礼义廉耻"，在时人看来，实质是上一致的。一本阐释蒋介石教育思想的小册子说："礼义廉耻四维是总裁伦理思想的骨干，'忠孝仁爱信义和平'八德与'礼义廉耻'四维在渊源上是一贯的，在本质上是一致的，所以我们可以说'四维八德'都是总裁提倡的国民道德标准。"[③]

《初中国文甲编》最后一课的题解为："今我国教育当局，秉承蒋委员长之指示，将'礼义廉耻'订为全国各级学校共通之校训，并以'忠孝仁爱信义和平'八德以及'青年守则十二条'颁布各级学校，作为训练青年之标的，则和我国教育之一贯宗旨，固仍先王立教之本意也。"[④]这说明编者将"四维八德"作为《初中国文甲编》的核心主题，是为了体现当局的教育观念。

《初中国文甲编》第四册选蒋介石《新生活运动的目的》与陈立夫《新生活运动与礼义廉耻》。《新生活运动的目的》称："新生活运动的目的，第一是要使各个人做一个强健的国民。""要做一个合乎时代的国民，强健的国民，就一定要做到新生活的规律。新生活运动的规律，如明礼义、知廉耻、守规矩、爱清洁等等，都是告诉大家做一个良好国民的道理。"《新生活运动与礼义廉耻》"阐明新生活运动所揭示之礼、义、廉、耻四大目标对于生活各方面之关系；俾国人对

---

① 《编辑经过》，国定本《初中国文甲编》(第一册)。

② 蒋介石：《唤醒党魂、发扬党德与巩固党基》，《五中全会宣言及总裁训词》，空军军官学校印，1939年8月。

③ 张志智、姚欣宜：《总裁的教育思想》，重庆：国民图书出版社，1942年，第26页。

④ 《初中国文甲编》(第六册)，上海白报纸本，1946年。

新生活运动之意义，能获得更明确之认识”①。这两篇文章在全书中占据核心位置。编者认为“四维八德”来自传统思想，是“先王立教之本意”，为了强化“四维八德”的教育，除蒋介石和陈立夫的文章外，《初中国文甲编》还选了部分古人和同时代人的相关文章，如顾炎武《廉耻》、孟子《人皆有不忍人之心》章、《战国策》中的《冯谖客孟尝君》等，在课后题解中都强调礼义廉耻和忠义仁信等传统道德观念。

《初中国文甲编》几乎每学期都设计一至两个星期专门学习提倡孝悌的作品。第一册选朱琦《北堂侍膳图记》，“以为世之远游而忘其亲者戒”；选王拯《媭碪课诵图序》，“记其姊之教”；选胡适《我的母亲》、蒋中正《慈庵记》两篇纪念母亲之作，且其间附以白居易《慈乌夜啼》《燕诗》，写小动物的护犊之情。第二册选冰心《寄小读者通讯（十）》，“系回忆儿时琐事之叙述，就中写母子之爱，极为挚切动人”；选叶绍钧《地动》，也是写亲情的；编者感慨“孝悌系为我国固有之道德，而后世于为孝则易，为悌则难”，故选黄宗羲《万里寻兄记》、蒋衡《鞭虎救弟记》两文，“足以垂教友爱”。此外还选归有光《项脊轩志》、袁枚《祭妹文》、蒋士铨《鸣机夜课图记》、朱自清《背影》、谢婉莹《南归序引》、刘向《孝女缇萦传》、班昭《为兄超代求疏》等作品，都为引导学生形成孝悌的观念。

蒋介石在《唤醒党魂、发扬党德与巩固党基》中对“智、仁、勇”的阐释，直接来自孙中山《军人精神教育》。《初中国文甲编》也从《军人精神教育》选《勇》这篇作品，称“国父以智、仁、勇为军人精神之要素，能发扬此三种精神，始可救国救民。本文申述勇之定义、勇之种类及军人之勇三者，极为详尽，匪特可为军人教育之典，抑亦可为青年训练之指南针”。此外，编者还选了很多有关“智、仁、勇”的作品。选梁启超《为学与做人》，说明“求学与为人，均应以智、仁、勇三者为基础”；选李石岑《青年的三大修养》，“此文专对中学生而言，引证孔孟学说，以明智仁勇三达德之可贵，且足以为立身之本者”；选孟子《鱼我所欲也章》，题解为“‘杀身成仁，舍生取义’为儒家之中心思想，贤者独能为之，此贤者所以为大智、大仁、大勇之人也。此意与精神总动员之意义，及国父心理建设之主旨相吻合”。除这些内容直接涉及智、仁、勇的课文外，编者还能将所选传记和文学作品中的人物解释成“智、仁、勇”的楷模。选《固安一农妇》，写抗战时期一农妇手刃七名日本兵的事迹，编者赞其“以一人而刃七敌，其人则智勇

① 《新生活运动与礼义廉耻》题解，《初中国文甲编》（第四册）。本节所引文字，除特别说明外，均来自相关课文的课后“题解”，不再一一注明。

兼备,其事则壮烈励人";选包公毅《亚美利加之幼童》,"本篇乃自《馨儿就学记》中选出。其主旨在示儿童爱其国家,当有具体表现。此书为含有教育意味之小说,所叙多与儿童之立身、行事有关,期在造成儿童智、仁、勇三达德";选陆次云《费宫人传》,编者赞其"以一身居宫禁之弱女子,而有过人之胆识,大智大勇,足为后世之楷模,亦足为大地存正气,为民族增光荣"。

"四维八德"和"智、仁、勇"是《初中国文甲编》的灵魂,也是国民党在抗战时期大力彰显的传统思想。同时,《初中国文甲编》还在两个方面有所侧重:一是选入有关抗战中英勇行为和历史上民族英雄的文字;二是选入大量国民党"党义文选"。

《初中国文甲编》选了不少反映抗战中英勇事迹,激励士气的作品。选描写正面战场的孙怒潮《光芒万丈的台儿庄》,编者介绍说,"此一役,奠定国人胜利之信念。"选反映国民党高级将领抗战殉国的《张自忠将军传略》与《悼郝梦龄》,前者"叙张将军殉国始末,写其作战之英勇,与夫临终遗言之义烈,皆更衬出其伟大的人格"[①],后者系张发奎所作,"可以激励国人同仇敌忾之气,则其予后人之影响尤为重大";选反映空军将士殉国的《壮哉空军烈士阎海文》与《念粹刚》,前者写阎海文"视死如归、凛然大节",后者系空军烈士刘粹刚的夫人许希麟哀悼其夫的书信体文字;选反映下级军官抗敌的卢前《书史贯一》与翁照垣《一个军官的笔记》,前者"系记抗战中一游击队长故事,史贯一为太行山附近地区某游击队司令。转战大河南北,不断予敌人以重创。后敌以飞机轰炸,不及避,遂殉国",后者虽反映"一·二八战役",但跟前面数篇文字相同,都属反映抗日事迹。

此外,《初中国文甲编》还选了一些历代民族英雄的作品和传记。选岳飞《五岳祠盟记》与《论恢复疏》,后者"文虽简短,然忠君爱国之情,洋溢于词表"选史可法《请励战守疏》,"其公忠体国之情,溢乎言表";选林振镛《左宝贵死难记》,反映左宝贵在平壤以死拒敌、壮烈殉国的事迹,为坚定左宝贵抗敌的决心,其母自经,妻儿跳井,令人印象尤其深刻。

1940 年颁布的《修正初级中学国文课程标准》、《修正高级中学国文课程标准》要求选读"党义文选"和"总裁言论"。《初中国文甲编》选了很多这类文字,包括"中山先生传记"4 篇,"中山先生遗著"5 篇,"中山先生演说词"2 篇,"革命

① 《张自忠将军传略》提示,《国定本初级中学国文辅导书》(第一册),上海:大中国图书局,上海白报纸本,1946 年第 1 版。

先烈遗著"4 篇,"革命先烈传记"4 篇,"中国国民革命史实"1 篇,"总裁言论"11 篇,"党国先进言论"15 篇。所有"党义"文选加起来占课文总数的近 22%。

二、舆论对《初中国文甲编》的批评

《初中国文甲编》选入大量"党义文选",推行党化教育,在抗战胜利后受到舆论抨击。

傅彬然在《文汇报》批评这套教材"党化气味太重,历史材料强调汉族本位,所选的古文包含封建思想太浓,这都与今后我国民主宪政的政制不合,也就违反了社会本位的原则"①。邓恭三在《大公报》"星期论文"栏批评其为"荒唐悠谬,绝后空前的坏教科书"②。史永在《民主》周刊批评其"枯燥"③。孙起孟、庞翔勋将舆论对该套教材的批评归结为四点:"一,为迎合政府的意思,排斥了许多进步人士的优秀作品,胡乱凑些党国要人的文字,这些文字,大多不是失之太深,便是技巧平庸,不值得作为范本;二,因为要趋时,强调了战时色彩,于是不管值不值得给中学生阅读,只要是抗战,飞行,体育等材料,一律采入,滥竽充数;现在看来,真觉得无一是处;三,部颁的课程标准虽仍多可以考虑的地方,但总比较合理,例如关于文言与白话,记叙、说明、议论各种体裁,都有一定的比例,国定本为了杂凑要人作品,竟'大大地破坏了这比例'(编者吴伯威语),弄得不伦不类;四,为了要达成政府思想训练的目的,排列单元以内容为标准,破坏了文章体制和技能的程序,简直成了公民教本。"④

在舆论的强烈抨击下,要求取消教科书国定政策的呼声也逐渐高涨。"国定教本,未必是最完善的教本,倒不如让书局或私人去自由竞争,使坏的教本自然淘汰,好的教科书便可以与时俱进了。"⑤国定《初中国文甲编》编者吴伯威也认为:"现在这套中小学教科书,大部可以废弃,应即从速改编新本","政府一方面认真用力自编,一面也要鼓励各书店编印"。⑥ 同时,各地谣传,教育部政策放开,允许私自出版中小学教科书。"国定各级教科书本身,应修改重订者甚多,各书局自可自行编辑,送教部审核后,各审定本即可印制发行,各学校

---

① 《抢救在学青年!》,《文汇报》1946 年 8 月 18 日第 6 版。

② 邓恭三:《荒谬绝伦的国定本教科书》,天津《大公报》1947 年 2 月 2 日。此文不久后就被《时代文摘》1947 年 1 卷 7 期转载,影响很大。

③ 史永:《取消掺杂法西斯思想的国定教科书》,《民主》第 29 期,1946 年 5 月 4 日。

④ 孙起孟、庞翔勋:《选本的阅读》,《中学生》第 187 期,1947 年 5 月 1 日。

⑤ 王庸:《谈教科书》,《文汇报》1946 年 6 月 20 日第 4 版。

⑥ 吴伯威:《论教科书问题》,天津《大公报》1947 年 2 月 13 日第 1 张第 3 版。

教师可自由选择采用”。[①]“闻教育部日前例会,已决定修改国定本为审定本。发由各书局发行外,中小学教科书之编印,决完全开放,准各书局自行编订教本,发行市面,由各学校自由选择,以期在自由竞争中,使教科书有所改进。”[②]参与国定本编辑事宜的陆殿扬不断撰文,解释国定本是在后方教科书供应不足,印刷质量差的情况下,教育部为使学生有书读,方才编辑出版。这说明陆殿扬本人对于复员后继续使用国定本也心存怀疑。教育部长陈立夫面对各方批评,也于1947年2月2日下午3时召集会议,宣称“至将来或专立机构编辑或开放编辑,亦在考虑中;接受各方之批评,以为改进的借镜”[③]。同年3月4日《大公报》载,南京教育问题座谈会上,“无一人赞成限用国定本”[④]。国定本的权威已根本动摇。而各地中学,多有废置国定教科书,自编教材的。孙绍振回忆说,他的语文老师“不大理睬‘国定教科书’,常常把冰心的《寄小读者》成批地印发给我们,有的还当做‘说话’课的教材”[⑤]。

1940年起,商务、中华、世界等大书局就不再新编中学国文教科书,而以叶圣陶为首的开明书店编辑部对中学国文教学一直非常热心。所以“不少读者写信给开明编辑部和《中学生》杂志社,希望开明书店出面编辑新的国文课本,以突破教育部对教本的封锁。”[⑥]

三、开明新编国文读本中的“人民民主”

1946—1949年,以叶圣陶为核心的开明书店编辑部,面对国内时局的变化,立场已非常坚定,其所编之开明新编国文课本,跟国定《初中国文甲编》在价值导向上自然不同。这主要体现在《开明新编国文读本甲种》与《开明新编高级国文读本》中。

开明新编国文读本中没有一篇“党义文选”。不仅孙文、蒋介石、陈立夫等人的名字没有出现,凡有关三民主义和国民党的文章都未选入。编者覃必陶在追忆《开明新编国文读本甲种》时说:“白话文读本对选文的标准作了明确的

---

① 《国定教科书将开放印刷发行了!》,《豫教通讯》第2期,1946年11月30日。

② 《教育部取消国定本》,《益世周刊》第27卷第22期,1946年12月1日。

③ 兆梓:《我也来谈谈国定本教科书》,《新中华》复刊第5卷第4期,1947年2月16日。

④ 《中小学教科书问题经教育问题座谈会讨论无一人赞成限用国定本》,天津《大公报》1947年3月4日第1张第3版。

⑤ 孙绍振:《我学语文的根本经验:着迷》,钱理群、孙绍振《对话语文》,福州:福建人民出版社,2005年,第115页。

⑥ 覃必陶:《〈开明新编国文读本〉出版追忆》,《我与开明》,北京:中国青年出版社,1985年。

规定，‘希望切合读者的生活与程度。就积极方面说，足以表现现代精神的，与现代青年生活有关涉的，为现代青年所能了解、所能接受的那些文篇才入选’。这条标准所涉及的范围实际上是非常广泛的。就国际范围来说，争取人民民主和自由，争取民族解放，肃清法西斯危害，争取世界持久和平；就国内来说，反内战，反侵略，反独裁，争取民主与和平，争取言论自由，……等，都可以说是现代精神的表现，也是世界潮流的趋归，也是人心所向。”[①]简单说来，开明新编国文读本所体现的主导价值观念，是“人民民主”。

国定本《初中国文甲编》所选反映抗战的文章多是正面战场的报道或国军英雄人物的评传，像张自忠、郝梦龄、阎海文等。开明新编国文读本也反映抗战，但跟国定本《初中国文甲编》取径不同。开明新编国文读本多选著名作家所写平凡人物在战争中的表现和情感，体现了抗战属于人民而非仅仅属于英雄人物的价值导向。《开明新编国文读本甲种》选叶圣陶的《春联儿》和《我们的骄傲》。《春联儿》写车夫老俞“做人、做国民、做父亲的态度”，他无时无刻不想念着前线抗战的儿子，但又明白，“国仗打不胜，谁也没有好日子过，第一要紧是把国仗打胜，旁的都在其次”。《我们的骄傲》写叙述者小时候的老师黄先生拒绝伪政府的诱惑，从沦陷区逃出来跟学生相会。作为教师的黄先生，认为在这个严重的时代，人必须“在书本子以外懂得些什么，做得些什么”，“怎么能借了教育的名义，去教人家当顺民当奴隶呢？”《开明新编高级国文读本》选叶圣陶《邻舍吴老先生》，撤到四川的吴老先生当得知沦陷的家乡人们被日本人评为“最出色的中国人”后，再也不随时准备回去了，他说“日本人口里评定的，咱们不能跟他们一伙儿住”。老俞、黄先生、吴老先生都体现了抗战期间普通中国人的气节。两套教科书从冰心抗战期间“轰动文坛，莫不称为名者”[②]的《关于女人》中选了《我的同班》、《我的学生》两篇。《我的同班》写活泼可爱的同班同学李大姐在“七七事变”后的北平劝说叙述者，“我们都走吧，走到自由中国去，大家各尽所能，你用你的一支笔，我们用我们的一双手，我相信大后方还用得着我们这样的人！”抗战爆发后，她果然“在西南的一个城市里，换上军装，灰白的头发也剪短了。她正在和她的环境快乐地、不断地奋斗，在蛮烟瘴雨里，她的敏捷矫健的双手，又接下了成千累百的中华民族的孩童”。《我的学生》写我的“生在上海，长在澳洲，嫁在北平，死在云南”的学生，不顾出生条件

① 覃必陶：《〈开明新编国文读本〉出版追忆》。

② 《关于女人》广告，《国文月刊》第46期封底，1946年8月20日。

的优越,在大后方过着艰难的生活,任何困难,她都认为"真好玩",因为这是中华民族在抗战中复兴的特殊时代。《开明新编高级国文读本》还节录了曹禺名剧《蜕变》第四幕,表现丁大夫"怎样尽着她对伤兵的责任,又怎样尽着她对儿子的责任。"此外,像这两套教材中选入的夏衍《旧家的火葬》、子冈《怀念振黄》等文都写的是抗战期间普通人的普通事。这些作品中所刻画的普通人,才是抗战一直能够坚持到胜利的脊梁。而编者对这些文章的偏爱,正是"人民民主"观点的体现。

国定本《初中国文甲编》除选入描写正面战场的官兵的作品外,还将视野拓展到中国历史上抵御外侮的民族英雄,像有关岳飞、文天祥、左宝贵的传记和他们的作品,这是将抗战编织进民族战争长序列中,激发和培养学生的民族精神。开明新编国文读本与此不同,它将视野拓展至有关世界人民尤其是苏联人民反法西斯战争的作品,这是将抗战编织进世界人民争民主、反专制的斗争序列中,激发和培养的是学生的民主精神。《开明新编国文读本甲种》分三课讲《撤退》,《撤退》选自茅盾翻译的苏联作家格洛斯曼的名著《人民是不朽的》[①],这部完成于1942年6月下旬的长篇小说,反映1941年初秋苏联红军在德国法西斯的侵略下,"虽然坚强抵抗但不得不继续撤退"的情况,歌颂苏联人民"崇高的理性和感情;而从这所发出的力量就是最伟大的不可抗拒的战斗精神"[②]。《开明新编国文读本甲种》选瓦希列夫斯卡[③]著、曹靖华译《"好儿子…"》,写一名苏联妇女偷偷探望战死的儿子的尸体,这些苏军尸体,德军不准埋掉,时时面临被老鸦吃掉的危险。苏联妇女在凄凉静寂中探望儿子尸体时所表现的深情令人心颤。《开明新编国文读本甲种》从《中学生》1943年第65期选出D. Ferguson著、学人译的《输血者的故事》,描写一名美国妇女因丈夫参加了二战,主动献血让她觉得自己也是在参加战争,"有权利在胜利的庆祝中作为参加的一分子了!"上述课文,都让读者眼界放宽,感觉到中国的抗战是全世界民主阵线向暴力、专制战斗的一部分。

国定本《初中国文甲编》被指责为"没有一篇五四时代以及新文化运动的文章",开明书店的这两套教材却反映了五四以来特别是40年代新文学的实

---

① 1943年11月,曹靖华委托茅盾将该书从英文全译本译成中文,茅盾极为认真,多次请翻译家戈宝权照俄文原版校勘,经过一年时间才最终翻译出来。1945年6月,《人民是不朽的》作为"苏联文艺丛书"之一由陆梦生主持的文光书店出版。

② 茅盾:《关于〈人民是不朽的〉》,《人民是不朽的》,上海:文光书店,1953年7月。

③ 瓦希列夫斯卡是著名小说《虹》的作者,《虹》被曹靖华译成中文后轰动一时。

绩。这些新文学作品的核心主题，是对人民大众命运的关注、美好心灵的赞美和歌颂。

国定本《初中国文甲编》入选作品最多的是蒋介石，而开明书店新编国文教科书入选作品最多的是鲁迅。在《社戏》课后，编者介绍鲁迅说："他的创作从《新青年》杂志上发表的《狂人日记》开始，而影响最大的是《阿Q正传》。他的题材是农村，主题是打倒封建的礼教。同时他用了尖锐的笔触批评旧的传统，讽刺老中国。他做过中学校长，做过大学教授；爱护青年，领导青年，直到死的那一天，始终如一。他对旧社会始终在战斗着，后来还创造了杂文作为更尖锐的战斗武器。他和许多青年人在一起努力的促进新社会的实现，青年人最信服他。"编者叶圣陶一直敬佩鲁迅，在乐山武汉大学期间，就曾为"发狂捧鲁迅"与同事苏雪林闹意见。[①] 而编者朱自清在1936年鲁迅逝世后接受记者采访时，直言对鲁迅上海期间的作品看得不多，[②]现在他却特意找出瞿秋白《鲁迅杂感选集》序言来看[③]，称鲁迅杂文为"更尖锐的战斗武器"，其间变化耐人寻味。这两套教科书还选了萧乾《朦胧的敬慕》和孙伏园《哭鲁迅先生》两篇纪念鲁迅的文章，让读者从当事人的追忆中感受鲁迅的人格魅力。

国定本《初中国文甲编》没有选"鲁郭茅巴老曹"的任何1篇作品。开明新编国文读本除选鲁迅作品9篇和曹禺《蜕变》外，还选郭沫若《地球！我的母亲！》和《杜鹃》，将郭沫若作为20年代两位代表诗人之一。除选茅盾翻译的小说《撤退》外，还选《白杨树》和《"拉拉车"》；选巴金散文《繁星》，译作《利己主义者》、《自然》、《门槛》、《牢狱生活》；选老舍《济南的冬天》、《北平的夏天》与《骆驼祥子(节录)》。在这些作品的解读中，编者站在人民大众的立场，反对个人主义。1948年7月9日，朱自清在日记中写到："完成第一册教科书的编写工作。读《知识分子及其改造》，它观点鲜明，使人耳目一新，知识分子的改造确很重要。本书详述知识分子之个人主义及其思想上的敏感性。7月11日，着手编第二册教科书。"《骆驼祥子(节录)》就选在《开明新编高级国文读本》第二册中。《知识分子及其改造》及"个人主义"等概念给朱自清影响很大，他在《骆驼祥子(节录)》课后写到："小说中写的是祥子的希望、遭遇和悲惨的结局。造成他失败的原因，是社会环境和他的个人主义。"

---

① 叶至善：《父亲长长的一生》，南京：江苏教育出版社，2004年，第204页。

② 李斌：《鲁迅逝世后北平文化界的反响》，《北京社会科学》2009年第6期。

③ 朱自清日记1948年7月2日载："读完何凝的《鲁迅杂感选集》序言"。《朱自清全集》(第10卷)，南京：江苏教育出版社，1998年，第514页。

国定本《初中国文甲编》一首新诗都没选。《开明新编高级国文读本》是民国时期选新诗最多的中学国文教科书。第一册新诗占 9 课,第二册选新诗 3 课(8 首),共占《开明新编高级国文读本》总课数的四分之一。编者希望通过这些诗选呈现新诗的发展历程。在康白情《一封没有写完的信》后,编者介绍了新诗的特征后说,“本篇是五四时代的新诗。这一时代的新诗,我们选出康白情、郭沫若两位来代表。”在郭沫若《地球! 我的母亲!》后,编者说:“他的诗有两个新的主题,就是泛神论与二十世纪动的和反抗的精神。由于前者,他把大自然看作神,看做朋友;由于后者,他要做个‘地之子’,地球的儿子。”如果说康白情和郭沫若是《新青年》和创造社的代表诗人的话,闻一多则是编者眼中新月社的代表诗人。《开明新编高级国文读本》第二册选了闻一多的《一个观念》和《发现》,称赞闻一多“差不多可以说是抗战以前我们的唯一的爱国诗人”,并说从这两首诗中“我们可以看出他所爱的一个理想的完整的中国,也是一个理想的完美的中国;对于现实的中国,他却是失望的。这样的抽象的国家的观念是近代的,外来的,他把它形象化了。”《开明新编高级国文读本》对于 40 年代的诗歌选得特别多,这些诗歌的核心主题是歌颂人民大众,或表现人道主义精神。在苏夫《我童年时的王国》、苏金伞《离家》、北原《希望》3 首诗后,编者说:“这里的三首诗都是近年的作品,反映着战争带给人民的灾难和痛苦。这些诗都很朴素,比五四时代的诗还要朴素些,因为写的一般人民,不止于知识分子。前两首的题材是农村,第三首也是站在人民的立场上‘希望’。”将这些诗歌跟五四时代诗歌相比,说明编者是从新诗史的角度去选择作品的。在艾青《城市》、艾漠《生活》、田间《多一些》、鲁黎《泥土》后,编者说:“这里是四首小诗,其中表现着城市和农村的生活的对比。城乡的对比原来是个老的主题,但是这里是摩登的城市,是新兴的农村,对比起来就更不同了。城市更见得可憎,农村倒真见得可爱了。这里还表现着一种新的生活态度,有了这种生活态度,就知道自己或个人不应该独尊,自己也在众人之中,并且众人的大我到底比自己的小我大得多。”在臧克家的《老马》《鞭子》《老哥哥》后,编者说“三首诗都是站在人道主义的立场上说话的。”编者还特别注意选择来自延安等共产党领导区域的诗歌,在何其芳写于 40 年代的 3 首诗后说:“这三首新诗,所表现的是一种新鲜、活泼、健康、进步的生活态度。第一首《河》说河水是大地的脉搏,是生命力的象征。第二首《生活是多么广阔》指出生活的广阔丰富,叫人不要过狭隘的生活。第三首《我把我当做一个兵士》说生活就是战斗。三首都是自由体诗,不是按照一定的格式写的,但也相当整齐,而且韵节和谐,读起来琅琅上口。”对共产党领导区域诗歌的选择，说明了编者对人民民主立场的坚守。

开明新编国文读本反映了20世纪40年代话剧发展的情况。40年代是话剧发展的黄金时代。《开明新编高级国文读本》除选曹禺《蜕变》外，还选了匈牙利青年剧作家塔比的独幕剧《八根火柴》，该剧原名《第三次世界大战之后》，1947年发表后，一年之内，中国就出现了五六个译本。清华大学学生在一次晚会上还表演了该剧。《开明新编国文读本甲种》节选袁俊《万世师表》；分两课节选海哲斯曼著、袁俊译《好望号》，并节选袁俊《〈好望号〉改译本序》；分三课节选夏衍改编《复活》。《复活》的主人公是被侮辱与被损害的下层少女卡丘沙；《好望号》写的是一群贫穷然而善良的渔夫和他们的妻女，他们有着金子般的心灵。这都反映着人民大众的情感。这两套教科书是民国以来选戏剧最多的中学国文教科书。

可见，开明书店的两套新编白话文中学国文教科书，编者明确地站在人民大众的立场，表达对民主的渴望，这跟国定本《初中国文甲编》站在国民党领袖立场，诠释蒋介石的教育思想，形成了鲜明的对比。

作者简介：

李斌，中国社会科学院郭沫若纪念馆助理研究员，博士，研究方向：现代作家作品、民国时期中学国文教育。

西南联大“教育独立”的宣言书

——《呈常委会文》

杨立德

[摘要]抗日战争期间,西南联大遵循教育规律和三校的办学传统,顶住来自政府的压力,坚持独立办学,这是西南联大能够培养出众多一流人才最根本的原因。这种争取大学不受政府左右的独立精神,集中体现在《呈常委会文》中。

[关键词]西南联大;教育独立;宣言书

现代大学制度包括四个要素:教育独立、学术自由、教授治校和学生自治。其中,最重要的就是教育独立,没有教育独立,就没有学术和教授治校,也不会有学生自治。可以说,教育独立是现代大学制度的纲。但是,教育独立不能靠什么人什么部门恩赐,而是要靠自己去争取,正像当年大学从中世纪的教会中独立一样。中国的大学从诞生的第一天起,就依附于国家,缺乏独立的意识。后来,在民国初年,蔡元培先生将欧美的现代大学制度移植到中国,首先在北京大学获得成功,实在是功不可没;清华大学的梅贻琦先生追随蔡元培先生坚定地执行了这一制度,取得了很好的效果,使清华大学成为国内乃至国际一流大学。蔡元培主张:“现在是国家教育创制的开始,要撇开个人的偏见,党派的立场,给教育立一个统一的、智慧的百年大计……教育是应当立在政潮之外的。”①他还发表了《教育独立议》一文,提出“教育事业应当完全交教育家,保有独立的资格,毫不受各政党和各派教会的影响”②。欧美的现代大学制度,其精华是古希腊哲学所包含的学术自由与民主思想,这是西方文明与科学技术昌盛发达的根本所在。特别是民主,在一定意义上说,没有民主,就不会有“万物

---

① 张晓唯:《蔡元培传》,天津:百花文艺出版社,2009 年,第 36 页。

② 张晓唯:《蔡元培传》,第 80 页。

并育而不相害，道并行而不相悖”的局面，也就不会有大学之“大”。“没有教育独立，就不会有大学之大”这一点，梅先生认识得非常清楚。所以，在他主持西南联大的时候，就把这一思想进一步加以发挥。当然，组成西南联大的三校都坚持教育独立，这是梅贻琦思想得以发挥的坚实基础。两者的结合，才有西南联大的《呈常委会文》。[①]

一、《呈常委会文》形成的背景

《呈常委会文》是一份函件，全称是《西南联大教务会议就教育部课程设置诸问题呈常委会函》。呈函时间是1940年6月10日。

“卢沟桥事变”发生后，国民政府表面上表示抗日，却以“攘外必先安内”为基本国策，一方面面对日寇的入侵节节败退，一方面加紧镇压共产党和主张抗日的进步力量，积极推行党化教育。1938年3月下旬，国民党在武汉召开了临时代表大会，会上通过了《抗战建国纲领》《战时各级教育实施方案》等文件。在《抗战建国纲领》的“总则”中，明确规定以“三民主义”为抗战行动的最高准绳。在《战时各级教育实施方案》中，强调教育为立国之本，要把各级教育纳入“最高准绳”的体系。翌年3月，国民政府召开了全国第三次教育会议，蒋介石在训词中强调，要以三民主义为“教育的最高准绳”，规定“教育界齐一趋向，集中目标，确确实实为实现三民主义而努力”。所有这些，就是为了加强对教师、学生的思想控制，让教育为“一个主义”（法西斯主义）、“一个政党”（国民党）、“一个领袖”（蒋介石）的专制独裁效力。在这次会议上，他公开向教育独立宣战：“今天我们再不能附和过去误解了许久的教育独立的口号。……应该使教育和军事、政治、社会、经济一切事业相贯通。”[②]他还要求“教育界齐一趋向，集中目标，确确实实为实现三民主义而努力。”[③]

独裁与民主相对立，是冰炭不容的东西。对于实施党化教育，必然受到具有民主科学传统的西南联大师生的抵制。西南联大由北大、清华、南开三所大学合组而成，三校曾是五四运动和“一二·九”运动的发祥地。师生们追求民主与科学，加上国仇家恨及流离迁徙的痛苦，使他们对于推行党化教育十分不

① 《国立西南联合大学史料》第一卷，北京大学、清华大学、南开大学、云南师大编，云南教育出版社，1998年，第17页。

② 王喜旺：《学术与教育互动——西南联大历史时空中的观照》，太原：山西教育出版社，2008年，第43页。

③ 王喜旺：《学术与教育互动——西南联大历史时空中的观照》，第43页。

满。在教育部要求院系领导和教授加入国民党的时候,就受到院系领导和教授们的抵制,有的教授"宁可不当院长也不参加国民党",在此话之前还加上了一句"国民党是什么东西"!张奚若先生曾是同盟会会员,早就对国民党不满,多次在公开场合说:"现在国民党的政府,在法律上说是政府,在道德上却是强盗!"他还说:"我们在报纸上常常可以看到一个名词'赤匪',假如共产党可以叫'赤匪'的话,我想国民党就可以叫'白匪',其实'白'字还太好了,太干净了,他们简直就是'黑匪'!他们这伙人好话说尽,坏事做绝,我们要求立即结束党治,结束训政!"西南联大的师生之所以对国民党产生强烈的不满,是有原因的。除了上面说到的原因外,还有就是国民党的消极抗战政策和贪污腐败。正是由于消极抗战的政策,不仅丢了东三省,且数年之久不去收复;接着又发生了卢沟桥事变,国民党的军队一败再败,使师生们产生了怀疑:这样的党、这样的领袖,还有这变了味的主义,能领导抗战、收复失地吗?就眼面前来说,是什么使师生们背井离乡、辗转迁徙?是什么使师生们衣不蔽体、食不果腹?是什么造成一面是官吏荒淫腐败、一面是百姓长街路倒?残酷的现实迫使他们发出疑问:"这样的政府能使抗战胜利吗"?工学院院长吴有训先生曾说:"三民主义"被蒋介石搞成了三"迷"主义,就是官迷、财迷、色迷!1938年,生物系李继侗先生在勐卯(今云南省瑞丽)一个土司家的宴会上,大骂蒋介石,表达自己对时政的不满。又如闻一多先生,陈雪屏曾劝他加入国民党,说:你这两年喜欢公开讲话,加入了国民党,讲话就更自由了;成了自己人,再说入了党,生活上也会有帮助。但闻先生义正词严地拒绝了。后来,学校为疏散在乡间的教师进城上课提供方便,让他们进城后在单身宿舍住宿。闻先生发现同屋的教师是一个国民党员,便提出换房,理由是在房间里骂国民党不方便。对于蒋介石的《中国之命运》,闻先生在《八年的回忆与感想》一书中说:"有一次,我和一位先生谈到国共问题,大家都以为西安事变虽然已经过去,抗战却并不能把国共双方根本的矛盾彻底解决,只是把它暂时压下去罢了,这矛盾将来可能又现出来的……如果领袖不向平安的方向靠,而是向黑暗的深渊里冲,整个国家、民族是否也就跟着他那样做呢?"他还说:"《中国之命运》一书的出版,在我一个人是一个很重要的关键。我简直被那里的'义和团'精神吓一跳,我们的英明的领袖原来是这样的想法吗?五四给我的印象太深,《中国之命运》公开向五四宣战,我是无论如何接受不了的。"①闻先生说的蒋介石"向五四宣战",

① 《联大八年》,西南联大《除夕副刊》主编,北京:新星出版社,2010年,第10页。

就是向民主和科学宣战。闻先生的这种看法,代表了三校中相当多的人的看法。如果说在抗战之初,一些教师对国民党、国民政府抱有幻想的话,《中国之命运》的出版就把他们的幻想击得粉碎。加上在这位"领袖"的领导下,人民生活每况愈下,公教人员沦为社会的底层,而"四大家族"却在大发国难财。西南联大的师生们对蒋介石的不满,不是对一个人的不满,而是对国民党、国民政府的不满。现实的黑暗与他们留学归来时的理想实在是南辕北辙,独裁不仅使抗战前途暗淡,也阻止他们理想的实现,这是他们绝对不能容忍的。蔡维藩先生公开批评蒋介石的《中国之命运》,打了一个比方,说有那么一户人家,历经火烧、失窃、被抢、死人等灾害,做家长的把全家男女老少集合起来,关门检讨,检讨了半天,把一些长处统统检讨出来了,说什么自鸦片战争以来,自己一点错误也没有,全是别人不好。蔡先生认为这对于一个民族来说,实在是非常危险。他还公开反对蒋的三民主义,认为是"伪三民主义",说:"孙中山先生的三民主义,是要使中国现代化,而现在的三民主义却提倡复古,这是侮辱了三民主义!"对于"一个国家,一个领袖,一个主义"的论调,他认为让全体人民从思想到行动都跟一个人走,是没有历史知识的人才这么主张的,这样做非亡国不可。

再者,西南联大的教师们主张"思想不自由,毋宁死",主张打破"俗谛的桎梏"。所谓"俗谛",就是禁锢人们思想的党化教育。这种教育限制人们思想,对大学来说就是反对学术自由,因为思想自由与学术自由是一致的。而思想和学术自由,就必然要求课程和教学的自由。但是,教育部在 1939 年后连续发布训令,规定全国专科以上学校的院系设置、课程开设、教课内容、考核方式都要求整齐划一。对此,也引起西南联大师生的极度反感。闻一多在《八年的回忆与感想》中说:"大学的课程,甚至教材都要规定,这是陈立夫做了教育部长后才有的现象。这些花样引起了教授中的普遍反感。"闻先生所说的"大学里的课程",就包括了蒋的三民主义和《中国之命运》在内。

就是在这样的背景下,陈立夫于 1938 年 1 月在教育部走马上任。不久,教育部秉承蒋的意志,在强化党化教育的同时,极力控制全国教育,特别是大学教育。1939 年 10 月 12 日,教育部颁发了第 25038 号训令,在此之前 8 月 12 日曾颁发高壹 3 字第 18892 号训令,1940 年 5 月 4 日又颁发高壹 1 字第 13471 号训令,强调"对于大学应设课程以及考核学生成绩方法均有详细规定,其各课程亦须呈部核示"。对于课程设置、教学内容、成绩考核方法,都要求高度集中统一,做到整齐划一,这明显违背了教育规律,理所当然引起了西南联大的不满。西南联大教务会议为此专门给学校常务委员会写了一个呈文。

二、《呈常委会文》的内容

《呈常委会文》措辞甚为尖锐,但很有分寸。一开头即说:“屡承示教育部廿八年十月十二日第25038号、廿八年八月十二高壹3字第18892号、廿九年五月四日高壹1字第13471号训令,敬悉部中对于大学应设课程以及考核学生成绩方法均有详细规定,其各课程亦须呈部核示。”这是告诉教育部,学校对部中关于课程和考核的三个训令已经收到了。紧接着,口气一转,说:“部中重视高等教育,故指示不厌其详,但长此以往则大学将直等于教育部高等教育司中一科。”这是在坚决反对大学行政化,不接受教育部的错误训令。接下来,呈文分五点以“同人所未喻”的方式对训令进行了理直气壮的批驳,而且是借口对训令不理解,即以“同人不敏”向教育部“请示”,实际是在进行批判。“权能分立”说即是其中核心内容之一。因文不长,兹录于后:“夫大学为最高学府,包罗万象,要当殊途而同归,一致而百虑,岂可刻板文章,勒令从同。世界各著名大学之课程表,未有千篇一律者:即同一课程,各大学所授之内容未有一成不变者。惟其如是,所以能推陈出新,而学术乃可日臻进步。”呈文列举了牛津、剑桥大学之中,各学院的授课内容亦大不相同,他们都不下令整齐划一,知其不可亦不必划一。下面话锋一转批评说:“今教部对于各大学束缚驰骤,有见于齐而无见于畸,此同人所未喻者一也。”这是公开批评教育部不懂教育还在乱指挥。如果所有大学都按“上级”的文件办学,就不可能办出学校自己的特色,也就不能培养出高质量的人才。接下来,呈文说:“教部为最高教育行政机关,大学为最高教育学术机关,教部可视大学研究教学之成绩,以为赏罚殿最。但如何研究教学,则宜予大学以回旋之自由。律以孙中山先生权、能分立之说,则教育部为有权者,大学为有能者,权、能分职,事乃以治。今教部之设施,将使权能不分,责任不明,此同人所未喻者二也。”这实际上是说,教育部的训令种种,不尊重教育规律,是在乱用手中的职权,说白了是外行指挥内行。呈文公开要求权能分立,或者说权能分离,如何办学应让大学自己办,教育部最好不要插手,也不要瞎指挥。“教育部为政府机关,当局时有进退,大学百年树人,政策设施宜常不宜变。若大学内部甚至一课程之兴废亦须听命教部,则必将受部中当局进退之影响,朝令夕改,其何以策研究之进行,肃学生之视听,而坚其心志,此同人所未喻者三也。”这里明确指出,大学与政府部门不同,大学教育针对的是人格的全面培养,政府针对的是事,人格的培养是百年大计,不应与政府的“事”相关联。呈文强调说:“师严而后道尊,亦可谓道尊而后师严。今教授所授之课程,必经教部之指定,其课程之内容亦须经教部之核准,使教授在学生心目中为教育部一科员不若,在教授固已不能自展其才,在学生尤启轻视教授之念,与部中提倡导师制之意适为相反,此同人所未喻者四也。”这里公开表明,大学不是教育部的一个部门,教授不是教育部的科员,教育部不要对大学颐指气使,不要对大学教授指手画脚。最后,呈文说:“教部今日之员司多为昨日之教授,在学校则一筹不准其自展,在部中则忽然智周于万物,人非圣贤,何能如此?此同人所未喻者五也。”

为了不使教育部过分尴尬,《呈文》还给教育部一个台阶下:“然全国公私立大学程度不齐,教部训令或系专为比较落后之大学而发,欲为之树一标准,以便策其上进,别有苦心,亦可共谅。”如果真是如此的话,“可否由校呈请将本校作为第……号等训令之例外。盖本校承北大、清华、南开之旧,一切设施均有成规,行之多年,纵不敢谓极有成绩,亦可谓当无流弊,似不必轻易更张”。在一定程度上,已经表明西南联大要在三个训令之外,不受训令的束缚。不管你训令如何,不管教育部同不同意,西南联大都要按照教育规律办学。只有按照教育规律办学,大学才能办出特色,也才能真正培养出人才。

西南联大常委会收到此《呈文》后,常委梅贻琦仅在个别地方作了修改,在“教部今日之员司”处批曰“此段不抄入呈部文中”[①],即签字送呈教育部。教育部对呈文不置可否,三个月后才有所反应。在9月25日的第156次常委会上,梅贻琦传达教育部的回应时说:“教育部为本校教务会议拟请关于施行规定课程、考核学生成绩及教材等变更办法,仰知照指令。”教育部并未否定西南联大的呈文,实则理亏,只有默认了。“知照指令”一说,不过是一“潜台词”而已。

三、《呈常委会文》的实际作用

《呈常委会文》比较深刻的提出了大学与政府部门的关系问题。大学不是政府的一个部门,不能跟在政府的后面亦步亦趋,不能按照政府的文件办学;但大学又不能完全脱离政府。之所以不能脱离政府,因为大学有“国立”、“民办”和“教会办学”之分。既然是“国立”,经费就由政府出,没有经费,大学就难以为继。大学与政府的关系,在很大程度上就只有这一点关系。但也就因为

① 《国立西南联合大学校史》,西南联合大学校友会编,北京:北京大学出版社,2006年,第36页。

这一点关系,政府就认为,我给你经费,你就得听我的,你就不能独立。这就是政府插手教育的理由,特别是不顾教育规律,用文件的形式规定大学如何如何办理,否则就如何如何。西南联大是大学,它也会向政府要经费,但对政府所发的文件,如果是尊重教育规律的,学校就执行;反之,就变通,就批驳和抵制。已经有很多事例说明了这一点。说白了,大学与政府的关系,应当是若即若离的关系。

《呈常委会文》突出了教育规律在大学的重要地位问题。大学就是大学,不同于普通高中和职业技术培训,它担负着学术研究、培养学生和服务社会的功能。这三项功能都必须以学术研究为基础。学术研究的根基是学术自由,学术自由的前提是思想自由。可是,要真正实现思想自由和学术自由,大学不与政府保持一定的距离,是无法做到的。如果大学非要到政府去讨一个行政级别,非要把自己作为政府的一个部门,学术自由和思想自由就是一个无法实现的空口号,创一流大学将成为鼓虚劲的东西。西南联大之所以出人才,最根本的是有自己独特的个性。捍卫高等教育的规律,捍卫学术自由和思想自由,大学的质量和水平才有保障。

作者简介:

杨立德,云南师范大学编审,研究方向为中国现当代文学和西南联大教育。

抗战时期重庆马克思主义史学发展成就述论

孙旭红

[摘要]抗战时期的重庆聚集了一大批史学工作者。他们以唯物史观和毛泽东的史学思想为指导，把唯物史观与历史研究实践相结合，坚持史学研究为抗战现实服务的原则，批判地继承民族优秀文化遗产，采用民族形式和通俗化语言，确立了史学研究的方向，对马克思主义史学中国化作出了重要贡献，对当今正确对待知识分子和推进中国化马克思主义史学建设有借鉴意义。

[关键词]抗战时期；重庆马克思主义史学；成就

[基金项目]本文为国家社科基金项目(10CZX017)、江苏省教育厅2013年度高校哲学社会科学基金指导项目(2013SJD710004)、江苏大学高级人才引进项目(项目编号：11JDG174)阶段成果之一。

一、重庆马克思主义史学发展的影响因素

抗战时期马克思主义史学的发展，主要是指史学工作者将唯物史观与中国历史研究实践相结合，建构具有鲜明时代特征的马克思主义史学研究体系，这些成就是由多方面因素造成的：

首先，重庆马克思主义史家群体响应中共中央的抗战文化政策是马克思主义史学获得发展的前提条件。抗战时期，中国共产党在文化战线上也高举革命大旗，并积极进行策略上的转变。1938年9月的中共六届六中全会就提出："伟大的抗战必须有伟大的抗战文化运动与之相配合。"①1940年9月，中共中央专门强调国统区的党组织应高度重视文化运动的发展及其策略方式。②实际上，早在1939年8月4日，身为大后方抗日文化运动主要领导人的周恩

① 《中共中央文件选集》第11册，中央档案馆编，北京：中央党校出版社，1991年，第617页。

② 《中共中央文件选集》第11册，中央档案馆编，北京：中央党校出版社，1991年，第486页。

来就指出“发展抗战文化与提倡进步思想,是我党文化政策的方向”[①],在次年8月的国民政府军事委员会文化工作委员会的一次会议上又强调,在学术理念问题上所展开的交锋不是主要矛盾,因为这些思想交流与辩论不能妨碍文化界团结抗战、争取民主的大局。[②] 以周恩来为首的中共中央南方局,就是以这一基本精神作为重庆等大后方抗战文化运动和史学研究指导思想的。

在党的抗战文化政策和抗日民族统一战线策略方针的指引下,重庆政治、经济和文化界抗日运动渐趋活跃。如1940年夏,由郭沫若担任主任,阳翰笙担任副主任的抗战文化工作委员会在重庆成立。与此同时,中苏文化协会组织也在重庆成立,协会的主要组织者除了洪舫一人为国民党右派外,其他人如郭沫若、阳翰笙、葛一虹、王昆仑、侯外庐等均为进步人士。翦伯赞在1940年2月由湘入渝后还曾兼《中苏文化》杂志副主编,《中苏文化》杂志也成为宣传抗战文化和从事历史学研究的又一个阵地。来重庆的史学家,如郭沫若、翦伯赞、侯外庐、吕振羽(1939—1941年初在重庆,1942年到延安)、杜国庠、华岗、胡绳、吴泽、嵇文甫、赵纪彬、陈家康等人,在重庆还创办《读书月报》《理论与现实》《群众》等刊物,又于1942年发起成立了“新史学会”。“新史学会”团结了一大批进步的知识分子。[③] 因此,重庆不但变成了与延安交相呼应的政治、经济中心,也成为包括马克思主义史学在内的抗战文化中心之一。

其次,抗战救国时代主题的必然抉择是推动马克思主义史学发展的直接因素。马克思主义史学的生命力在于体现时代精神。抗战爆发后,面对救亡图存的新课题,重庆知识分子公开宣称自己的史学研究是为当时无产阶级的革命斗争服务的。郭沫若在《中国古代社会研究》中宣称:“对于未来社会的期待逼迫着我们不能不生出清算过往社会的要求……过往的来程也正好决定我们未来的去向。”1940年吕振羽指出“抗战建国中的民族革命的战略和策略,都要根据历史作决定……所以在目前,对本国史的科学研究,是迫切必要的”[④],这是将历史研究摆到了政治斗争的前沿阵地,使它具有了直接的政治实践功能。翦伯赞也强调:“入蜀以来,余……尤喜读明史,以其亡国覆社,感人之深

---

① 周恩来:《周恩来统一战线文选》,北京:人民出版社,1984年,第43页。

② 《南方局党史资料:文化工作》(六),南方局党史资料征集小组编,重庆:重庆出版社,1990年,第9—10页。

③ 侯外庐:《韧的追求》,北京:三联书店,1985年,第123页。

④ 吕振羽:《本国史研究提纲》,《读书月报》,1940年第2卷4—5期。

切，而其史实之足以资吾人今日之鉴戒者又至多也。"[①]文中"以史为鉴"的用意十分明显。华岗《中国历史的翻案》《评法西斯侵略主义的中国历史观》等文章鲜明地提出了史学研究是"为着改造现在和争取将来"。[②] 总之，在抗战时期的重庆，"进步史家互相支援，以笔为剑，批判法西斯主义侵略史观，总结近代以来历次民族解放运动的经验教训，以史学为抗日战争的民族解放事业服务，表现了一个马克思主义者的学术素养和爱国主义精神"。[③]

最后，中共中央对史学研究的重视和指导是重庆马克思主义史学发展的内在动因。身处延安的中共中央特别强调用马克思主义研究中国历史的重要性，注重马克思主义史学在现实中的作用。[④] 中共中央还制定了《中共中央关于党在文化运动上的任务》《关于宣传教育工作的指示》《关于在职干部教育的指示》《关于党的宣传鼓动工作提纲》等一系列指示、文件，规定了开展抗战文化的特殊任务。毛泽东还明确了先分工合作，再作综合研究的历史研究的步骤和方法，他特别提出马克思主义与我国具体特点相结合并通过一定的民族形式来实现与应用的必要性。[⑤] 这就是说，用马克思主义的方法对历史遗产进行批判和总结，这是马克思主义中国化的题中之意，这既是毛泽东对中国革命发展规律的总结，也是对探索学术研究规律的要求。

延安关于马克思主义中国化的号召在重庆的学术界产生了较大反响。胡绳在响应马克思主义学术中国化方面起到了带头作用，自 1937 年起，他便提出要做到"学术中国化"，其先决条件乃是"中国学术化"。因此，他将研究和整理本国历史，首先是近代史，看作理论中国化的绝对必要的前提。[⑥] 重庆的进步报刊纷纷开辟专栏或专文予以讨论、传播，如当时的《读书月报》最早开辟专栏，其后，《理论与现实》《新建设》《新文化半月刊》《群众》等进步报刊纷纷载文予以申述；潘菽、柳湜、嵇文甫、吕振羽等学者纷纷撰文对"学术中国化"问题发表了学术见解。在以上进步刊物的推动下，"学术中国化"问题的讨论在重庆学术界逐渐深入开展起来，并成为思想界的主题和马克思主义史家需要面对的一项迫切任务。

---

① 翦伯赞：《中国史论集》第一辑，重庆：文风书局，1947 年，序言。

② 华岗：《中国历史的翻案》，上海：作家书屋，1951 年，第 3 页。

③ 田亮：《抗战时期史学研究》，北京：人民出版社，2005 年，第 147 页。

④ 毛泽东：《毛泽东选集》第 3 卷，北京：人民出版社，1991 年，第 814—815 页。

⑤ 毛泽东：《毛泽东选集》第 2 卷，北京：人民出版社，1991 年，第 534 页。

⑥ [德]罗梅君著、孙立新译：《政治与科学之间的历史编纂：30 和 40 年代中国马克思主义历史学的形成》，济南：山东教育出版社，1997 年，第 18—20 页。

此外,毛泽东有关历史理论等的阐述也不同程度地影响到了重庆史家。如毛泽东的《中国革命和中国共产党》《新民主主义论》等文发表后,吕振羽在重庆发表《创造民族新文化与文化遗产的继承问题》一文,对新民主主义革命理论进行了阐发,并也谈及了自己学习《新民主主义论》的体会。胡绳也指出:《新民主主义论》"虽不是专门的历史著作,但它在处理当前的现实问题时,总结了过去的历史经验,对于中国近代史的研究可说是提供了重大的贡献"①,而他自己此后也将学术研究的重点转向中国近百年史的研究。此时的华岗也将30年代出版的《中国民族解放运动史》一书,按照毛泽东提出的"两个过程说"加以改编和扩充,于1945年修订再版。

二、重庆知识分子对马克思主义史学体系的建构

马克思主义史学与中国传统史学的动态整合,最终形成了中国化马克思主义史学,其体系建构主要表现在以下四个方面:

(一)中国特色马克思主义史学理论体系的建构

重庆进步知识分子积极倡导用马克思主义治史,形成了中国特色马克思主义史学研究的方法论。对唯物辩证法实际应用、宣传的成就有:侯外庐的《社会史导言》、胡绳的《辩证法唯物论入门》、翦伯赞的《历史哲学教程》、吴泽的《中国历史研究法》、华岗的《研究中国历史的锁钥》《历史为什么是科学和怎样变成科学》等,都是这一时期马克思主义历史理论的新建树。

对于史学研究的价值论问题,重庆史学工作者肯定人民群众在社会历史发展中的重要作用,根本否定了传统史学"精英史观"。郭沫若在《历史人物》序言中写到,"我就在这人民本位的标准下边从事研究,也从事创作"②;同样,吕振羽强调历史研究就是要"把人民的历史面貌复现出来"③;1939年翦伯赞的《历史哲学教程》再版时专门增写了《群众、领袖与历史》一章作为序言,序言对唯心论者忽视历史发展的客观规律、机械论者忽视人的主观创造作用都予以了驳斥,其《中国民族解放运动史》等研究成果就充分体现了这一立场和方法。吴泽在《中国历史研究法》中借卡尔主义者(即马克思主义者)的观点指出:"人民创造英雄并推动历史的前进。"④嵇文甫指出:"广大人民也正是历史

---

① 胡绳:《近五年间中国历史研究的成绩》,《新文化半月刊》1946年第2卷第5期。

② 郭沫若:《郭沫若全集·历史编》第4卷,北京:人民出版社,1982年,第1页。

③ 吕振羽:《简明中国通史》,大连:光华书店,1948年,定稿序。

④ 吴泽:《中国历史论集》,厦门:东方出版社,1945年,第6页。

发展的最大推动力”，因此，作历史评价也必须“一面倒”，坚决站在人民立场上。[①] 由此可见，重庆马克思主义史学对群众史观的关注，对历史学的性质、史料、科学性等问题的探讨，促进了传统史学向现代史学的进一步转型。

(二)古代史与思想史研究体系的形成

20 世纪 20、30 年代的关于中国社会性质等问题的论战，对促进马克思主义史家队伍的成长起到了重大作用，但也留下了许多问题，亟待后来的马克思主义史家去做进一步探讨，尤其是从学理的角度继续去认识中国古代社会史诸问题。

大约到了 30 年代末 40 年代初，重庆马克思主义史家以一系列报刊为阵地，又展开了一场关于中国社会性质和分期的探讨，并取得不少重要的研究成果。在古代史研究领域，郭沫若的《殷周奴隶制度考》(1942)、侯外庐的《中国古典社会史论》(1943)、吕振羽的《中国原始社会史》(1943)、吴泽的《中国原始社会史》(1943)、《中国历史大系·古代史》等论著相继诞生。此外，对封建社会发展的长期性问题和农民战争的历史作用也展开了讨论，如李达的《中国封建社会发展迟滞的原因》(1941)、蒙达坦的《与李达先生论中国发展迟滞原因》(1942 年)、陈家康的《明末农民运动研究》(1943 年)等。唯物史观指导下的中国古代社会史研究已经开始从古代社会史的分期等理论方面的讨论，转向更加精细的对古代社会史领域的探索，如对原始社会史和殷代奴隶社会史政治、经济、文化、军事、科技、宗教等各个方面的研究，尽管古代社会史研究中也存在一些缺点，但史家们的这一研究显示出两个努力的方向：一，“使历史科学中关于古代社会规律的理论中国化”；二，“使经典作家关于家族、私有财产、国家等问题的研究成果，在中国得到引申和发展”。[②] 这些已经说明马克思主义史学在学术探索中日趋成熟。

在思想文化史研究领域，先后出版了吕振羽的《中国政治思想史》(1937)、《中国社会史诸问题》(1942)、郭沫若的《十批判书》《青铜时代》(1945)、侯外庐的《中国古代思想学说史》(1944)和《中国近世思想学说史》(1944、1945)、嵇文甫的《晚明思想史论》(1944)以及杜国庠的《先秦诸子思想概要》《先秦诸子的若干研究》(抗战后整理出版)等。这些思想史研究的共同特点，是充分注意到社会经济结构对思想文化的影响，在此基础上挖掘思想家及其作品所反映的

---

① 嵇文甫：《嵇文甫文集》(下)，郑州：河南人民出版社，1990 年，第 114—115、118 页。

② 侯外庐：《韧的追求》，北京：三联书店，1985 年，第 117 页。

阶级属性及其所代表的社会阶级的历史使命,从而评判其学术特征与历史地位。尽管当时的进步史学工作者对中国古代社会史与思想史的诸多问题认识并不一致,还发生过激烈的争论,但这不仅没有影响其研究取得重大成果,反而进一步体现了马克思主义史学的开放与包容。

(三)中国通史体系模式的开拓

1940年代,是马克思主义中国通史编纂史上一个闪亮的年代。该年5月,香港生活书店推出了吕振羽的《简明中国通史》(上册,1941年);9月,范文澜主编的《中国通史简编》(上册1941年,中册1943年)由延安新华书店出版发行,这是两部具有时代标志性的新型国史,分别在1948年与1946年以完璧的形式进入通史之林。另一部马克思主义中国通史著作是翦伯赞的《中国史纲》,第一卷和第二卷分别于1943年、1947年由重庆两家出版社先后推出,迄秦汉而止。此外还有华岗的《社会发展史纲》(1940年)、吴泽的《中国社会简史》(1942年)和《中国历史简编》(1945年)、邓初民的《中国社会史教程》(1942年)等通史著作。这些著作除了都以唯物史观为编纂指导思想外,还将马克思主义的社会发展阶段运用于中国历史分期中,在内容上涵盖了社会政治、经济、思想文化各个方面,关注生产力与生产关系、劳动人民、阶级斗争在历史发展中的作用;在编纂方法上,具有宏阔的学术视野,实现了中国史学在课题选择上的转移,中国史学被带入了一个新境界。

(四)中国马克思主义史学致用观的确立

重庆马克思主义史学在发展过程中,把中国传统史学致用观改造成为马克思主义史学致用观,强调史学是“论证政治目标的手段、进行革命活动和理论斗争的武器”①,从学术导向上实现了学术价值与社会价值的紧密结合。如吕振羽从史学理论方面论述了马克思主义史学的目的性问题,他在阐发改造现实社会必须取鉴于历史的观点时说:“抗战建国中的民族革命的战略和策略,都要根据历史作决定……所以在目前,对本国史的科学研究,是迫切必要的。”②这一时期,郭沫若的《屈原》研究和《甲申三百年祭》等论著和史剧在人民群众中引起巨大的反响,极大地激起了人们的爱国热情。翦伯赞《论明代宦官及阉党政治》《南明史上的弘光时代》《南明史上的永历时代》等南明史研究成果一方面对封建社会后期的历史发展规律进行了总结,一方面又用历史的事

---

① 张书学:《现代中国史学思潮研究》,长沙:湖南教育出版社,1998年,第112页。

② 吕振羽:《本国史研究提纲》,《读书月报》1940年第2卷第4—5期。

实批判了现实中的黑暗政治，揭露妥协投降，宣扬民族抗战，歌颂民族英雄。华岗的《中国民族解放运动史》研究宗旨是展现“中国人民怎样用自己的战斗力去反抗外寇及其代理人”，怎样来“争取中国民族的解放与自由”。书中在对重大历史事件进行描述的同时，都注重发掘其中的经验教训，以期对抗战文化起到推动作用。总之，在抗战时期的重庆，“华岗和翦伯赞、吕振羽、吴泽等进步史家互相支援，以笔为剑……总结近代以来历次民族解放运动的经验教训，以史学为抗日战争的民族解放事业服务，表现了一个马克思主义者的学术素养和爱国主义精神”。[①]

三、重庆马克思主义史学的基本特征

（一）把唯物史观与历史研究实践相结合

全面抗战后不久，吕振羽撰文强调：“只有将历史研究置于唯物史观方法论的指导之下，也只有这样，才能对目前的事物给予科学的分析，对将来的事物给予科学的预测。”[②]翦伯赞的《殷周奴隶社会之批判》《关于“亚细亚的生产方法”问题》《关于历史发展中之“奴隶所有者社会”问题》《所谓商业资本主义社会之清算》等论文，都运用唯物史观探索中国社会的发展规律。而翦伯赞的《历史哲学教程》一书，更是一部系统的唯物史观方法论的著述。侯外庐早在1933年完成的《社会史导论》一书中便开始着重探讨生产力与生产关系问题，主张依据生产方式区别不同社会形态的质的规定性。他还结合自己数十年的研究生涯，总结出他所遵循的一些理论、方法论原则：“总的说来，依据马克思主义的理论和方法，特别是它的政治经济学理论和方法，说明历史上不同社会经济形态发生、发展和衰落的过程；物质生活的生产方式制约着整个社会生活、政治生活和精神生活的过程；以及经济基础与上层建筑、意识形态之间的辩证关系，是我五十年来研究中国社会史、思想史的基本原则和基本方法。”[③]他在其后五十多年的学术生涯中，也从没有动摇和改变这些“基本原则和基本方法”。

（二）挖掘历史文化传统，吸收优秀文化遗产

批判继承民族优秀文化遗产是马克思主义中国化的必然选择。重庆的进步史家以马克思主义哲学为范式，整理、研究中国传统文化，改变了过去否定

① 田亮：《抗战时期史学研究》，北京：人民出版社，2005年，第147页。

② 吕振羽：《史学研究论文集》，上海：华东人民出版社，1954年，第45页。

③ 侯外庐：《侯外庐史学论文选集》(上)，北京：人民出版社，1987年，第8—9页。

传统文化的错误,从文化传承层面保证了马克思主义史学中国化的正确方向。吕振羽在1940年指出,新文化运动时期以“科学态度”去“整理国故”的方向是对的。而现阶段民族新文化是“扬弃”的文化,它虽然从旧文化的母胎中诞生的,但“我们要珍重民族文化遗产,批判地继承其优良传统,吸收其积极的、进步的、有生命力的因素”①。嵇文甫强调中国优秀民族文化只有消化外来学术文化,才能发展出既具有民族独特性,又具有世界先进性的那样一种学术文化的现实追求。② 侯外庐对如何批判继承传统学术的具体内容提出了建议:“中国学术史的特点,一方面保持历史学的探究,实在是中国学术最好传统承继的优良精神”。③ 当时,郭沫若的《十批判书》、杜国庠的《先秦诸子的若干研究》等对先秦诸了学术思想的重新认识和整理,吕振羽的《中国政治思想史》和侯外庐的《中国古代思想学说史》等,都主张从历史文化传统中继承有助于抗战的思想武器。他们对中国传统文化的理性继承,最终找到了传统文化与马克思主义史学的契合之处,从而不断推进中国传统文化与马克思主义史学相结合。

(三)采取民族形式和通俗化语言,实现马克思主义史学大众化

马克思主义史学的最终成果是要被人民群众所掌握。重庆知识分子在推进马克思主义史学发展的过程中,采用民族形式和通俗化语言,以老百姓喜闻乐见的形式发挥史学的现实功能。吕振羽的《简明中国通史》对祖国的灿烂文化用了大量优美的笔墨加以描述,翦伯赞的两卷《中国史纲》体现了史家深厚的史学素养,其语言文字叙述极具艺术性和感染力。还有吴泽的《中国史简编》、华岗的《太平天国革命史》、邓初民的《社会史简明教程》、胡绳的《帝国主义与中国政治》等,都以通俗易懂、言简意赅的方式展现了中国历史的概貌。尤其是郭沫若的《甲申三百年祭》对国民党鼓吹的所谓“攘外必先安内”论调进行了无情揭露,以至于国民党见后如临大敌,但却受到人民群众的普遍欢迎。这些史学论著在体裁上灵活多变,语言上通俗易懂,减少了普通读者在阅读时的困难。

抗战时期的戏剧由于贴近普通民众的生活,内容丰富、形式多样,并能有效地与国民党政府的种种高压政策周旋,因此也被用来传播马克思主义史学理念,事实上也在解放区与国统区均收到了良好的效果。当时,“偏僻地方的人民大多数喜欢看历史剧。戏剧的演出自然不能没有观众,为了迎合观众,就

① 吕振羽:《中国社会史诸问题》,北京:三联书店,1949年,第137页。

② 《北京档案史料》第1辑,北京市档案馆编,北京:新华出版社,2003年,第238页。

③ 侯外庐:《中国学术的传统与现阶段学术运动》,《理论与现实》1940年第4卷第2期。

不能不写历史剧”。[①] 而且，郭沫若认为戏剧是有效的教育工具[②]，可以“借古代史实做题材，影射现代”。正是在这样的创作心态下，他才在不到两年的时间里创作了六部高质量的历史剧：《棠棣之花》《屈原》《虎符》《高渐离》《孔雀胆》《南冠草》。这些历史剧贴近普通群众的表现形式，宣传了中国历史上抵御外族入侵的英雄，以艺术的形式更有效地给人们以历史教育，使群众在了解基本的历史知识的同时，更激发了他们的革命热情，表现出这一时期的马克思主义史学的强烈的实践性、革命性特征。

（四）坚持唯物主义的科学性，对各种非马克思主义史学观进行批判

唯物主义的历史认识论在其产生、发展的过程中，是同各种错误的历史认识、观点相始终的。首先是对日本军国主义御用文人秋泽修二侵略史观的批判。秋泽修二先后在《东方哲学史》和《支那社会构成》中鼓吹其“亚细亚停滞论”、“外铄论（外因论）”等侵略谬论，这些谬论一经抛出，就引起马克思主义史家的强烈愤慨。吕振羽在论著中用很大篇幅对这些侵略言论等进行了详细的批驳”，进而揭开了秋泽的真实面目——“从其法西斯侵略主义的一种预定观念的观点上来歪曲中国史”。[③] 吴泽撰《中国历史是“停滞”、“倒退”吗？》《地理环境在社会历史中的作用》等文对秋泽鼓吹的“亚细亚停滞论、地缘政治论”进行了批驳。华岗针对所谓的“外铄论（外因论）”指出：秋泽毫无根据的夸大和渲染，“是法西斯的暴力史观的阐扬，其目的……企图去完成其所谓‘在全部历史上可以看出的中国型的停滞性’的反动说教，而达到中国社会之殖民地前途的定命论的结论。”[④]其次是对胡适派“实用主义”史观的批判。翦伯赞的《历史哲学教程》《实验主义中国历史观的批判》、华岗的《历史为什么是科学和怎样变成科学》等论著，针对胡适派的“实用主义”史观，展示了历史唯物论者对中国历史产生、发展和变化的总的看法和根本观点。再次，是对各种唯心论史观或庸俗史观的批判。这方面如吴泽在《中国历史研究法》《中国人种文化起源论》等文中，集中批判了地理环境史观、人口史观、英雄史观、历史唯心论等错误历史观，对中国人种和文化外来说也进行了驳斥。华岗在《论中国历史翻案问题》一文中则集中批判了观念论和机械论等的错误。这些批判从正面回应

---

① 郭沫若：《郭沫若讲历史剧》，载王训昭：《郭沫若研究资料》（上），北京：中国社会科学出版社，1981 年，第 371 页。

② 郭沫若：《郭沫若讲历史剧》，载王训昭：《郭沫若研究资料》（上），第 372 页。

③ 吕振羽：《中国社会史诸问题》，第 56 页。

④ 华岗：《法西斯主义中国历史观批判》，《中国历史论集》，厦门：东方出版社，1945 年，第 90 页。

了社会和时代的需要,帮助人们正确认识历史发展方向和增强抗战的信心,在构建马克思主义史学理论体系的同时,有力地推动了中国现代史学科学化的进程。

四、余 论

重庆史学工作者对马克思主义史学发展的推动涉及对各种侵略史观和唯心史观的批判,中国历史及各种学术史的整理,历史科学理论的中国化、通俗化宣传等方面,这些都极大丰富和发展了马克思主义史学理论,显示出建构研究中国历史体系的规模和力量。在民族生死存亡之际,重庆史学工作者自觉地服从和服务于抗战救亡的大局,执行中国共产党"学术中国化"的抗战文化政策,积极总结祖国的历史,发掘优秀文化传统。他们还依托《新华日报》《读书月报》《理论与现实》《群众》等刊物进行出版、宣传活动,进行专题论著、历史剧题材的编写和宣传,有力地揭露了日本帝国主义侵略中国的真实目的和蒋介石的反动阴谋,宣扬了中国共产党人的世界观。他们义无反顾地将史学研究作为唤醒民众觉悟、砥砺民族精神的神圣职责,凸显了重庆时期马克思主义史学蕴涵的革命和救亡的时代主题。

重庆史学研究的深入,加快了马克思主义史学中国化的进程。巴勒克拉夫认为,从全球范围来看,历史唯物主义在上个世纪二三十年代以来的影响之所以日益增长,原因就在于人们相信它"提供了合理地排列人类历史复杂事件的真正使人满意的唯一基础"。[①] 如果说抗战前中国社会史大论战是对这一观念合理性的一次全景式的辩论,那么,抗战时期的马克思主义史学研究则在实践上确认了这一观念的科学性。仅以重庆地区的史学研究来看,众多史学工作者在唯物史观的比照下来理解中国历史发展的一般性与共同性、特殊性与个别性,在此学术路径下取得的学术成果,不仅突显了唯物史观关于人类社会历史发展的基本图式所包含的巨大理论价值和普世意义,更为马克思主义史学建构了一个较为完整的中国历史体系,有力地促进了中国整体历史观念与意识的结构性变革。因为,严肃的审视史学研究的价值论、方法论,注重从生产力和生产关系的角度来认识中国社会,从社会史与思想史相结合的视角进行中国古代、近现代思潮与人物思想的评析等等,不但为中国过去的历史作出了一个崭新的诠释,中国的现在与未来也在这种对过去的崭新的诠释之中被

---

① [英]杰弗里·巴勒克拉夫:《当代史学主要趋势》,北京:北京大学出版社,2006年,第90页。

赋予了崭新的意义和价值。因此，唯物史观与中国史学相结合的成功实践，绝不只是在概念、范畴等技术性的层面上对中国传统史学进行了改革，而且还在整体上引导了中国现代历史观念与意识的结构性变革，是马克思主义中国化过程中迈出的一个坚实的脚印。

作者简介：

孙旭红，江苏大学马克思主义学院讲师，史学博士；研究方向：中国近现代史学。

延安文艺的喜剧色彩

吴继金　于　丽

[摘要]在延安文艺中很少有悲剧性的作品(尤其是文艺整风运动后)。这些作品即使是反映悲剧性的题材和内容,文艺家们也会对悲剧进行了消解,其结局转换成了喜剧。在"以写光明为主"的政治要求下,歌颂共产党、歌颂工农兵大众以及根据地新人、新事、新气象的喜剧创作成为延安文艺的主旋律,充满喜庆色彩的"大团圆"美好结局成为固定模式。

[关键词]延安文艺;喜剧;大团圆色彩

1944年6月28日,艾青就延安文艺舞台上的情景在延安《解放日报》上撰文指出:"我们已经到了一个群众的喜剧时代。……现在群众走在舞台上大笑,大叫大嚷,大声歌唱,扬眉吐气,昂首阔步地走来走去,洋溢着愉快,群众成了一切剧本的主人公,这真叫'翻了身'!"①文艺是社会生活的反映,广大人民群众"翻身得解放"的喜悦之情反映在延安文艺之中,喜剧成了正剧,即使悲剧也转换成了喜剧。延安文艺整风运动之后,延安文艺走进了一个皆大欢喜的喜剧时代。

与经常回响在"五四"以来新诗中痛苦的、诅咒的歌声不同,延安的诗歌作品响彻一片光明的赞歌声。诗人们满怀革命的激情,歌颂了一个崭新的、伟大的时代。艾青真挚地写下了歌颂延安这片新天地的诗——《时代》:"我爱它胜过我曾爱过的一切,/为了它的到来,我愿意交付出我的生命,/交付给它从我的肉体直到我的灵魂,/我在它的面前显得如此卑微,/甚至想仰卧在地面上,/让它的脚像马蹄一样踩过我的胸膛。"周立波写了诗歌《一个早晨的歌者的希望》:"我要大声地反复我的歌,/因为我相信我的歌是歌唱美丽的……我希望早风/把我的歌带走,/带给远方和远方的人们,/让他们相信,让大家相信,/生

① 转引自刘忠:《〈讲话〉对左翼文学的吸收与改写》,《中州学刊》2007年第4期。

活里有很多美丽的东西。”何其芳则通过散文和诗歌《我歌唱延安》《生活是多么广阔》《我为少男少女们歌唱》等，与“新社会”、“新世界”、“未来世界”联系在一起，将延安进一步理想化了；他的《我们的历史在奔跑着》《快乐的人们》《北中国在燃烧》等长篇诗作，描写了一个有着阴暗、忧郁、沉重的“过去”包袱的知识分子对于“新生活”的向往和热情。从这些诗歌中可以感受到：共产党领导的根据地是一个充满光明和民主的地区；根据地的人民摆脱了旧社会强加在他们身上的物质的和精神的镣铐，展现了新社会主人公的精神风貌。

丁玲的小说《太阳照在桑干河上》，将“土改”的尾声安排在中秋节，浑圆、明亮的月亮映射着“太阳”的光辉，整个暖水屯沉浸在“创世”之后的宁静与幸福之中。尽管丁玲在创作这部作品时，小说中的原型暖水屯所在地区已成敌占区，但还是留下了“以土改中地主被打倒、农民获得胜利而告终”的光明结局。赵树理的作品反映了根据地农村的觉醒、变化以及农民的翻身、解放、憧憬和欢乐，“有新的天地，新的人物，新的感情，新的作风，新的文化”[①]。他的小说《小二黑结婚》是根据一个真实的事件所写，现实生活中的小二黑原型是被封建势力迫害致死的，但作品中小二黑不仅没有死，而且还争得了欢乐和胜利的结局，成了一篇歌颂新社会、新思想、新风尚的小说。康濯曾回忆说：我曾问作者为什么要这样处理，赵树理回答说“要把小二黑写死，我不忍。在抗日战争中解放区的艰苦环境里，要鼓舞人民的斗志，也不应该把小二黑写死”。[②] 赵树理把现实生活中的悲剧转换成了文艺上的大团圆的喜剧结局，让饱受苦难的老百姓从中看到有希望的未来，符合接受者的期待心理。而在周扬看来，赵树理的作品是歌颂派的典型。比如，他赞扬小二黑的胜利：“作者是在这里讴歌自由恋爱的胜利吗？不是的！他是在讴歌新社会的胜利（只有在这种社会里，农民才能享受自由恋爱的正当权利），讴歌农民的胜利（他们开始掌握自己的命运，懂得为更好的命运斗争），讴歌农民中开明、进步的因素对愚昧、落后、迷信等等因素的胜利，最后，也是最重要的，讴歌农民对封建恶霸势力的胜利。”[③]马烽的小说《金宝娘》描写了妓女翠翠“红光满面，穿着很朴素的一身蓝衣服”，最后重新获得了新生；他的小说《村仇》描写了两个积冤很深、冲突激烈的村庄，最终还是化解了矛盾，重归于好。马烽与西戎合著的《吕梁英雄传》以

---

① 郭沫若：《〈板话〉及其他》，转引自黄修已编《赵树理研究资料》，太原：北岳文艺出版社，1985年，第175页。

② 康濯：《〈赵树理文集〉跋》，《工人日报》1980年9月22日。

③ 吴中杰：《抗战时期延安文艺界的两派》，《当代文坛》2012年第5期。

汉家山的人们欢天喜地庆祝解放、青年人纷纷参加抗日队伍作为结尾。韩川在小说《乌龟店》中描写了林风生起而反抗,最终经过斗争收回土地的结局。康濯的《灾难的明天》中,尽管是"灾难的明天"的题目,但恶劣的婆媳关系最终"由阴转晴"的结局则预示着一个美好的明天。陕北说书《刘巧团圆》单从题目看,就是大团圆的美好结局。书中描写的男"二流子"——刘巧的父亲刘彦贵自小好吃懒做,游手好闲。为了获得更多的钱财,刘彦贵盘算着将女儿卖给又老又丑的土财主王寿昌。为了退掉女儿的娃娃亲,刘彦贵欺骗女儿说她的未婚夫"又丑又懒","不会劳动"。刘巧后来遇见了赵柱儿,一下子就爱上了这个青年人,但不知道这个劳动的好手就是自己的未曾谋面的未婚夫。作品描绘了两个年轻人最终走到一起的美好爱情故事,也从侧面渲染解放区明朗的生活空气。

闹秧歌历来被认为是一个村庄和睦兴旺的象征,其本身就是喜庆的。文艺整风后,延安掀起了新秧歌运动。艾克思在回忆延安群众的秧歌表演时说:"男的头上扎有白色英雄结,腰束红带,显出英武不凡的气派;女的腰间缠着一根长绸带,两手舞着手绢,踏着伴奏的锣鼓点起舞,动作细腻而泼辣。男的领队手执大铁锤,女的领队手握大镰刀,分别代表工农。……接着就有一队装扮成八路军战士穿插进来,这时,秧歌舞队形内有了工农兵,变化就更多了。霎时唢呐吹响了,场子里一片欢腾声。"[①]演员兴高采烈地表演,观众喜气洋洋地观看秧歌表演。"每当《兄妹开荒》《牛永贵负伤》《一朵红花》《刘顺清开荒》等演出时,锣鼓一响,人们都从窑洞里涌出,冲下山坡,围满广场。陕北的冬天虽然很冷,但演出场上的热烈气氛,把人们的心都融化了。那种场面永远留在演员和观众的记忆里。"[②]

郭沫若在1947年4月4日为《北方木刻》画册出版所撰写的序中写道:"北方的作家们是处在更无拘束的空气里面,被解放了的人民大众的乐天生活影响着他们,使他们的反应呈现出一片乐天的景象。那种天真的由心里发扬出来的农民们、工人们、小市民们、士兵们的快活,无论在颜面上,行动上,一切的情调上,都具有一种特殊的魅力。这是南方的作家们所不能够产生的。一般地说来,北方的作品富于喜剧情调,而南方的作品富于悲剧情调。"[③]这里说

---

① 艾克思:《延安文艺回忆录》,北京:中国社会科学出版社,1992年,第334页。

② 金紫光等主编:《延安文艺丛书·文艺理论卷》序。转引自韦庆儿:《论抗战文化及其对中国社会之影响》,《桂海论丛》2006年第11期。

③ 凌承纬、凌彦:《四川新兴版画发展史》,成都:四川美术出版社,1992年,第127—128页。

的“北方”即解放区,“南方”即国统区。解放区的作品大多表现分田地,庆丰收,参加劳动,新式婚姻等等,这些作品通过歌颂共产党、歌颂工农兵大众以及解放区里的新人、新事、新气象,展现了一个“欢乐的王国”,富于喜剧情调。

人有悲欢离合,生活中也不都是喜剧,延安也不是没有阴暗面,悲剧性的因素也照样存在。有学者指出:“在延安文艺中为什么很少有悲剧性的作品?这当然不是说在延安文艺的大量作品中没有矛盾,没有挫折,没有心灵的撞击,也不是说在延安文艺的大量作品中没有血与火的考验,没有生与死的选择,没有灵与肉的搏斗。而是说,在这些作品中多种悲剧性的因素最终并没有构成悲剧性的情节、悲剧性的效果和悲剧性的结局。”[①]延安文艺是如何对待悲剧题材,如何处理社会的阴暗面的呢?为了喜剧的色彩又如何处理好悲喜剧之间的关系呢?

1942年,毛泽东在延安文艺座谈会上发表的讲话表明了他反对“暴露黑暗”的文艺观点。他说:“对于革命的文艺家,暴露的对象,只能是侵略者、剥削者、压迫者及其在人民中所遗留的恶劣影响,而不能是人民大众。”[②]毛泽东明确要求文艺“以写光明为主”、“以歌颂现实为主”。为了革命斗争的需要,文艺家们响应共产党的号召,在文艺创作中坚持以歌颂光明为主,对悲剧进行了消解,将悲剧转换成了喜剧。即使是反映悲剧性的题材和内容,在延安文艺中也并没有构成悲剧性的情节、悲剧性的效果和悲剧性的结局。何其芳说,人们已经厌倦了那种旧世纪的“悲伤的气息”,而“需要着一些光明的故事,快活的故事,积极的勇敢的故事”。[③] 在痛苦中感到快乐,在黑暗中看到光明,在挫折中昭示前途,即使是悲剧的题材和内容,也可以远离令人伤感而消沉的调子,带上喜剧的色彩。赵树理的《小二黑结婚》在现实生活中是以悲剧收场的,可在小说中作家给了他们一个皆大欢喜的大团圆结局,写成了喜剧。

延安文艺家们之所以要对悲剧进行消解,对悲剧进行超越,是因为他们认为以延安为中心的抗日民主根据地是共产党领导的模范根据地,是新中国的雏形。与国统区相比,“解放区的天是明朗的天”。共产党领导的陕甘宁边区,人心安定,社会秩序井然,人民安居乐业。何其芳说:“我在想:一个马列主义者对于悲剧的看法应该是怎样的呢?悲剧的定义是不是这样:得不到合理的

---

① 张鸿才:《论延安文艺对中国传统文化的继承和对外国文艺的借鉴》,《西北第二民族学院学报(哲学社会科版)》1994年第3期。

② 《毛泽东选集》第3卷,北京:人民出版社,1991年,第872页。

③ 何其芳:《高尔基——由这个名字所引起的一些感想》,《新中华报》1940年6月18日。

解决的问题？而在一个马列主义者的思想里，是不是世界上还有着得不到合理的解决的问题？"[①]在何其芳的思想体系中，他认为马列主义是绝对真理，它是一把能够解决人类苦痛的"最后的钥匙"。[②] 在他看来，在马列主义指导下的抗日民主根据地，任何问题都是可以得到合理解决的，因而在"这样一个理想的社会"里，怎么还会有"悲剧"发生呢？即使有所谓"悲剧"性因素存在，也可以消解于无形。

在中国漫长的文学史上，人们形成了一种传统的较为稳定的期待心理和审美倾向：总希望看到的是喜剧，善有善报、恶有恶报成为一种审美心理习惯。即使是悲剧，人们也总希望在结尾处能出现预示光明前景的描写，通过悲喜融通的手法和凄苦之后的喜乐团圆煞尾。延安文艺充满喜庆色彩正是符合民众的欣赏口味和审美倾向的。

作者简介：

吴继金，湖北美术学院公共课部教授，研究方向为政治理论、中国近现代艺术史。

于丽，湖北大学马克思主义学院副教授，研究方向为中共党史。

---

① 何其芳：《论快乐》，《何其芳全集》第2卷，石家庄：河北人民出版社，2000年，第88页。

② 何其芳：《论快乐》，《何其芳全集》第2卷，第88页。

新诗社及其朗诵诗目标的确立

李光荣

[摘要]本文考察了西南联大新诗社从酝酿、诞生、发展到观念确立、成就取得再到结束北上的历史,在论述过程中,提出了一些新见解,解释了一些以往说不清楚的问题,认为新诗社的特质在于"新"字,而其"新"是在闻一多的指导下逐渐探索发展的,新诗社是西南联大和昆明地区以至国统区和北返后北方的一股重要诗歌力量,新诗社为中国朗诵诗的创新和发展作出了重大贡献。

[关键词]西南联大;新诗社;朗诵诗;闻一多

新诗社是西南联大后期一个重要的文学社团。在两年多的历史里,新诗社以勇于创新的姿态和生气勃勃的精神面貌,开创了西南联大文学史上的新局面,成为西南联大文学中的一个重要派别。"新"是新诗社的主要追求和精神特质,做全新的人,写全新的诗成为新诗社的宗旨。因此,新诗社的价值和特点集中体现在一个"新"字上。

朗诵诗是新诗社的创新中心。新诗社致力于朗诵诗的创作和诗朗诵的效果探索,创作了一些可以跻身于中国朗诵诗代表行列的作品,培养出何达等有影响的诗人;新诗社开创了西南联大的朗诵诗活动,推动了昆明地区朗诵诗运动的发展,使朗诵诗成为西南联大和昆明文学活动的一时之显。

开放式是新诗社的组织特点。虽然在西南联大的文学社团中开放的组织前已有之,但新诗社把"开放"推进了一大步,成为真正意义上的开放。新诗社到底有多少社员,不得而知。新诗社举办的朗诵会,动辄上千人。这在西南联大的历史上没有,恐怕在昆明也不多见。朗诵会是新诗社的诗作发表的重要方式。

新诗社的诗不是为自己创作,而是为少数惯听"弦外之音"的欣赏者创作的。所以,为大众写诗、走群众路线可以看作新诗社的另一个"新"。在西南联大,从来没有哪个诗人的作品一发表就拥有那么多的受众。新诗社是西南联大最注重接受美学运用的文学社团。

而新诗社的诞生、发展、观念和成就都与新月社宿将闻一多紧密相连。因此我们必须从闻一多说起。

一、新诗社的成立

汪曾祺说:"能够像闻先生那样讲唐诗的,并世无第二人。"[①]1943年秋季开学,闻一多仍然讲"唐诗",同学们前呼后拥挤进教室,去晚了的同学只好站在门窗之外。闻一多站在讲台旁,打开布包,左手取出一个本子,右手轻轻地拍着那本子说:"有一天,佩弦先生递给我一本诗,说……你看,新诗已经写得这样进步了。"然后,转身在黑板上写下"田间"两个字。他接着说:"他的诗,我一看,有点吃惊,我想,这是诗么?再看,噫,我说,这不是鼓的声音么?"[②]闻一多越讲越兴奋,把这堂"唐诗"课变成了"田间课"。

"鼓——这种韵律的乐器,是一切乐器的祖宗,也是一切乐器之王……提起鼓,我们便想到一连串形容词:整肃、庄严、雄壮、刚毅、粗暴、急躁、阴郁、深沉……鼓是男性的,原始男性的,它蕴藏着整个原始男性的神秘。它是最原始的乐器,也是最原始的生命情调的喘息。"讲完了鼓,闻一多接着朗诵了田间的两首诗。他称赞说:"这里便不只鼓的声律,还有鼓的情绪。这是鞍之战中晋解张用他那流着鲜血的手,抢过主帅手中的槌来擂出的鼓声,是祢衡那喷着怒火的'渔阳掺挝',甚至是,如诗人 Robert lindsey 在《刚果》中,剧作家 Eugene O'Neil 在《琼斯皇帝》中所描写的,那非洲土人的原始的鼓,疯狂,野蛮,爆炸着生命的热与力。"[③]

闻一多只顾讲下去,同学们则感耳目一新,眼界大开,精神振奋,原来诗还有这样的写法,原来还有这么好的诗,使得多年来沉醉在古诗境界中的大学教授都对它刮目相看,大加推崇!也许连闻一多都没有想到,这堂课给予同学们的震动有多大。下课后,同学们在餍足感之外,还有一种饥渴感,一方面仍陶醉在课堂的情景中,另一方面又如饥似渴地寻找田间和解放区的诗来读。这

---

① 汪曾祺:《闻一多先生上课》,《汪曾祺全集》,第6卷,北京:北京师范大学出版社,1998年,第300页。

② 闻一多:《时代的鼓手——读〈田间的诗〉》,《闻一多全集》,武汉:湖北人民出版社,1993年,第197、199页。

③ 闻一多语,转引自何达《闻一多·新诗社·西南联大》,赵慧编《回忆纪念闻一多》,武汉:武汉出版社,1999年,第265页。

堂课引起的是西南联大部分学子审美观念的改变，另一种诗风开始酝酿，它在学子们心目中埋下了一个诗的新品种——朗诵诗的种子。

1943年的西南联大，皖南事变后的阴霾还没有完全消退。也是在秋季开学后，几个耐不住寂寞的青年开始喊出了自己的声音，在满目萧索中，出现了《耕耘》、《文艺》等壁报。而闻一多这位埋头于古籍的“老教授”也在这时，心灵被田间诗歌的“鼓点”震动，并立即将震动传达到学生的心弦上，大家似乎看到了乌云边的一片青天，开始步出门户朝那里张望，从而使寂静的校园出现了躁动。换句话说，闻一多的“田间课”适时地出现在西南联大民主自由空气开始萌动之时，并为这种空气的复苏注入了催化剂——这恐怕也是闻一多没有想到的。

在这场躁动中一个最典型的人是何孝达(何达)。作为历史系1942级学生的何孝达，当时站在窗外旁听闻一多的课，田间那擂鼓的声音和闻一多听鼓的感受使他大为惊异，心灵震荡。他凭借记忆把闻一多的讲课内容整理成文发表于壁报，以让更多的人共享，同时，他一头扎进图书馆急迫地翻阅那些新的诗歌，吮吸新的养分。和他一样饥渴地阅读诗歌的还有另一些人。终于有一天，在图书馆里，一段巧遇发生了。

1944年春的一个上午，何孝达坐在图书馆的阅览室里读新诗，从会心的愉快中偶然抬起头来，看到斜对面一个浓眉大眼的青年也在读诗，他的神情专注而真诚，十分可爱。何孝达写了一张字条“朋友，你爱诗吗?”递过去。对方立即投来热情的目光，报以灿烂的笑容。这个人叫沈叔平，是1942级政治系的学生。两个人相约走出阅览室，在图书馆前面的大草坪进行交谈，两颗诗心越谈越投机，越谈越靠近，大有相见恨晚之憾。他们想到：爱诗的人，绝不止两个，为什么不把大家火热的心连在一起呢？于是，他们分头探问，寻找爱诗的朋友。

爱诗的人很快寻找到12个。大家希望组织起来，但不知怎样操作为好。大家不约而同地想到一个人，希望得到他的指导。这个人就是上年秋天大谈田间、把新诗的魅力注入学生心灵的闻一多。闻一多那么忙，愿意指导几个初生牛犊似的青年吗，大家心里没底。于是，公推与闻一多比较接近的中文系同学康伣去探询闻一多的意见。没想到，闻一多满口应承，并说：就在这个星期天，你们到我家里来，我们可以多谈谈。大家内心说不出的高兴，盼望着星期天的到来。

那个金色的星期天——1944年4月9日在大家的盼望中到来了。这天早晨,何孝达、沈叔平、施载宣、康伣、赵宝煦、黄福海、周纪荣、赵明洁、段彩媚、施巩秋、王永良、万绳枬在学校集合出发,去昆明10多公里以外的龙头镇司家营拜访闻一多先生。闻一多带他们到村边几棵尤加利树下的草地上,围成一圈坐下,同学们各自朗读自己的作品,闻一多六七岁的女儿闻惠羽也朗读了她的诗作《金色的太阳》。这是同学们初次体验集会朗诵。闻一多认真听完大家的朗诵,又点评了每个人带去的习作,接着开始了谈话。他首先表示非常支持大家组织诗社,然后谈了他对诗的看法:

他首先就批判中国传统的"诗教",说:"温柔敦厚,要不得。"

他说,一向旧社会的诗人,把诗当做媚人娱己的玩意儿。他说,"我们不要这样的诗。"

他说,不一定要把诗写好,好不好没关系。甚至于写不写诗都没有关系,要紧的是做一个"人",真正的人,不做奴隶。

他说,今天的诗人不应该对现实冷淡旁观,应该站在人民的前面,喊出人民所要喊的,领导人民向前走。

他说,要写诗,也不一定用文字写,最后是用血肉来写,用整个生命来写。①

闻一多的话成了后来成立的新诗社的纲领性文献,它决定了新诗社的方向,贯穿在新诗社的全部活动中。

这一次12人与闻一多座谈,在新诗社的历史上具有奠基的意义:思想道路的奠基,诗歌形式的奠基,活动方式的奠基。

在司家营座谈后一个星期里,同学们多次聚会,商讨诗社的事,最终确定了以下几方面的意见:关于诗社的名称,突出一个"新"字,取义于闻一多那天所谈的一段话:"我们的诗社,应该是'新'的诗社,全新的诗社。不仅要写新诗,更要做新的诗人。"②关于诗社的发起人,就是那天司家营拜访闻一多的12人;关于导师,自然是闻一多先生;关于成立日期,就定为司家营访谈的日子,即1944年4月9日;关于诗社的宗旨和方向,大家把那天闻一多坐在草地上的谈话内容归结起来,得出四条纲领:一,我们把诗当做生命,不是玩物;当做工作,不是享受;当做献礼,不是商品。二,我们反对一切颓废的晦涩的自私的

---

① 何达:《闻一多·新诗社·西南联大》,《北京文艺》1980年第2期。

② 闻一多语,转引自史集《闻一多先生和新诗社》,《云南师范大学学报》1987年第2期。

诗,追求健康的爽朗的集体的诗。三,我们认为生活的道路,就是创作的道路;民主的前途,就是诗歌的前途。四,我们之间是坦白的、直率的、团结的、友爱的。关于诗社的组织,采取开放的方式,以发起人为骨干,团结众多社友,把社员扩大到整个校园。大家选举施载宣和何孝达为社长。40 年后,新诗社的主要成员对其组织作了这样的总结:"新诗社的'大门永远开着'。当年参加新诗社活动的朋友,不必履行什么手续,愿意来的可以随时来参加活动,不想再参加的,随时可以不告而别……新诗社也没有什么组织机构……但具体的活动则常由大家轮流主持的。"①关于活动和出版物,以"新诗"为中心举行各种活动,如读诗、写诗、评诗、组织诗歌朗诵等,出版壁报《诗与画》。

一切准备停当,大家于 1944 年 4 月中旬的一天,在西南联大南区学生服务处的小礼堂,举行了新诗社成立大会。出席大会的除发起人即骨干 12 人之外,还有好多同学,其中有叶传华、秦光荣、沈季平、曹思义、陈柏生、郭良夫、伍骅、温功智、缪弘等。

经常参加新诗社活动和写诗的同学,据新诗社骨干回忆,除发起人和上面提到的一些人外,还有吴征镒、张源潜、王景山、赵少伟、缪祥烈、尹落、李复业、李建武、李恢君、马士毫、李维汉、叶世毫、因蕨等人,校外人士,今天所知的有杨明、彭桂蕊、王明、张家兴、董康等人,这些人应该说是新诗社的基本成员。有许多参加过新诗社的朗诵会或者写过诗歌的人,也自称新诗社的成员,这不仅反映出新诗社的组织特点,而且也说明了新诗社的巨大影响力。

新诗社的成立,为西南联大的文学活动组织了一支生力军。新诗社成立后开展的一系列活动,尤其是朗诵诗的创作和大型诗歌朗诵会的举办,无论在文艺方面还是政治方面,都赢得了自己在西南联大历史上的稳定地位。

二、新诗社的活动

新诗社成立后,最经常的活动是朗读和讨论社员的习作。开初,每周或两周举行一次朗读讨论会。社员们拿出诗作,朗读或传阅,大家提出各自的意见,帮助作者修改。这实际是司家营草地朗诵并讨论的继续。

闻一多经常参加集会。他"总是叼着烟斗和大家坐在一起倾听着,在最后才发表他中肯的评语"②。秦泥记述了闻一多作朗诵示范的情况:"谈兴正浓

① 史集:《闻一多先生和新诗社》。

② 史集:《闻一多先生和新诗社》。

时,他往往会随手拿起一首诗高声地朗诵起来,作出示范。"[①]朗诵社员的习作,是闻一多言传身教的一种方法。闻山这样写道:闻一多的朗诵是那样富有表现力和吸引力,"像要把诗的全部思想、音韵、作者的感情,都融化在他的声音里似的;他在体味着,欣赏着,同时也在重新表现着"[②]。

冯至有时也来参加朗诵会。他在《从前和现在》一文中回忆到:"在昆明时,我曾经被约请参加过几次新诗社的聚会,聚会的地点有时在西南联大简陋的教室,有时在学校附近的一所小楼上,每次开会回来,心里都感到兴奋,情感好像得到一些解放。灯光下听着社员们各自朗诵他们的作品,彼此毫不客气地批评,我至今还没有忘记一些诗在诵读时所给我的印象,虽然原文我记不清了。"[③]

参加聚会的人多了,大家便走出小屋,在教室里进行。教室里再坐不下,就到室外旷地。这是一种别有情致的朗诵会,像新诗社初始的司家营朗诵会那样,几棵小树,一块草地,一阵轻风,充满了诗情画意。闻一多和冯至经常出席这样的朗诵会。40 年后,冯至仍保存了这样的记忆:"每逢春秋佳日,在近郊的小树林,在某家花园,在课堂里,或在月光下,大家热烈讨论,纵情朗读,细心聆听闻一多的危言谠论,我从中也得到不少启发。"[④]这种"在某家花园","在月光下"举行的朗诵会,可以举 1944 年 10 月 1 日为例。这一天是中秋节,新诗社在英国花园举行赏月诗歌朗诵会,邀请闻一多和冯至参加,到会社员 45 人。大家坐在草地上,周围是高大的柏树,明月当空,环境幽美,大家朗读诗歌,谈论感想,欢声笑语阵阵,闻一多和冯至就新诗创作问题讲了话。

有了以上的朗诵经验和理论提高,新诗社便试图组织大型诗歌朗诵会。机会很快到来。1944 年 10 月 9 日是新诗社成立半周年的日子,新诗社决定在这一天举行纪念晚会。骨干们齐心协力积极筹办,晚会如期在学校南区学生服务处小礼堂举行,到会的有教授 14 人和文化界人士、大中专学生 200 多人,闻一多、冯至、楚图南、光未然、李广田、闻家驷、吕剑、沈有鼎、李何林、尚钺等先生均出席。诗朗诵开始,首先是社员叶传华朗诵自己的作品《心脏的粮食》,

---

① 秦泥:《如坐春风,如沐朝阳》,赵慧编《回忆纪念闻一多》,第 223 页。

② 闻山:《教我学步的人》,赵慧编《回忆纪念闻一多》,第 175 页。

③ 冯至:《从前和现在——为新诗社四周年作》,《冯至全集》,第 4 卷,石家庄:河北教育出版社,1999 年,第 129 页。

④ 冯至:《〈闻山散文集〉序》,《冯至全集》,第 5 卷,石家庄:河北教育出版社,1999 年,第 156—157 页。

其次是楚图南朗诵惠特曼的《大路之歌》和尼古拉索夫的《在俄罗斯谁能欢乐与自由》，接着是闻家驷朗诵法文诗，冯至朗诵德文诗，再下来是孙晓桐朗诵《阿拉伯人和他的战马》，光未然朗诵《我们是老百姓的女儿》，最后是闻一多朗诵欧外鸥的《第二次世界大战的讣闻》和《被开垦的处女地》。发言开始。多位先生谈了对于新诗的看法。时间过得真快，电灯熄灭了，点燃的一排排蜡烛也矮下去了，于是请闻一多作了总结。

成立半周年就举行如此盛大的纪念会，在西南联大社团史上确是第一次。纪念会的成功给新诗社极大的鼓舞，他们看到了朗诵诗的美好前景和诗朗诵的巨大力量，更加坚定了对于朗诵诗的信心。

大约在这个时候，闻一多介绍校外的学生参加新诗社的活动。校外人士的加入，改变了新诗社为西南联大内部组织的性质，使其逐渐发展成为一个昆明的诗歌社团了。随着诗歌朗诵会由内到外、由小型到大型，新诗社的名声越来越响，队伍越来越壮大，很快发展到几百人。不过，这是一支没有“登记”的队伍，所以无人知道具体数字。

此后，新诗社的朗诵活动在内部和外部两个层面展开。内部仍然以学习、交流、探讨为主，目的在于帮助作者提高写作和朗诵水平。外部层面是举办大型诗歌朗诵会，目的在于发挥朗诵诗的宣传鼓动作用——这才是朗诵诗的大用场，是闻一多提倡的那种朗诵诗。

内部层面和外部层面的朗诵除主题的散与专、人数的多少、出席者的身份、场面的大小及氛围等不同外，被朗诵的诗歌也不同。内部层面朗诵的多是社员自己的创作，外部层面则社内外的诗歌都朗诵，又以中外名诗为主。在外部层面集会上经常被朗诵的有冯至、艾青、田间、臧克家、绿原、S. M、马雅可夫斯基、普希金、尼古拉索夫、惠特曼等诗人的作品。这说明新诗社并不局限在“自我”的圈子里，他们的目光是开阔的，是具有世界性的。

这里列举主要的几次外部朗诵会：

1945 年 4 月 21 日，与文协昆明分会在学校南区 10 号教室联合举办马雅可夫斯基逝世 15 周年纪念会，田汉、闻家驷、李何林、光未然、常任侠、吕剑和社友 200 余人出席，何达、郭良夫、李实中、光未然等朗诵。

5 月 2 日，举办诗歌朗诵晚会，地点在学校东食堂，1000 多人出席，闻一多、何达、刘振邦、何兆斌、李实中、朱自清、胡庆燕、张光年、吕剑、郭良夫、许健冰、金德濂、常任侠等朗诵。

6 月 14 日，与文协昆明分会、西南联大、云南大学、中法大学、新中国剧社等16个团体,在云南大学至公堂举办诗人节纪念晚会,出席者1000余人,光未然、韩北屏、李实中、何达及云大文艺研究社等朗诵。

9月3日,在学校东食堂举办"为胜利、民主、和平、团结而歌"朗诵会,闻一多、光未然、李公朴、黄药眠、孟超等出席,到会者1000多人,闻一多、光未然、吴征镒、李公朴、郭良夫、萧荻等及一些中学生朗诵。

10月29日,与文艺社、冬青社等团体联合举办西南联大成立八周年庆祝朗诵会,地点在学校东食堂,1000多人出席,朗诵者无记载。

这里重点介绍一下1945年5月2日举办的诗歌朗诵会。这是一次相当著名的朗诵会,三年后朱自清仍把会议情形写入论文,数十年后还被西南联大学生每每提起。这次朗诵会是昆明四所大学联合举办的"'五四'纪念周"的活动之一,由新诗社主办。朗诵会开始,首先由闻一多致辞,他简要地介绍了用诗歌朗诵来纪念"五四"的意义和新诗的发展道路,论说了朗诵诗的价值和前途,提高了听众对朗诵诗的认识。随即开始诗歌朗诵,气氛热烈,"戏剧界、文化界的朋友们在台上朗诵,中学生、排字工人也对着(扩)音机演说"。[①] 这是诗歌爱好者的狂欢!朗诵节目最精彩的要数闻一多朗诵艾青的《大堰河》,朱自清"从他的抑扬顿挫里体会了那深刻的情调,一种对于母性的不幸的人的爱。会场上千的听众也都体会到这种情调","觉得是闻先生有效的戏剧化了这首诗,他的演剧才能给这首诗增加了些新东西,它是在他的朗诵里才完整起来的"。此后,《大堰河》几乎成了闻一多的保留节目,又在多次会上朗诵过。光未然朗诵自创的《民主在欧洲旅行》深深打动了听众,博得热烈的掌声,在听众的要求下,他又朗诵了艾青的《火把》。李实中朗诵讽刺诗《我的实业计划》,他的朗诵"抓得住一些大关目,又严肃而不轻浮",但"听那洪钟般的朗诵,更有沉着痛快之感"。[②]

新诗社的其他活动中,最为出色的是为贫病作家募捐。文协昆明分会积极响应全国文协总会的号召,在昆明发起募捐活动。在这场活动中,新诗社采取了行之有效的方法,获得了好成绩。首先,在闻一多的建议和支持下,新诗社选出了部分诗作,在《扫荡报·副刊》上出了一期专页(内容在第四节中介绍)。专页除随报纸发行外,还印成单张,上面加盖了闻一多"为响应文协援助贫病作家基金运动义卖"的字样,由新诗社社员去市内义卖。义卖所得收入全

① 《三十四年"五四"在联大》,《联大八年》,昆明:西南联大学生出版社,1946年,第25页。

② 朱自清:《论朗诵诗》,《朱自清全集》,第3卷,南京:江苏教育出版社,1996年,第255页。

部作为捐款。其次，通过诗歌朗诵会募捐。1944 年 10 月 9 日举行的新诗社成立半周年纪念诗朗诵会，实际也是募捐会。事先，新诗社草拟了《给贫病作家的慰问信》，朗诵会开始前，闻一多、楚图南、尚钺、冯至、李广田等 123 人在《慰问信》上签名，壮大了新诗社的声威，增强了募捐的召唤力，当晚便获得了较大数目。之后，新诗社继续努力，到 1945 年 2 月，共募得 36 万元捐款。此数占西南联大募集总数 62 万元的一半多，占文协昆明分会 200 余万元的 1/6，占全国后方各大城市 300 多万元的 1/10，成绩相当可观。新诗社得到了文协昆明分会和全国文协总会的感谢。

"一·二一运动"的爆发改变了新诗社的方向，他们不得不投入政治斗争，朗诵会的形式也由群众大集会变成了小集会。在运动中，新诗社写了大量的诗歌。那些诗，有的保留了下来，绝大多数则随时光流逝了。

"一·二一运动"后，西南联大出现了较为平静的"喘息期"，新诗社没再举行大的活动。1946 年 4 月 9 日，是新诗社成立两周年的日子。新诗社在这一天举行纪念晚会。这天晚上，闻一多、李广田、李何林等先生到会并做了演讲，新诗社社员朗诵了诗歌。

西南联大于 1946 年 5 月 4 日宣告结束。结束后不久，新诗社在一家"青年公社"的茶馆楼上举行话别会。这时，新诗社的社员有的毕业了，有的留在昆明做事，有的跟着学校回北平，大家不光是告别昆明，还是互相告别，因此每个人都有些话要说。第一个站起来发言的是闻一多，他的第一句话就说："这两年里，我跟新诗社，是血肉不可分的。"① 接着，每个社员都表达了自己的感想和心情，大家相约到了北方继续开展活动。夜深了，大家依依不舍地告别。

告别只是暂时的。不久，新诗社又在平津地区重聚了，而且，"这把火已经烧遍了华北"，"许多许多的新诗社都起来了"——北大新诗社、清华新诗社、南开新诗社、中法新诗社、师院新诗社、北洋新诗社、朝阳新诗社、燕大新诗社……他们继续着西南联大新诗社的精神，创造着新的朗诵诗。只是，导师闻一多永远留在了昆明。1948 年 4 月 9 日，新诗社成立四周年时，何达写了一首题为《新诗社》的诗，抒写了新诗社和闻一多的血肉联系："新诗社举起一只大旗，上面写着三个大字：'闻一多'！""新诗社是闻一多的纪念碑，新诗社是闻一多的铜像"。有这样一些传人，闻一多可以笑卧昆明了！

闻一多生命的后期与西南联大新诗社在一起，因此，谈论新诗社也就是在

---

① 闻一多语，转引自何达《闻一多 · 新诗社 · 西南联大》，赵慧编《回忆纪念闻一多》。

谈论闻一多。

三、朗诵诗目标的确立

诗朗诵作为中国诗歌的一个传统,是古已有之的,但朗诵诗作为一个诗歌品种,却是20世纪30年代才兴起的。殷夫的一些诗适合朗诵,光未然在延安时已写出很好的朗诵诗,国统区的高兰,朗诵诗名气很大。但奇怪的是,新诗社似乎对他们的朗诵诗"一无所知"。新诗社当时无人提到早已著名的一些朗诵诗人的作品,在后来的回忆文章中也没露出蛛丝马迹。而且光未然就在昆明,还多次参加新诗社的活动并朗诵诗作。出现这种现象,并不是新诗社的"无知",而是他们的"无视"。因为,西南联大图书馆的一些报刊上登载着朗诵诗,昆明的报刊上也有标明"朗诵诗"字样的作品,生活在这种环境中的"爱诗者"不可能不知。新诗社这种只字不提的现象不能说明他们不了解,而是他们不把那些朗诵诗看作自己效法的对象。换句话说,新诗社创作的朗诵诗并不是当时流行的那种朗诵诗。

新诗社对于朗诵诗的关注可以追溯到闻一多的"田间课"。在那次课上,闻一多满怀深情地朗诵了田间的《多一些》和《人民底舞》。田间的诗经过闻一多的朗诵创造,那鼓点般的诗句强烈地震动着听者的神经,一种新的诗美观念开始进入他们的意识。实际上,在文学史家那里,田间的诗并不是朗诵诗,文学史家更愿意给它一个新名词:"战斗诗"。但由于倾倒于闻一多那美妙绝伦的朗诵,新诗社的同人便把它"误读"为朗诵诗了。历史上有许多的发明创造是因"误读"而引出的。新诗社同人由于"误读"了田间的"战斗诗",认为朗诵诗应该是田间那样的,因而导致了西南联大朗诵诗"异类"的产生。遗憾的是,我们无法知道从"田间课"到司家营草地谈诗这半年间新诗社同人做了什么样的探索,甚至无从知道在司家营草地上他们朗诵的是些什么诗,也就不可能了解他们走向田间诗的历程。

新诗社成立后开展的一系列朗诵活动,是对朗诵诗意识的加强,是对朗诵诗创作和诗朗诵艺术的双重探讨。由于史料缺乏,我们无从知道新诗社每次活动的情况,不知道社员创作了哪些诗歌,在会上朗诵的有哪些,社员对诗艺有怎样的认识和提高,但从当时的一篇文章看,社员对朗诵诗有过争论。在1944年7月9日举行的朗诵会上,有人提出"诗是否可以分为朗诵诗和非朗诵诗两种"的问题,便出现了两种意见:"一部分说根据语言和文字应是一致的这一原则,所有的诗应该都可以朗诵。目前还有一些人写诗很难懂,但是,假如写什么诗的时候都准备被朗诵，那么渐渐便把难懂的字都丢掉了，因此提倡朗诵诗还可以改进文字。另一部分人则以为诗除了音乐美之外，还应有图画之美，有些诗却不必一定都能被朗诵。而且诗如果只有音乐之美那就编乐谱好了，何必要诗？而且文字无疑是比语言更持久些更典型些，就是因为能使人更深远地欣赏了解，不是一下子就过去了。诗就是这样。"两种观点相持不下。这争辩还涉及诗的内容和形式、诗的对象、诗和歌的起源以及它们的关系等问题，最后还是由导师闻一多作了总结。[①] 这段引文说明，新诗社推崇朗诵诗，已经确定了向朗诵诗发展的方向，但是大家对朗诵诗的理论并不很明确。有的人认为所有的诗都应该是朗诵诗，其用意在于为朗诵诗争地位，但失之偏颇了。

当时新诗社关于朗诵诗理论的材料，目前仅找到这一份。虽然据此（当然还有诗歌作品）可以得出新诗社在1944年7月明确了朗诵诗追求方向的结论，但对具体的发展情形我们仍难以推测。不过，我们对新诗社导师闻一多的诗歌观念的发展脉络还是大致清楚的。由于闻一多对新诗社进行了有效的指导，通过考察闻一多的诗歌观念的变化来佐证新诗社的朗诵诗观念也是行得通的。

闻一多对于新诗社的活动有请必到，而且每次都要发言，或者阐释理论，或者点评诗作，或者做朗诵示范。而重要的讲话和典型的示范会被人记录发表或在后来回忆出来。这是探寻闻一多诗歌观念的重要线索。众所周知，闻一多是"新格律诗"的主要提倡者和创造者，后来他专攻古代文学。1943年秋，他在与白英选编《中国新诗选译》的过程中，读到田间的诗集，闻一多便情不可遏地把那"鼓的声音"介绍给听"唐诗"课的同学，从而唤起一群青年人写诗的自觉意识。此时，闻一多似乎还没有思考朗诵诗问题。1944年4月9日在司家营草地上与同学的谈话，他强调写"新"诗，做"新"人，用生命写诗等，新诗社根据他的谈话精神归结的"四条纲领"中没有"朗诵诗"一词，说明闻一多还没有提出朗诵诗理论。新诗社成立后，闻一多经常参加社员的聚会，在此过程中，闻一多才对朗诵诗进行了不断地思考。闻山的一段回忆说明闻一多在此过程中的变化——有一天晚上，新诗社在一座小楼上聚会，闻一多来了，和大家一起朗诵诗、谈诗，他突然问："你们以为我到你们中间是干什么来的？"接着

---

① 王志华：《一个诗歌朗诵会》，《扫荡报》副刊第143号，1944年7月19日。

自答:"我是到你们中间来取暖的！其实,哪里是我领着你们,那是你们推着我走!"[①]"推着我走"指包括文学观念在内的思想意识。在新诗社朗诵活动的推动下,闻一多对诗歌的道路和朗诵诗理论进行了思考,得出了他的见解。在上述7月9日晚新诗社的聚会上,社员对朗诵诗问题发生了争论后,闻一多发表了他的见解:"朗诵诗的对象,是大家,是许多人在一起,这样就能互相认识和团结,单是这一点已经应提倡朗诵诗了,而且朗诵诗尤其应该朗诵给人民大众听,应该是他们的今天,尤其要强调这一点,所以更该强调朗诵诗。但是,渡过了这个难关以后,今天需要热情呼喊,需要简单有力的诗句的人们,到了那个时候,他们的水准将被提高了,他们的生活较优裕些了,应该为今日所唾弃的图画美的诗,那时将会兴盛起来。而且为了争取今天那些知识分子(因为他们总是偏执着'诗应该是玄妙的',他们看轻朗诵诗),所以为了改变他们,就应该采取他们的方式去说服。故此一直在今天图画美的诗也不可完全丢掉!"[②]这是我们今天所见的闻一多关于朗诵诗的最早的言论。闻一多的话有五个突出观点:第一,朗诵诗应该"朗诵给人民大众听",这是"强调朗诵诗"的理由;第二,诗朗诵时"许多人在一起","能互相认识和团结",这是"提倡朗诵诗"的另一个理由;第三,朗诵诗的提倡是时代的要求,因为朗诵诗面对的是"今天需要热情呼喊,需要简单有力的诗句的人们";第四,将来人们的文化水准提高,生活优裕后,供人看的图画美的诗将会兴盛;第五,在今天的情形下,供人听的朗诵诗和供人看的图画诗应该并行。闻一多的这些观点是从时代的特点出发,从人民群众的需要角度,从诗歌的社会作用立论的。

但是,当王志华的文章发表时,闻一多却不愿文中出现自己的名字,于是文中只用"导师"代之。这是为什么?如果不是闻一多对文章中记述自己言论的文字不满意的话,只能解释为闻一多对自己的观点还不十分确定。的确,此次讲话仍然是即兴发言,它是在同学发生了争辩而又分不出对错的情况下,导师表明自己态度时的言论。它说明闻一多此前对朗诵诗理论有了研究和思考,但还没有"定型",他不愿发表自己不完全成熟的观点。

把7月9日的即兴讲话作为闻一多朗诵诗的基本观念,还因为闻一多此时正处于政治思想转变的起步期,他的思想逐步由个人转向大众,由个体转向群体,由于重视群体和人民的力量而重视朗诵诗的宣传鼓动作用,顺理成章。

---

① 闻山:《教我学步的人》,《回忆纪念闻一多》,武汉:武汉出版社,1999年。

② 闻一多语,转引自王志华《一个诗歌朗诵会》,《扫荡报》副刊第143号,1944年7月19日。文中"应该是他们的今天"应理解为:"今天是人民的今天"。

新诗社在闻一多朗诵诗观念的指引下，更加坚定了推行朗诵诗的态度。经过三个月的训练，于10月9日开始，新诗社走出社内圈子，对外举行诗歌朗诵会了。自此，新诗社开始向成熟迈进。之后，新诗社频繁地举行诗歌朗诵会乃至上千人的朗诵大会，就是把诗"朗诵给人民大众听"的实践，在组织上抱定"愿意来的都欢迎"的态度，就是发挥诗歌的"认识和团结"作用。新诗社是按照闻一多指引的路子走的。新诗社的成绩证明，闻一多的朗诵诗观念是正确的。

正是鉴于闻一多的朗诵诗观念和新诗社的成绩，我们把新诗社朗诵诗观念的确立时间定在1944年7月，并把7月9日作为标志性的日子。

作者简介：

李光荣，西南民族大学文学与新闻传播学院教授，硕士生导师，中国现代文学研究会理事，中国闻一多研究会理事，研究方向为中国现代文学及西南联大。

诗歌作军歌 诗魂壮国魂

——于右任在汉的抗战文学创作与活动

章绍嗣

[摘要]1937 年底，于右任随着国民政府的迁移来到武汉。他在从事出席会议、前线视察、参机国是等政府领导工作的同时，仍诗词创作不辍，佳作迭出，在文化战线上发挥着他人不可代替的作用。

[关键词]于右任；抗战文学；武汉；《望大陆》

1927 年，在轰轰烈烈的北伐中，于右任曾在江城有过短暂的驻留。转瞬十年，1937 年底他随着国民政府的迁移又来到武汉，出席会议、前线视察、参机国是，忙于抗战的领导工作。民族危难，大敌当前，对于国共两党的再度携手合作，于右任充满了高兴和期待。还在南京的时候，有一次，朱德和周恩来到公寓去拜望他，受到他的热情接待。周谈到共产党准备在武汉办一份刊名为《新华日报》的报纸，请于给予支持，并提出请他题写报头的请求，于右任当即慨然允诺。他说自己早年就积极倡导国共两党合作，提出过"合则两益，分则两损"的论断，时下大敌当前，更应该励行孙中山先生"一起唤起"的精神。他毫不掩饰自己的兴奋说："只有团结起来，抗战才有希望。"并热情地留两位客人共进了晚餐。不久，筹办报务的潘梓年就到政府公寓取到了于先生题写的"新华日报"四个酣畅淋漓的大字。他一共写了整整 19 幅，供潘挑选。字字可见其对两党合作和抗战大业的真心实意。1938 年 1 月，中国共产党领导的《新华日报》在武汉创刊，于右任应邀为该报题写的报名跃然纸上。2 月 20 日，他参加武汉各界公祭殉国空军将士，送去亲手所书"英风得天地，壮气作山河"的挽联，表达对洒血志士的敬意。次日，又与蒋介石、孔祥熙及中共代表王明、周恩来执绋送葬，列身于群众的盛大游行。他积极支持"中华全国文艺界抗敌协会”的筹备工作，欣然担任该会名誉理事。在第二次理事会上，他指出：“常言道文穷而后工，或乱而后工，这都不对。老实地讲，是实而后工，真而后工。唯真与实，乃能生动深刻，是活文学，不是死八股。诸位在这大时代，能把握现实；能深入民间，则抓到真，抓到实，定能产生伟大的文艺，愿诸位努力前进！”对战时作家提出谆谆教诲和殷殷希望。在全市的数次扩大宣传活动中，于右任多次在电台和集会上演讲，号召军民“向着倭寇猛刺！向着倭寇猛袭！”。在汉近一年，他出席各种会议、展览和群众集会，凡是重大抗日活动场合，都能见到于右任长髯飘逸的身影。

“诗言志，歌咏言”。一代诗人和草圣于右任挥动着如椽巨笔，更在文化战线上发挥着他人不可代替的作用。作为老报人和有着深厚国学根基的大师，他了解报纸杂志的巨大宣传作用，又深知旧诗词在中国的影响。为宣传抗日，他和学者卢冀野商量后，决定在武汉筹办一份期刊。两人经过密锣紧鼓的张罗，1938 年 5 月，一个申言“本刊选录作品，在今日固以能激发抗战情绪者为第一”、以登载旧诗词为主的月刊《民族诗坛》，在武昌由独立出版社正式发行。在反侵略的嘹亮号角声中，名流毕集，佳作迭呈，诗坛吟友风从，刊物很快流布全国。“笔阵纵横能扫穴，词锋锐利可犁庭”，刊物以倡言民族气节，高扬民族风骨、宣传抗战精神为中心，先后刊登过政坛、学界董必武、沈钧儒、郭沫若、柳亚子、程潜、吴宓、许世英、潘公展等名宿的大作，也发表过赵尧生、陈粹劳、殷芷源、王陆一、张庚由、谈瀛、朱璠、卢前、贺敏生等学者的诗词，影响甚大。由于于右任的巨大号召力和诗作导向，诗社的集结，诗人的吟咏，不再是旧时代文人的附庸风雅，而是以歌颂抗日将士的坚强意志、赞美不畏强暴的精神为宗旨，为轰轰烈烈的民族解放斗争作与时俱进的吟唱。许多作品，大义凛然，气撼天地，词清句丽，堪称上品。如沈钧儒的《晓闻炮声不能成寐》写耳听抗战炮响，辗转难眠的欣喜。诗人为国魂民意动情，抒发了“书生愿效死，抚枕动沉吟”的爱国胸怀。《夜归》描绘“野旷弹声嘶”的深夜行军。《前线两首》写因家室之累，不得喋血沙场的自责，感情浓烈，语多沉痛。这些作品以另一种形式与面貌反映了抗战的现实，在反击日本侵略者的斗争中，“军歌与战鼓齐鸣，吟坛共战场并捷”，诗人总动员，各种形式的诗歌全面参战。于右任倡导的抗战诗坛春风，给旧诗词带来了新的活力与生命。

于右任力撑《民族诗坛》杂志，使旧诗在抗战中重获新生。于自己在武汉也写作发表了大批优秀作品，不论律诗、词、散曲还是自由体的白话诗，无不充满强烈的民族意识和爱国情怀。如《鹧鸪天》三首描绘时代风云，歌颂爱国卫士,揭露敌寇暴行和诉说民众苦难,几乎是一幅完整的抗战画卷。词中有云“万里河山染血痕,经年犹未净胡尘”,慨叹锦绣河山沦于敌寇;“艰难皇祖开天战,劳瘁元公破斧声”、“三尺剑,一戎衣,园陵曾见五云飞。蹉跎兵马收京日,惨淡人民哭庙时”,是咏史更是叹今,痛惜金瓯残缺,敌寇未灭,黎民涂炭;“争独立,与生存,成功让尔我成仁。为牺百万佳儿女,祖国何由报汝恩”发出了喋血沙场、以身许国的壮烈呐喊。该词之三写道:

> 无限精诚接万方,
> 元戎秉钺镇非常。
> 风云作圣人争睹,
> 雷雨及时夜未央。
>
> 天运转,
> 地机藏,
> 大风吹动太平洋。
> 自由女神姗姗下,
> 喋血人间认故乡。

有人注曰:“则已为太平洋战争预言矣。”可见诗人眼光远大,对时局洞察之深,其远见卓识,寄托深邃,令人感佩。

于右任对武汉一直充满热爱之情,早年在写黄鹤楼的词中触景伤情,追思民族气节与风骨,曾感叹过“黄鹤归来应堕泪。泪满汀州”。他的《浪淘沙·黄鹤楼》系作者辛亥革命时离别武汉所作,最早曾刊于《民立报》,因词清句丽但气势恢宏、情景苍凉却撼人心弦,发表后一时和者甚众。原手迹在流亡中佚落,但抗战初期被友人曹雨亭于敌机轰炸时发现,诗书两全,尤为人宝爱。于右任在烽烟中旧地重来,感慨无限,又将此诗重刊于世,并曾在朋友中吟诵,慷慨悲歌,无不发自衷曲。听着他发出“凭吊大江秋,尔许闲愁。纷纷迁客与清流,若个英雄凌绝顶,痛哭神州”那气度非凡的呼喊,苍凉悲壮,荡气回肠,又一次震惊着读者和听众的心。这次在武汉,于右任诗兴勃发,又写了《春雨中黄鹤楼写望》一诗:“一江风雨昼冥冥,烟树参差认不清。壮观兼饶诗画意,万重新绿武昌城。”意境自然清新,诗中有画,似乎纯然写景,但“一江风雨”也暗寓时势气象,“万生新绿”则是三镇抗日声浪勃兴的写实。

当时于右任年已近花甲，仍常常亲赴阵地作视察和慰问。在巡视前线时，他体恤士兵，嘉言奖慰，并填词赋诗，鼓舞士气，为抗战救亡大声呼号。诗歌《中秋薄暮·黄陂道中见伤兵》，在中秋佳节的背景下，他对负伤受残的前线士兵深怀敬意，表达了自己忧国忧民的心情和献身民族大业的决心。诗中写道：

伤兵叹息复叹息，
日之夕矣月复出。
转诟人间爱赏月，
不知敌机乘月伤吾骨。
明月阑，
吾骨酸；
民族生命争一线，
吾身幸参神圣战。

军前歌舞作中秋，
独惜更番不得见。
今宵明月圆又圆，
定是吾军破胡天；
破胡天，
破胡天，
吾躯甘愿为国捐！

歌颂士兵的视死如归精神，感情浓烈，辞浅意深，让读者一咏三叹。

于右任早年即以诗抨击时弊，呼吁民生，曾因诗贾祸，亡命四方；如今高位在身，看到战乱中百姓流亡，深感痛心，在武汉便常有感时伤世之作见诸报端。在《减字木兰花·武汉回渝机中回望》中，“回首两茫茫，江北江南儿战场！”鸟瞰血染山河的破败凋敝惨状，心抖笔颤，催人泪下。在《战场的孤儿》中，则细节般描绘了“东村屋煨烬，西郭人逃亡”、“孤儿点点泪，湿透母亲衣”的荒凉残破景象，无情揭露日寇的暴行，控诉了这场战争给人民带来的深重灾难。诗人坚信：“战场儿孤儿，祖国儿行涕；何人卫祖国？中华此孩子！”日本侵略者灭亡中国的妄想，只是痴人说梦而已，必然遭到全中国和世界人民的反对而彻底失败。

为了宣传、鼓动的需要,于右任还写了一些白话诗。在具有儿歌特色的《长歌复短歌》一诗中,诗人用通俗的形式和轻松畅达的笔触,歌唱抗暴卫国的正义之战,号召热血青年投身抗日,保家卫国。诗中写道:“长歌长,短歌短;神圣战争方开展。哥哥后,弟弟前;争将性命为国捐,击破胡儿在今年。短歌短,长歌长;万世荣名是国殇。爱吾爱,仇吾仇;勇者不惧仁不忧,大家起来卫神州。”通俗易懂,朗朗上口,别开生面,为人民大众喜闻乐见。

于右任在武汉仅短短数月,但诗词创作不辍,佳作迭出。令人吃惊的是在其为数不多的散曲之作中,武汉所写竟占了极大的分量。他以多种曲牌写的《[中吕]山坡羊·神圣战争》《[双调]拨不断·题太炎遗像》《[南商调]黄莺儿·示冀野庚由》《[中吕]醉高歌·题朱心佛藏季刚遗墨》《[黄钟]人月圆·阴雨连日此情冀野庚由知之也》《[中吕]醉高歌·题冀野饮虹乐府》《[双调]殿前欢·题全面抗战画史》《[中吕]四边静·读冀野陶塘秋兴词代夫人答之》等,或追忆“鄱阳湖上,风陵渡口,大别山前。文人呕血,将军效命,计已经年”的“梦绕战场还”往事;或发出“十年慷慨歌声,远道流亡鬓影。文人争起生民命,旗鼓中原待整”鼓励友人的互勉;或称赞“看神州放异花,一战收功也,把血史争图画”。《全面抗战画史》的出版,字里行间渗透着于右任深深的忧国忧民、以身相许的爱国情怀,作品意境深邃,语调铿锵,耐人寻味,诗思绵长。他说过:“作旧诗的,也宜有兼容并包的襟怀,择善而从的雅度。取旧诗之所长,补新诗之所短。融会贯通、截长补短,以收调节折中之效。”因其诗其词能取精用宏,融新于旧,所写则古朴中寓新意,感情丰富,酣畅大气,故素为人爱。他还说过:“诗是大众言志的工具,而不是一部分人的怡情玩具。”其《金缕曲》描写对家国友人的怀念,“平生湖海,故人余几,褒鄂应刘寒之友,多少成仁去矣”,悼念自辛亥革命以来牺牲或病逝的战友,抒写了“不作名儒兼名将,白首沉吟有以”的心迹,表达出“料当世,知君何似。血染开天史,求祖国,自由耳”对国家美好未来的向往。感情真切,诗意葱郁,读后回味无穷。《双调折桂令·季鸾弟癸丑十月十一日在北京入狱二十五周年纪念,时同在汉口》是为张季鸾正名的。曲曰:

危哉季子当年,洒泪桃源,不避艰难。恬然文人,穷光记者,呕出心肝。吊《民立》余香馥郁,说袁家黑狱辛酸。到如今大战方酣,大笔增援。廿五周同君在此,纪念今天,庆祝明天。

其时张季鸾主笔汉口版《大公报》，时人多有微词，但张在辛亥革命及倒袁斗争中持正不阿，权奸胁诱，不为所动，曾笔扫千军，功不可没。于在诗中追述历史，称赞嘉许，寄望他在抗战中“大笔增援”再立新功。张季鸾后来写了不少抗战文章，鼓舞民心士气，对抗战起到了一定作用。《大公报》后来获得美国密苏里新闻学院奖章这一世界性荣誉。

1938 年 10 月出版的《民族诗坛》，发表了于右任写于长江之畔的终篇之作《[中吕]山坡羊·神圣战争》和《[南商调]黄莺儿·示冀野庚由》两首曲子。其中《[中吕]山坡羊·神圣战争》写道：

忧愁风雨，
迷离云树，
流亡不尽艰难路。
寇何如？
寇何如？
中原春色还如故。
神圣战争当共负；
兴，
天定助；
亡，
人自取。

这首感思抒怀之作，表达了他对抗日民族统一战线的衷心赞美和真诚拥戴。“神圣战争当共负”，说得何其好呵！只有全国上下、军民同心，团结如钢、众志成城才能夺取抗战的最后胜利。这里的“兴，天定助”，乃指抗日为保家卫国的正义之战，是一定会胜利的；而“亡，人自取”是指淡漠民意，消极抗战，那就只能是他们自取灭亡了。以诗的形式，诠释了他对抗日民族统一战线的理解，也是对自己早年言论“合则两益，分则两损”的艺术化表达。

《民族诗坛》对于右任的诗词极为重视，发表过多篇评论，称赞其作品“元气淋漓，词源滂沛”的气势，“虽篇幅甚小，亦鞺鞳声洪，而无波俏妖媚之陋”。在遣词用字上“诗之句法，不尚生硬，字皆习见之字，语亦习见之语，而自有新意其间”。对于右任的人品和诗作推崇备至。

该刊主编之一的卢冀野原名卢前，早年毕业于清华大学，留美学习归来后,即在中央大学任教。他对我国古典文学有很深造诣,曾出版研究我国古代诗词的著作多种。他原本是一个和政治保持着谨慎距离的旧式文人,但在于右任的教育与影响下,爱国热情日益高涨,在他们的主持下,《民族诗坛》所载的旧诗词,不再是旧时文人墨客的附庸风雅和吟风弄月,而是把诗歌当做军歌,振国魂,扬民气,诗坛成了为轰轰烈烈的民族解放斗争引吭高歌的阵地。《民族诗坛》以旧体诗词为主,但并不排斥新诗和其他形式的诗作,对通俗诗歌也持欢迎态度。间或也选登新诗,如老舍的《新青年》、蒋青的《赵侗的母亲》等。老舍很少写诗,新诗更是鲜见,他的《新青年》热情歌颂了有志青年对祖国的热爱之情,寄托着对新一代的厚望,是不可多得的新诗之作。诗刊还刊载了卢前、朱璠米写的若干诗坛消息,对文坛信息的沟通起了一定的作用。应该说,《民族诗坛》是于右任巧用国粹对中国抗战文化的一大贡献。

说到于右任的诗词,不能不提到他的诗歌《望大陆》。作为早期南社诗人的他终生不废咏唱。1964 年 11 月 10 日于右任以 86 岁高龄在台湾溘然长逝,他没有留下遗言,却以《望大陆》一诗撕心裂肺地震撼人心,长留人间,人们把此诗当做他的遗嘱:

葬我于高山之上兮,
望我故乡。
故乡不可见兮,
永不能忘;
葬我于高山之上兮,
望我大陆。
大陆不可见兮,
只有痛哭。
天苍苍,野茫茫,
山之上,国有殇。

于右任这首血泪交融、动人心魄的诗作,被人们称为千古哀歌或灵魂绝唱,它记录了这位辛亥革命志士、国民党元老和民国元勋对国家、对民族的赤子之心。

作者简介：

章绍嗣，中南民族大学教授，武汉市文史研究馆馆员；研究方向为抗战文化、中国现代文学、地方文化。

太阳将永远照耀着他

——试论黄新波抗战文化活动及其贡献

杨益群

[摘要]黄新波是我国新兴版画运动的主将,也是我国抗战文化运动中的一名悍将。抗战期间,他不仅创作了大批深具思想性、战斗性、艺术性的作品,而且以高昂的战斗姿态和满腔的爱国激情,投身我国伟大的抗战斗争中,全方位、多侧面、不遗余力地活跃在抗战文化战线上,为我国抗战文化运动作出了卓著贡献。

[关键词]黄新波;版画运动;抗战文化

"涌动着良心与正义感的艺术家,太阳将永远照耀着他。他是我们人民诉出苦难与喜悦的代表,社会的灵魂的改革的技师。"这是黄新波 1941 年为《少强画集》写的评语,也是其自勉。他躬体力行,功成不居,尤其在抗战文化运动中出色的表现和卓越的贡献,益显其言行一致、高义薄云的可贵品德。他虽不幸于 1980 年 3 月 7 日英年早逝(画家长寿,享年 64 岁在今天应叹为早逝),但"太阳将永远照耀着他",音容宛在,流芳万古。

一、铮铮铁骨的抗日斗士

(一)具有强烈忧患意识的热血少年

"自古英雄出少年"。黄新波 1916 年 1 月 19 日诞生于广东省台山县斗山镇一个华侨工人家庭。1931 年九一八事变爆发,日本侵略者侵占我国东北三省,抗日救国运动风起云涌,年方十五的热血少年黄新波正在台山一中读初中二年级,他满怀激情挥毫抒写了大量诗歌、散文,署名裕祥、羽翔,投向报刊,并和同学陈秋焕(后名为陈焕秋)、梅景田(抗战期间参加八路军,1940 年在百团大战中牺牲)等自发组织"台中学生宣传队",到斗山、都斛等地区宣传发动抗日。校园里蓬勃开展的抗战活动惊动了县当局,他们对学校开始进行清洗,逮捕校长，解聘教师，并将黄新波等进步同学开除出校。接着他又受到了迫害、通缉，只得逃亡到香港投靠亲属。

1933 年春天，经从上海回家探亲的同县人林焕平和林基路的介绍，满怀对革命的向往，对抗日救国的伟大抱负，他毅然告别亲人，和其他八位同学一起奔赴上海。初到上海，人地两疏，他只好在法租界租下一大房间同住，房里没床铺，只好席地而卧。血气方刚的他，不顾困顿劳累，加入上海反帝大联盟，积极开展抗日救国活动，写标语、散传单、挂红旗、参加示威游行。为避开干扰，这些活动常在深夜进行，白天他便到工厂或贫民窟去宣讲发动，可谓废寝忘餐，坚持不懈。

（二）投笔从戎，勇当部队文艺兵

“我们没了祖国！/仇恨，深深地刻在我们的/心坎！/我们只有燃烧着的热血/结成一团！/为了生存！/为了土地！/创出铁的纪律！/像铁的流/从来没有散开！/像根和枝/大家共同生死！/我们，我们又肩着大刀/握着梭镖/握着枪杆/在森林中/在山谷中/在平野中/奔走，奔走，奔走！”这是黄新波长诗《死亡线下之群》[①]中的片段，铿锵有力，激情奔放，充分抒发其忧国忧民，决心请缨上阵杀敌卫国的高尚情怀。这也是他此前几年来的迫切愿望。1933 年秋冬之际，他终于得到通知，他将和台山来的几位同学随上海侨光中学的部分学生秘密到杭州集结，前后还多次暗中开展行军训练，听取有关介绍报告。一切准备就绪，三天后，队伍进发了，他却意外地被送回上海，理由是：其一，有才华有专长，应争取继续深造，将来保送到苏联留学；其二，目前仍未受上海当局注意，可留原地工作。希望落空，怅然若失。直至相隔三十九年后，即在 1972 年他被剥夺创作权利受管制时，还偷偷写了《忆旧》一诗，抒发其念念不忘的惋惜之情：“飞红飘絮落街头/又是江南九月秋/四十载风华/回首浦江漓水畔/几番风雨几番晴/堪惆怅/少年事/长剑空横磨/如今朱颜色退/霜沾青/愧泪滴山河！”

黄新波返回上海不久，又被计划派往苏联准备学习军事，后因交通要道被封锁未能成行。壮志未酬，羁留上海的黄新波并不气馁，遂于 1934 年春考进上海美术专科学校，白天学习晚上继续抗日工作。这一年，他有幸得到了鲁迅先生的教诲扶掖，又加入了中国左翼作家联盟和中国左翼美术家联盟，进步神速，收获丰硕。但白色恐怖日增，翌年五月，为避开特务暗探的盯梢，在朋友的

---

① 载 1936 年 4 月上海《文学青年》创刊号。

资助下他只好暂时赴日求学。在日本,他结识了音乐家聂耳,一同进行抗日活动。1936 年 6 月被日本视为不受欢迎者离日回沪。此时他生活虽拮据,但仍坚持版画创作,宣传抗战,1937 年 4 月出版了第一本个人版画集《路碑》。“八一三事变”发生后,上海的局势急速恶化。黄新波原拟去西北从军抗日,但在火车站横遭敌机狂轰滥炸,他躺在沟里躲避,眼见四周被炸得血肉横飞,同行七位朋友都失散了,火车站也被夷为平地,只好匆促离沪赴港,继续寻找从军抗日之路。翌年春,他离港辗转来到广东普宁县,投奔抗日名将翁照垣麾下,在广东民众抗日自卫团干部训练所当教官,负责文化艺术教育。但不久团里来了一批特务,他和朋友们觉察后便先后借故辞职离开。是年五月,到了广州,参加夏衍主编的《救亡日报》工作,并加入中国共产党。当时正值国共第二次合作时期,受八路军广州办事处委派,黄新波和石辟澜、司马文森、郁风等人一起组成秘密小组,到新成立的第四战区政治部第三组负责抗战文化宣传工作。三组组长是中山大学教授、留洋博士尚仲衣,钟敬文任办公室专员,章道非管文书,三组成员还有小画家梁永泰。石辟澜任中校,司马文森任少校,黄新波任上尉。

1938 年 10 月下旬广州失守,黄新波等人随部队撤往粤北,转战翁源、曲江、乐昌等地。黄新波在行军打仗之余,主要负责出版《抗战画报》《小战报》等刊物。前者是我国抗战前期罕见的纯版画画报。其中大部分作品是出自黄新波之手,在粤北山区发挥了很好的宣传战斗作用。翌年四月中旬,黄新波和石辟澜、司马文森等被四战区政治部以“嫌疑重大”为名遣散,黄新和司马文森继续留在曲江坚持抗战工作,后形势越来越严峻,至六月中旬,获上级指示,和司马文森离韶抵桂。钟敬文特挥毫赠诗《送别司马文森、黄新波》。

黄新抵达桂林后,征尘未除,旋即挞荡心中的阴霾,豪情满怀地接受党的安排,到杨东莼同志出任教育长的广西地方建设干校任教导员,并精力充沛地驰骋于桂林进步的抗日文化运动中。然则奔赴战地的情结依旧存在,1939 年 11 月底,黄新波参加了桂林文艺界、新闻界桂南前线慰问团开赴广西昆仑关。在“炮声枪声,愈来愈紧”之夜,他和同伴一起“攀着松枝爬上昆仑关高地”,触目“土坟垒垒,血腥扑鼻”,“几个山头已经起火,火光熊熊烧红了入黑的天空”。冒着枪林弹雨,发扬大无畏战斗精神,他们跋山涉水坚持了近十天,深入火线慰问我军官兵。与此同时黄新波广泛搜集资料,创作了《昆仑山之战》组画,生动地反映了昆仑关大战,高歌军民同仇敌忾的勇敢战斗精神。《广西日报·漓水小语》的“励志行”还有一则消息谈到:“前天看到报上一段文坛消息,木刻家黄新波参加兵役抽签，抽中第某某列兵，表扬他是对文化入伍口号的实践。”[1]对此虽难置可否，但以此也可略见黄新波勇于从军抗敌决心之一二。直到1944年9月，日寇的炮声迫近桂林，桂林将陷，他才匆匆离桂举家赶往宜山，再次穿起了军装，成为英国东南亚盟军心理作战部之一员，随军经贵阳到昆明，一路坚持抗战直至胜利。可见黄新波尽管身陷逆境险情，但决不苟且偷安；相反，战争的惨烈更激发其投笔从戎，忠贞报国之雄心壮志。可惜数次阴差阳错，否则也会像其画家朋友赖少其那样，在军队里真正驰骋沙场，戎马人生，杀敌卫国！

(三)勇敢抨击阻碍抗战的反动逆流

黄新波爱憎分明，一生交织着对家国情怀的爱与慕，对民族兴亡的情与慨，对反动势力的憎与恨。1938年10月，抗日战争进入了战略相持阶段，日本侵略者更加肆无忌惮蹂躏中国大好河山，反动投降势力更甚嚣尘上。黄新波没有被吓倒，他仍然秉持中国知识分子的气节风骨，厉声谴责这股反动投降逆流。如1940年3月30日，汪精卫公开叛变投敌，在南京成立了伪中华民国国民政府，正式成为日本侵华的走狗。黄新波怒不可遏，遂与艾芜、李桦、宋云彬、黄药眠、司马文森、鲁彦等17人代表桂林文艺界，在总题为《我们的声讨》下分别撰文，先后于1940年3月30日和1940年4月6日在《救亡日报》和《新华日报》等报上各以两大版的篇幅发表，打响了全国声讨汪逆第一枪。并挥刀刻画了《把叛徒、内奸扔出去！》等版画，迎头痛击汪逆的卖国媚日罪恶行径。

1941年1月4日，国民党顽固派悍然发动“皖南事变”，迫害、残杀、囚禁新四军，反动气焰十分嚣张。黄新波冒着被通缉的危险，创作了轰动一时、流芳千古的版画杰作《他并没有死去》，强烈地控诉国民党反动派扼杀抗战有生力量的滔天罪行，表达抗战必胜的信念！

(四)支持团结国际反战力量

十月革命胜利后的苏联，对中国产生了极大的影响。在我国伟大的抗战斗争中，苏联一如既往给予热情支持帮助。中国进步文化人历来都十分重视中苏友谊，黄新波更不例外。1939年中苏文化协会主办的中国抗战艺术展览会定于五月下旬在莫斯科开幕，5月9日，黄新波同艾青、沈同衡、阳太阳、张乐平、叶浅予、梁中铭、赖少其、胡考、李桦等，随展品一起送去题为《中国绘画工作同人致苏联同志书》(原载《工作与学习·漫画与木刻》创刊号)，不仅表达中国人民对苏联人民反法西斯伟大斗争的崇敬之情和中苏两国共同战斗夺取胜

---

① 载《广西日报·漓水》1940年10月6日，第171期。

利的决心,而且向世界宣告:“中国能够战胜日本,不仅是靠武力,也还需要政治宣传,所以绘画给予日本帝国主义的打击,是和飞机大炮给予日本帝国主义的打击一样重要的!”1940 年 9 月 9 日,黄新波分别以中华全国木刻界抗敌协会和个人的名义,在《救亡日报》上发表了《致苏联木刻作者》和《让敌人在我们面前消灭》,满怀深情颂扬中苏两国传统的战斗友谊,热切“希望今后我们能与贵国的木刻作家有紧密的联系,使我们的共同的敌人在我们的面前消灭,两块广大的充满着无限富源的土地上长出奇异、华丽的艺术之花”。1941 年 6 月 22 日,希特勒蓄谋已久,悍然撕毁了《苏德互不侵犯条约》,背信弃义地对苏联发动了突然袭击,叫嚣要以“闪电战”速战速决攻到莫斯科。黄新波又愤然举起刻刀,创作了《见到莫斯科者是纳粹俘虏军》《纳粹的猛进》《共同把它摔下去——纪念国际青年节》等版画,猛烈抨击国际法西斯反动势力,表达苏联人民必定胜利的信念。

黄新波具有崇高的国际主义精神,不仅表现在被视为同一反法西斯战壕里的朋友苏联人民身上,而且也体现在对日本反战人士的关心上。1935 年 5 月留日期间,他虽被日本当局视为不受欢迎的人,但对日本人民还是有深刻印象。1936 年 6 月离日经港回沪途中,黄新波认识了日本反战作家鹿地亘,遂成莫逆之交。他在 1937 年 4 月出版的第一本个人版画集,便得到鹿地亘的热情鼓励和肯定,并为之撰写序言。抗战爆发前夕,鹿地亘因为反战,遭日本政府迫害,秘密逃亡到我国,积极从事反战宣传,后发起成立“在华日本人民反战同盟西南支部”并任负责人。1940 年 2 月桂林成立“在华日本人民反战同盟西南支部”演出队,鹿地亘亲自创作反战三幕剧《三兄弟》,为被俘日本士兵和桂林观众演出,影响很大,反应强烈,桂林抗战文化团体和报刊给予足够的重视,广为组织座谈会和报导。黄新波热情参与,在观演翌日,便率先撰写《胜利的启示》在《救亡日报》上发表,高度评价在华日本反战同盟对抗日之贡献,强调中日人民团结一致共同抗击真正敌人,彻底打败日本法西斯侵略者;接着,又出席中华全国文艺界抗敌协会桂林分会,主持召开的专题座谈会,从剧本、演出到舞台道具都给以充分肯定并提供修改意见。

二、中国新兴版画运动的主将

(一)鲁迅的关怀与扶掖

中国新兴版画运动是由鲁迅先生在 1931 年倡导的,在当时白色恐怖的形势下,它在组织上接受了中国共产党的领导,所以新兴版画从其诞生之日起,就成为左翼美术的重要代表。黄新波虽然到1933年赴上海时才见到鲁迅，但早在1931年，他看到了鲁迅为纪念柔石等左翼作家遇害，在《北斗》上发表的德国女版画家珂勒惠支的木刻《牺牲》时，就已明白了木刻的魅力，深深地爱上了它，并决心投身新兴木刻运动，沿着"鲁迅提倡的木刻都是反映现实生活与斗争的"[①]方向前进。1933年冬，黄新波在内山书店有缘结识了久仰的鲁迅先生，亲自聆听教诲，以后经常寄习作求教。次年4月，他与刘岘合作出版《未名木刻集》，鲁迅先生不仅热心资助经费，而且欣然亲笔为画集撰写序言，赞曰："新的木刻是刚健，分明，是新的青年的艺术，是好的大众的艺术。这些作品，当然只不过是一点萌芽，然而要有茂林嘉卉，却非先有这萌芽不可。"这是鲁迅唯一一篇特为木刻青年画集撰写的序言，饱含着他对黄新波寄托的深情厚望，难能可贵！同年8月，鲁迅编选出版了第一本中国新兴木刻选集《木刻纪程》，共收入八位作者画作，黄新波（笔名一工）名列其中。书出版后鲁迅曾寄一册给俄国著名评论家艾丁格尔，艾丁格尔在回信中把黄新波列入"有希望的"木刻家之列，这对黄新波无疑是莫大的鼓舞。不久，鲁迅向"奴隶社"的作家叶紫和萧军推荐黄新波，为他们的小说《丰收》和《八月的乡村》作插图及设计封面，并送来了购买木版的钱。这两本书图文并茂，反响巨大，很快重版。叶紫后来转告鲁迅对插图的评价："这青年刻得细致，很有希望。"[②]鲁迅的崇高人格和精神魅力，不知不觉地沁透到黄新波心灵深处，鲁迅的教诲和勉励，给黄新波前进的方向与力量。1934年，黄新波在版画创作上突飞猛进，成绩颇丰，成为中国左翼作家联盟和中国左翼美术家联盟重要一员，在报纸杂志上发表了一大批激情横溢、刀笔犀利的抗战诗文、版画。1935年初，离沪赴日求学，翌年六月，离日经香港返回上海，黄新波不顾旅途劳顿和生活艰辛，马不停蹄地与木刻家力群、陈烟桥、郑野夫、江丰等筹备全国第二届木刻流动展览会，并在上海文化界发动募捐，鲁迅又伸出援助之手，一下便捐了20元，这在当时是一笔相当可观的数目。当年10月2日画展在上海八仙桥青年会开展，展品590件，影响深远。8日鲁迅特到场参观，与黄新波、向危、陈烟桥、林夫、曹白等亲切讨论木刻创作。鲁迅长达2小时的谆谆教诲，使黄新波等得益良多，更为难得的是，这是鲁迅先生与青年木刻家最后的一次谈话。

（二）化悲痛为力量，决心沿着鲁迅所指引的方向奋力前进

数天后，鲁迅访友归来忽受风寒，卧床不起，19日不幸与世长辞。噩耗传

---

① 唐乙凤：《版画大师黄新波》，原载香港《广角镜》1980年1月号。

② 黄新波：《不逝的记忆》，原载《广州文艺》1979年12月号。

来,黄新波五内俱焚,潸然泪下,旋即赶往鲁迅府上瞻仰,并和力群一起速写遗容。黄新波参加治丧工作,从葬礼回来后,辗转反侧,彻夜难眠,强抑锥心之痛,饱含对恩师的深情厚谊,挥刀刻下《鲁迅先生遗容》和《鲁迅先生葬仪》,把这位我国新文化运动的旗手、新兴版画运动缔造者的最后音容神韵和庄严的葬仪永载史册,弥足珍贵,好评如潮。著名文艺理论家胡风如此盛赞《鲁迅先生葬仪》:“是实写然而并非不动的静物,是热情然而是几乎如实的场景。”①

紧接着,黄新波又以题为《沉痛的哀思》的文章在上海《小说家》上发表,深情缅怀鲁迅先生的教导培养,立志发扬鲁迅精神,勇往直前:“在艺术方面,尤其是木刻方面,木刻的从事者更应该以最大的决心,最大的热诚,团结起来以鲜艳的热血涂在刀上,刻出被压迫民族的出路:使在木板上我们所见惯的饥饿,被迫害被压榨的脸颜,变成快乐的、健康的样子,以报答这位已逝去的中国新兴木刻的提倡者、指导者、革命的巨人!不枉费他一生为文化、为人类而所尽的艰苦努力。鲁迅先生已死去了,他那未完成的重担是交给他所教育过的后一代人的肩上了,年青的伙伴们,揩干我们的泪水,踏起我们更坚实的足音来吧!”②

此后,黄新波数十年如一日,始终不渝地沿着鲁迅指引的方向前进,为推动我国新兴版画运动殚精竭虑,死而后已。是年11月,他与力群、江丰等发起成立上海木刻作者协会。1937年4月,其首部个人版画集《路碑》问世,鲁迅生前好友胡风和鹿地亘特为之作序,给予颇高的肯定并提出更高的期望。黄新波没有辜负大家的厚望,历经近五十年持之以恒的磨炼,终于从山脚下的路碑攀登上了高山之巅。

为了发扬鲁迅先生爱国战斗精神,黄新波积极开展纪念鲁迅活动。其中规模最大的是在桂林连续三年举行的纪念鲁迅逝世三周年、四周年、五周年的活动。如1939年10月19日由其与李桦、刘建庵、赖少其共同发起并负责的《纪念鲁迅先生逝世三周年鲁迅木刻展》,展出中外古今及民间木刻作品,还有文献和纪念文字。展览筹备组展出数月前便积极准备,并在《学习与工作·漫画与木刻》杂志第四号中刊登黄新波、李桦、刘建庵、赖少其联名发起的鲁迅木刻展启事,高度评价并赞扬鲁迅先生对新兴木刻运动的关怀和贡献,认为“中国木刻的发展,就是由鲁迅先生一手培植”,鲁迅是“木刻的播种者和保姆”。

① 胡风:黄新波木刻集《路碑·序》。

② 原载上海1936年11月《小说家》第2期。

并阐明此次木刻展的意图，是“为了表现木刻青年对于先生信仰的忠诚，以及他们三年来是怎样奋斗着，所以我们拟在今年十月十九日先生逝世这一天，来一个成绩的总检阅，以工作来报答先生”，“同时在这空前的展览会中也不仅是纪念鲁迅先生，而且是宣传抗战最好的办法。”画展如期隆重举行，共展出400多幅木刻作品，“题材范围的扩大及中国化之尝试为此次画展之两大特点，较前二次全国木展会有明显的进步”。[①] 展期一延再延，盛况空前，观众多达四万人次。后应邀继续到各校展出。《救亡日报》《广西日报》等报刊还出版“展览会特刊”，夏衍、廖冰兄、芦荻等著文给予很高评价。

（三）积极组建、领导木刻工作者机构开展工作

鲁迅先生的遽然长逝，使木刻青年们顿失依靠，群龙无首，黄新波和大家深感组织起来的重要性，于是很快便在鲁迅逝世后翌月，黄新波同力群、白危、江丰、陈烟桥、马达、林夫、曹白、沃渣、陆田、野夫等34人，发起成立上海木刻工作者协会并发表宣言，开宗明义指出：“中国新兴的木刻，一开始，它就是在斗争的。七年以来，由于我们伟大的领袖鲁迅先生之领导，由于从事木刻同志们的血的洗礼，和自身的艰苦的工作，我们一天也没忘记自己的任务：斗争——与黑暗和强暴相搏斗。”接着进一步阐明：“现在，中华民族真是到了你死我活的最后一步。大众们如再不出来抗争，只好听其灭亡。因此也就产生了各种救国会，在统一战线之下，从事于救亡的工作。木刻是整个文化的一部门，对这神圣的救亡运动，我们当然是要以最大的赤诚和努力来参与的。”最后郑重其事地号召大家：“鲁迅先生突然逝世了，我们失去了最好的指导者，最勤快的介绍者。对于他的死，我们刻木刻的青年，比任何人感到更深切的悲痛。但一方面也就觉到我们的责任的重大”，“为了实践鲁迅先生的遗言，为了木刻本身的前途，我们有立刻携手的必要。我们愿意凡是从事木刻的人，都参加到我们的集团里来，来增加我们的力量，来一同推动中国的木刻运动，来与黑暗和强暴相搏斗”。从这掷地有声，激越飞扬诗般的言语，再从《宣言》的署名黄新波安排在最末位的情形看，这篇宣言很可能出自黄新波之手。

因抗战斗争形势的要求，1938年6月12日，黄新波和李桦、力群、赖少其、刘建庵、卢鸿基等在武汉发起成立中华全国木刻界抗敌协会（简称“木协”），并被选为理事。数月后武汉沦陷，“木协”暂迁往重庆。1939年7月15日“木协”从重庆迁往桂林，由黄新波、赖少其、刘建庵负责。9月3日赖少其离桂，“木

---

① 《救亡日报》1939年10月21日报道。

协"会务由黄新波和刘建庵负责。直至1941年1月皖南事变发生后,"木协"会址被国民党广西省政府封闭,黄新波也被迫出逃香港。

黄新波在桂林负责"木协"工作期间,以高昂的斗志,过人的魄力,尽节竭诚地为桂林抗战文化运动冲锋陷阵,屡建功绩!他着手发表重新登记会员(虽因交通阻滞,通讯不便,却也登记了98人),召开会员大会,改选理事。黄新波、张在民、廖冰兄、刘建庵、陈仲纲五人任常务理事,并成立总务部、研究部、出版部、展览部。在一无经费二无办公地点的极端困难的情况下有条不紊地开展一系列活动。他联合兄弟单位,与中华全国文艺界抗敌协会桂林分会(简称"文协桂林分会")、中华全国漫画作家抗敌协会桂林分会(简称"漫协桂林分会")、国民政府军事委员会漫画宣传队(简称"漫宣队")、广西省立艺术馆、广西省艺术师资训练班(简称"艺师班")等合作,多次联合办班培训抗战青年美术人才;分别与"漫宣队"、"漫协"合办《漫画与木刻》和《漫木旬刊》(《救亡日报》副刊),主办"木协"机关刊物《木艺》,发表大量具有时代性、战斗性的漫画木刻和文章;联合举办抗战画展。尤为突出的是,1940年10月19日带领"木协"同仁参加鲁迅逝世四周年纪念活动后,以"木协"的名义主办了"木刻十年纪念展览会",共展出作品492幅,还有1930—1940年木刻运动的文献、史料140多件,包括陕北、解放区部分新作品。画展结束后,还到广东曲江和湖南长沙等地巡回展出,有力地促进国统区的抗日木刻运动。

除此,黄新波还站在时代最前列,紧密配合政治军事斗争形势需要,代表"木协"参与颇具影响力的工作。如1940年2月7日,"漫协"总会、"文协"桂林分会联合通电全国各团体、各报馆,声讨汪精卫叛国投敌罪行。以"木协"总会名义,发表《致苏联木刻作者》信,并与"漫协"一起配合中苏文化友好协会桂林分会举办了"苏联抗战及文艺图片展览""苏联卫国战争图片宣传展览"等展出,衷心祝愿中苏两国人民在反法西斯斗争中,团结一致,夺取最后胜利,并向桂林人民介绍苏联人民反法西斯战争的丰功伟绩,激励抗日斗志。黄新波还响应"文协"总会提出的"文艺下乡,文艺入伍"的号召,先后参加桂林文艺新闻界桂南前线慰问团到昆仑关前线慰问、宣传、创作。同"漫协"总会联合主办《刘仑战地素描展览》和《曹若个人前方素描展》等,发挥了"木协"强有力的战斗堡垒作用。总之,在黄新波任下,"木协"始终坚定不移遵循鲁迅教导开展工作,有声有色,影响深远,使新兴版画运动向纵深阶段发展。

三、抗战美术运动的杰出活动家与组织者

（一）积极培养美术青年，为抗战文化增强新生力量

黄新波是杰出的画家，也是位出色的美术教育家。1939年5月，他按党的指示从韶关风尘仆仆来到桂林，被八路军桂林办事处处长李克农安排到广西地方建设干部学校任指导员，与刘建庵、廖冰兄、黄茅等为学员讲授美术课。半年后，因工作需要，离开干校到桂林逸仙中学当教员，讲授语文、美术、地理等课。同时，在国民政府军事委员会桂林行营政治部第三科办的为期三月的“战时绘画训练班”任木刻教员，也在“艺师班”教授木刻。还为“木协”总会、“漫宣队”合办的“漫木”讲座讲课。为桂林中学举办的“漫画壁报训练班”讲解。应聘为“木协”总会与浙江战时木刻研究社合办的“木刻函授班”桂林指导区指导师，直至“皖南事变”后被迫撤往香港。1941年底，香港沦陷，黄新波又返回桂林，先后在广西中渡县（今鹿寨县）、桂林榕门美术专科学校、初阳美术学院等任教，并继续为多个抗战美术培训班、研讨班讲解“木刻艺术”“中国木刻运动”“木刻制作法”等课题，从而培养了一大批青年木刻者和美术爱好者。

（二）举办画展为抗日救亡鼓与呼

画展，同戏剧演出一样，是我国抗战文化运动中最活跃的一环，也是受众最多的抗战宣传方式。黄新波清楚地认识到：“中国的绘画，在今日……它的作用上已成了增加抗战的政治意识的有力武器”，“是和飞机大炮给予日本帝国主义的打击一样重要”。[①] 因而他日以继夜，争分夺秒地进行创作，制作大量的街头宣传画、对敌策反传单和发表版画。他更重视举办画展，除了以组织名义主办或合办了系列重大专题画展，如上面提到的上海“全国第二回木刻流动展览会”、桂林纪念鲁迅先生逝世三周年“鲁迅木刻展”和“木刻十年展”等，还积极主办或参与街头、巡回、诗画、个人或集体等各种抗战画展。其中影响较大的有在桂林的“香港的受难”画展、“夜莺画展”（和余所亚合作）、“春潮美术画展”（和余所亚、梁深合作）及在昆明的“动静画展”（和康朗合作）等。值得指出的是“香港的受难”画展。1941年12月25日，日本攻占香港，不愿受蹂躏的一大批爱国文化人纷纷撤回内地，“皖南事变”后被迫暂到港避难的黄新波夫妇，也带着未满月的女儿，最后一批于1942年2月冒着生命危险闯过封锁线，经澳门、中山，跋山涉水一路辗转于4月回桂。强烈的责任感促使黄新波不顾

① 黄新波等：《中国绘画同人致苏联同志书》，载《工作与学习·漫画与木刻》创刊号，1939年。

旅途劳顿与惊吓，立马与先期返桂的郁风、特伟等商量，决定举办“香港的受难”画展。大家同仇敌忾，齐心协力，画展终于于 1942 年 12 月在桂林隆重举办。共展出黄新波、盛此君、杨秋人、温涛、郁风、特伟六人的版画、油画、素描、漫画、水彩等 60 幅，以作者的亲身经历痛斥日本侵略者的野蛮暴行，鼓励大家坚定抗战必胜信念，轰动一时。《广西日报》、《大公报》(桂林版)、《扫荡报》(桂林版)等为此发表孟超、华嘉、韩北屏、田汉等的评论和开幕消息。画展接着又于翌年在重庆举行，并增加了叶浅予、丁聪、林仰峥等人作品。黄新波参展作品有木刻、素描、漫画 13 幅，田汉盛赞：“黄新波的素描他有着比此君不同的颇为优美的笔触。漫画和木刻也然。素描就结构说似乎《优待英俘》最好。木刻我推荐《日落后的东亚新秩序》。‘新秩序’统治下的无序实际也是漫画的好材料。”[①]黄蒙田则深有感慨地回忆说：“提起‘香港的受难’画展，首先想起的是它的主要组织者黄新波”，“‘香港的受难’画展是他这一段时间(即他第二次居桂期间，作者按)前期有很大影响力和深刻现实意义的画展”。[②]

最难能可贵的是直到 1944 年 8 月，桂林即将失守，人们正争先恐后逃往黔、滇、渝之际，黄新波却置生死于度外，在柳州与梁永泰一起举办抗战木刻展，除了“夜莺画展”之作，还赶刻了《黔桂路上》等新作，表现其临危不惧，铁骨铮铮的英雄本色!

(三)呕心沥血办刊物，繁荣抗战文化出版业

黄新波多才多艺，不仅能诗工画，而且能文善编，是个资深的出版家。他结缘出版业，是与其正式开始版画创作几乎同步进行的。早在 1933 年，他便为蒲风的诗集《茫茫夜》和丁玲的小说《奔》《水》作版画插图。翌年受鲁迅推荐，为“奴隶社”出版的叶紫新作《丰收》和萧军新作《八月的乡村》设计封面及插图，为未名木刻社出版的《未名木刻选集》设计封面。1935 年为王亚平诗集《都市的冬》和蒲风的诗集《六月流火》作插图。即使是留日期间，他也在求学之余参与《质文》《新诗歌》《东流》《留东日报》等报刊编辑工作。1936 年 9 月归国后，又先后为胡兰畦的小说《在德国女牢中》、夏征农的小说《春天的故事》等作插图。1938 年 5 月抵达广州后即参加《救亡日报》工作，而后又随军在曲江、翁源、韶关等战地出版《抗战画报》和《小战报》等刊物，并利用有限余暇继续为蒲风的诗集设计封面及插图。

---

① 田汉：《素朴的印象》，载 1943 年 1 月 3 日桂林《扫荡报》。

② 黄蒙田：《回忆“香港的受难”画展》，载杨益群编著《抗战时期桂林美术运动》下册，桂林：漓江出版社，1995 年版。

到了桂林之后，更是黄新波在出版业上的黄金时期。1938年10月，随着广州、武汉相继沦陷，桂林特殊的地理位置和桂系较为善待文化人的政策，使桂林成为国统区文化中心，印刷出版业尤为发达，这在客观上为黄新波提供了“用武之地”。在其前后两次居桂不足四年日子里，除了主编或参加编辑出版大型美术刊物《漫画与木刻》《漫木旬刊》《木艺》和选编《漫画木刻月选》外，他还应约为《广西妇女》《抗战时代》《抗战文艺》《中国诗坛》《诗创作》《新中国戏剧》《文学译报》《新文学》《文化杂志》《诗》《少年之友》《西南青年》《五月》《新音乐》《漫画与木刻》等作封面设计，也为桂林雅典书屋刻制四大盟国团结反法西斯的木刻和宣传画，并为该书店出版的海涅、雪莱及鲁迅等作品刻画封面、插图，还经常应约为桂林各报纸杂志创作版画，撰写文章，成为桂林抗战美术出版业举足轻重的精英。

应特别指出的是，在《木艺》创刊号上发表的署名为“李桦、建庵、冰兄、温涛、新波”的《十年来中国木刻运动的总检讨》，长达二万多字，全文分为：一、绪论，重点论述中国木刻运动的本质和时代背景；二、十年来中国木刻运动史略，分为三期：第一期自1929年至1934年，第二期自1935年至1936年，第三期自1937年至1939年，作较系统全面的综述；三、过去的检讨，肯定各时期中木刻运动取得的成就并指出其存在问题；四、今后的动向，具体提出进一步加强木刻运动的七点要求，主要是加强团结，培养新手，推进大众化等。在创作方面则要求：第一，题材更现实；第二，技巧有独创性；第三，创造新的民族形式；第四，加强理论研究。这既是对我国十年来木刻运动的全面总结，又是代表木协总会指导当时抗战木刻运动的纲领性文件，也是我国新兴木刻运动史的珍贵文献。这是一篇颇有理论深度的妙文，没有缜密的思维和较为深厚的理论文字功底，是绝难完成的。在署名名单中，当时李桦已离桂，主要在湘、浙活动，冰兄主要搞“漫协”工作，温涛则主要负责“文协”桂林分会傀儡戏研究组的工作，执笔者非黄新波和建庵莫属，且黄新波是发稿刊物主编，统稿理所当然皆由他独力完成。如此细分不是厚此薄彼，而在于说明黄新波在美术理论上的卓著建树。

以上我们不难看出，在烽火连天、漂泊不定的抗战期间，黄新波足迹所到之处，不仅创作了一大批璀璨夺目的版画，而且还用心血浇灌出美术出版朵朵娇艳之花。即便是在港短暂停留，他在任《华商报》美术编辑之余，也不忘与战友共编大型的《团结抗战大画史》。抗战胜利后，他一抵香港便又一头扎进杜宣的大千印刷出版公司，埋头编辑《大千画报》。

总之,黄新波"不仅仅是一位画家,又是一位美术界的组织者"①。我早在24年前的一篇论文中就曾写过:"如果说李桦在桂林以至全国的抗战木运上主要起到了开拓和传播知识的作用,那么,黄新波则侧重于组织、领导和艺术实践的作用。彼此互相呼应,推波助澜,使桂林抗战美术运动向纵深方向发展。"②于今观之,此论毫不为过。然黄新波从事的工作远不止于此,比如在桂林,当时他还参加过筹建"文协"桂林分会并被选为理事,与夏衍、艾芜、立波、沫沙等发起《为援助叶紫先生遗族募捐》启事活动,经常参加桂林文化界的抗战集会、研讨会等等,林林总总,无法尽表,不愧为抗战文化运动的中流砥柱。

行文至此,我骤然想起,在伟大抗战浪潮中叱咤风云的黄新波,至抗战结束之时,才刚要跨入而立之年。如此辉煌神奇的成就,不禁令人肃然起敬!与目下在甜水里泡大的新一代青年相比,更不可同日而语!确是时势造英雄!高山仰止,永为丰碑。

作者简介:

杨益群,深圳市社会科学院文化研究所研究员,研究方向为抗战文化、文学理论。

---

① 张在民:《"文协"在桂林》,原载杨益群编著《抗战时期桂林美术运动》(下册)。

② 杨益群:《抗战时期桂林美术运动的作用、意义及影响》,《广西社会科学》1988年第2期。

弦鸣山水间

——抗战时期音乐家马思聪在桂林

陆 璎

[摘要]抗战期间，马思聪曾数次旅居桂林，在桂林文化城从事音乐活动。据不完全统计，马思聪在桂林共举办过超过十场小提琴音乐会，是文化城举办个人音乐会最多的音乐家。文章记述马思聪在桂林期间从事抗战音乐活动的经历。

[关键词]马思聪；抗战音乐；桂林

[基金项目]本文为国家社科基金艺术学项目“桂林抗战艺术史”(批准文号：09A008)阶段性成果(项目负责人：李建平)。

马思聪(1912—1987)，广东海丰人，我国著名的作曲家、音乐教育家，小提琴演奏家。他从小就显露极高的音乐天赋，11 岁随哥哥马思齐留学法国，先后就读于南锡音乐学院、巴黎音乐学院，学习小提琴和作曲，1932 年回国后，以演奏家的身份在广州、上海、南京、香港等地举办小提琴独奏音乐会，蜚声乐坛。1937 年，抗日战争爆发后，他携妻儿及学生辗转西南、华南各地坚持演出，积极宣传抗日，一腔爱国之情化作优美琴声，给苦难的民众以慰藉。

早在 1938 年，马思聪创作的抗战歌曲《战歌》就发表在桂林文化城出版的艺术刊物《战时艺术》第 2 卷 4 期上。1941 年 6 月，马思聪第一次来到被誉为抗战文化城的桂林。

一、初次抵桂

小提琴名手马思聪为响应购买战时公债，定于本月 20 日晚起，在广西剧场连开“小提琴独奏会”三晚，每晚 8 时开始，票价分 10 元、5 元、3 元、2 元四种，凡学生购买 2 元、3 元券者半价。

——1941 年 6 月 11 日《大公报》(桂林版)

1941 年 6 月 8 日,马思聪及夫人王慕理由渝来桂。6 月 12 日桂林文化界著名人士在乐群社西餐厅举行茶会,欢迎马思聪夫妇。著名戏剧家、广西省立艺术馆馆长欧阳予倩在欢迎会上致词并向诸位介绍自己相识十多年的老朋友马思聪,现场气氛热烈,在场艺术家们纷纷表演了节目,欢迎马思聪夫妇的到来。马思聪也演奏了其创作的小提琴曲《思乡曲》,钢琴伴奏为王慕理女士,优美动人的旋律深深地感动了这些旅居桂林的艺术家们。

经过半个多月的筹备,小提琴音乐会得以如期举行,1941 年 6 月 20 日,马思聪在广西戏院举行了抵桂后第一场小提琴音乐会,并连演了三天。三场音乐会演出曲目皆为小提琴艺术经典曲目,如德沃夏克《印第安悲歌》、格里格《小夜曲》、马斯内《沉思》、萨拉萨蒂《西班牙屐舞曲》和《流浪者之歌》、柴可夫斯基《小提琴协奏曲》等,此外还包括马思聪创作的《思乡曲》《第一奏鸣曲》《史诗》《塞外舞曲》等,其中《思乡曲》成为每场音乐会的保留曲目。三天的演出获得了巨大成功,这三场高水平的音乐会,给桂林抗战文艺舞台带来了一股清风。

6 月 24 日,桂林版《扫荡报》副刊发表了留德归来的音乐家马卫之(著名学者马君武之子)的观后感《马思聪先生提琴独奏会的第一晚》,著名作家孟波发表了《诚挚的谢意——致马思聪先生》的文章,均对演奏会给予了很高的评价。6 月 26 日,马思聪应桂林广播电台之邀,赴该台直播演奏了《思乡曲》《塞外舞曲》及《牧童晨歌》等曲目。此次抵桂演出虽然不足一个月,但桂林文化城浓郁的文化气息给马思聪留下深刻的印象,随后,马思聪夫妇离开桂林,经广东曲江(战时广东临时省会)抵达香港,直至太平洋战争爆发。

二、旅居半载

马思聪先生的小提琴,无论在技巧与表现方面,可说都达到了炉火纯青的地步,这种具有世界性的西洋乐器,东方人能够如此把握住的,除马先生以外,我尚没有遇过第二人,哪怕是一个最简单的音,都可以直抵我们的心之深处,使我们无限感激。

——陆华柏:《马思聪弦乐钢琴演奏会听后感》,

1942 年 9 月 3 日《扫荡报》(桂林版)

马思聪先生第二次抵桂是在 1942 年 3 月 24 日。香港沦陷后,马思聪先是回到海丰老家。当时很多旅居香港的文化人，纷纷转移至桂林，马思聪应桂林友人的邀请，举家赶赴桂林。对于这次抵桂，报纸曾报道："小提琴家马思聪偕夫人王慕理、家人及学生多人由粤抵桂暂居。"马思聪这次在桂林居住了半年之久，参加了文化城许多抗战文化活动。

1942 年 5 月 29 日，桂林版《大公报》副刊《文艺》上发表了《两封关于音乐的公开信——纯粹音乐、标题音乐、舞蹈、歌剧、世界性、民族性》一文，这实际是作家徐迟与马思聪的通信，这是马思聪抗战期间在桂林发表的第一篇音乐理论文章。他就上述问题，根据音乐艺术的发展规律，阐述了自己的见解。马思聪认为："说起来，音乐实在是艺术当中之最神秘者，要好好地去解释音乐，几是不可能，或者都是一种高深的哲学。"关于"纯粹音乐"与"标题音乐"，马思聪明确表明了自己的观点："我觉得纯粹音乐胜于标题音乐，其原因是在于纯粹音乐能永远令人产生常新的联想。"说到舞蹈，马思聪认为"音乐加形象，即舞蹈"；"音乐加形象再加文字，即歌剧。"马思聪还说道："在我，纯粹音乐应是最高的表现，但舞蹈 Ballet 也是被人视为极完善的艺术形式，歌剧虽然是杂种之中最杂的，但我希望将来能够尝试一下"；关于音乐的世界性、国民性、个性的关系问题，马思聪认为："作为音乐艺术，有个性不一定有国民性和世界性，但最高超的个性可能三者都有。"这篇文章现在看来是极具理论价值和历史意义的重要文献。

1942 年 5 月 30 日，马思聪在桂林国民戏院举行了第二次抵桂后的首场小提琴独奏音乐会，由夫人王慕理女士担任钢琴伴奏，演奏曲目为拉罗的《西班牙交响曲》及其创作的《绥远组曲》《西藏寺院》《剑舞》和《摇篮曲》等四首作品。对于这次演出，重庆的《新华日报》早在 5 月 25 日就刊登了演出消息："小提琴家马思聪夫妇由港脱险来桂，定 5 月 30、31 两日，在此间举行演奏会，以一部分收入作为救侨之用。"6 月 25 日，马思聪夫妇再次应桂林广播电台邀请直播演奏他创作的《剑舞》等作品。

除了举办音乐会，马思聪先生还参加了桂林文化城一系列的文化活动，如 7 月 17 日举办的"聂耳纪念节"。此次活动由田汉先生主持，到会的文化界人士有近百人，马思聪在会上作了热情洋溢的发言，称赞了聂耳在民族解放运动中的杰出贡献。马思聪夫妇为人谦和，性格开朗，与当时旅居桂林的画家黄新波、叶浅予，舞蹈家戴爱莲，诗人徐迟及聂绀弩、田汉、欧阳予倩等文艺界人士常常聚会，探讨文化救国之路。李凌曾在《思聪三年祭》一文中回忆了艺术家们一次泛舟漓江的郊游："思聪夫妇与我、林路、浅予、爱莲、新波、钟敬文等同在一只小船里,两天一夜尽情吐露,无所顾忌,既谈艺术,也兼及时局,船到浪坪进行野餐,并举行露天联欢晚会,思聪表演了节目。”①

1942 年 8 月 22 日及 23 日,马思聪弦乐钢琴演奏会再次在桂林国民戏院举行。除了独奏曲目,他还演奏了莫扎特的《弦乐四重奏》。第一小提琴马思聪,董锡平任第二小提琴,林声翕和梅振汉分别演奏中提琴和大提琴。王慕理女士演奏了贝多芬的《第三钢琴协奏曲》,乐队的协奏部分,就由弦乐四重奏代替。这次室内乐的演出在音乐界产生重大反响,作曲家陆华柏曾发表《马思聪弦乐钢琴演奏会听后感》一文,认为“这种演奏会,在桂林,在西南,甚至在国内,都可以说是不可多得的”。②

三、再续前缘

归纳起来,民歌给我的影响是它的本质、色彩、特点至独特的风味,而我则以之纳入某一种曲式里头,以和声及作曲技巧去处理它。”“我想,在交响乐里,我该写我们这浩大的时代,中华民族的希望与奋斗,忍耐与光荣。

——马思聪《创作的经验》,《新音乐》桂林版第 5 卷 1 期,1942 年 11 月

1943 年春节期间,马思聪来到柳州,参加华南五省音乐工作者年会。当时抗敌演剧队第 4、5、7、9 队都在柳州,马思聪接触到舒模等音乐界朋友,很是兴奋。他们在极其艰苦的条件下坚韧无畏的战斗精神,令马思聪非常感动。

1943 年 3 月 6 日及 7 日,“马思聪小提琴演奏会”在桂林新华戏院举行之际,马思聪在演奏曲目中,特意选择了伟大的波兰爱国作曲家肖邦的《祖国之歌》,表达自己对祖国热爱之情。此外,马思聪还演奏了自己创作的《月光奏鸣曲》、贝多芬闻名世界乐坛的《小提琴协奏曲》等作品。

1943 年 3 月 9 日,马思聪夫妇再次应邀到桂林广播电台直播演奏了门德尔松《狂热回旋曲》、舒伯特《圣母颂》等乐曲。同月 14 日,马思聪夫妇到桂林市中山中学,为师生们演奏了小提琴普及音乐,受到全校师生的热烈欢迎。不久,马思聪应邀回到广东坪石,任教于迁往该处的中山大学。

抗日战争时期,音乐成为了鼓舞群众抗日情绪不可缺少的精神武器。1941 年至 1943 年间,马思聪携全家三次来到桂林,举办多场小提琴音乐会,演

① 李凌:《思聪三年祭》,《音乐研究》1990 年第 2 期。

② 陆华柏:《马思聪弦乐钢琴演奏会听后感》,《扫荡报》(桂林版)1942 年 9 月 3 日。

奏过的小提琴曲目有30余首，每次到桂林都以演奏家的身份与夫人前往电台、学校、社会团体为广大民众演奏小提琴，在艰苦的岁月里，以优美的琴声带给人们对美好生活的向往，激励着同胞坚持抗战到底，他的名作《思乡曲》更是传遍全国，激发出人民莫大的抗日热情。

1944年6月，日军发动豫湘桂战役。9月，马思聪再次携全家经梧州、柳州撤退到了桂林。当时广西省政府已发布强迫疏散命令，文化界人士大部分都已经撤离了桂林，马思聪也旋即离开桂林前往贵阳，以一个爱国音乐家高尚的品格，继续他的音乐救亡之路……

作者简介：

陆璎，接力出版社编辑，研究方向为抗战音乐、广西民族音乐。

抗战时期音乐家满谦子在桂林活动概述

陆　璎

[摘要]音乐家满谦子于1937年秋至1938年8月间,在桂林居住了近一年,期间他积极投入抗日救亡音乐活动,教学、作曲、指挥大型歌咏活动,并在桂林文化城创办了广西第一所艺术教育园地——广西国民基础学校艺术师资训练班,本文记述了满谦子先生这一时期从事抗战音乐工作的经历。

[关键词]满谦子;抗战音乐;桂林

[基金项目]本文为国家社科基金艺术学项目"桂林抗战艺术史"(批准文号:09A008)阶段性成果(项目负责人:李建平)。

满谦子(1903—1985)原名满福民,广西荔浦人,20世纪中国重要的音乐教育家,广西艺术教育杰出的拓荒者。他1929年考入国立上海音乐专科学校,师从周淑安、苏石林、应尚能、黄自等音乐家,学习声乐和作曲;1935年7月毕业后,应广西省教育厅厅长雷沛鸿先生邀请,回到广西任省教育厅音乐编审,编写中小学音乐教材并创作抗战歌曲,宣传抗日救国。1937年11月满谦子在桂林主持由国防艺术社和桂林乐群社共同发起成立的"抗战歌咏团"系列活动;1938年2月在文化城桂林创办了广西第一所艺术教育园地——广西国民基础学校艺术师资训练班并亲任班主任,先后聘请了著名艺术大师徐悲鸿以及吴伯超、丰子恺、张安治、胡然、陆华柏、汪丽芳等著名艺术家到训练班任教。新中国成立后,满谦子当选为中国音乐家协会广西分会主席,历任广西艺术专科学校校长、广西文联副主席、广西艺术学院院长等职。本文记述的是满谦子先生1937年秋抵达桂林至1938年8月离开桂林(赴武汉担任中央训练团音乐干部训练班教官)这一时期从事抗战音乐工作的经历。

一、情系故乡

查上学年成绩,预科戴粹伦、丁善德,专修科生李献敏,师范科生满福民等均列甲等，依本校奖学章程，应免收学费一年。

——国立上海音乐专科学校布告第18号(1930年6月24日)

满谦子先生幼年便擅长二胡、扬琴等乐器，1920年随父母到广州，考入广东岭南大学附中就读；1924年升入岭南大学西洋文学系，学习英语专业；翌年因军阀混战而辍学回到家乡；1926年在桂林广西省立三中任教，兼任桂林体育场指导；1929年经广西大学校长马君武先生推荐考入国立上海音乐专科学校，师从周淑安、苏石林、应尚能等学习声乐，随黄自学习作曲。在校学习期间他就得到萧友梅校长的器重，积极参加师生联合的课外学术创作组织“音乐艺文社”，并当选为干事之一。1934年，满谦子作为一名优秀的抒情男中音与应尚能、丁善德、戴粹伦等师友赴香港、广州、南宁等地巡回演出。广西素有“歌海”之称，民歌的传统是悠久深厚的，但新文化运动以后诞生的现代专业音乐文化于20世纪30年代中期才在广西传播，此次国立上海音乐专科学校师生来南宁举行的音乐演奏会，是新音乐在广西的第一次正式演奏会。

1935年毕业之际，满谦子放弃了担任薪高位适的国民政府中央训练团音乐干部训练班教官的机会，在黄自先生的支持下，应著名教育家、广西省教育厅厅长雷沛鸿先生之邀，踏上了回乡之路，任广西省教育厅音乐编审。

在这段时间里，先生的音乐才能得到了充分发挥，他经常深入到各地中小学校视察调研，根据广西缺乏统一音乐教材的实际情况，先后编写了两册中小学音乐教材，以广西教育厅名义出版，填补了当时广西音乐教材的空白。先生与夫人钟志晖合作创作的儿童歌曲生动活泼，曲调清新，节奏明快，寓意深远，其中最有代表性的作品有《雄鸡》《小燕》《萤火虫》《蝴蝶》《农家乐》《我爱中华》和《可爱的新广西》等，这些儿童歌曲抒发了学生热爱祖国、热爱劳动、热爱生活的高尚情怀，反映了少年儿童的特点，具有深远的教育意义。同时，满谦子为唤起大众奋起抗战，创作了一批抗战救亡歌曲，1936年6月出版的歌曲集《军歌》中，10首作品有《征兵》《出操》《前进》等8首是他创作的。

1936年6月，满谦子在南宁与陈宏、徐孟平等人创立了广西第一个音乐组织——广西音乐会，主要以演唱抗日救亡歌曲为主，致力于群众歌咏和普及音乐知识，许多旅桂的著名音乐家先后参加演出。满谦子等人为抗战爆发后群众性的救亡歌咏运动的广泛开展做了开拓性的工作，打下了良好的基础。抗战期间广西音乐会在南宁、桂林举办了十多次较高层次的音乐会，影响颇大，成为桂林抗战舞台上的一支重要力量。

二、烽火战歌

1938年,桂林举行了规模宏大的火炬歌咏游行,我还是个初小的学生,也被选进这个行列。天黑了,长长的火龙不见首尾,激昂的歌声响彻山城,这个壮观的场面,在当时连电灯尚未普及的桂林,怕是破天荒头一遭。游行前,集中在体育场,台上有个人用亮着的电筒指挥台下唱歌,那就是您吧。

——中央人民广播电台文学编辑、广西艺专校友熊永立来信

(1984年10月28日)

"七七"抗战爆发之后,群众性的歌咏运动蓬勃开展起来了,此时,广西省会已由南宁迁至桂林,广西音乐会也随迁到这里。1937年11月,由广西音乐会、国防艺术社和乐群社发起成立了"以激发士气,振奋民心,俾增强抗战力量为宗旨"的抗战歌咏团,满谦子担任了歌咏团教练委员会主席,教练委员会的委员还有不久前从武汉来的陆华柏、廖行健、杨振铎、汪丽芳等,该团设有高级组(由各机关、团体、学校人员中爱好歌咏和水平较高的志愿者参加)和初级组(主要由各中小学学生组成),当时经省政府及教育厅同意:"凡教育厅与县府所属的学校学生,都规定集体加入抗战歌咏团,每单位的集体团员可一面成为一个单独的歌咏团,另一方面又是总团的一个分团。"抗战歌咏团成立的一个星期内,报名参加的单位就有21个,团员达5700多人,一时间形成了较大的歌咏规模。满谦子主持的教练委员会总揽了该团的一切业务。

抗战歌咏团举行的最大一次演出活动是"火炬公唱大会",大会主题歌为田汉作词、张曙作曲的《胜利的明天》,必唱曲目有冼星海的《保卫祖国》,麦新的《大刀进行曲》,陆华柏的《战、战、战》。满谦子和委员们从选歌到分头教唱,再到集中合唱,会前就做好了充分的准备。

1938年1月8日(此时距抗战歌咏团正式成立还不足一个月)晚上,"火炬公唱大会"如期在桂林市公共体育场举行,满谦子任总指挥,演员与观众达万人之多。在熊熊火炬的映衬下,满谦子用手电筒光点代表拍点,在军乐队的伴奏下指挥并领唱了主题歌《胜利的明天》后,全体歌咏团员手持火把,以军乐队为前导,高唱抗战救亡歌曲,列队上街游行,浩浩荡荡的歌咏队伍踏歌游行,前后长达数里,沿途挤满观看群众,一时全城沸腾,万人空巷,熊熊的火炬加上万众歌声,群山回响,震撼了桂林。游行后,队伍仍回到公共体育场,在广场中心燃起一堆篝火,继续演唱救亡歌曲,通宵达旦,歌声延绵不绝。抗战歌咏团的

这次火炬公唱大会是桂林有史以来第一次大规模群众抗日救亡歌咏活动,雄壮的歌声不仅激荡着每个桂林人的心弦,而且影响遍及华南各地。美国福克斯电影公司旅桂摄影记者还把这一盛况拍成电影,据说当时美国总统罗斯福看了影片,赞赏有加。《战时艺术》1938 年第 5 期中一篇文章报道:"在广西有几千人的火炬歌咏巡行,这还算是头一次,当时那雄壮的歌声震动了桂林城,歌声钻进了每个人的心里。"

三、艺术之花

1938 年初夏,小学艺师训练班结束,我接着建议举办中等学校艺术教师暑期讲习班,以提高业务水平和统一教学方法,并推荐吴伯超为班主任,我掌教务,聘徐悲鸿、丰子恺等讲课,邱昌渭也同意了,于是便着手筹备发通知,调集各地中等学校艺术教师于 7 月 25 日开学。

——满谦子《回忆材料》(1955 年 9 月)

任广西省教育厅音乐编审期间,满谦子先生深感广西的中小学校音乐、美术教育的落后,各地教师业务水平普遍较低,很多中小学校因缺乏师资尚未开设音乐、美术课,针对这些情况,先生四处奔走,积极建议培养音乐、美术人才,规划对全省中小学艺术师资进行专门培训。建议得到省教育厅新任厅长邱昌渭的支持。

在满谦子的积极倡导和悉心筹建下,1938 年 1 月,广西国民基础学校艺术师资训练班成立了。满谦子被省教育厅任命为班主任,主持校政,该班 1 月 16 日举行了开学典礼,学制六个月,采取夜校的形式,共招收学员 83 人,音乐组 48 人、美术组 35 人,专业教师有满谦子、徐悲鸿、丰子恺、张安治、汪丽芳等。艺师班当时的教学设备相当简陋,仅有钢琴一台、手风琴三台,但学员们非常勤奋,他们白天各自回原学校教书,晚上到艺师班上课,在教师们的带领下把学习、艺术实践和抗战爱国宣传结合起来,组建学生合唱团演唱抗战歌曲,举行抗日募捐音乐会。满谦子先生曾亲自上台独唱俄罗斯《伏尔加船夫曲》,把演出收入捐赠抗日前线。美术组的教师及学员则积极举办街头抗战宣传画展并开展美术讲座。艺师班成为桂林抗战舞台上的一支重要力量。满谦子等老一辈艺术家为广西播下的充满生命力的艺术种子,开创了广西现代艺术专业教育的先河。

同年 6 月,音乐家吴伯超抵达桂林,满谦早年子求学国立上海音乐专科学校期间曾就教于吴伯超,深知老师“既得国乐奏养,又受西乐洗礼”,遂热情邀请吴伯超到艺师班执教,并向省政府极力推荐,很快,省主席黄旭初任命吴伯超为广西省政府参议员。

1938 年 7 月 23 日,艺师班举行了第一期学员结业典礼并印制了一本同学录,刊印有教职员及同学的通讯录及校领导与嘉宾的题词。满谦子题词“继续努力”并作序,吴伯超题词“移风易俗”,徐悲鸿题词“亲爱精诚”,张安治题词“培养真善美的心灵,以实现真善美的社会”。8 月,广西省政府紧接着又举办为期一个月的“全省中等学校艺术教师暑期讲习班”,期间满谦子推荐吴伯超接替自己任艺师班班主任并担任广西音乐会常务理事。8 月底讲习班结束之际,满谦子应邀赴武汉担任中央训练团音乐干部训练班教官,离开了桂林。

作者简介:

陆璎,接力出版社编辑,研究方向为抗战音乐、广西民族音乐。

向培良在桂林从事抗战宣传史实钩辑

寄小文

[摘要]中国现代早期文化名人向培良，抗战时期在桂林广泛参与了抗战宣传方面的各种活动，积极推进桂林抗战宣传，热心参加西南剧展，其态度上是积极的，理论上是有创见的，行动上是有成效的。本文对向培良在桂期间的一些抗战宣传活动作史实钩辑，希望以此来促进桂林抗战文化城的研究在多视角、全方位的层面有一个全新的展开。

[关键词]向培良；桂林抗战宣传；西南剧展；教育部巡回戏剧教育队

抗战时期，桂林的文化城现象，应该是当时国共统一战线促成中国全民抗战的一个缩影，是全体中国人奋起救亡的一段精彩旋律，不宜简单归结为一方包揽的独角戏。2014 年将是西南剧展举办 70 周年纪念时段，值此民族复兴的伟大进程中，尊重历史、尊重全体为桂林抗战宣传做过贡献的文化人（包括国民党阵营中致力于抗战宣传的成员），应该是后人不可推辞的一种责任。

中国现代早期文化名人向培良，由于多方面原因，自 1949 年以后基本处于被屏蔽的状态，除了在为数不多的一些专业性文化典籍中（如赵家璧主编的《中国新文学大系》、郭富民著《插图中国话剧史》等）承认其重要影响及地位外，绝大多数文学、戏剧或相关史实方面的著作则基本都采取了回避的态度。

受此影响，许多地方性专题研究著作也存在着这种用省略替代挖掘的研究状况，如专题巨著《桂林抗战文化史》[①]，通篇不见向培良在桂林活动的踪迹；又如《抗战时期文化名人在桂林》[②]一书，共收录了包括自然科学家在内的 115 人，也仍然没有向培良的专题。其他如《桂林文化城纪事》《桂林历史文化丛书——抗战旌旗汇桂林》《抗战时期桂林文学活动》等专著同样也存在类似的

① 魏华龄:《桂林抗战文化史》,桂林:漓江出版社,2011 年。

② 《抗战时期文化名人在桂林》,魏华龄、李建平主编,桂林:漓江出版社,2000 年。

情况。

有鉴于此,本文尝试从史料钩辑的角度,尽可能地搜集有关向培良在桂林从事抗战宣传活动的资料,使历史真相能更加完整地呈现在后人面前。

一、抵桂前坚定投身全民抗战宣传活动

1938 年,国民政府教育部为宣传抗战,在武汉成立多个巡回戏剧教育队,向培良被任命为第一巡回戏剧教育队的队长。

身处全民抗战的大背景下,与夏衍、田汉等共产党员保持良好关系的向培良,坚定地支持全民抗战,全力参与国共统一战线领导下的抗战宣传、教育等活动,率队在河南、陕西、湖北、湖南等省都进行过大量的抗战戏剧宣传和教育方面的活动,对促进国共合作宣传抗战起到了正面的积极作用。在率队途经湘潭时,还曾专门为中共湖南省委直接领导下的育英儿童抗敌工作团开办了短期培训班,传授音乐、戏剧、绘画等方面的基本知识与技能。

1939 年 8 月,受国民政府指派,向培良率教育部第一巡回戏剧教育队辗转数省来到桂林,开始了在桂林的抗战宣传、教育等活动。

对此,中共人士在桂林主办的《救亡日报》连续刊登了相关报道:

1939 年 7 月 15 日《救亡日报》刊登《抗战动员普遍各地,戏剧宣传深入民间——介绍巡回戏剧教育队》一文。

1939 年 8 月 17 日《救亡日报·文化岗位》刊登培良的《对抗战小剧场的一个建议》,建议先建成露天剧场,然后再逐步扩充完善。

1939 年 8 月 20 日《救亡日报》报导,教育部第一戏剧巡回工作队,由向培良率领来桂已一个多星期。近日正在赶排向培良编写的独幕剧《征夫行》、《山上寨》以及马彦祥编写的《古城的怒吼》等剧目,将于月底正式上演。

二、来桂后积极推进桂林抗战宣传

在桂林期间,向培良广泛参与了抗战宣传方面的各种活动。

1939 年 8 月 26 日,向培良在乐群社举行茶话会,招待文化、戏剧、新闻界人士。并报告公演意义和筹备经过。[①]

1939 年 9 月 1 日,为筹款创建抗敌小剧场,向培良率教育部剧教一队参加

① 《桂林文化大事记》,刘寿保主编,桂林:漓江出版社,1987 年,第 86 页。

桂林戏剧界举行的大规模演出活动。[①]

1939年9月8日,向培良在乐群社草地举行晚会,招待桂林各界人士。[②]

1939年9月22日到26日,向培良第一巡回戏剧教育队,在银宫戏院演出由向培良创作并导演的“同仇”,收入将充作抗敌小剧场基金。[③]

1939年9月23日《救亡日报》报导,参加近半个月来为筹建抗敌小剧场而公演的各戏剧团体:广西民众服务团、国防艺术社、教育部第一巡回戏剧教育队、血光剧团、七七剧团、抗敌宣传第一队、新安旅行团、厦门儿童剧团等八个团队在七星岩茶座召开座谈会,讨论总结此次各团队所演出的剧本及技术等诸问题。焦菊隐、李文钊、陈一之、向培良等和各戏剧团队代表参加了会议。座谈记录以《小剧场运动演出的自我批判专刊》为题刊登在《扫荡报·抗日戏剧》上。

1939年9月25日出版的《逸史》第一卷七、八期合刊中,刊登向培良《略论我国话剧的发展》。

1939年10月2日,在中华全国文艺界抗敌协会桂林分会成立大会上,向培良当选候补理事。[④]

1939年10月13日,向培良率教育部第一巡回戏剧教育队将开赴湘北劳军,桂林文化界人士六十余人举行欢送会。会上李文钊致欢送词,欧阳予倩、夏衍、汪止豪、盛成先后讲话。[⑤] 另据《全州县志》记载:该队“驻全一段时间,积极辅导地方戏剧运动”。[⑥]

1940年5月30日,教育部第一巡回戏剧团教育队在金城大戏院举行戏剧音乐演奏会,剧目有《大时代的插曲》(向培良创作并导演)、《黎花岭》,音乐节目有《国歌》、《拉纤行》、《国旗歌》、《中国父母心》等。[⑦] 同日,《力报》发表向培良的《我们公演的三个剧本》一文;《广西日报·漓水》发表向培良《剧教一队两周年纪念音乐戏剧演奏会致词》。

1940年5月31日至6月3日,向培良率教育部第一巡回戏剧教育队今起

① 《桂林文化大事记》,刘寿保主编,第86页。

② 《桂林文化大事记》,刘寿保主编,第87页。

③ 《桂林文化大事记》,刘寿保主编,第89页。

④ 《桂林文化大事记》,刘寿保主编,第90页。

⑤ 《桂林文化大事记》,刘寿保主编,第92页。

⑥ 《全州县志》,全州县志编纂委员会编,南宁:广西人民出版社,1998年,第722页。

⑦ 《桂林文化大事记》,刘寿保主编,第123页。

在金城大戏院演《林友芬》。①

1940年6月13日《扫荡报》发表向培良《〈林友芬〉公演后记》。

1940年6月19日《扫荡报》发表向培良《论剧随感》。

1940年6月26日《扫荡报》报道,教育部第一巡回戏剧教育队连日在城郊各机关团体公演,今晚应资源委员会钨、锑联运处之请演出《古城烽火》。

1940年7月3日至6日,向培良率教育部第一巡回戏剧教育队在中山公园公演话剧《古城烽火》、《桂花姑娘》等,免费招待市民。②

1940年6月,向培良主编的《戏剧长征集(一)》在桂林发行。该书除收有向培良写作的《戏剧教育导论》、《悲剧的时代与时代的悲剧》等文章外,还结合抗战宣传的实践收编了一批对抗战宣传富有指导意义的专题文章,如谷剑尘的《野台戏的演出与观众管理问题》、文永若的《宣传画与民族抗战绘画》、王光乃的《抗战剧运之检讨与前瞻》、陈效胥的《抗战剧本概评》、孙开枢的《现阶段话剧的宽度与深度》、文永若的《野台剧》、梁碧云的《哑剧在抗战中的宣传功效》等文章,是难得的抗战戏剧宣传方面的专著。③

1940年7月31日《扫荡报·文艺周刊》发表向培良《灞桥望长安——万里演剧小记之三》。

1940年9月28日,向培良率教育部第一巡回戏剧教育队今日出发赴柳宣传演出。④

1940年8月29日《扫荡报》发表向培良的连载《导演识小录》。

1941年10月8日《扫荡报·文艺》刊登向培良《三十年度戏剧教育的展望》。

1941年1月12日《扫荡报》发表向培良《关于'国殇'》。

1941年1月26日《扫荡报》发表向培良《论剧本的教育性》。

1941年3月15日《扫荡报》发表向培良《论悲剧》。

1942年11月16日《扫荡报》发表向培良《如何发展军中剧运》。

另外,向培良在桂期间,还曾率队去桂林近郊进行过戏剧抗战宣传,参加了筹备《一年间》(夏衍编)剧目演出大会,并参加了为《救亡日报》(桂林版)筹

---

① 《桂林文化大事记》,刘寿保主编,第123、421页。

② 《桂林文化大事记》,刘寿保主编,第127页。

③ 《戏剧长征集(一)》,向培良等编著,北京:中国印书馆,1940年。

④ 《桂林文化大事记》,刘寿保主编,第137页。

募资金的义演活动。[①]

三、热心参加西南剧展

1943 年 11 月，在发布的西南第一届戏剧展览会(组织名单)中，向培良位列 35 位筹备委员的第 7 名。[②]

1944 年 2 月 16 日《广西日报》消息“西南第一届剧展昨日举行开幕礼”，向培良到会参加。

1944 年 2 月 27 日西南剧展秘书处召开工作者大会预备会，决定 3 月 1 日举行戏剧工作者大会和大会组织机构及人选。会议确定的主席团成员为黄旭初、欧阳予倩、田汉、瞿白音、熊佛西、赵如琳、向培良、黄朴心、孟君谋。[③]

1944 年 2 月 29 日西南第一届戏剧展览会戏剧工作者大会主席团第一次会议决定举办戏剧文学、演出、生活教育、运动实践等四项专题讲演，“……由田汉、欧阳予倩、熊佛西、向培良、瞿白音、赵如琳、吕复、张客分别担任之……。”[④]

1944 年 3 月 29 日《扫荡报》登载向培良《介绍恋爱与道德》(首届西南剧展节目)一文。

1944 年 4 月 27 日《扫荡报》登载向培良《关于方言剧》一文。

由于各种原因，当年的相关资料如今钩辑起来已经是很难完整了，但即使通过这些残缺史料的汇编，后人也应该能清楚地看到：向培良在桂林期间的抗战宣传工作，态度上是积极的，理论上是有创见的，行动上是有成效的。如果因为后来政治的因素而无视这些史实，是难以还原桂林抗战文化城历史全貌的。

作者简介：

寄小文，桂林市教育科学研究所教研员，研究方向为桂林地方史。

---

① 《桂林文化大事记》，刘寿保主编，第 631、936 页。

② 《西南第一届戏剧展览会(文物史料选辑)》，桂林市博物馆编，内部刊物，1984 年，第 18 页。

③ 《西南第一届戏剧展览会(文物史料选辑)》，桂林市博物馆编，第 114 页。

④ 《西南第一届戏剧展览会(文物史料选辑)》，桂林市博物馆编，第 113 页。

★ 文本论析

抗战文学与1936年绥远抗战

赵　伟

[摘要]1936年的绥远抗战打击了日伪吞并绥远以造成内蒙独立的野心，西北暂获平静，民族精神也为之一振。绥远牵动人心，早在绥战之前，就有作家深入西北考察边情；绥战爆发，舆论积极配合，各路记者赴战地采访；其他作家、文艺团体也各展所长，为绥战助一臂之力。之后，西安事变发生，举国震惊，绥远抗战迅速冷却以致无声。本文通过对绥远抗战相关文学史料的梳理，再现战地硝烟与国人呐喊，将一段民族抗争史于文学地图上重新标记。

[关键词]绥远抗战；抗战文学；西北纪行；战地写真

1936年11月上旬，蒙古地方自治政务委员会(以下简称蒙政会)委员长德王与伪蒙军在西北磨刀霍霍，绥远一战箭在弦上。11月12日，中央大学校长罗家伦于绥远慷慨陈词激励士气："经我们血染的山河，一定久为我们所有。民族的生存和荣誉，只有靠自己民族的头颅和鲜血才可保持，这次我看见各位将士塞上的生活，已认识了我们民族复兴的奇葩正孕育在枯草黄沙的堡垒中，等候怒放。我深信各位不久可以使世界认识我们中华男儿还是狮子，并非绵羊。"①三天后，绥远抗战的号角响彻西北。

军事冲突起于一时，而绥省危殆已非一日。1930年代，日本侵华步伐加快，占领东三省、热河后，于1935年策动华北自治，1936年又欲将内蒙、绥远尽收囊中。此时，控制察东地区的日本关东军利用蒙政会委员长德王要求高度自治的心理，秘密策动德王在内蒙古造成独立局面，进而统一内外蒙古，建立蒙古国。为此，日本不仅加紧向察哈尔全境，乃至向绥远地区实行渗透，而且

---

① 罗家伦：《慰勉武装同志》，《中央日报》，1936年11月15日。

接连运用伪军李守信等部制造事变，逼迫中国方面撤出了察哈尔省长城以北地区。”[①]1936年5月，德王与李守信组织所谓“蒙古军政府”，以日本人为顾问。其后，“日本关东军和伪蒙军自然要把夺取内含西部内蒙古的乌兰察布盟和伊克昭盟的中国绥远省，视为完成‘蒙古建国’的下一阶段战略目标”[②]，绥远被推到风口浪尖。经几个月的酝酿，伪蒙军于11月15日挑起事端。守卫红格尔图的傅作义部连续击退伪蒙军之进犯，并于11月24日主动出击，收复久被敌伪占据的百灵庙，是役“毙伤敌军700至800人，俘敌300余人，缴获迫击炮3门，重机枪5挺，步枪400余，弹药及军用物资无数”[③]。然而此后，蒋介石与阎锡山就绥远下一步行动意见分歧，12月12日西安事变戏剧性发生，绥远抗战由此告一段落。

家国危亡，爱国者皆欲投效，文艺界对边地同样不乏热情。由于绥省态势不止牵扯伪蒙势力，更涉及日本方面，且与华北局势息息相关，故而还在战前，有识之士就对绥省境况格外关注，一些作家还远赴西北实地考察；战端开启，久欲民族自立的国人期待予侵略者以打击，援绥募捐、慰问不断展开，一些文艺团体也投身其中各尽其能；绥战期间，舆论界、文艺界人士纷纷擂鼓助威，一批涉及绥远抗战的作品面世。基于以上种种，当日绥省之刀光剑影得以在文学殿堂留下印迹，如今对此文学史料的再梳理，使这段历史影像重新浮出水面，绥省健儿之奋勇、国内民族话语之高涨、日伪之丑恶嘴脸，一一闪现。

一、西北纪行

1936年，受日本关东军“满蒙计划”影响，绥远形势再度紧张[④]。《中央日报》绥省消息日渐增多，10月份，该报副刊性质的“中央公园”推出了署名草璞的《河套纪游》。该作记于五年前，内容多为河套地区的风土民俗，值得一提的乃作者出游动机与见报时机。作者在刊发绪言中介绍：1931年冬，其与友人“由上海出发，遍走华北塞外各地，河套一带，足迹尤所遍历。我国西北诸地交通不便，地瘠民悍，无山水可玩，文物足观，内地人士，鲜有往游者，故西北情形，国人向所漠视。河套为塞北丰饶之区，久为外人所垂涎，且该地枕阴山，带黄水，形势扼要，现已不啻为国防第一线，历观国人著作，汗牛充栋，游记尤多，

---

① 杨奎松：《蒋介石与1936年绥远抗战》，《抗日战争研究》2001年第4期。

② 杨奎松：《蒋介石与1936年绥远抗战》。

③ 杨天石：《绥远抗战与蒋介石对日政策的转变》，《晋阳学刊》2012年第4期。

④ 杨奎松：《蒋介石与1936年绥远抗战》。

但鲜有注意政治、军事、实业等价值者,关于河套之详细记载尤少,爰将个人在河套途中工作之日记,公诸国人,深望大雅,有以教正焉。”[①]河套丰饶、扼要,引外人觊觎,作者遂于1931年往游西北,记录沿途军政边情以资警世有所裨益。草璞认识清醒,日本侵占东省后又窥伺西北,“1931年冬,日本关东军林铣十郎、松井石根等致函德王,介绍日本特务世目到德王处担任联络员,得到德王掩护,冒充喇嘛,长期埋伏”[②]。彼时西北不稳已见萌芽,时至今日,形势更趋紧张,德王二心,伪蒙军在日人怂恿下谋求异动,绥省“已不啻为国防第一线”。勘破日本野心,草璞当日纪游已含警惕之意,报刊此时发文更显防范之心,日伪一意孤行,《中央日报》先礼后兵,委婉表示我对西北事态的密切关注。

草璞之后,“使至塞上”察看边情的脚步依旧延续。1934年夏,冰心、吴文藻、郑振铎等8人应邀参加“平绥沿线旅行团”。该团于北平集结,“自七月七日出发,十八日到平地泉,因故折回”;8月8日再次登程,“八月二十五日重复回来,两次共历时六星期,经地是平绥全线,自清华园站至包头站,旁及云冈,百灵庙等处”。[③] 旅行结束后,冰心追记沿路见闻作《平绥沿线旅行纪》。

平绥之行目的何在?对此,作品开篇即道一二:“自从东北失守之后,国人矍然觉出了边防之重要,于是开发西北之声,甚嚣尘上。而到底西北在哪里?中国西北边况到底如何?则大抵茫然莫知所答,且自东北沦亡,西北牧畜,垦殖,又成全国富源之所在,而西北的土地,物产,商运等各种情形,我们亦都甚隔膜。平绥铁路是人民到西北去,及货物从西北来的一条孔道,是个个国人所应当经行,应当调查的”;“平绥路线横经长城内外,所过城邑的人民风俗习惯,宗教信仰各不相同,是研究中国政治、经济、文化的最好的园地;同时,在国难之中,我们不当再狃于旧习,闭居关内,目边人为异族,视塞外为畏途,我们是应当远出边境,与各族同胞剖心开怀,精诚联合,以共御强邻的侵逼的。”[④]东省唇亡西北齿寒,但山水阻隔,国人对西北知之甚少,长久以往,察、绥等恐亦为强邻所噬,巩固边防势在必行。兄弟阋墙外御其侮,冰心针对当地汉蒙杂居的现实环境,强调加深民族情感,否则手足相残,外人坐收渔利。根据作品来看,冰心当时对德王印象良好且寄抗日之希望。1934年4月,由德王控制的蒙政

① 草璞:《河套纪游》(绪言下),《中央日报》,1936年10月23日,该作断续刊载至1937年3月。

② 杨天石:《绥远抗战与蒋介石对日政策的转变》。

③ 冰心:《平绥沿线旅行纪·序》,《冰心全集》(第三卷),福州:海峡文艺出版社,1994年,第69页。

④ 冰心:《平绥沿线旅行纪·序》,《冰心全集》(第三卷),第69—70页。

会在百灵庙成立，冰心一行到此，与德王短暂接触后，“觉得他是一位有为的领袖，沉着英明”。[①] 蒙政会在百灵庙款待旅行团，席间德王等述及内蒙自治运动及汉蒙合作，冰心等“默然动容”，深感“我们是他们同气连枝之人”，此后当使国人“都知道在穷荒极北的漠漠寒沙之中，有这些孤军奋斗的青年，正在等待着我们的同情和援助……！”[②]

冰心赴绥出于民族危机意识，但对当地形势的看法过于乐观。寄抗日希望于德王，愿望良好，然而所见有限。实际上，绥省政局潜流暗涌，个中情形并非表面那般简单。还在 1933 年 9 月，傅作义向当局报告，德王于王公集会时“主张依附伪国(伪满洲国——引者注)，并积极进行练兵，以图自立”[③]。同年 10 月，傅又就德王自治情形提醒当局，“蒙旗自治，虽可允许，然不能假乎于野心分子，使其造成个人势力。目下虽暂苟安一时，他日难保不以整个力量勾结外患。”[④]据此相关函电，傅作义显已察觉德王异心，只是顾虑全局隐而未发。到冰心成行之际，日人图谋察绥无异司马昭之心，德王分裂活动秘密酝酿。1934 年夏，“日特盛岛角芳到百灵庙，代表关东军向德王赠送步枪 2 千支，不久，又赠送飞机 1 架”[⑤]，德王与日本愈走愈近。到此一游的作家难晓政治内幕，坐镇绥远的傅作义则能看清塞上风云。德王力主自治看似冠冕堂皇实则别有所求，绥省风平一时，危机却在暗中发酵。

日伪勾结日甚一日，西北如危卵摇摇欲坠，1936 年 8 月，《大公报》记者范长江临危受命踏上这片黄沙热土。作家途经绥远之归绥、武川、萨拉齐、松稻岭等到达宁夏，“往返二月有余”[⑥]，据路上见闻作《忆西蒙》，将西北时局细细道来。

其时绥远局势恶化，范长江在绥地见闻与冰心迥异。两年前，冰心等至百灵庙游览，德王为“开赛马摔跤二会”[⑦]，晚间又演乐联谊，宾主尽欢。两年后，

---

① 冰心:《平绥沿线旅行纪》,《冰心全集》(第三卷),第 98 页。

② 冰心:《平绥沿线旅行纪》,《冰心全集》(第三卷),第 104 页。

③ 《绥远省政府主席傅作义报告德王在百灵庙开会情形致蒙藏委员会代电》(1933 年 9 月 1 日),《中华民国史档案资料汇编》,第五辑第一编《政治(五)》,中国第二历史档案馆编,南京:凤凰出版社,1994 年,第 92 页。

④ 《国民政府行政院秘书处为抄送傅作义关于德王自治情形及处理办法致蒙藏委员会笺函》(1933 年 10 月 7 日),《中华民国史档案资料汇编》,第五辑第一编《政治(五)》,中国第二历史档案馆编,第 101 页。

⑤ 杨天石:《绥远抗战与蒋介石对日政策的转变》,《晋阳学刊》2012 年第 4 期。

⑥ 范长江:《忆西蒙》,《塞上行》第二篇《行纪》,天津:大公报馆,1937 年 8 月,第 37 页。

⑦ 冰心:《平绥沿线旅行纪》,《冰心全集》(第三卷),第 104 页。

“正是日本积极经营内蒙的高潮,百灵庙正在日人策动之下”,成为侵略内蒙的据点,范长江搭乘的车队害怕日伪侵扰“已不敢经过百灵庙”[1]。冰心等在绥远且游且走,从容、轻松;范长江则要小心提防“由百灵庙出来的日本别动队”及日本特务的“关心”,生死难料,如履薄冰。一路行来,范氏痛感政府对德王羁縻之乏力,日伪勾结已无遮掩。在阴山,“有几辆挂太阳旗的军用车从我们后面驶来,里面坐些蒙古人,开车的‘友邦’人士,趾高气扬的驾着汽车横冲直闯。”在松稻岭,作家遇见一个“给日人侦察队做向导的蒙古人”,据此人说,1935年至1936年间,日本人测量百灵庙至阿拉善、额济纳的道路,“其中有一大段路,都是他做向导”。至于蒙古上层,“德王曾派其亲信之掌印官某蒙古人为侦察队之翻译”,日人也在“沿途送蒙古王公许多珍贵物品”以为拉拢。日伪明火执仗,汉蒙关系岌岌可危。绥地汉人“有一个共同的情绪,是焦虑日本武力进攻绥远,鼓动蒙古”,若如此,“我们大家都会死无下场!”[2]范长江在绥远的见闻、感受显示,德王在日本怂恿下与国民政府的矛盾已然公开化,日人肆无忌惮,德王跃跃欲试,绥省火药桶随时点燃。实际情形的确不容乐观,1936年2月,德王在日本特务机关协助下成立伪“蒙古军司令部”,5月在化德(嘉卜寺)成立“蒙古军政府”,并自任总裁。[3] 7月间,阎锡山、傅作义“因伪蒙军的进犯频繁而频频告急”,至“8月初,南京方面得到消息,称日人准备乘两广事变,桂系进军广州之际,推动察北伪军攻绥,然后宣告冀察自治。察绥情报也显示,伪蒙军正蠢蠢欲动,有内外响应进占绥东之计划”[4]。日伪猖狂,中央鞭长莫及,绥省何去何从尚未可知。

国难方殷,作家深入西北以求有补于国事。冰心成行时期,德王与国民政府若即若离,作家笔下绥省尚显平静,游览之乐贯穿全篇。范长江探访之际,德王与国民政府之决裂趋于明朗,绥远形势紧张,“有很多地方我们已经不能自由来往”[5],作家于见闻之中表现西北危局,记述翔实,悲愤之情溢于言表。待到《中央日报》刊载《河套纪游》之时,绥省一战近在眼前。

二、绥战写真

西北遥遥,后方民众如何了解边庭烽火,前线将士何由感知人民支持,舆

---

① 范长江:《忆西蒙》,《塞上行》第二篇《行纪》,天津:大公报馆,1937年8月,第42、43页。

② 范长江:《忆西蒙》,《塞上行》第二篇《行纪》,第41、68、69、70页。

③ 杨天石:《绥远抗战与蒋介石对日政策的转变》。

④ 杨奎松:《蒋介石与1936年绥远抗战》。

⑤ 范长江:《忆西蒙》,《塞上行》第二篇《行纪》,第38页。

论界成为其中不可或缺的链条。1936年11月16日,《中央日报》抛出绥远最新消息:“绥东战事爆发!匪犯红盖图(即红格尔图——引者注)未得逞;我军冒雪布防士气振奋;各地民众募捐慰劳前敌将士”,紧随标题之后的“中央社归化十五日电”进一步报道称:“十三日起兴陶沿边各线,不时有飞机多架侦察轰炸。十五日晨匪伪三千余众,附小野炮多门,围攻陶林、红盖图,并以飞机七架掷弹助战。我军沉着抵抗,匪数度猛扑,均未得逞,且死伤极重。”①

自此后,绥边将士奋战,舆论呐喊助威。11月18日,《中央日报》激扬文字声言抗战,“绥东察北之警报不自今日始,而今日者,形势尤可危,危者何物,所谓匪,所谓伪或其他势力,要之侵我土地,胁我主权,皆我不共戴天,彼跳梁荼毒于我察绥者,不论其性质如何,背景如何,又不论其所持之战斗器械为刀枪,为坦克,为飞机,为毒气,要之为寇为盗为匪,为中国人民不共戴天之仇雠,为政府所应全力剿灭扫荡。”②该文义正词严,表我守土抗战之决心,号召国人拥护政府团结抗战。为及时传递战讯鼓舞军民,各报派员深入前线采写通讯。11月27日,中央社归绥记者王华灼、天津《益世报》王延绅、《大公报》范长江、北平《实报》宋致泉、上海《新闻报》顾执中和沈吉苍等一经当局许可便迫不及待地由归化开赴百灵庙③。一路上,记者采访将士,参观战场,了解边情,向国人报道前线见闻。

昔时百灵庙为日伪盘踞可望而不可即,至此收复失地,风景不殊,山河有异,今昔对比,记者兴奋莫名。绥战初始,范长江认为“日本之攻略西北,不是‘借地防赤’,也不是简单的领土扩张,而是一种非常狠辣的对华军事大策略的实施!”④绥远乃敌人在西北封锁中国的核心,“而在绥远本部未被占领前,东西策应的根据地就是百灵庙”。而今一战得胜,不啻“破坏某方(文中“某方”指日本——引者注)对中国大陆封锁政策的立足点”,敌人图谋因之破产。该战意义是否如此重大有待讨论,但伪蒙受挫,确也保西北一时无虞;日人横行已非一日,百灵庙敲山震虎,国人暂吐恶气,范氏等高歌胜利,于情于理均可理解。胜利来之不易,记者据参战将领讲述,再现激战场景,其中又特别突出张振基

① 《中央日报》,1936年11月16日。

② 社评《时局之真相》,《中央日报》,1938年11月18日。

③ 以上诸位于1936年11月27日征得地方当局许可同赴百灵庙采访,范长江因故停一宿,其他几位记者则在短暂停留后于夜间继续赶路。见沈吉苍《百灵庙前线实地写真》,《绥远抗战集》,上海:星华出版社,1937年。

④ 范长江:《中国的西北角》,四版自序(1936年11月13日),天津:大公报馆,1937年4月第七版。

连事迹。仍以范长江的描述为例:战斗胶着,国军兵行险招,“将预备队用一队载重汽车载上,以二装甲汽车为前导,破阵而入,炮兵亦采冲锋形势,我方指挥官则徒步而前,置生死于度外,视弹雨如无睹,于是士气大振,裹创而前,战局始为之突变。旋我装甲汽车被敌击坏,司机殉国,路阻不能行,担任最后冲锋之张振基连,乃下车以肉体争山头,当时全连损失在二分之一以上。既而山头夺获,我军始有阵地,而百灵庙已在目前,敌人惊慌失措,四面部队乘势突进,张连再继续冲锋”[①],始得以成仁换成功。记者笔下,敌人凭险据守,国军处境恶劣;速战速决,将士生死度外,奋力一搏;千钧一发,张振基连身先士卒戮力向前,最终各部并进斩将搴旗。该场面之叙事环环相扣,情节一波三折,行文简洁流畅,国军一心同力死不旋踵,令人扼腕。拼杀停歇,战痕犹新。记者事后凭吊战场,无不慨叹百灵庙所经之磨难:壁上弹痕累累,地上血迹斑斑,弹药枪支各处遗弃,文件散落一片狼藉。军械凌乱血迹方殷,厮杀苦战想见一二。国军拼死,伪蒙溃退,与其沆瀣之日人也狼狈逃窜,“当我们军队冲入特务机关时,某方人刚刚离屋逃逸,室内香茶犹温,花衾正展”,“许多机密的文件和图表都没有运走”[②]。敌我接踵,茶有余温,穷寇奔窜,仅以身免。范长江等结合战地见闻报道战斗概况,叙述紧凑、感情饱满,敌我之冲杀进退宛若目前。

战地报道力求知己知彼,记者笔触所及不止国军种种,伪蒙军之侧影亦随之展现。记者在国军队伍里采访到三个伪蒙军战俘,“他们原来都是忠实的农民,因一时受骗,陷入魔窟,情殊可闵”[③]。匪伪坑蒙拐骗到处拉丁,伪蒙军不少士兵入伍前本在家务农,之后有的听说“宋哲元招兵打 XX,报了名就运到北平,哪想到在北平玩上两天就被送到口外,发了军衣,给了大枪,就往前敌上赶…”。也有的“听说天津的工厂来招工人,一月三十块钱,哪知道在天津停也没停就运到北平,换了车来到这儿。听人一讲明白了,哭也来不及”。除靠蒙骗获取兵员,匪伪还收编散兵游勇拼凑成军,“王英的兵净是些个早年的东北义勇军,孙殿英的残军,再有就是土匪和流氓混混,跟他吃粮,也不过是一时权宜之计;……谁给他们汉奸卖命呢?”[④]如此乌合之众各有散心,莫有斗志,一俟国军猛攻,或投诚反正,或作鸟兽散,日伪落得草草收场。伪蒙军中并非只汉人离心,部队遭日人把持,即使蒙古族军官也“因不甘压迫,在某国人背后,时时

---

① 范长江:《百灵庙战役之经过及其教训》,《塞上行》,第 15—16 页。

② 范长江:《百灵庙战后行》,《塞上行》,第 186、187 页。

③ 沈吉苍:《百灵庙前线实地写真》,《绥远抗战集》。

④ 魏东明:《四个降兵》,《光明》第二卷第三号,1937 年 1 月。

吐露倾向中国之意云云”[①]。不堪日人欺压,士卒身在曹营心在汉,“都是中国人谁愿意自己和自己相打呢?在××鬼子手下,咱们谈话都不自由,谁要是提到了中国,谁就是个死,多早晚咱们都在等着回来呢”。[②] 这些怀揣中国心的伪军不愿与国军为敌,“譬如他们领到一些毒瓦斯弹。他们知道那种东西厉害,就没有忍得用”[③]。他们不忍毒害同胞,对日本人却毫不手软,原隶属王英的两千余伪军临阵倒戈,一并消灭了二十多个督战的日本人[④],有力地打击了日伪。百灵庙战后,媒体适时报道伪军之反正,一方面以其望风披靡反衬国军军威,另外,记者笔下,大部分伪军不甘日伪利用,无奈受制于人才与我同室操戈,一俟时机成熟,纷纷悬崖勒马调转枪头。报道如此定调,可展示国人对伪军官兵的同情、理解,唤起他们脱离日伪回归故土的热望,起到分化、瓦解敌人的宣传功效。

舆论界对绥远抗战的关注持续到1937年初,期间,西安事变发生,绥远战事顿时冷却。范长江1937年元旦再入绥远,发现前线“无事而沉闷”,西安事变“把绥远前线原来一点热气,消散了八分”。记者就目前形势坦言,“没有人不希望抗敌战争的继续胜利,而胜利的先决条件,是及早恢复我们有力的对外阵容,要恢复对外阵容,在我们前线的观察者看来,消弭内在的矛盾,是最重要的工作”[⑤]。正由于西安事变影响巨大,一时间,西安成为媒体焦点,各方博弈引人注目,绥远由此淡出舆论界。绥远抗战期间,舆论界配合战场形势呐喊助威,发起、代收捐款,传播战讯,激励军民,屡有作为。通过战地报道,将士浴血、敌伪图谋、边地境况等一一呈现,一篇篇写真、纪实夹杂风雪源源而来,沟通了前后方,成为军民坚持抗战的精神动力。

三、其他援绥文艺活动

绥战打响后,作家、文艺团体各尽所能支援抗战。由于自身条件限制,大部分作家也许不适合扛枪上阵,但他们时刻心系前线下笔成文,激励前敌将

---

① 沈吉苍:《百灵庙前线实地写真》,《绥远抗战集》,上海:星华出版社,1937年。

② 水蚁女士:《从北平到百灵庙——上海妇女儿童前线慰劳团(第二批)》(通讯,1937年2月17日),《光明》第二卷第七号,1937年3月。

③ 冉辛:《在百灵庙》(报告文学),《光明》,第二卷第三号,1937年1月。在该文章中,伪蒙军士兵拒绝向国军施放毒气弹之事系国军官长讲述,同时,六合:《国防前线战后行》(《绥远抗战集》,1937年6月,星华出版社)也反映了类似情况。

④ 该情节见魏东明:《四个降兵》,《光明》第二卷第三号,1937年1月。

⑤ 范长江:《沉静了的绥远》,《塞上行》,第202、203页。

士,歌颂抗战英雄,呼吁民众援绥,批判消极抗战,以此为国家出一份力。

战士号角嘹亮,诗人笔调激越,绥战序幕拉开,臧克家反应迅速,积极颂扬守边将士:

十月天,/脚踏着地/像履冰;/单薄的戎装上/刺烂了冷刀——/塞北十月的风!/抱着枪,/一个挨一个,/好男儿/给祖国打起了肉的长城!/死也不退一步,/——退一步损一寸国土!/猛打,/立住脚;/进一步,/——夺回一寸山河!/不怕死,/只有愤勇,/谁在乎炮火/给打个血胡同!/对头,来吧,/今天没有话说,/有我没有你,/有你没有我![①]

冷风如刀刺割无声,狐裘难暖戎装更薄,地冻天寒将士不曾丝毫退缩,甘筑血肉长城只为心中热望:一寸山河一寸血,誓以碧血染河山。诗人期待为民族出力,曾一度参加北伐,此时虽身在鲁西北但心随守边将士,绥战第三天诗人便高奏战歌声援勇士。身经戎马的作家,以与子同袍之情鼓舞将士驱除敌寇还我山河,誓言无声,塞上长城在炮火淬炼中屹立不倒。国难当头,不独边地将士,凡我同胞皆有御侮之责,年青一代更是义不容辞:

年青人,这炉边不是你们的天地,
不怕火苗把神经烤细?
年青的胳膀是擎天柱,
快用它去辟开一条远路。
祖国正需要你一臂力,
塞北烽火正炽!
风雪做炭,天地为炉。
让战争炼一条金刚身躯![②]

外敌逞凶,边庭风雪正紧,匣剑欲鸣,男儿当佩吴钩。少年强则中国强,作家希冀年青人脱离安乐窝炼就有用之身,铁血报国不负青春。诗人并非"纸上谈兵",抗战全面爆发后,作家脱下长衫换上戎装再赴沙场,亲身到民族战争的

---

① 臧克家:《肉的长城——为绥东抗战将士作》,《光明》第一卷第十二号,1936 年 11 月。

② 臧克家:《炉边》,该诗作于 1937 年 1 月 26 日,《光明》第二卷第八号,1937 年 3 月。

熔炉中发光发热。穿云的呐喊、动地的炮火沸腾了万千同胞的心,他们组成抗战的坚强后盾让塞上勇士免除后顾之忧,军民携手众志成城,铁血男儿不辱使命,收复河山的“那一天就快要到来”:

狂愤的北风吹散了祖国的忧郁,/锦绣的河山染满了战士的义血。/战吧!举国同胞都把希望交托给你们,/你们身系着民族的灭亡和生存!/现在民族的命运抓在我们手里,/看我们是忍辱屈服还是誓死抗争。/(战士们!牢牢记紧:)/只有用我们自己的头颅和热血,/才能争得住民族的生存和光荣。/后方,你们不用担心,/有全国的民众作后盾。/(大家节衣缩食,加工减薪,以一天所得贡献给你们:)/援绥运动正疯狂般地增涨,/不要怕抗X斗争没有力量。/家庭,你们也不用担心,/你们的老母,娇妻,子女,/国家都已给他们安排定,/只要祖国能复兴,他们不愁生存。/不歼灭仇寇永不甘休,/血染的河山将永为我所有!/那一天就快要到来,/“光明”就在我们前头![①]

因德王有日人支持,民众更愿将绥远之战视为抗日的标志,国人自“九一八”后的民族情绪再次释放,抗争之火随之爆燃。家国危难无路可退,作家高唱战歌激励将士英勇抗敌,他们的背后是全国民众,援绥活动正如火如荼。国人不惧一战,敌人的屠刀让他们明白,只有头颅和热血才能换回民族的生存与荣誉。坚持战斗,哪怕血染山河,抗战到底,“光明”终会出现。民众支持下,将士争先对敌,待到前方奏凯,举国欢腾无限:

伟大的/十一月二十四日。/收复失地的号声,/从这伟大的日子开始——/在炮火下,/在深夜里,/蒙古包深处/竖起我们的国旗。/绥远省的军队/开进百灵庙的街市。/我们收复了百灵庙,/父老们在/垂泪,/欢笑,/沦亡的蒙古少女,/狂呼祖国的骑士。/“万岁!百灵庙”/“万岁!晋绥军!”/“万岁!中华民族!”/百灵庙,/叛徒的窝巢;/百灵庙/爆发起“东征”的瓦斯;/这瓦斯/弥漫着/察哈尔的草原/多伦,滂江,嘉卜寺。/从火线冲出的英雄们/又要冲向火线里去。/听呵:百灵庙的街上/英雄们这样喊着:/“冲向东北!”/“冲向东北!”/在山海关外/还有我们的/沦亡的羊群,/沦亡的土地。[②]

---

① 宇昂:《那一天就快要到来——献给前线抗敌战士》,《光明》第二卷第四号,1937年1月。

② 刘映元:《我们收复了百灵庙》,《光明》第二卷第二号,1936年12月。

11月25日,傅作义晋绥军击溃敌伪,国军正式进驻百灵庙。当地父老“几时真有六军来”的辛酸一变而为“忽闻官军收蓟北”的狂喜,垂泪忆往日,欢呼庆今朝。鼙鼓动地,敌寇新败贼巢倾覆。乘胜追击,金瓯有缺,东三省尚陷敌手,卫国走马东击胡,山海关外才是一显身手的战场。军民因胜利而欢欣鼓舞,要求政府以此为契机全面抗战收复失地。诗人身处绥远,受爱国热情感染,作品基调昂扬精神奋发,以进军的呼声回应国人请战的愿望,真实反映了当日民族话语激荡澎湃的时代背景。战争残酷,难避牺牲,西北暂获安宁,不少将士却马革裹尸魂归塞外。1937年3月中旬,汪精卫赴绥“代表中央祭阵亡之军民”[①],薤露、蒿里随之飘扬。冼星海为《追悼绥远将士》歌谱曲,悲壮、苍凉的歌声久久回荡:“在平原,在山冈,你们的啸声震死敌人和汉奸。在后方,在前线,你们的啸声,在未死的人们心里呐喊。”[②]国殇行之未远,诗人召唤忠魂归来:

大青山下,/飞扬起蔽日的风沙,/普天下浸在哀思里——/是天容也觉得了愁惨!? /那唤不应的忠魂哟,/在百灵庙前的荒原里,/虽然春雪消溶了,/可是,我们依然认识你们的血迹。/弟兄们哟,你们为了祖国,/拼掉了宝贵的生命,/以英勇的溅血的斗争,/唤醒了全民族久酣的迷梦。/历史的巨笔,/已在你们的墓碑上/写着“永垂不朽!”/你们用血肉筑成的长城,/今天作了我们反攻敌人的堡垒! /过大青山去吧,/向天涯去唤回我们的忠魂!

一九三七年三月写于绥远追悼抗战将士之日[③]

青天无光,只为忠魂远逝,春雪消融,共碧血浇灌沃土。将军百战,壮士不归,生命无价,挽民族于沉沦,青山有幸,伴英雄不朽。鲜血、生命唤醒争自由的灵魂,前仆后继,全民族掀起抗争的波澜。家国破碎令人怒发冲冠,诗歌简洁且长于抒情,便于对突发事件做出快速反应,绥远抗战爆发,诗人或长啸或低吟,为抗击敌寇留下种种言说。

绥远话题的言说者不止诗人,小说《募捐》[④]《出路》[⑤]等同样涉及绥远抗

---

① 《中央日报》,1937年3月13日。

② 《追悼绥远将士》,冼星海曲,词作者李□(该字漫漶不清),《光明》第二卷第八号,1937年3月。

③ 余修:《悼国殇》,《光明》第二卷第九号,1937年4月。

④ 李辉英:《募捐》,《光明》第二卷第二号,1936年12月。

⑤ 宋之的:《出路》,《光明》第二卷第八号,1937年3月。

战。绥战期间，全国各基层踊跃捐款、捐物支援绥边将士，当时舆论多有报道。李辉英也描写了街头募捐的场景，但作家笔下，捐款的只限于无产阶级。作品中，学生动员某公馆捐款遭拒，与之对比鲜明的是，贫苦的工人纷纷响应，学生因之感慨，以工人为代表的贫民才是“国家民族的真正力量”。作家笔下，公馆形象不堪，此中女仆、管家、主人无一不愚昧、肮脏、荒唐。对此公馆，学生心生厌恶：“这些亡国奴，这些败类，这些人世上的寄生虫，有朝一日非把他们铲除了不可”。遭批判的不止“有钱人”，捐款工人指出，前线官长也尽是贪腐之辈，只有普通战士才是最可爱的人。最后，贫富“一决高下”，公馆拒绝捐款并声称“我们不知道什么叫‘救国’，什么叫‘民族’，我们是谁来替谁纳贡”；而争相掏钱的车夫、学徒却温暖人心，“使得那阵阵的冷风无法吹进他们这个人群里”。国难当头，为富不仁者有之，对其进行揭露、批判也无可厚非，问题在于，作家暗指“公馆”为某一阶级的代表，以点带面否定全体，未免偏颇。此作还将阶级属性与民族觉悟相挂钩，明写援绥募捐，实乃阶级批判。另外，作品人物塑造有脸谱化倾向，文中无产者皆热诚、爱国，而公馆上下俱猥琐、无知，两者壁垒分明，如此创作很难说不是对阶级学说的简单图解。另一作品《出路》，以援绥示威为背景，重点表现民族危亡之际，青年学生的个人选择。作家在篇末点明，年青人惟有“脚踏实地地去和大众的呼吸相合拍”，坚持斗争，才能找到民族、个人的真正出路。以上两篇所写募捐抑或示威，目的均在援绥，折射出当时高涨的民族话语，而其阶级批判与群众斗争的情节设计又体现出左翼作家的政治立场。绥战时期，一方面全国抗日情绪高扬，另一方面国民政府对中共再施高压，李辉英等宣扬抗日之际突出阶级对立且出语愤激，恐与上述背景不无关系。或许也正由于时代与政治的双重影响，使得左翼作家不得不兼顾民族话语与阶级话语，形成左翼文学独特的声音。戏剧方面，王礁的《骆驼之铃》[1]也以绥远抗战为背景。作品表现了战争给当地汉、蒙居民带来的灾难，走的依旧是群众路线。该作情节略嫌松散，倒是主人公随口一段《绥远调》，以地方歌谣的形式唱绥战咒日伪，语言形象、活泼，成为全篇精彩一笔：

大青山上的积雪总有一日消，
刮野鬼的哥哥呀，几时才醒？
从前你们只把百姓害，

---

① 王礁：《骆驼之铃》，《光明》第二卷第九号，1937 年 4 月。

而今勾结那鬼子呀把国卖。
十月里的河水哟冻成厚冰,
大青山上的哥哥们太狠心;
你替那洋鬼子动刀枪,
炸弹下的妹妹哟活遭殃。

歌谣易于传唱,音乐更感人心,歌曲在抗战时期拥有非同凡响的鼓动力,当时表现绥战的音乐作品还有施谊作词、周巍峙作曲的《上起刺刀来》[①]:

上起刺刀来,弟兄们,散——开!这是我们的国土,我们不挂免战牌!这地方是我们的,我们在这儿住了几百代!这地方是我们的,不能,我们不能让出来!我们不要人家一寸土,可是我们不能让人踏上我们的地界!我们愿受上边的命令,可是我们不能被人无缘无故来调开!"君命有所不受,将在外";守土抗战,谁说我们不应该!碰着我们,我们就只有跟你干!告诉你,中国军人不尽是奴才!上起刺刀来,弟兄们,散——开!这是我们的国土,我们不挂免战牌!

应该说,国民政府对绥远抗战是持积极态度的,不过,歌词仍延续了"九一八"东北军奉命不抵抗的说法,施谊之用心或在以此激励前线官兵负起守土之责,但这其中对国民政府的批评也是不言而喻。除以上文学文本、音乐作品,涉及绥战题材的文艺之作还包括温涛的木刻《绥东之夜》[②]等。

前述所举诸作很少正面描写绥战场景,毕竟,如范长江等深入前线细致走访且文笔流畅的文化人士尚属少数,而缺乏战地体验的作家又很难对战争场面做出真实、细致的刻画,且战争爆发,作家急于表现抗战热情,笔下难免有粗糙之处,作品质量有待提高也情有可原。尽管如此,以上诸作仍不失为了解绥远抗战的有益补充。

---

① 《光明》第二卷第一号,1936 年 12 月。《抗日歌魂——1931—1945 救亡图存流行歌曲》介绍此作乃"1936 年绥远抗战时写于上海"(武汉:湖北人民出版社,2005 年,第 28 页)。另外,有关绥远的救亡歌曲,吕骥于 1936 年底总结当年音乐创作时叹其数量太少(《伟大而贫弱的歌声——1936 年的音乐运动的结算》,《光明》,第二卷第二号,1936 年 12 月),而 1937 年年初,国内关注点转移至西安事变,绥远抗战冷却,由此,包括歌曲在内的反映绥战之作恐均不会有明显增加。

② 温涛:《绥东之夜》,《光明》第二卷第六号,1937 年 2 月。该作表现了绥战期间的一次夜袭。

伴随绥远抗战的爆发,国内民族话语再一次声震屋瓦。在后方,专业作家、文艺青年纷纷献艺,在前线,驰骋疆场的勇士壮志得酬,战斗间隙不免抒发豪情。往昔一曲“大风”慷慨昂扬,今日北风怒号伴我军歌嘹亮:“拿起你的枪,快快赴前方,和这饿虎狼,拼命的战一场,我们受亏已不少,今天和他算总账,告诉你的母亲,莫悲伤,告诉你的爱人,莫惊慌,等到我们打胜了,洋洋得意回故乡。冲过去,炮弹儿,飞过来,莫回避,我们肝脑涂地也愿意,只要报国仇出了这口气。冲过去,莫回顾,莫迟疑,莫休息,把性命交付总理呀,拼命战一场,才有最后胜利。”沙场鏖战,将士意气风发;一曲衷肠,军人先国后家;风起云扬,猛士得胜回故乡。与通俗、粗犷的军歌相比,骑兵师师长彭毓斌的《调寄渔家傲》颇见儒将风采:“卧虎山头抬望眼,玄黄天地玉龙战,戍里边声凄悲怨,何荏苒,韶光又把流年换,烽火连天斥绥远,漫漫长夜何时旦,与子偕行金石愿,纾国难,军中未必无韩范。”[①]刁斗声声将军无眠,光阴流转塞上又一年,提携玉龙战贼寇,当世英豪从容纾国难。戍边将士胸怀家国,冒矢拼杀九死不悔,国之干城同仇敌忾,歌诗谈笑情真意切。

绥远一战振奋人心,文艺界人士致力于创作外,由他们组成的文艺团体也在积极行动。在上海,绥战爆发不久,主要由左翼作家参与的《光明》[②]反应迅速,不仅积极征求“关于绥远等地的文艺通信”[③],并联合其他文化杂志倡议援绥募捐,“在各志编辑费稿费中扣除十分之二,充抗敌经费及以各杂志名义去电激勉”,“并热切地希望读者们也能当仁不让,慷慨捐助”[④]。在南京,中国文艺社特别举办援绥艺展,《中央日报》辟“援绥艺展特刊”助其宣传。特刊编辑谢寿康介绍了此次活动的缘起:“慨自匪伪跳梁,扰犯绥边,警讯传来,全民共愤。幸赖我守土将士,敌忾同仇,大张天讨,为国家保护领土而奋斗,为民族争生存而牺牲;忠贯日月,义薄云天。朔风凛冽,兵将挥戈;北地冰霜,战员喋血。雄狮北指,奏凯旋于塞上。丑虏奔遁,弃断尸于漠表。凶锋屡挫,国威不振。现正长驱进剿,扫穴犁庭,追奔逐北,还我河山。风声所指,举国激昂。同人等

① 六合:《国防前线战后行》,《绥远抗战集》。另据范长江所记,广西劳军代表团于1937年元旦入绥远,为表示谢意,彭毓斌师长再书一诗:君等来南国,雪飞草色黄,何以答雅意,三箭定辽阳。见范长江:《沉静了的绥远》,《塞上行》,第208页。

② 《光明》半月刊,洪深、沈起予主编。创刊于1936年6月,到1937年8月止,共出三卷二十九期。1937年9月至10月,另出《战时号外》七期。一卷第七期附录《东北作家近作集》一册,附于《战时号外》之后。

③ 社语:《光明》第二卷第一号,1936年12月。

④ 《光明》第一卷第十二号,1936年11月。

爱组织美展,抽签售卖,集资援绥,以尽匹夫之责。承党国先进,艺坛名宿,不吝作品,慷慨捐赠,计得书画,都三百幅,陈展一堂,蔚为大观。特编兹刊,以资介绍,并志谢忱。惟冀首都人士,踊跃购买,藉励盛举,幸莫大焉。"[①]王平陵领衔的中国文艺社与当局关系融洽,《中央日报》系政府喉舌,二者大张旗鼓援绥也反映出国民政府对绥战的积极态度。南方文艺组织活跃,北方文艺团体也未落人后。1936年11月22日,北平作家协会成立大会召开,孙席珍、曹靖华、李何林等人出席,与会人士决心"要把全力致力援绥"。作家们不仅现场响应援绥募捐,同时还就"如何援助绥远抗敌将士""议决三项":"1.参加北平各界绥远抗敌后援会。2.通电全国,急起援绥,并主张发动全国抗敌战争。3.印发告前方将士书及抗敌小册子等"[②]。西北、华北唇亡齿寒,紧急关头北平文艺界鼎力相助,绥远文艺界更是责无旁贷。绥远文坛集合各方力量,成立"文艺界救国大会"。其中,一度撤销的心波社"现在因绥东紧张"再起炉灶,"出版《绥远青年》"并有"话剧股和宣传股,参加抗敌工作"。在当地主持《西北日报》副刊《塞风》的文坛宿将杨令德,还"把《西北日报》的第四版,完全让给文艺青年,刊登救亡性质的刊物,计有《边防文艺》、《边防文垒》、《曼流》等"[③]。此时,无论是由"省党部宣传科组织成立"的心波社,还是走"诗歌国防文学化、大众化"路线的塞原社,皆把宣传抗战放在首位,民族危机之前,不同倾向的文艺社团都发出了救亡的呼声。

1930年代,中日矛盾不断加深,中华民族滑向死亡边缘。东三省沦陷后,西北渐成鱼肉,自此,不断有作家将目光投向西北,希冀覆辙不再重蹈。绥远抗战前的一次次实地考察,加深了国人对边陲的了解,跟随作家脚步,塞上风云变幻如在眼前。绥战打响,舆论界第一时间做出反应,战地记者深入前线报道战役经过,传递战讯、民情,将官兵与民众拧成一股绳。在此期间,各方作家奔走呼号,激励将士抗战,引导民众援绥,从不同角度反映绥战。北顾绥地狼烟,文艺社团无分南北各尽所能,抗战救亡的声音格外分明。绥远抗战起之突然终之意外,突然发作的西安事变吸引了国人更多的注意,绥地烽火悄然冷

---

① 谢寿康:《援绥美展特刊弁言》,《中央日报》,1937年3月6日。据报载,鬻书画以援绥者,还有雪社六君子,且在中国文艺社之前,见任侠:《关于援绥艺展》,《中央日报》,1937年3月13日。

② 余修等:《北平作家协会成立大会速写》,《光明》第二卷第四号,1937年1月。

③ 刘映元:《绥远的文艺界》,《光明》第二卷第二号,1936年12月。关于绥远抗战时期当地文坛状况,钱占元《绥远文化界的抗日救亡活动》(《塞外春秋》,2004年9期)有较详细的介绍。钱文还提到1937年1月陈波儿等绥远一行及《张家店》等慰问演出剧目,对此,翼雏在《察绥道上》(《绥远抗战集》,1937年6月,星华出版社)也有记述。

却。就日后反响看，绥远抗战知名度远不及“九一八”、“一·二八”等历史事件，但绥远同样浸染了捍卫国土的热血，它见证了政府与民众抗击日伪的决心，亦不失为中国抗战史上的精彩一笔。

作者简介：

赵伟，江苏社会科学院文学研究所助理研究员，博士，研究方向为中国现代文学。

方龄贵的旅行散文和抗战小说

宣淑君

[摘　要]蒙元史权威专家方龄贵曾经是西南联大南荒文艺社的创作骨干,他在南荒社创作了多篇散文和小说,作品生动感人,艺术性强,散文主要记述从湖南到四川的旅行经历,有的篇章写得相当出色,如《蜀小景》《野老》《平原》等,有的艺术手法新颖,如《一支插曲——大时代的小泡沫》,小说则多为力作,《纪翻译》《九月的风》《孩子们的悲哀》等思想内容和艺术特色均佳,是抗战文学早期作品中不可多得的佳作。遗憾的是方龄贵后来改行研究历史去了,因此,其文名堙没在历史的尘埃之中。今天将其发掘出来,供大家做进一步研究,或许能为文学史增添别样的光辉。

[关键词]方龄贵;散文;小说

方龄贵治史,以蒙元史名世,是著名的历史学家,被誉为"中国蒙古史和元史研究的泰斗"①,生前是云南师范大学教授。但他早年热爱文学创作,师从沈从文先生学习写作,是西南联大的著名作家,闻名于抗战时期的大后方。他曾决意以写作为生,但后来的机遇使他改变了初衷,走上了史学研究的道路,但他抛不下文学情怀,仍然抽时间创作散文和小说,且显扬于西南联大和大后方,四十年代后期渐渐退出文学界,解放后文名湮没,到了八十年代,他又重新开始写作,创作并发表了一些散文。但八十年代的文学风貌与四十年代大不相同,因此文名不彰。

方龄贵 1918 年 5 月出生于吉林省扶余县,1926 年入学,九一八事变后失学,曾读私塾,1934 年在扶余县上初中,1935 年入关,后在北平东北中山中学

---

① 西南联大校友会:《悼念方龄贵校友》,《云南西南联大校友会校友通讯》内刊第 45 期,2012 年 11 月。

读高中。全面抗战开始前，他已在《大公报》上发表过文学作品。全面抗战后，时年19岁的他随学校迁到湖南。

西南联大湘黔滇旅行团出发时，方龄贵在湖南永丰镇（现为双峰县）读高中。1938年7月，他高中毕业并参加了高考后，去长沙等候发榜。长沙危急，他和另外五个同学相约去重庆，于是开始了由湘步行入川（当时重庆属四川省）的旅程，过湘西时，他曾到西水边去寻找翠翠的活动遗迹，之后，历尽多种险情，费时46天，到达重庆朝天门码头。不意喜讯在那儿迎候着呢——码头墙壁上张贴着的西南联大新生录取榜上自己的名字赫然在目！他立即奔赴昆明，走进西南联大教务处，已是新生报到的最后期限。

当时萧乾在昆明，其夫人与方龄贵同在一个班里读书，更兼东北老乡这层关系，方龄贵和萧乾很快认识，并成为他家的座上客。在一次饭桌上，萧乾把方龄贵介绍给了沈从文，并讲述了方龄贵在西水边寻找翠翠故迹的事，引得沈从文哈哈大笑。从此，方龄贵成为沈从文的门生。那时沈从文还没有进西南联大做老师。

热爱文学创作的方龄贵入学后，湘川路途中所遇的奇事险情总在心头萦绕。在沈从文老师的鼓励下，他写成一篇篇文章，先后投到昆明、重庆、香港和桂林等地的报纸杂志上发表。由于是亲身经历，方龄贵选择散文文体，以“我”的口吻，记述所见所闻所历，构成了一组从湖南步行入川到重庆的纪实散文。由于步行路线与西南联大湘黔滇旅行团不同，所遇到的人、事、景不相同，文章的写作风格也不同。这组散文与林蒲的《湘黔滇旅行记》异曲同工，堪称西南联大迁徙散文的双璧。

在方龄贵的这组散文中，较出色的篇章有《旅伴》《野店》《酒仙》《家长》《同乡》《马槽口》《荒村》《投宿》《蜀小景》《野老》等十篇。

前五篇写湘西旅行的经历。几个旅行者都是高中生，缺乏旅行经验，致使旅行从受骗开始，而后吃住困难，忍冻挨饿，但一路上都遇到好心人，主动帮助解决问题，终于得以平安地走出了湖南。《旅伴》记述大家初出长沙，行李即被一个烂眼边的人骗走的遭遇。没了行李，旅行倒是轻松，但吃住成了大问题。无家无业，无亲无故，无论如何，还得前行。《野店》接着叙写在三角坪夜晚食宿的经历。三角坪除了小小的车站外，只有一所破草房做旅店。可旅店爆满，老板去二十里外的老家了。天黑了，无法走山路去远处找住处，大家不知如何是好。一个住店的汽车司机见状，做主为他们安排了住处，还指导他们去二里外的人家买来米和菜，解决了食宿问题。《酒仙》写一个店老板的国家观念和淳朴精神。在湘西,由于怕途中遇匪,大家在店中等候汽车。起初得不到店家信任,三天后,情况大改,老板娘主动聊天,老板劝大家喝酒,酒酣兴高,讲出了他的人生经历。文章写道:"镇上贴出壁报来了,说南京、徐州、上海、北平已同时收复……老板乐得闭不上口,眼睛笑得更歪斜了:'先生!南京北平都收转来,我不吃饭都可以饱了!'""酒仙"身居"边城"山中,胸怀却很博大,由于信息来源渠道单一,他相信了虚假的信息,但这是关于胜利的好信息,即使受骗,他也是高兴的。《家长》描述一个追赶妻儿的人,把一位丈夫和父亲的心理表现刻画得细致入微,文章对人性的刻画可谓深刻。《同乡》写一个异地"老乡",最为有趣。湘西某小城,地小人多,天色渐黑,找不到旅店。这时,一个小公务员模样的人前来打招呼。他说自己是从长沙来的,要到四川永绥去,在此等伴。他听口音认定大家是"安徽老乡",主动领"我们"去找旅店。安顿好后他走了,过一会儿,他带同乡会的一位负责人来看大家。明明口音不同,却不由分说把几个东北人氏划入安徽籍。大家因此得到了许多关照。为了不让这位好心的"老乡"失望,大家于是将错就错,索性冒充说"我们是安徽滁县人"。文章结尾写道:明早"上了路,再与同伴来讨论我们做滁县人还是东北人的问题尚不嫌迟。"

后五篇写四川的旅行经历。如果说湘西的经历复杂、艰难、有趣,四川的旅程则充满了险峻、惊异、新奇。相邻的土地,形状不一,民情异趣。从长沙出发的第一遭是上当受骗,而一进入四川则首先遇上了土匪。《马槽口》记述的就是遇匪的经历。由龙潭去酉阳有两条路:古道和公路。古道少曲折,但可能会遇到土匪,有危险;公路车多人多,比较安全,但弯弯绕绕,比古道远三十里。为避土匪,大家选择了比古道长三十里的新路。店伙计说:"过了马槽口就渡过关口了。""马槽口"三字便印在大家脑海中了。"这就是马槽口,公路与小山道的交点。山高而秃,荒凉得几乎令人不能忍受。""先到的人在路边休息,到最后一人的脚步刚一踏上公路时,突然从后山小竹林中闪出四条影子。这四个人打扮完全如水浒中人物",他们用枪和大刀威逼着,搜查大家新置办的行李,然后又把大家逼到山弯处,要大家脱衣"检查"。这时,远处传来汽车声,土匪被吓,拿着大家的行李跑了。要不然,大家的衣服都将被剥光。《荒村》记述四川旅途中几次遇"匪"均化险为夷的经历,无论路途还是经历都是《马槽口》的继续。《投宿》写夜晚在大山中过夜的经历。山中无店无村,只有一户人家。天黑了,六人前去投宿,幸得主人收留,但住户家里没床没饭,大家只能围着火塘讲故事驱赶饥饿和劳苦,等待天明再上路。《蜀小景》记述一群在大山中背食盐搞运输的人，他们之中有老人也有小孩，背着沉重的盐巴，在陡峭险峻的山道上爬行，一步一滴汗，直至太阳西下还在山中，离歇脚地还遥远。这是多么艰难的生存方式，在那些瘦弱的男女背工的躯体中包裹着多么坚强的毅力！《野老》叙写山弯中的一位文化老人。旅伴在一户农家借宿，晚饭没吃完，来了一位老人，是邻居。“这老人鬓发皆白，身体魁梧如一棵老松，那么壮，那么结实。”交谈中得知，他今年 73 岁，一生“从没有登过对面的山峰看一看外面有怎样的世界”，“还没有踏过十里以外的土地，只在这小小的山湾里寂寞地活着。”但他知道外面的许多事情。他说“打走日本人才有太平日子”；他问“长沙丢了没有？”他知道北京是皇帝住的地方；“那里有皇宫，有金銮殿，有万寿山，还有大雪铺地像灰面”。他突然问：“你看见过梅兰芳吗？天下美男子！”“我”感到惊奇。店主人解释说：“这老人年轻时候走红过，川戏是拿手，扮老生，登台出大风头，逗引全城好女子为他发痴发疯”。在大家的央求下，他唱了一段“崇祯煤山上吊”。外地人虽然听不懂内容，但那腔调板眼透露出行里人的本色。一个足不出山湾的文化野老活现于读者眼前——四川多奇人！

以上 10 篇作品皆写湘川旅途的奇遇，互不重复，各显特色。这些作品贯穿着“奇、险、趣”三字，以奇人、险情、趣闻为取材依据，给人以新鲜和刺激。在内容上，作者不像林蒲那样注意社会面的拓展和民风民俗的揭示，而显出单纯的品质。以艺术而论，这些作品每一篇都是精致的散文，都有一定的艺术价值。由于注重抒情写意，或可称为散文诗。作品无论写景、叙事、记人都真实生动，形象逼真，富有吸引力。这些作品往往短小精悍，结构紧凑，达意精确。作者在语言表达上有着特别的功力，首先是能把普通内容生动形象地表现出来，其次是刚健有力，不拖沓，不沉滞。这里以《蜀小景》为例看看作者的艺术尤其是语言方面的特点。该文内容包括叠嶂起伏的大山、山中背盐的人、孤独的人家、老太婆、迎亲行列、打尖、奔店、日暮途远的惆怅等，均放在山与人的变换描写中表现出来，因山大而人稀，因人稀而山幽，人行山中，“拉”活了一座青山。作者是写山中行人的行家里手。请看写背盐人的一段：“他们默默无声沉重地走着，在陡的山道中上上下下，（这里有孩子也有老人）到累了的时候，最前头的一个‘咻——’一声停下来，把那拐杖放入石头上的小洞里，上端支撑着背上的背篓，这就叫‘休息’，小石洞的用处也可以知道了。这‘咻——’的声音挨个传下去，挨个停下来，像军队里传达一个命令那样。那‘咻——’的一声该是怎样一种生活的唏嘘啊。”语言的准确简练可见一斑。

《一支插曲——大时代的小泡沫》亦发表在重庆《大公报》上，发表时末尾有“南荒文艺社”五个字,是方龄贵交给南荒文艺社的“社费”。① 文章写一个大学生凌晨醒来躺在床上的思绪。昆明虽然四季如春,冬天还是寒冷的。“我”初到春城,不了解春城的气候,以为昆明冬天的气温与春秋差不多,用不着被子。“我”的家在东北敌占区,寄不来钱,生活十分紧张。为了吃饭,在秋天把被胎卖了。冬天,到了半夜,“我”被冻醒了,不由得想起两个月前被卖掉的棉絮;一阵饥饿袭来,又想到明天没了饭费。在冷和饿双重煎逼下,“我”毫无睡意,思维变得特别活跃,想到北方,想到母亲,想到贫困而自杀的大学生;又想到自己的使命和责任,应该活下去,且不能到邮局去当一个小职员,还应替前线牺牲的人担负起双倍的担子;最后仍回到明天的饭费上——贷金发不下来,稿费收不到,几个朋友处都已借过钱了;突然又想到明天的七堂课和一个小考。“我”又冷又饿又焦急,睁开眼,屋里已有些苍白,隔街某大学的晨号响了。但是,仍没有想出筹饭费的办法,可用来典卖的衣服已经典卖光了,唯有几本书值点钱,可出让告贴贴出去十几天了,还无购者问讯……。文章用意识流方式写成。“我”凌晨躺在床上,任凭思维“流动”,文字由细致到粗疏、由具体到简略、由缓慢到快速、由精密到跳跃,段落也由长到短,无论“我”的思维如何放得远,涉及事情如何多,又都维系在“冷”和“饿”两个字上:冷醒了,饿跟着来,不能不破解难题——饭费。由于思维活动有集中点,加之用了意识流的创作方法,文章所写虽然琐碎,但不混乱,这是此文的成功之处。文章写的是作者的真实生活,环境、人物、事件都很真实,易于为读者接受。大后方这类以学生的穷困生活为题材的作品很多,此文是其中的佼佼者。

像《一支插曲》一样记述作者在云南的生活和感想的作品还有一些,它们大多是一些短小的篇章,富有散文诗的情调。《高原散记》《夜景》《雨天的记忆》等属于这一类文章。

除了记述来滇旅途和昆明生活两类作品外,方龄贵写得最多的是对家乡的怀念和抗战的愿望。方龄贵是吉林人,故乡不幸,早已落入日寇手中。他十多岁开始就逃难他方,对于他来说,怀念故乡与驱逐日寇几乎是同一件事。最能说明他的这种思想甚至是“情结”的是 1939 年 9 月 18 日这天,他发表了三篇文章:《九月的风》《八年》《祭》。前两篇同时刊登在香港《大公报·文艺》上。一个版面刊登同一作者的两篇作品,这在名家尚属不多,何况是一个年轻的学

① 西南联大南荒文艺社要求每个社员发表一篇文章,文章末尾标明“南荒文艺社”字样,稿费由编辑部寄到社里作为社员的“社费”。

生作者呢？而同一天发表三篇同一主题的作品，恐怕在中国现代文学史上也不多见。这一方面说明了作者旺盛的创作能力和高超的艺术表现力，另一方面说明了作者对于“九一八”的深刻记忆。

方龄贵怀念故乡与反映抗战的作品有散文和小说两类。散文有《弟弟》《平原》《长城》《悼》《祭——纪念“九一八”八周年》《沙》等篇。其中《弟弟》和《平原》可为代表。

《弟弟》发表在香港《大公报》上，文章通过弟弟形象的描写及弟弟的来信写出了作者对亲人的无限思念并表达出抗战的思想，结尾想象日本侵略军制造的另一种悲剧：兄弟搏击于战场。此文虽短，可结构恰当精巧，语言流畅，含义深刻，被列为《大公报·文艺》当版第一篇文章发表。发表在《今日评论》上的《平原》，风格与《弟弟》迥异，显示出一种恢弘博大之气。在辽阔的东北平原上，世代繁衍生息着中国同胞。他们的祖先从华北跑来关东创立基业，后代在这片土地上恋爱、生育、耕种、收获。作品选取秋天收获的美好季节，丰收、恋爱，人们投以这片土地深情的爱。可是，“一个秋天，这秋天完全如以前的秋天，只是平原上平添无数灾难了，老年人南望王师，小伙子们却拿起以前打兔子打火鸡的火枪，在冰雪里和另一种兽类战斗。望望这平原大野，他们想起了祖先创业的艰难，他们想起了‘跑关东’。”结尾言犹未尽，寓意深刻。作者善于提炼出精巧的句子表达普通的意思，有类外国诗的“机智”。作品文学性强，富有吸引力。编辑有言：“《蜀小景》与《平原》的题材均是他专长的。”[①]而《今日评论》的这位“编辑”就是沈从文，这话代表了作家沈从文对于方龄贵的评价。

方龄贵的小说主要有《无题》《纪翻译》《九月的风》《八年》《孩子们的悲哀》等篇。

《无题》发表于《中央日报》，后改名为《梦生女》，描写北方妇女的命运。主人公小珠还没出生，父亲就死了，出生后母亲改嫁，奶奶把她养大。奶奶临死时告诉她：你妈“还活着”。两个月后，她被接去当童养媳，受尽折磨。她屡屡托人带信给母亲，均无消息。一天，一个四十岁左右的憔悴女人来找她，向她讲述了他母亲的悲惨命运。她认定来人就是她母亲，提出是否愿意养她时，那人坚决地走了。两代，不，三代妇女的苦难命运包容在一个短篇之中，可谓一字千金。人物性格尤其是小珠的性格明朗感人。

《纪翻译》发表于《中央日报》，写一个汉奸的悲哀，是一篇十分难得的小

① 《本期撰者》，《今日评论》第2卷第9期，1939年8月20日。

说。纪天民是日本皇军中尉翻译官。他效劳“皇军”,帮助参事官小野田剿过“马贼”,检举过“思想犯”,致使许多“反满抗日”分子的生命化为灰尘,“三年里,他忠实得像一条狗对它主人那样服侍着小野田”。他爱上一个女人,可是自已的女朋友被小野田看中了,遭到小野田戏弄。小野田还警告他:“亡国奴有恋爱么?小心你自己!”听到这话,他感到悲从中来,不由得想起了远方的父母,想起了三年前的自由生活。可如今……他想起自己说“全村人都不是好东西”,致使全村壮丁被枪杀,还被割下头悬挂于城门;想起自己说校长、教员、学生“都是反抗帝国的坏蛋”,致使三百多名师生遭到杀害。夜深了,他感觉“好像有无数幽灵向他索取性命”,他感到“可怕”。作品仍然采取意识流的方法,让纪天民在暮秋的夜晚,听着小野田的鼾声,点燃一支烟,坐着想心事,想着想着,悲哀侵袭心头,恐怖笼罩全身,汉奸没有国家、民族、道德和良心,有的是他自己,“壁钟响了十二下”,对于血债太多的人,每一下都撞在自己的胆壁上,心惊肉跳——夜是“可怕”的。这篇小说对于汉奸的思想、行为、心理乃至灵魂的揭露是深刻的,意识流方法在集中、深入地揭示人物心理方面发挥了很好的作用,使得作品篇幅虽短,思想却深刻而突出。总之,这篇作品的主题、内容和艺术表现,在 1939 年的文坛上,是不可多得的。需要指出的是,方龄贵使用的意识流不同于西方主要描写潜意识的活动,而更多的是显意识的活动,人物因环境引起了思考,渐渐地进入了一种“自我”的思维状态,这时,潜意识出现,分不清显意识还是潜意识了,最后又回到显意识上来。小说《纪翻译》是这样,散文《一支插曲》也是这样。西南联大后来的文学作品如汪曾祺所使用的意识流也是西方意识流手法的变异。

《九月的风》直接描写九一八事变中沈阳军队的情形,是一篇力作。1931 年 9 月 18 日,日本军队攻打北大营,东北军旅长王以哲带领部队撤出沈阳(其他部队早已随“少帅”去了关内)。沈阳变成了屠场,变成了血海。东三省随之沦陷,东北成了日本关东军的乐园。小说以散文笔调写成,大气磅礴,结构完整。全文分四节,外加序曲和尾声。“序曲”展现出丰饶的原野,农民的收成,一派美丽可爱的秋景;第一节写古城沈阳的政治形势,关东军搞军事演习,王旅长担忧,平静中隐伏着杀机;第二节九一八事变发生,关东军要求王以哲军在 4 小时以内撤出沈阳,王集合全旅,跪求撤退,天色破晓,北大营全旅人向东山嘴退去;第三节写日本人进城后的暴行;第四节记述市民的生活和退役军人自发的零星战斗;尾声悲情笼罩,九月没有丰收的喜悦,九月的风将哀怨扩散,九月的哀风一吹八年。感情浓烈是这篇小说的最大特色。作品像一首抒情诗,不仅"序曲"和"尾声"感情浓厚,中间各节都充满感情,如王旅长集合全体官兵,官兵要求打开仓库拿出武器,死守沈阳的气势可以掀动天盖,王以哲跪求全旅,悲情激荡山河,因此,气势雄伟亦是这篇小说的特色。小说未刻画主人公形象,而群体形象鲜明,这是散文体小说的特点。这篇小说不仅在方龄贵的作品中是特出的,就是在抗战前期的作品中亦是特出的。

《孩子们的悲哀》亦是一篇力作。小说亦发表在香港《大公报·文艺》上,写的是"博物"老师柳先生被学校辞退,"我"和班长挽留柳先生的事,表达出抗日爱国的情绪。情节是这样的:"我"看到柳先生"因故去职"的通告,大为震惊,班长小郑正好路过,他俩一块儿分析这事后,决定发动全班同学挽留柳先生,班长和"我"被推为代表向学校表达意愿。于是,"我俩"去找教务长,教务长让去找校长。"我俩"到了校长室,几经询问,校长才说柳先生不听警告老在课堂上讲时事,总与同学接触,所以被辞退。"我俩"代表全班同学提出挽留柳先生,遭到校长拒绝。"我俩"满腔愤恨地离开校长室,直接去找柳先生,进行挽留。进了柳先生家,才知道他家很贫困。师母说他上山打柴去了。"我俩"决定去路上接柳先生。见面后,"我俩"把校长的态度告诉他,柳先生却宽厚地说"不能怨校长"。"我俩"代表全班挽留柳先生,他说已经不可能了。问他以后的打算,他说准备去当义勇军。"我俩"立即表示愿随老师去,老师想了想说:"我看你们最好到关内去。"这一天,"我"很晚才回到家。我病了。我睡不着,夜里"我"告诉爸爸:"我想到关里去!"这篇小说也许写的是作者自己的事,所以真实,自然。小说篇幅不长,但人物较多,却能够把各个人物的性格都勾画得轮廓分明:柳先生秉持公心、立场坚定、刚强不屈,决心和日寇战斗到底。"我"和小郑倔强、爱国、充满热血,但年少无能。校长胆小怕事,委曲求全。小说以"孩子"的眼睛和心灵反映伪满洲的形势与人心,这在西南联大作品中是开创性的。不过,"孩子"与校长的对话显得过于成熟了些。《孩子们的悲哀》1940 年 8 月 24 日发表,是南荒文艺社的最后一篇作品。这之后再没见到南荒文艺社社员的作品,南荒文艺社大约停止了活动。如果把南荒社的活动比作一篇文章,《孩子们的悲哀》可谓"豹尾"。

方龄贵以上几篇小说的结构和创作方法各不相同,说明他这时正在进行各种探索。但这几篇小说也体现出了一些共同的特点,即内容都反映抗日战争,地点都在东北,文笔刚健有力,语言直爽流利,风格沉郁壮阔。

通过以上分析,可以得出这样的结论:方龄贵是南荒文艺社的重要作家之一,同时是西南联大前期的重要学生作家之一。他在 1939 和 1940 年间发表的作品,散文主要记录抗战初期湘川一线的民风民情和风光景物,小说集中描写日本侵略下东北人民的生活与反抗精神,是同期中国现代文学作品中内容独特,艺术上乘的作品。由于后来未再继续从事文学创作的原因,作者逐渐淡出了读者的视野,这些作品也埋没在历史的尘埃中了。今天发掘出来,供大家做进一步研究,或许能为文学史增添别样的光彩。由此我们还为作者感到深深的遗憾:从这些作品的发展势头可以看出,如果方龄贵当年继续从事文学创作,也许会成为中国现当代文学史上的重要作家,可惜,他改行了。

作者简介:

宣淑君,西南民族大学图书馆副研究馆员,研究方向为图书馆文献学及西南联大史。

简论滇缅抗战背景下的西南旅行记

董晓霞

[摘要]滇缅抗战的发生触发了南渡知识分子们的危机感，他们不再单纯地埋首书斋，在血火并交的年代，曾昭抡、姚荷生、马子华等知识分子转向以考察、旅行的方式来寻求文化的根源。他们足迹遍布西南边远的山区，自觉主动地为国家和民族承担起"文化抗战"的使命，希冀以发现少数民族的血性来注入不断孱弱的民族灵魂。他们在滇缅抗战背景下创作的西南旅行记所反映的独特的乡土理念，显示了这场战争所触发的知识分子的参与民族国家建构的意识。无论是审视评价，还是写作旅行记，都是另一种关注这场战争的方式。

[关键词]滇缅抗战；西南旅行记；曾昭抡；姚荷生；马子华

一、前言

面对滇缅抗战，作家自觉关注战争或是身不由己地卷入战争，远征军的抗战在他们笔下有不同的文学表述：萧乾、谭伯英、范长江、王锡光、刘楚湘、杜运燮、白平阶等关注战火中的滇缅公路；梅贻琦、吴宓、朱自清、费孝通、施蛰存、王力、沈从文、穆旦、冯至、巴金等面对轰炸带来的身体与灵魂的裂伤，他们用文字记录这段屈辱、艰难的岁月。"路"和"城"是滇缅抗战文学中具体的书写对象，也是滇缅抗战给文学带来的新的表现空间；中央军校毕业的黄仁宇，毕业于北师大历史系的孙克刚，战地记者谢永炎、乐恕人、张仁仲、戴广德等，亲历了滇缅抗战并以饱满激情加以书写，他们以纪实的方式记录了中国远征军入缅作战的一些战役，他们客观而又感性的书写把我们带回到那血与火的年代，悲痛于数万将士埋骨异国荒山；昆明后方知识分子感受到时代的急切召唤和报效国家民族的使命感。曾昭抡、姚荷生、马子华等远赴边疆旅行、考察，寻找着民族生命之源，这是另一种关注这场战争的方式，他们虽没有参军，但也以实际行动参与民族国家的建设，从中我们可以看出南渡知识分子独特的乡土理念。

乡土理念是作家关注乡土的动机和传达出的某种愿望,在20世纪二三十年代,作家多从启蒙、批判的角度出发,侧重于揭示农村的落后、农民的精神痛苦,乡土作家多是外在的,俯视型的启蒙;而在40年代关注乡土的作家那里,乡村成为浓缩了历史意识内涵的文化符号,承载着庄严的历史言说使命。身处昆明后方的知识分子承受着滇缅抗战的苦难,他们辗转流徙,贴近民情,深入到西南边远的乡村,思考着民族的命运和出路,以写作旅行记的方式到滇缅边境、少数民族村寨去寻找文化的深层和民族血性的力量,在艰难的抗战中寻求着对国家民族的信心。

南渡知识分子在滇缅抗战背景下创作的西南旅行记所反映的乡土理念,表明这场战争触发了知识分子的参与民族国家建构的意识。"民族国家则特指国家形态中的一种,作为一种特定的国家形式,它是文化与政治的结合,是在民族的基础上形成的国家共同体。它对外强调国家主权的独立,对内则强调民族共同体是国家赖以存在的基础,强调民族共同体对国家政治、文化的认同"。[①] 民族的新生和解放的含义不仅包括外在的驱逐日军的入侵,同时也包括内在的民族自省与反思。滇缅抗战加强了身处昆明的后方知识分子的民族责任感和时代使命感,两次远征牵动着他们的心,他们在后方以笔为旗,为远征军能扬威国外而激动,也反思第一次远征失败的原因,具有清醒的忧患意识和神圣的使命感。曾昭抡、姚荷生、马子华等走出书斋,足迹留在西南边远的山区,自觉主动地为国家和民族承担起"文化抗战"的使命。在战争的笼罩下,他们颠沛流离,经历了生与死的考验,丰富而独特的阅历让他们走向了人生的成熟与深邃。他们将作品与其所处的社会的、历史的广阔背景联系起来,对民族国家意识、生命意识等方面的关怀增多,并置于历史的深广延伸中进行着思考,有比较宏阔的视野。

二、西南旅行记的创作

抗战爆发后,西南地区地形复杂,交通不便,成为人们躲避战争的主要选择,西南地区也由边防要地变成了抗战大后方,大学院校与文化机构随之向西部迁移。闻一多在《八年的回忆与感想》中指出:"抗战对中国社会的影响,那

① 杨剑龙、陈海英:《民族国家视角与中国现代文学研究》,《中国现代文学研究丛刊》2011年第2期。

时还不甚显著，人们对蒋委员长的崇拜与信任，几乎是没有限度的"，"教授的生活在那时因为物价还没有显著的变化，并没有大变动……一般说来先生和同学那时注重学术的研究和学习，并不像现在(指 1946 年)整天谈政治，谈时事。"[①]知识分子不能亲赴战场，研究和学习就成为他们的爱国方式，此时身居昆明的一批学贯中西的作家和学者，关注云南边疆地区的少数民族的宗教信仰、民风民俗和地理环境，他们不辞辛劳地在雄奇险峻、人烟稀少的边远少数民族地区走访和开展实地调查，还经常要提防各种热带病的侵袭。在这样的背景下，有关西南旅行记的写作形成一个热潮，从辗转流亡、旅寓异乡到西南考察，他们以鲜明的时代印记留下一段历史的真实写照，以独特的文化观察视角表现出知识分子的乡土理念。

西南边区群峰连绵，民族复杂，具有神奇稀有的自然景观和丰富多彩的民情风俗，自然给来自中原内地的文人以极大的震撼。很多文人以猎奇的态度只关注雄奇壮美的山水风光和独特的民风民俗，对云南乡土的民情、少数民族的文化大多持一种漠视的姿态，所以西南边地往往被笼罩上一层神秘与荒诞的外衣，人们对其印象更多的不过是关于蛊毒、瘴气、荒蛮的种种传闻。随着抗战时期知识分子的南渡，云南特有的文化激起了他们的探究热情，滇缅公路的修筑使他们踏上了滇西边地甚至是异域，扩大了他们对乡土的理解。滇缅抗战的时代背景，让他们在民族危亡的关键时刻以学术的方式保存中国博大精深的文化，以旅行的方式考察各民族复杂的生活方式并以少数民族特有的血性来反思百年中国的屡遭重创的原因，所以随着抗战的进程，出现了大量西南旅行记，"依据《民国时期总书目》，并参考上海图书馆编《中国近代现代丛书目录》和《商务印书馆图书目录 1897—1949》、《中华书局图书总目 1912—1949》可知，民国时期出版游记图书近 600 种，涉及西南地区的近 70 种，其中抗战及抗战胜利后出版的近 50 种。又如，以《中国现代文学总书目》为例，在 1937—1948 年间，就有超过 25 部的西南旅行记问世。"[②]笔者在此只论述与滇缅抗战有关的书写云南的旅行记，主要讨论曾昭抡的《缅边日记》，姚荷生的《水摆夷风土记》和马子华的《滇南散记》。

---

① 闻一多:《八年的回忆与感想》，见王稼句:《昆明梦忆》，天津:百花文艺出版社，2002 年，第 356—362 页。

② 段美乔:《试论抗战时期西南旅行记的勃兴》，毛迅、李怡编:《现代中国文化与文学》(第 7 辑)，成都:巴蜀书社，2010 年，第 180 页。

(一)曾昭抡的《缅边日记》

西南旅行记的写作在抗战时期得以形成热潮,有其必然原因,作为抗战大后方,西南地区有着复杂的地形和丰富的资源,既是战争的避难所,也是复兴中国的一块宝地。而了解、稳定抗战大后方成为关系民族危亡的大事。此外,在战火纷飞的年月,作为个体的中国民众同样迫切地想了解祖国的大好河山,坚定抗战胜利的信心,学术研究者有着强烈的使命感。民族国家复兴的迫切现实催生了流行一时的"文化抗战"和"文化建国"的观点,促使学者们不断地思考着学者在战争期间应该去做什么以及做学术的目的是什么。①

于是许多人走上了边地考察之路,也写出了大量旅行记。1939 年 3 月 11 日至 25 日半个月中,西南联大化学系的曾昭抡,沿滇缅公路进行实地考察,从昆明到畹町,沿途了解这条战时唯一的国际交通线的情形,据此出版了游记《缅边日记》。该游记写了滇缅公路沿线的山川风貌、人民生活、民俗、文化、经济状况。曾昭抡在《缅边日记》的"小序"里写道:"滇缅边境,向来被认为一块神秘区域。在这边区里,人口异常稀少,汉人的足迹甚少踏进。我们平常听见关于那地方的,不过是些瘴气、放蛊,和其他有趣的,但是不忠实的故事。至于可靠的报告,实在是太缺少。"正因为此,他要通过实地考察,以"亲身的经历"破除世人的误解。《缅边日记》旅踪明晰:作者从昆明出发,途经安宁、禄丰、楚雄、下庄街、下关、漾濞、永平、功果桥、保山、惠通桥、龙陵、芒市、遮放、护浪,最后到达滇缅公路境内路段的终点畹町。作者细致地描绘沿途地理风光,每到一处都详细介绍各地风俗习惯、风景名胜、宗教信仰等,也记录下普通民众生活的种种苦难,没有虚构,据实而录,如同作细致的民俗学、社会学考察。滇缅公路沿线山高水深,"险"与"美"的结合让人慨叹造物的神奇。作者面对原始森林、高山峡谷、洱河、澜沧江、怒江,时时感叹着自然的雄美。作者还介绍了滇缅公路上的容易被汽车惊吓到的驮马,芒市的米和塔包树,遮放的温泉,滇西的烟祸,菩提寺、缅寺,各地的土特产等等,这是作为旅行者的共同的兴趣点。但曾昭抡并不是猎奇,他笔下还有边地人民生活中的恐怖与血腥、奋斗与挣扎,这让作者沉思而反省。边地人民的苦难和艰辛有些来自无情的自然,更多则来自于人们思想的蒙昧、知识的贫乏以及所遭受到的民族歧视。曾昭抡关注"穷走夷方"的赤贫的人,夷区几乎没有手工业,汉人进去做工或经商,生

① 段美乔:《试论抗战时期西南旅行记的勃兴》,毛迅、李怡编:《现代中国文化与文学》(第 7 辑),第 182—183 页。

活容易解决,"只是因为迷信瘴气为害等事,普通人都不愿意去。唯有穷得没办法的人,方才冒险前去尝试。这样去的人,不但身上一文莫名,而且连被褥都不完全。"[①]

在《缅边日记》中,作者用大量篇幅介绍了滇缅边境的少数民族,如"山头"、"崩龙"、"摆夷"等。在有关土司制度、土司衙门,民族服饰,摆夷的家庭和"求恋"风俗的介绍中,作者从中发现了一种强健、自然、自由、乐观的价值观。曾昭抡欣赏少数民族原始的力,他这样描述"山头"男子的装饰:"'山头'人的所谓'野性',可以从他们男子的装束,充分地表现出来。'山头'男女,都把嘴唇染红,……成年的'山头'男子,头上扎着红布包头,背上背着一把刀或者一支枪,武装似乎成了他们服装的一部分。未成年的男孩,不扎头巾,可是仍然是每人背上背一把刀;这刀比起他的身体来,显得很长大。他们那种勇武的气概,看来倒是可佩。"[②]曾昭抡行走在五荒八蛮的边远地区,感受着大自然的荒蛮清寂,兴奋于带乡野气息的原始状态的民族文化以及蒙昧的人生和原始强力,其作品因此荡漾着原始疏野的边地情调。

(二)姚荷生的《水摆夷风土记》

在西南边地的考察和研究活动同样困难重重。姚荷生在《水摆夷风土记》的序中说道:"登山涉水,栉风沐雨,艰辛备尝。中间过匪区,经虎窟,历瘴乡,渡弱水,出生入死者屡矣。留边地两月,淫雨将至,瘴烟欲起,同行诸君,纷纷言旋。余好奇心切,欲明蛮夷之俗,识瘴病之恶,遂不顾朋辈劝诫,毅然独留。"独留边地的姚荷生历经危难,"雨季之中,果屡为恶疟所侵,幸治疗及时,始获苟全"。他在车里独留年余,"常往来各地,投宿夷家,衣其服,甘其食,听传说于乡老,问民俗于土酋"[③],最终完成了《水摆夷风土记》一书,成为后世了解20世纪40年代西双版纳傣族地区的自然环境、生存状态、民俗风情以及民间文学的必读之作。

《水摆夷风土记》分两部。第一部是"征程记",叙述作者从昆明到车里(景洪)的艰险的旅程,他在"凶山和恶水"之间开始马背上的生活,要涉过湍流,穿过毒雾恶瘴,还要经过土匪和猛兽的区域。其中穿插了很多奇闻趣事、传说掌故,引人入胜。第二部分是"十二版纳见闻录"。作者通过深入、广泛、全面的调查,介绍了这个"爱花爱笑的民族"的服饰、婚恋、饮食、宗教、节庆日等风土

---

① 曾昭抡:《缅边日记》,郑州:河南人民出版社,2008年,第80页。

② 曾昭抡:《缅边日记》,第108页。

③ 姚荷生:《水摆夷风土记》,昆明:云南人民出版社,2003年,第1—2页。

民情。姚荷生的兴味多在远离时代漩涡的云南西双版纳边远山区带有中古遗风的世态人情,其旅行记政治感淡漠而艺术味浓郁,在一种神秘美、情感美、色调美的交融中,展示了原始生命的活力和古老村寨的精魂。蓬勃的生机、宁静的环境也使作者因都市的喧嚣而困倦的心神得到安息。看到那些郁郁的森林,苍茫的青山,浩淼的大江,他被城市圈囚禁的胸襟变得开阔。他以特异的地方色彩为经,以作家个人的生命追求为纬,创造了一个古朴明净、清野蒙茸的艺术世界。

(三)马子华的《滇南散记》

"抗战结束前一年的冬天",时任云南省政府禁烟委员的马子华跋涉滇南,在各地往来视察禁烟情况,"体尝到那种'狄草蛮花'的风土和血腥的味道",写成了他的代表作《滇南散记》,作品一问世便受到极大关注。在《滇南散记》的"自序"里,他说,如果读者仅仅在文章中看到了"趣味"而给予褒扬,他只能为"写作的目的暗地叫屈"。在"自序"的末尾,马子华道出了写作目的:"在这本册子出世时,我还在悬念着那些在'蛮烟瘴雨'之区挣扎着、生活着的边民,他们在没有得到'人'助之前,还在要求着神助啊!"[①]在蛮荒之地,当士兵舞动着竹片,遍地是烟花的残瓣,伴随的是50多岁的老妇凄厉的叫喊,因为该地区的土地不适合种粮食,他们的生活仅靠这块小烟地。作者禁烟的心情是复杂的:"我心里在隐隐作痛,我无法即刻想出一个'应该怎么办'的答案。当我看见老妇人周身是土,额角上殷殷流血,披散了头发,直瞪着眼睛仇视着我和执行铲烟的人时,我只有把脸转过一边去。"[②]种植罂粟是边地人民无法选择的生活方式,但因关系到民族家国利益和边民的健康又不得不禁,然而在没有找到其他的生产方式时来禁烟,这无疑是沉重而无奈的(《一朵罂粟花》)。在《黄昏》中,马子华又叙说了因滇缅抗战而流亡至猛朗的缅甸华侨与当地傣族人的矛盾,这些华侨看着猛朗坝子广阔的田野被荒芜着,于是决定暂时居住下来,开垦种粮,却遭到傣族人的驱赶和迫害,这是难得的描述在滇缅抗战中缅甸华侨遭遇的珍贵资料。《葫芦王地的火焰》写1942年日军陆战队占领仰光之后,派了一支巡逻搜索的队伍,进占了距离公明山数十里的"新地方",因为国防军并没有把这么荒凉的地方当做国防据点,日军没有遭到一兵一卒的抵抗,他们在"新地方"建造了一座古堡式的营房。"把大炮一字儿排开,张着炮嘴面向着边地

① 马子华:《滇南散记》,昆明:云南人民出版社,1983年,第2页。

② 马子华:《滇南散记》,第101页。

的滇缅人民。”受到第二次入缅作战胜利曙光的召唤，阿佤山游击司令部组织起来与日军殊死搏斗：“那一些准备撤退的敌军凭借坚固的工事、堡垒作防御的抵抗，没有经过教育的土民，以血肉之躯为了国家拼命。因而，在交叉火网扫射之下，边民死伤枕藉。”[①]《黄昏》中的傣族人只知道自己的土地被侵占就要驱赶外来人，他们没有民族国家观念。而《葫芦王地的火焰》中佤族人民先前也是蒙昧的，不知晓日军的狼子野心，当国军进行了宣传教育后，他们就不惧生死上阵杀敌，这是一种几乎原始的本能，他们是未开化的民族，但难掩骨子里的血性与蛮力。

除了描述滇南人民的苦难和愚昧之外，马子华也崇尚他们的原始的力。《三道红》写了一群大胆泼辣的边地姑娘，为了一家人的生计，用自己的额头负重，负荷着一百多斤的货物，以赚取低廉的运费，但她们依然“在山野之间唱着夜莺般的曲子”，蒙昧坚韧地生存着。《路神的巨足》描述了知晓骡马性情与疾病、懂得出门人的所有禁忌的马锅头，在崎岖艰险的古道上赶着马帮，为了生计来回奔波。《剽牛》中的“我”解决了佤族哀丙寨和永果人之间的耕种纠纷后，参观了阿佤的剽牛仪式，“两边的领袖都走出来，每人手里执着一支标枪，锋利的枪尖在阳光下闪着白光，这两个人面对那头不能动弹的牛大约三四十步的光景，并排站住，举起了标枪同时向牛身上刺去，他们有这样的力量，直把整个标枪头刺进牛的心腔和咽喉里。”[②]这是一种强悍的民风，张扬着原始的力，作者坚执地发掘着原始乡村中生命的精华。

《缅边日记》《水摆夷风土记》是实地考察后的实录，《滇南散记》是实录兼创作，它们不是作者在书斋中冥思苦想、闭门造车，而是实地考察了边远少数民族地区人民的现实生活状况之后的成果，同时它们的作者又能反思现实，能够用这些丰富而独特的人生体验和生命感受来实现自己的“文化抗战”的学术追求。这些旅行记介绍了云南边地的经济文化现状，描述了各族人民的精神生活，勾勒出少数民族的生活场景，既有具体的日常生活细节，也有翔实的资料统计和分析。在知识分子“文化抗战”的责任心和使命感的推动下，这些作品不再是浮光掠影的描写和肤浅的猎奇，云南边区的少数民族的文化、风俗以及信仰第一次被大规模地介绍和呈现，引发了人们的思考。这些曾经居于书斋或满足于在学院授课的知识分子，在面对身处崇山峻岭过着原始生活的各

① 马子华：《滇南散记》，第175页。

② 马子华：《滇南散记》，第152页。

族人民时,从他们陌生和新奇的民族文化和独特风俗中,看到其中蕴含的强悍的原始力量和生命活力,寻找到民族活力的源泉。

三、独特的乡土理念

在20世纪40年代的特殊历史境遇下,乡土小说承担着庄严而神圣的历史言说使命,它以叙事表达的现实主义技巧,关注人生经历、乡镇变迁和家族的兴衰,以典型人物形象的刻画和独特事件的叙写,表现了乡土人事的沧桑,并进行了历史批判和反思。特殊的抗战环境引发了身处昆明的知识分子对于民族国家的重新思考。战争造成的死亡、毁坏、怀疑及信仰的崩塌,让他们走向民间,以浓郁的民族风格、地方色彩对风土人情和自然景色进行描绘,发掘少数民族的原始生命强力,来冲淡战争带来的危机感,重塑民族的信心。滇缅抗战背景下的西南旅行记在社会反思和文化探索上,带有一种沉重的严肃感。然而研究界似乎忽略了昆明大后方乡土作品的创作情况,此时的知识分子同样关注乡土,由于亲历滇缅抗战、云南特殊的少数民族文化和雄奇险峻的自然地理,他们的乡土理念是特殊而复杂的。

闻一多在《西南采风录》序中这样提倡:"你说这是原始,是野蛮。对了,如今我们需要的正是它。我们文明得太久了,如今人家逼得我们没有路走,我们该拿出人性中最后最神圣的一张牌来,让我们那在人性的幽暗角落里蛰伏了数千年的兽性跳出来反噬他一口。"[①]在形势严峻的抗战年月,在远征军入缅抗敌保护关乎民族危亡的血线时,救国是第一要务,因此昆明大后方的知识分子不约而同地寻找着救国的方法。他们认为人性中的"兽性"是赢得战争胜利的因素,在这些旅行记中多次出现了原始、野蛮、野力、蛮性等词语,作者创造出蛮荒的氛围并刻画了野性的形象。这是对民族危机的焦虑。他们担心汉族在多年的内忧外患中已经失去了强悍的生命力,警惕国民在外族入侵时的麻木与浑噩,于是把民族文化复兴的希望寄托在保留了淋漓的生命元气的边缘文化上,希望从那些充满原始的力的边地人民中获取新的源泉与力量。

到人的生命本体、到中华民族文化的深层去寻找力量与归宿,促使人们注意到中国的乡村,中国的农民,关注乡土社会。20世纪20年代,作家承载着思想启蒙的历史任务,写出了乡村社会的种种陋习和农民的愚昧、麻木,并对此进行着激烈的文化批判与反思。30年代乡土文学有着浓郁的地方色彩,他们

---

① 闻一多:《闻一多选集》,成都:四川文艺出版社,1987年,第353页。

关注着各自家乡在现代性的深刻历史裂变中，在急遽变革的大时代下，中国传统农村道德伦理的震荡和精神冲突，描写着乡村旧有体制、人伦风习所陷入的困境。而废名、沈从文的乡土文学是现代性的产物，他们不是向过去告别，而是带着一种怀疑城市的潜在心理，以抒情写意的方式书写着家乡的宁静与自足、美丽与哀伤，有着对城市逃避、抗拒的矛盾情绪。他们笔下的"乡土"扮演着反思现代性的角色，激起的是人类由来已久的怀乡病。

滇缅抗战时期，在云南考察的知识分子的乡土理念无疑是复杂而独特的，他们在艰难的流亡和南渡过程中，获得了一个走近自然并体察民情的机会。残酷的战争和忧患而沉重的现实彻底改变了他们的生活状况，也影响了他们的思考表达方式。南渡所带来的生存空间的改变，使得那些曾经被知识分子们忽略甚至遗忘了的具有原始蛮性力量的生命和质朴的生活显现出来。这些现代知识分子深入接触到深藏于崇山峻岭中的各族人民，从此扩展了知识分子思考和想象的空间。"文化中心的内迁与知识分子生存空间的转换给中国知识分子带来的不仅是苦难，同时也是一次机会。在从都市到乡村的错综体验中，他们也发现了自然和生命所固有的乐趣和尊严，对社会、文化、人生，乃至生命、存在也有了更深切的体验"。[①] 他们目睹了战时云南边远山寨的僻陋与封闭，也亲身体会了这种生活的艰辛，他们走出窗明几净的书斋，将目光投向忧患、动荡的现实，足迹留在边远的山区。他们关注远离现代都市文明的另一种异域风土人情，在其创作中包含着对乡土自然和民族血性的双重肯定。

很多传统游记喜欢细致地描摹自然之美，其中有以主观情绪为主、山川风物为背景或作为情感的触发因素的游记，也有在历史考据中体验眼前山水的学者型游记。西南旅行记写作者的双重身份与写作目的的不同，使得旅行记与传统的游记有着很大的差别。他们往往在山水描摹和自然沉醉中展示历史文化，在少数民族文化的探索中感知和反省现实社会生活。他们在艰难战事中游历、考察，寻求着对国家和民族的信心，所以这些游记并不是寻常的游历之作，而是广泛牵涉到地方政治、经济、边疆种族等问题。但是它又与研究报告完全不同，包含着写作者对社会人生，对自身，乃至生命、死亡以及人类战争的价值的重新思考。作为知识分子，这些写作者的乡土理念也是对五四文化的一个反思。五四新文学运动虽然一开始就提出了"平民文学"的口号，但边

---

① 段美乔：《试论抗战时期西南旅行记的勃兴》，毛迅、李怡编：《现代中国文化与文学》（第7辑），第186页。

地少数民族很少得到关注。抗战时期,新文学需要从民间传统与少数民族文化中获取新的推动力,正是因为怀有寻找文学、思想、文化资源的目的,南渡知识分子对居住在西南的少数民族、山民采取了完全平等的态度,没有居高临下的傲慢与优越。

当然,民族的存在不仅仅是通过民族文化来证明的,人民反抗侵略者的战斗实实在在地证明了民族的存在。滇缅抗战的发生触发了知识分子们的危机感和参与意识,他们不再只是民族坚韧的精神象征,而是要成为代表民族觉醒和反抗的行动者的人群;他们不再孤傲地超脱于政治之外,开始尖锐地批评时政,攻击国民政府的某些举措。他们笔下民族国家的主题不是被简化为一个简单的口号或者意象,他们并不是无条件地放声赞颂,或者赌气般地恶狠狠地诅咒。有的知识分子不再单纯地埋首书斋,希冀只以长期的、艰苦的文化创造和积累来为民族的复兴做准备。他们要走出书斋,以直接的宣传和呼喊来教育人民、引导人民,以学术救国,以考察、旅行的方式寻求文化的根源,以发现少数民族的血性来注入不断孱弱的民族的灵魂。知识分子们亲身体验着战争,深刻地感受着战争所带来的种种信息,以实际行动参与民族国家的建设,他们战胜内心的恐惧,战胜死亡,人的生命和生活由此得到维护和肯定。他们的存在意义首先体现为,与这个时代一批最为重要的问题相遇,他们的作品往往能牵动这一些问题,人们可以通过他们的作品谈论一个时代。

作者简介:

董晓霞,临沧师范高等专科学校中文系教师,文学硕士,研究方向为中国现当代文学。

从“流水般蔓延的叙述”看萧红长篇小说的结构形式与叙述特色

苏敏逸

[摘要]女性主体的书写和建立与对中国(农村)社会、伦理、文化等问题的思考可以说是萧红作品中的两大议题。萧红对于“建立女性主体”的实践既表现在对于女性命运的描写,更具体地表现在萧红独特的说话方式,亦即小说的叙述方式上,从小说创作初始,萧红一直用女性独特的说话方式在叙述与抒情,展现出独特的长篇小说的结构模式。《生死场》《呼兰河传》和《马伯乐》尤为鲜明地显示出萧红长篇小说的结构形式和叙述特色。

[关键词]萧红;《生死场》;《呼兰河传》;《马伯乐》

一、前言

萧红(1911—1942)是中国三十年代文坛最重要的女作家之一,也是“东北作家群”中最敏锐易感、最有才气的一位。“东北作家群”因故乡在1931年九一八事变、1932年“伪满州国”成立后沦为日本殖民地,比中国其他地方的作家更早面对乡土的失落和流亡的命运。他们远离乡土之后在回忆、想象和重述的情况下重构乡土,以乡土的书写作为对现实的宣泄和补偿,因此他们在文学史上最先是被放在反抗日本帝国主义侵略和殖民的民族国家解放战争的论述中而引起注意的。萧红进入上海文坛后首部出版的名作《生死场》,由鲁迅和胡风为其作“前序”与“后记”。鲁迅将1932年上海“一·二八”事变的战乱及1935年日军进犯华北给上海带来的骚乱和《生死场》所描写的哈尔滨和东北乡土联结起来,感到“北方人民的对于生的坚强,对于死的挣扎”①;胡风在萧红对

① 鲁迅:《萧红作〈生死场〉序》,《鲁迅全集》第六卷,北京:人民文学出版社,1981年,第408—409页。

农村的描写中看到东北农民“蚁子似地生活着”,但在日本的侵略之下,“这些蚁子一样的愚夫愚妇们就悲壮地站上了神圣的民族战争底前线。蚁子似地为死而生的他们现在是巨人似地为生而死了。”①

自孟悦、戴锦华的《浮出历史地表》起,学者更着力在性别的差异上强调萧红的文学特质。其实鲁迅和胡风也都注意到萧红的女性书写特质,鲁迅提到“女性作者的细致的观察和越轨的笔致,又增加了不少明丽和新鲜”②;胡风则同时看到萧红“女性的纤细的感觉”和“非女性的雄迈的胸襟”,而前者是“充满了全篇”③,只是女性特质并非两人论述的重点。孟悦、戴锦华的论述突出萧红的女性生命经验,从萧红与祖父真挚、温暖、信任、自由以及与父亲(后母、祖母)伤害、冷漠、粗暴、专制的两种情感关系出发,贯串其爱情与写作的经历,因其女性身份而与社会文化孤军奋战,进而形成与主流意识形态不同的历史洞察力,揭示了埋藏在社会矛盾、阶级问题、抗日精神等时代激流下的民族历史惰性。④ 刘禾则批评文学史对萧红作品的讨论“一直受民族国家话语的宰制,这种宰制试图抹杀萧红对于民族主义的暧昧态度,以及她对男性挪用女性身体这一策略的颠覆”⑤,提出《生死场》着重于表现农妇的女性身体体验,包括“生育以及由疾病、虐待和自残导致的死亡”⑥,并以女性身体的受苦和伤害质疑、挑战男性中心意识形态所形成的有关民族、国家、战争等论述。林幸谦继承刘禾的女性身体论述,以萧红早期自传性小说《弃儿》中对于未婚怀孕的抗拒和临盆的痛苦为出发点,分析《生死场》中对于女性怀孕、生产、病痛等过程进行怪诞夸张的描写,并透过将女性身体与动物形象相互联想的“原始模拟”的书写策略,把对女体的想象描写与乡土的文化空间联结起来。⑦ 在鲁迅、胡风等民族论述与孟悦、戴锦华、刘禾、林幸谦等人的性别论述之间,刘恒兴以萧红的女性经验与文本为主轴,论述萧红如何先后受萧军、鲁迅的影响,最后形

① 胡风:《〈生死场〉读后记》,《胡风全集》第二卷,武汉:湖北人民出版社,1999年,第431—434页。

② 鲁迅:《萧红作〈生死场〉序》,《鲁迅全集》第六卷,第408页。

③ 胡风:《〈生死场〉读后记》,《胡风全集》第二卷,第432—433页。

④ 孟悦、戴锦华:《浮出历史地表——中国现代女性文学研究》,台北:时报文化出版公司,1993年,第243—271页。

⑤ 刘禾:《跨语际实践——文学,民族文化与被译介的现代性(中国,1900—1937)》,北京:三联书店,2002年,第287页。

⑥ 刘禾:《跨语际实践——文学,民族文化与被译介的现代性(中国,1900—1937)》,第289页。

⑦ 林幸谦:《萧红小说的妊娠母体和病体铭刻——女性叙述与怪诞现实主义书写》,《清华学报》(台湾)新31卷3期,2001年9月。

成以“女性”、“乡土”、“国族”为核心的对于民族历史文化的思考。[①]

以上不同的论述角度突显萧红作品的丰富性，而萧红在其生命与创作历程中最核心的关怀点，笔者以为如刘恒兴所论，她从个人的生命经验出发，思考中国女性的命运，并将对女性命运的书写与乡土（国家、民族）的困境结合起来，既突出其间的冲突与矛盾，也企图从中寻求解决的可能。女性主体的书写和建立与对中国（农村）社会、伦理、文化等问题的思考可以说是萧红作品中的两大议题。个人以为，萧红对于“建立女性主体”的实践既表现在对于女性命运的描写，更具体地表现在萧红独特的说话方式，亦即小说的叙述方式上，从小说创作初始，萧红一直用女性独特的说话方式在叙述与抒情。将此特色与“东北作家群”中的男性作家萧军、端木蕻良等人相比较则格外鲜明。在重述乡土与家国关怀的过程中，“东北作家群”各自表现出独特的“个人性”和“抒情性”，萧军表现出的是“英雄个人的抒情”，端木蕻良偏重在“贵族、知识分子的抒情”，而萧红表现的则是“女性个人的抒情”。萧红独特的叙述方式在长篇小说中表现得尤为明显，因而展现出独特的长篇小说的结构模式。因此，本文将以《生死场》《呼兰河传》和《马伯乐》为讨论核心，说明萧红长篇小说的结构形式和叙述特色。

二、《生死场》：消解结构、情节与故事的乡土素描

1942年，得知萧红在香港病逝的丁玲在陕北的雨夜中写下《风雨中忆萧红》，她这样描述萧红给她的印象：

萧红和我认识的时候，是在一九三八年春初。那时山西还很冷，很久生活在军旅中，习惯于粗犷的我，骤睹着她的苍白的脸，紧紧闭着的嘴唇，敏捷的动作和神经质的笑声，使我觉得很特别，而唤起许多回忆，但她的说话是很自然而直率的。我很奇怪作为一作家的她，为什么会那样少于世故，大概女人都容易保有纯洁和幻想，或者也就同时显得有些稚嫩和软弱的缘故吧。……我们痛饮过，我们也同度过风雨之夕，我们也互相倾诉。然而现在想来，我们谈的是多么的少啊！我们似乎从没有一次谈到过自己，尤其是我。然而我却以为她从没有一句话是失去了自己的，因为我们实在都太真实、太爱在朋友的面前

---

① 刘恒兴：《女子岂应关大计：论萧红文本性别与国族意识之关涉》，《文化研究》（台湾）第七期，2008年秋季。

赤裸自己的精神,因为我们又实在觉得是很亲近的。[①]

1938年,已经历过丰富的革命与政治生活磨砺的丁玲初识萧红时,萧红给丁玲的印象是"苍白"、"神经质"、"少于世故"、"稚嫩和软弱"。两个女人一见如故,进而长谈,在聊天的过程中,丁玲对萧红印象最深刻的是"自然而坦率",尤其引人注意的是"然而我却以为她从没有一句话是失去了自己的"。个人以为,以丁玲的敏锐和历练,她对萧红的描述是相当精准的,不失去自己、用自己的方式说话,可以说是萧红最鲜明的个性,也可以说是萧红叙述风格的核心精神。从这个角度看,萧红正是透过女性叙述方式的实践来完成女性主体的建立。

埃莱娜·西苏在《美杜莎的笑声》中曾提到女性说话的方式和内容远比男性受到更少的社会文化的制约与割裂,而往往是个人生命精神与身体的完全展现:

听听妇女在公共集会上的讲话吧(如果她还没有痛苦地泄气的话)。她不是在"讲话",她将自己颤抖的身体抛向前去;她毫不约束自己;她在飞翔;她的一切都汇入她的声音,她是在用自己血肉之躯拼命地支持着她演说中的"逻辑"。她的肉体在讲真话,她在表白自己的内心。事实上,她通过身体将自己的想法物质化了;她用自己的肉体表达自己的思想。从某种意义上说,她在铭刻自己所说的话,因为她不否认自己的内驱力在讲话中难以驾驭并充满激情的作用。即便是在讲"理论性"或"政治性"内容的时候,她的演说也从来不是简单的,或直线的,或客观化的、笼统的:她将自己的经历写进历史。[②]

这段文字鲜明地道出女性叙述、书写的特色,其中至少包含了两个重点,首先,女性以自己的方式来说话,她的说话是一种生命精神与身体感觉的高度结合,"她的一切都汇入她的声音",因此她的说话具有鲜明的个人特色,往往突破现有的各种规范。其次,"她将自己的经历写进历史",由于她所凭借的是自己的生命经历,因此其内容"从来不是简单的,或直线的,或客观化的、笼统

---

① 丁玲:《风雨中忆萧红》,《丁玲全集》第五卷,石家庄:河北人民出版社,2001年,第135—136页。

② 〔法〕埃莱娜·西苏:《美杜莎的笑声》,张京媛主编:《当代女性主义文学批评》,北京:北京大学出版社,1992年,第195页。下划线为笔者所加。

的”，它不会是一种简单笼统的概念，而是充满具体的丰盈的细节，有时甚至是琐碎的。同时，她的叙述也不仅仅是封闭于自我经验内部的喃喃独语，它充满着与外在现实（历史）的种种冲撞与磨合。萧红的长篇小说正充分展现了这两方面的叙述特质。

这首先表现在长篇小说的结构形式上。萧红于1934年写作第一部长篇小说《生死场》，就其结构来说，全书共有十七节，以第十一节为界，前十节描写东北农村数十年如一日的封闭与贫穷，其中展演着“生”与“死”的悲歌，“生”与“死”同样渺小、卑微而痛苦。第十一节“年盘转动了”，日本侵略推动了历史的轮盘，让东北的时间开始转动，但老百姓依然在“生”与“死”间挣扎。

这样的结构说明仅仅是就其内容来说，并不能突显《生死场》的叙述特色及其与架构长篇小说形式之间的问题。《生死场》的特殊之处在于，它放弃了小说相当重要的“故事”与“情节”等元素，甚至连“人物”这一元素的重要性和特色也降低许多。鲁迅就曾指出《生死场》“叙事和写景，胜于人物的描写”[①]；胡风将人物描写“综合的想象的加工非常不够”[②]视为这部作品的三大弱点之一；葛浩文则认为除了王婆和金枝还能算是真实可信的角色，其余的人物“都死气沉沉，而那些人物的行止，读者都可先猜出来，充其量不过是些漫画中人物，缺乏真实感。”[③]《生死场》在缺乏故事与情节发展，而人物的塑造又相对单薄的情况下，进而消解了小说严谨的结构。也因此，胡风在批评《生死场》的缺点时，首先指出小说结构的散漫：“对于题材的组织力不够，全篇显得是一些散漫的素描，感不到向着中心的发展，不能使读者得到应该能够得到的紧张的迫力。”[④]普遍对现实主义小说的要求在于人物塑造与情节发展高度的有机结合：以人物的行动作为推动情节进展的动力，而人物形象在情节的发展中愈显清晰、生动、鲜活、丰富，人物与情节两者之间的相辅相成，用以突显小说的主题和内容。胡风以一般小说的定义和标准来看待《生死场》，不免感到些许不足和遗憾。然而胡风感到的不足之处，正是萧红的叙述特色之所在，也正是萧红对于长篇小说结构形式的某种突破。

在萧红的长篇小说中取代“故事”和“情节”，以及弱化的“人物”和“结构”的，是如同流水般毫无规范可寻的叙述，以及一幅幅静画般的乡土素描。前者

---

① 鲁迅：《萧红作〈生死场〉序》，《鲁迅全集》第六卷，第408页。

② 胡风：《〈生死场〉读后记》，《胡风全集》第二卷，第434页。

③ 葛浩文：《萧红传》，上海：复旦大学出版社，2011年，第41页。

④ 胡风：《〈生死场〉读后记》，《胡风全集》第二卷，第434页。

是萧红的叙述特色,是动态的,展现萧红的女性特质及其对女性主体建立的实践(用自己的方式说话);后者是萧红所开展出来的乡土世界,是静态的,是萧红对于外在现实(乡土、群众、民族、历史)的关怀和思考。

《生死场》中的王婆,是展现女性说话方式的重要人物:

老王婆工作剩余的时间,尽是述说她无穷的命运。她的牙齿为着述说常常切得发响,那样她表示她的愤恨和激怒。在星光下,她的脸纹绿了些,眼睛发青,她的眼睛是大而圆形。有时她讲到兴奋的话句,她发着嘎而没有曲折的直声。邻居的孩子们会说她是一头"猫头鹰",她常常为着小孩子们说她"猫头鹰"而愤激:她想自己怎么会成个那样的怪物呢?像啐着一件什么东西似的,她开始吐痰。①

……

但是今夜院中一个讨厌的孩子也没有,王婆领着两个邻妇,坐在一条喂猪的槽子上,她们的故事便流水一般地在夜空里延展开。②

在这两段引文中,前者展现王婆说话时全身心的投入;后者中,"流水一般地延展开",既是农村妇女家常的闲话,也是萧红长篇小说最重要的叙述方式。从《生死场》第一节开始,叙述就如流水一般蔓延开:小说从一只山羊在嚼着榆树的根端,分别描写山羊、榆树,进而开展出一幅农村宁静的景色,然后带出丢失山羊、正在努力寻找的二里半和儿子罗圈腿。随着小说叙述者视线的移动,来到二里半的房窝,然后开展出对二里半妻子麻面婆的大段描写。跟着二里半寻找山羊的路径,带出了王婆,透过王婆夜间在场院中说的故事,展现出农村妇女的痛苦与麻木,农村生命的廉价与卑微。在王婆说故事的过程中,二里半插话问候王婆的丈夫赵三,展开赵三和二里半的闲话,进而呈现农民生存的困境:赵三对养牛和种地感到不满足,他想到城市去发展。隔日早晨,从王婆家老马在麦场上温驯地打麦,为第三节"老马走进屠场"中农民与畜生的深厚感情与悲哀命运埋下伏笔;又从家家都在打麦的农村画面,带出福发一家人,为第二节"菜圃"中金枝与福发的侄子成业之间的男女关系埋下伏笔。小说缺乏故事主轴,小说世界的呈现并非由故事情节的发生来完成,而是由叙述者视

---

① 萧红:《生死场》,张毓茂、阎志宏编:《萧红文集》第一卷,合肥:安徽文艺出版社,1997年,第228页。

② 萧红:《生死场》,张毓茂、阎志宏编:《萧红文集》第一卷,第229页。

线的移动和流水般平静蔓延的叙述来开展。

这种流水般毫无规范可寻的叙述方式不仅表现在萧红对乡土世界的呈现,也表现在农村妇女的家常闲话中,除了王婆夜间的故事,小说第四节"荒山"中描写女人们冬天在王婆家聚集,手上或编麻鞋,或穿针缝补,或奶孩子地做着家活,嘴上有一搭没一搭地聊着生活与人事,从生活中细微的琐事铺展农民浮在生命表层的、简单的、近乎麻木的精神状态:"在乡村永久不晓得,永久体验不到灵魂,只有物质来充实她们。"[①]这种闲话家常在这里是一种生活与农民精神的呈现,到了《呼兰河传》则转化成更为经典、极致的表现,在第五章"小团圆媳妇"的故事中,三姑六婆看似关心实则麻木的街头碎语提供了各种治病的偏方,却没有一个人对症下药,提出不要再虐待小团圆媳妇的建议。流水般的叙述方式一方面恰切地表现了女人们充满细节、毫无规范和边界的闲话家常,另一方面却也更为精准地捕捉农民那种"什么事都不会到心里去"的、"永久体验不到灵魂"的、仅仅如同畜生般卑贱而麻木地活着的生命状态。

同时,流水般蔓延的叙述方式又与《生死场》另一叙述特色——"静画般的乡土素描"恰当地结合在一起。在一般的小说中,情节的发展依附的除了有人物的行动,还有"时间"的流动,然而萧红所欲呈现的乡土是一个数十年如一日的世界,因此她必须舍弃"情节"的发展,以回避时间的流动感和历史的进展感。小说第十节"十年"总结了日本侵略东北之前,东北农村"宁静"也"凝固"的状态:

> 十年前村中的山,山下的小河,而今依旧似十年前,河水静静地在流,山坡随着季节而更换衣裳;大片的村庄生死轮回着和十年前一样。屋顶的麻雀仍是那样繁多。太阳也照样暖和。山下有牧童在唱童谣,那是十年前的旧调:"秋夜长,秋风凉,谁家的孩儿没有娘,谁家的孩儿没有娘,……月亮满西窗。"[②]

萧红笔下的东北农村是一个时间凝止的世界,这里时间的意义仅仅是春夏秋冬的四季循环,加之以"中秋节"、"五月节"等同样年复一年地循环的民俗节日,而非发展中的历史,甚至连春夏秋冬的四季循环都不必实指对应的年代,因为每一个春夏秋冬都几无差异。而正是这样时间凝止的农村,得以用静

---

① 萧红:《生死场》,张毓茂、阎志宏编:《萧红文集》第一卷,第254页。

② 萧红:《生死场》,张毓茂、阎志宏编:《萧红文集》第一卷,第287—288页。

画般的乡土素描来细腻地呈现。

因此在萧红笔下的乡土,“时间”的因素被消解,“空间”的因素被突显。在第十一节“年盘转动了”之前的每一个章节,“麦场”、“菜圃”、“老马走进屠场”、“荒山”、“羊群”、“刑罚的日子”、“罪恶的五月节”、“蚊虫繁忙着”、“传染病”、“十年”等标题,透过流水般蔓延的叙述方式,铺展出一个个乡土空间,以及在此乡土空间中农民如畜生、蝼蚁般的生存状态。在具有时间概念的标题如“刑罚的日子”、“罪恶的五月节”中,描写的是女人和动物生产的季节:“在乡村,人和动物一起忙着生,忙着死……”[①],以及发生在五月节“王婆服毒”和“小金枝惨死”两个死亡事件,则以时间的循环强化空间的封闭感,以人事的发生强化生命状态的轮回感。

《生死场》看似萧红对于东北乡土的素描,但其中仍有自己的生命经历。林幸谦注意到萧红如何将个人对未婚怀孕的抗拒以及临盆的痛苦展演成农村女性不断生产(“繁殖”)的共同宿命,在身体疼痛与死亡边缘进行着永无止境的挣扎。[②] 除此之外,个人以为金枝的角色转化了萧红个人的生命经历,小说第二节描写金枝发现自已未婚怀孕的恐惧;第五节描写金枝出嫁不到四个月,“就渐渐会诅咒丈夫,渐渐感到男人是炎凉的人类!”[③]并且承受着生育的“刑罚”,生产之后不到十几天,又在院里辛苦地劳动;第七节描写成业在贫穷压力下恐吓着将金枝和女儿卖掉,最后小金枝被爸爸亲手摔死;第十四节描写金枝离开暴烈的丈夫,独自前往哈尔滨时的漂泊与彷徨,在城市边缘被贫苦所压抑,最后遭受男人的侮辱之后又回到乡村;第十六节回到农村的金枝想去做尼姑,但因日本侵略造成的动乱,尼姑们全逃跑了,“金枝又走向哪里去。她想出家庙庵早已空了!”[④]金枝是《生死场》中描写最细腻的一个角色,虽然金枝的出身是个乡下的农妇,和萧红并不相同,但她暗藏着萧红青春时期离开无爱的封建家庭之后在哈尔滨街头流浪、在贫穷中挣扎、遭遇男人的欺骗与抛弃、感受到世事的炎凉、未婚怀孕的恐惧、被困东兴顺旅馆差点被卖作妓女的孤苦无告、生产离女的痛苦与艰辛、如同金枝不知未来人生将走向何方等等生命中最

---

① 萧红:《生死场》,张毓茂、阎志宏编:《萧红文集》第一卷,第 272 页。

② 林幸谦:《萧红小说的妊娠母体和病体铭刻——女性叙述与怪诞现实主义书写》,第 301—337 页。

③ 萧红:《生死场》,张毓茂、阎志宏编:《萧红文集》第一卷,第 271 页。

④ 萧红:《生死场》,张毓茂、阎志宏编:《萧红文集》第一卷,第 319 页。

痛苦难堪的记忆。[①] 在建构和诉说东北的乡土时，萧红依然把自己的全部生命镕铸在其中。

三、《呼兰河传》：记忆与生命之书

文学史普遍将萧红后期最重要的代表作《呼兰河传》视为早期成名作《生死场》的续篇，《呼兰河传》完成于 1940 年底，是她在生命的末期，在中国南方的香港，遥望、遥想遥远的东北故乡和童年时光的记忆之书。

时间（在生命的晚年回忆童年）与空间（在南方的香港遥望北国）所形成的距离造就了《呼兰河传》高度的文学审美与抒情效果，也包含了萧红从女童到女人的成长，经历了一生漂泊、逃难的流亡岁月，面对女性的命运、流浪的生命、中国的土地与人民的全部的身体感觉和生命思考，因此《呼兰河传》也可以说是萧红的生命之书。

作为记忆与生命之书的《呼兰河传》，在结构形式与叙述特色两个方面都继承《生死场》，并因生命和文学经验的锤炼，发展得更为精致成熟，形成萧红独特的长篇小说的风格。从内容方面来看《呼兰河传》的结构，《呼兰河传》以萧红的故乡呼兰县为中心，全书共有七章，最末附带一段短短的"尾声"，第一章以春夏秋冬的自然流转为时间背景，完整而概括性地以"略笔"呈现呼兰县上以"十字街"、"东、西二道街"为中心的地景风物和老百姓的生命状态；在第一章的基础上，第二章则以"工笔"细致而深入地描绘呼兰县的各种民俗节庆活动，包括跳大神、盂兰会放河灯、野台子戏、四月十八娘娘庙大会、正月十五跳秧歌等等，透过对民俗节庆的氛围渲染和细腻描写突显东北农民的生活面貌和思维模式。透过前两章的书写，整个呼兰河的风土民情已完全铺展在读者面前，在这个背景上，小说更聚焦在萧红的家庭及其周边邻居，展开第三章以降的内容。第三章记忆年幼时的生活点滴，由此拉出萧红生命中的两种情感脉络——来自父亲、母亲与祖母的冷漠与暴力，以及来自祖父的温暖与爱，在祖父的爱与保护之下，留下点点滴滴美好的记忆片段。第四章以老家的院子为中心，在"我家是荒凉的"的忧伤基调下，细致地素描老家周遭的风景，一块砖头、一口破坛、一个猪槽子，都为萧红的记忆笔触所照拂，所描绘，其中尽是作家寂寞的心绪和温柔的回忆。接着从风景到人物，速写住在庭院厢房的

---

① 有关萧红早年的经历，可参见葛浩文：《萧红传》，第 1—25 页。同时可参考：季红真：《萧红传》，北京：北京十月文艺出版社，2000 年，第一至二十一章；林贤治：《漂泊者萧红》，北京：人民文学出版社，2009 年，第一至十节。

邻居悲凉也宁静的生活样貌,与“我家是荒凉的”的书写基调相互衬照。第五、六、七章分别详述三个邻居、家人的遭遇,包括小团圆媳妇、有二伯和冯歪嘴,借着三个人物的生命遭遇突显东北农民的质朴与认命、贫穷与悲哀、无知与残忍,呼应小说第一、二章对于呼兰县人民生命状态的描写,但也透过冯歪嘴面对悲哀命运的态度,展现农村底层人物的爱与责任,以及充满强韧生命力的草根性。小说进入“尾声”,“呼兰河这个小城里边,以前住着我的祖父,现在埋着我的祖父。”[①]在诗歌一般的咏叹文字中,呢喃着祖父的过世、老家的变异和往事的消亡,却也将这一切回忆烙印成静画一般的文字,成为永久的收藏。

从 1934 年的《生死场》到 1940 年的《呼兰河传》,可以看到萧红在结构形式和叙述特色上的突破与成熟。这两部小说都以“空间”概念作为书名,以东北故乡作为书写的主要对象,因此都消解以“人物”推动“情节”、“故事”发展的严谨的小说结构。然而从《生死场》到《呼兰河传》,又是一个由“破”到“立”的过程,《生死场》以流水般毫无规范的叙述模式开展出一幅幅静画般的乡土素描,从而颠覆了小说精密组织的结构安排和高度集中的主题内容。而在《呼兰河传》中,萧红再次利用流水般的叙述方式和静画般的乡土素描,完成一种看似“散化”,实则凝练、集中、具有高度象征意涵的长篇小说的风格。《呼兰河传》的书写特色在中国现代短篇小说中也许还有,但在中国现代长篇小说中则几乎是绝无仅有的。

如前所述,《生死场》中的东北农村是个时间凝止的世界,但与《呼兰河传》相比,《生死场》仍有较为鲜明的历史感,第十一节“年盘转动了”之前的东北农村是个封闭的世界,但在十一节日本侵略之后,人物出现了流动,如乡村的金枝进入城市谋求生路,而日本势力的进入带来农村的崩解和毁坏,小说在此呈现线性的历史发展,虽然是走向殖民和死亡,而非走向光明与进步的线性发展。然而到了《呼兰河传》,时间的意义更加消解,章与章之间的内容安排仿佛形成一个循环,相互呼应、补充、集中,而造就呼兰河成为一个更为封闭的世界,这个世界在四季轮转与民俗节庆的不断循环中展演着生与死,完全可以剥除具体的年代和历史事件,从而成为一个具有象征意义的乡土中国。

而《生死场》中流水般毫无规范的叙述模式和静画般的乡土素描两大书写特色,在《呼兰河传》中也有了更为多元、灵活而丰富的展现。静画般的乡土素

---

① 萧红:《呼兰河传》,张毓茂、阎志宏编:《萧红文集》第二卷,合肥:安徽文艺出版社,1997 年,第 212 页。

描在《呼兰河传》中增加了更为具体真实的“生活感”和丰富多彩的“画面感”。“生活感”源自于萧红作为女性对于生活细节的敏锐观察，而“画面感”与萧红中学时期对于绘画的爱好有关。[①] 而萧红早年对于绘画所投注的精力，也培养她对于外在事物的观察力，这使得萧红在捕捉“生活感”和呈现“画面感”两方面的能力随着创作经验与日俱增。例如小说第一章对于“呼兰河”这个小城的十字街、东西二道街、大泥坑等街景的描述，到卖豆芽的王寡妇、染缸房、扎彩铺、卖麻花、卖豆腐等人物与工作行业的描写，再到傍晚、吃晚饭、入夜之后的庶民休闲生活的描绘，以及农村从黄昏火烧云到深夜大昴星等自然景物的素描等等，小说从不惮于对日常生活细节的细心描绘，在看似琐碎的细节中铺展具体真实的“生活感”，从而带引读者很快地进入东北农民的日常生活中与之一同呼吸和生活。而与“生活感”同时产生的是鲜明的“画面感”，小说第二章中对于跳大神、唱秧歌、放河灯、野台子戏、四月十八娘娘庙大会等故乡风俗有完整、细致而抒情的描绘，组成一连串充满生活情味的风俗画，展示着农民由生到死的种种生命态度。

《呼兰河传》比《生死场》具有更为丰盈多彩的“生活感”和“画面感”，加强了小说的现实性。然而，萧红也往往在呈现“生活感”和“画面感”的同时，赋予这些文学描写更高的“象征性”。且不论《呼兰河传》本身即可看做是乡土中国的一种象征，小说第一节即出现两个足以贯串全书，说明东北农民精神面貌的象征性画面：“大泥坑”与“扎彩铺”，而这两个象征性的画面又延续着《生死场》中对于农民“生”与“死”的生命状态的思考，展现东北农民生命的卑微与轻贱，对于生死问题漠然麻木的精神状态。在有关“大泥坑”的描述中，大泥坑是群众生活的重心，也完整地展演群众的精神样貌：当各种生命陷落于大泥坑中，群众的拯救过程既呈现东北农民的纯朴与热心，也呈现事不关己的“看客”心态；对于大泥坑造成各种生命的伤害，群众七嘴八舌议论纷纷，提供各种解决之道，就是没有一个人对症下药，提出把大泥坑填起来的方法；而大泥坑使得农民可以大胆地吃“瘟猪肉”，又显示群众的贫穷和自欺欺人。“大泥坑”就是乡土中国的象征，生命何其轻贱，能顺利通过大泥坑的幸运者或沾沾自喜，或胆战心惊，不能顺利通过的就这样看着周围的看客或围观、或喝彩、或帮忙、或帮倒忙，陷落又挣扎，终至死亡，而没有谁会去思考改善生存环境的根本办法。

---

① 葛浩文在《萧红传》中提到萧红在哈尔滨第一女子中学读书时最喜欢的科目是美术，在校第一年的时间把大部分的时间和精力都用于绘画上。参见葛浩文：《萧红传》，第11页。

“大泥坑”的象征在第五节“小团圆媳妇”的事件中得到更为具体完整而残酷的展演。而在有关“扎彩铺”的叙述中,扎彩铺的工匠为死人准备了一座富丽堂皇的华屋豪宅,一个什么都不缺,一切都美好的世界,但自己的生活却是“吃的是粗菜、粗饭,穿的是破烂的衣服,睡觉则睡在车马、人、头之中。”①若问他生与死的意义,他们的回答是“人活着是为吃饭穿衣”,“人死了就完了”。②“活人不如死人”的思维也表现在东北农村的民俗节庆中,小说第二章铺写各种民俗节庆的欢闹,但在结尾处萧红平静地说道:

> 这些盛举,都是为鬼而做的,并非为人而做的。至于人去看戏、逛庙,也不过是揩油借光的意思。跳大神有鬼,唱大戏是唱给龙王爷看的,七月十五放河灯,是把灯放给鬼,让他顶着个灯去脱生。四月十八也是烧香磕头地祭鬼。只是跳秧歌,是为活人而不是为鬼预备的。……③

这两个象征性的场景不仅呈现呼兰县群众的生活样貌,更贯串全书,突显群众的生存处境和精神状态。

同时,流水般蔓延的叙述特色在《呼兰河传》中也获得更为自由多元的转换。小说由流水般的叙述徐缓地铺展开完整的呼兰河小城,在“时间”与“空间”的审美距离影响之下,萧红的整体叙述既有女性感性温柔的抒情回忆,又有知识分子理性冷静的观察评论。但在细节的描写中,叙述口吻却更为灵活自如地转变。叙述进入对童年时光的回忆,特别是和祖父、和老家庭院自然景物有关的回忆时,便出现女童纯真、简单的眼光和爱娇的口吻。赵园评论这种独特的叙述方式:“无以复加的稚拙,——单调而又重复使用的句型,同义反复、近于通常认为的废话,然而你惊异地感到情调正在其中,任何别种‘文字组织’都足以破坏这情调。”④赵园从这种“单调而又重复使用的句型”进入对萧红小说情味的分析,而这种话语方式的根源是萧红对孩童时期与祖父在后花园共度的快乐时光的无限追恋,也是她最早认识世界、感知世界和描述世界的话语。当叙述进入对于庶民日常生活的细节观察和描写,便由行云流水般细腻、

---

① 萧红:《呼兰河传》,张毓茂、阎志宏编:《萧红文集》第二卷,第33页。

② 萧红:《呼兰河传》,张毓茂、阎志宏编:《萧红文集》第二卷,第34页。

③ 萧红:《呼兰河传》,张毓茂、阎志宏编:《萧红文集》第二卷,第69页。

④ 赵园:《论萧红小说兼及中国现代小说的散文特征》,《中国现代小说家论集》,台北:人间出版社,2008年,第2页。

慧黠而抒情的口吻所取代。当叙述进入三姑六婆的街头碎语时，如著名的小团圆媳妇的段落，又转化成群众漫天议论，看似热心实则无知而残忍的叨叨絮语。在叙述口吻的自由转换之间，除了突显萧红成熟的文字表现能力，也可以看出萧红如何将生命经历与思考交融在小说的叙述之间。

茅盾于20世纪40年代曾在《〈呼兰河传〉序》一文中提到《呼兰河传》给读者的整体感觉：

也许有人会觉得《呼兰河传》不是一部小说。他们也许会这样说：没有贯穿全书的线索，故事和人物都零零碎碎，都是片段的，不是整体的有机体。也许又有人觉得《呼兰河传》好像是自传，却又不完全像自传。但是我却觉得正因其不完全像自传，所以更好，更有意义。而且我们不也可以说：要点不在《呼兰河传》不像是一部严格意义上的小说，而在于它这"不像"之外，还有些别的东西——一些比"像"一部小说更为"诱人"一些的东西。它是一篇叙事诗，一幅多彩的风俗画，一串凄婉的歌谣。[①]

在这段评论中，你不得不佩服茅盾文学眼光之精准与文学视界之广博，他并不以《呼兰河传》结构之松散为缺点，却看到萧红乡土世界如同"叙事诗"、"风俗画"、"歌谣"般的整体感。有意思的是，茅盾曾在20年代末到30年代初中国现代长篇小说的奠基时期付出过巨大努力，但是由茅盾所建立的"整体感"与萧红所展现的"整体感"是截然不同的。在茅盾的长篇小说中，茅盾在高度的理智和思考主导之下，透过精密的人物设定、刻意的情节安排、严谨的结构布局、力求客观的叙述和力求"真实"、"完整"的细节描写，企图呈现一个完整的社会全貌，从中突显中国具体的社会问题，并指出历史的发展方向；而萧红则完全相反，她的小说消解了"情节"，弱化了"人物"，散化了"结构"，剥除了具体的历史时间，却以个人的记忆和生命感觉为素材，以流水般自由蔓延、转换的叙述方式，泼洒出一幅幅多彩的风俗画，并将之凝练、提高，使之富有高度的象征意义，这便是萧红对于长篇小说表现方式与风格的独特创意。

四、《马伯乐》：小知识青年"抗战大逃亡"的幽默讽刺剧

香港时期的萧红饱受病痛与寂寞的折磨，但也在此时期爆发惊人的创作

① 茅盾：《〈呼兰河传〉序》，《茅盾全集》第23卷，北京：人民文学出版社，1996年，第348页。

能量。与《呼兰河传》的抒情回忆几乎同时产生的另一部长篇小说,是幽默讽刺、风格迥异的《马伯乐》,但这两部长篇小说却面对完全不同的遭遇,《呼兰河传》受到文坛与评论界的喜爱,成为萧红一生中最重要的代表作,而《马伯乐》却始终没有遇到伯乐,一直遭受冷待。导致这种结果的原因,可以从几个方面来说,首先,《呼兰河传》的确是萧红的杰出之作,她将个人生命经验、体悟与思考完全融入对乡土的书写之中,从而建立一种独特的长篇小说的整体性风格;而《马伯乐》因萧红的逝世而没有完成。其次,《呼兰河传》的书写风格可以说是萧红的本色,而《马伯乐》式的讽刺风格在萧红的创作中却寥寥可数。此外,评论界一般认为抗战时期国难当头,萧红透过马伯乐所进行的国民性刻画与描写不符合宣传抗战和书写群众的主流思想,而且"马伯乐""躲"与"逃"的生命基调也不符合抗战时期的民族大义。同时,葛浩文更从中国现代文学中,"幽默式的讽刺"这一类文学作品的匮乏和不被欣赏、不受重视,来解释《马伯乐》所遭受的冷遇。[①]

《马伯乐》共有两部,第一部曾在 1941 年出版单行本,第二部则写到第九章,曾在香港《时代批评》杂志连载,并未写完。以现有的《马伯乐》看,这部小说可以说是小知识青年"抗战大逃亡"的幽默讽刺剧。小说主人公马伯乐是出身青岛士绅家庭的知识青年,父亲是个"纯粹的中国老头",因笃信基督教,成天读圣经、祷告、说外国话,崇洋媚外,其形象与老舍英国时期《二马》中的"老马"形成一组独特的对照。儿子马伯乐不像父亲那样成天宣传外国人的好,常常骂中国人,他著名的口头禅是:"真他妈的中国人!"[②]小说从马伯乐战前的经历说起,叙述他为了外遇的女朋友,以读书为借口离家到上海,被父亲识破后断绝金援,便乖乖地回家做个没地位的少爷。后来突发奇想决定做生意,得到父亲的金钱赞助后到上海开书店,但是对于工作毫无计划和概念,用父亲的钱和酒肉朋友玩岁愒日,挥霍殆尽之后再次回家,在家中的地位就更降低了。接着战争爆发,马伯乐独自逃难到了上海,由于缺乏金钱援助,在上海过着落魄绝望的难民生活,天天奢盼青岛的妻子赶快带钱来拯救他。萧红透过调侃嘲弄的漫画之笔,突出马伯乐的可笑可怜之处,笔下的马伯乐不学无术、不事生产,好发议论、膨风摆阔,遇事则自私怯懦,陷入消沉悲哀的情绪里,小说第一句:"马伯乐在抗战之前就很胆小的。"[③]可以说总括了马伯乐的精神气质。这

① 葛浩文:《萧红传》,第 101—106 页。

② 萧红:《马伯乐》,张毓茂、阎志宏编:《萧红文集》第二卷,第 227 页。

③ 萧红:《马伯乐》,张毓茂、阎志宏编:《萧红文集》第二卷,第 217 页。

样的马伯乐在抗战时期一面高喊抗日，一面努力逃难。小说的第一部从抗战前马伯乐的读书、做事经历，写到马伯乐终于盼到妻子从青岛来到上海，全家团聚准备离开上海，展开抗战大逃亡的生涯，第二部则从马伯乐一家人从上海梵王渡车站搭车逃出上海，写到第九章全汉口的人准备逃往重庆。

从内容与书写风格来看，《呼兰河传》和《马伯乐》的确有巨大的差异。首先，从《生死场》到《呼兰河传》，萧红的长篇小说始终以乡土空间作为书写的主要对象，而《马伯乐》是首次以“人物”作为小说的“主人公”，并由叙述的开展和人物的行动共同推动小说的进行，改变了《生死场》到《呼兰河传》的写作模式。其次，《呼兰河传》描写乡土风俗民情与农民生活情状，以“群像录”的方式呈现农民群体的精神面貌，而《马伯乐》则透过抗战大逃亡，以漫画式的笔法突出马伯乐胆小怯懦的性格，并以此作为某一类知识青年的整体表征。第三，在作品的整体风格上，《呼兰河传》细腻而抒情，《马伯乐》幽默而讽刺。

然而，在这些看似截然不同的特征之外，两部作品在结构形式和叙述模式之间仍有许多共通之处。首先是在小说的叙述方式上，萧红自《生死场》开展出来流水般蔓延的叙述模式，以及《呼兰河传》中具体鲜活的“生活感”，在《马伯乐》中不但有高度的结合，而且获得淋漓尽致的发挥。萧红借由闲话家常的叙述来推展小说情节，《马伯乐》第一部长达一百五十多页竟不分章节[①]，任由流水般的叙述看似随意地蔓延，随时随处岔开与小说主轴看似无关的细节描写，却完整地铺展马伯乐的生活全貌。例如小说开头从马伯乐的胆小谈到马伯乐的人生态度之一是“万事总要留个退步”，并解释马伯乐的“退步”就是“逃步”：“是凡一件事，他若一觉得悲观，他就先逃。”[②]接着就展开马伯乐从前逃家到上海读书的情形，然而才讲完马伯乐为逃家所做的准备，又即岔开谈马伯乐对家庭的看法，然后便从家庭延展到对马伯乐父亲的大段描写，之前马伯乐离家的事件因为话题不断地岔开而看似被弃之不说了，却又在描述完父亲的形象后重新回到正题，描述马伯乐离家前的心情。[③]《马伯乐》虽然是以马伯乐的逃难过程作为小说主轴，但小说流水般的叙述却好似漫天闲聊，不断岔开又不

---

① 张毓茂、阎志宏所编的三卷本《萧红文集》中的《马伯乐》在小说开头仅题有“第一部”，随即进入小说内容，但在第 266 页“芦沟桥事件发生”前标上“第一章”，第 320 页“八・一三”后“两个月”前标上“第二章”，其余不分章节。郭俊峰、王金亭主编的《萧红小说全集》（长春：时代文艺出版社，1996 年版）及《萧红全集》（北京：凤凰出版传媒集团，第 2010 年 5 月）两个版本中的《马伯乐》第一部则完全不分章节。

② 萧红：《马伯乐》，张毓茂、阎志宏编：《萧红文集》第二卷，第 219 页。

③ 萧红：《马伯乐》，张毓茂、阎志宏编：《萧红文集》第二卷，第 219—224 页。

断回归正题,不断扰乱事件发生的时序,并散化小说严谨的结构。

与流水般蔓延的叙述特色并行的,是具体而琐碎的"生活感"。每一条从主线岔出的支流都展开马伯乐所到之处生活的局部面貌。例如小说叙述到卢沟桥事变发生后,马伯乐从青岛逃到上海,在描述上海的街景时提到街上贩卖航空奖券的小铺子,便花费一番笔墨叙述上海人买彩券的过程和心情。[①] 马伯乐逃难到上海后的新生活,又花费一番功夫将吃饭、买菜、洗碗、睡觉等日常生活详述一遍,甚至连他每天回家总要踢翻屋内的瓶、罐、碗、盆,都在小说中马伯乐每一次回家时重述一遍。[②]

流水般任意蔓延的叙述扰乱了小说的发展主轴,具体而琐碎的生活实感的描写充塞了小说的内容,却也淡退了"时间"和"空间"的意义。虽然小说具体地写出了"卢沟桥事变"、"八一三淞沪会战"等时间,马伯乐从青岛、上海、南京到武昌汉口的逃难路线也非常明确,但在大量的日常细节与马伯乐庸庸碌碌的生活挤压之下,"时间"与"空间"被"逃难的日子"所取代,在漫长的逃难岁月里,在广大的逃难地域中,哪一个日子(时间),从哪里逃到哪里(空间),似乎也失去了鉴别的必要。

《生死场》和《呼兰河传》以"乡土空间"为书写对象,因此"时间"的因素被消解,"空间"的因素被突显;《马伯乐》以"人物"为主要的书写对象,因此"时间"和"空间"的因素被消解,人物的形象和精神面貌却在日复一日的生活细节中被突显。《马伯乐》透过主人公大量的生活细节的描写,突显小知识分子平时好发议论,遇事胆小怯懦,只顾着自己逃难的岁月要如何生活,把国家时局弃之于脑后,自私而庸碌的精神状态;同时,也展现战争时期在抗日救国的宣传口号和大历史叙述之外,小知识分子平凡、琐碎而无聊的生活面貌。

《马伯乐》虽然以幽默、嘲弄、调侃、讽刺的辛辣笔触勾勒马伯乐的精神面貌,但其中仍暗含了萧红个人的生命经验,马伯乐从青岛、上海、南京,坐江轮经过江汉关、抵达汉口、定居武昌的逃难路线,与萧红自东北出走后的漂泊、逃难岁月的行迹完全一致,甚至连从上海出逃武汉的时间也无大差异。而马伯乐妻子从青岛到达上海后,夫妻两人曾为要去西安还是汉口发生争论,西安与汉口正是上海战事危急时,所有知识分子思考的两条逃难路线,一条从西安往共产党所在的陕北,一条随国民政府往武汉撤退。此外,1938 年间,萧红与萧

① 萧红:《马伯乐》,张毓茂、阎志宏编:《萧红文集》第二卷,第 266—270 页。

② 萧红:《马伯乐》,张毓茂、阎志宏编:《萧红文集》第二卷,第 271—280 页。

军应山西临汾民族革命大学的李公朴之邀，前往任教，因此有了陕北之行，然而陕北之行却成为二萧决定留在陕北或回到武汉的人生的分歧点。萧红研究专家葛浩文曾在1981年访问端木蕻良有关《马伯乐》的相关问题：

照端木蕻良的回忆，"马伯乐"这个名字是他为萧红取的。萧红本来的意思是以女性为小说的主人翁；端木向她说："作家创造人物一定要有典型，人物才能不朽"之时，萧红便回答："那我创造谁呢？我创造我自己好了。"[①]

虽然无法证实端木之言有几分真实，如为真实，萧红为何后来决定将主人公改为男性？如果主人公不改为男性，这部小说又会是何种模样？这些问题都不得而知。但是，萧红在1939年曾发表短篇小说《逃难》，这个短篇普遍被视为《马伯乐》的前奏曲，可见自抗战爆发后两年兵荒马乱的逃难岁月，或可加上1934年后逃离东北的漂泊岁月，已为萧红累积许多素材，引发她将逃难过程所见所闻所思所感付之笔端的欲望。从这个角度看，《马伯乐》凝聚了萧红生命多方面的元素，它既包含了萧红对身边诸多夸夸其谈的男性知识青年的观察和嘲讽，也包含了萧红对平凡、琐碎又压抑、烦闷的战时生活的纪录，也许还包含了萧红对自我精神与生命的反省，包含了萧红对于自己一生漂泊命运的某种程度的自嘲。

五、结语

从来没有一句话失去了自己的萧红，以自己的说话方式和生命经历镕铸成三部风格独特的长篇小说。

在萧红离开东北后的第一部长篇小说《生死场》中，她以流水般蔓延的叙述方式消解了现实主义以"人物"推动"情节"和"故事"的严谨的小说架构，在弱化"时间"因素，突显"空间"因素的过程中，以静画般的乡土素描铺展出东北农村宁静又凝止的自然景致与农民轮回般不断循环的生存状态。在素描东北农村的过程中，萧红也将个人早年的坎坷命运镕铸其中，透过金枝的经历，写出包括自己在内的东北女性身体与精神所遭受的压迫与损害。

在生命即将走到尽头之时，在远离家乡的香港，在病重与寂寞的心情交迫之下，多年未写长篇小说的萧红同时创作了《呼兰河传》和《马伯乐》。《呼兰河

---

① 葛浩文：《萧红传》，第120—121页。

传》继承《生死场》的叙述风格,并发展得更为圆润成熟,“流水般蔓延的叙述”在小说中自由转换成女童纯真的口吻、村民看似热心实则愚昧麻木的言论和冷静的、近于知识分子的小说叙述者等各种不同的语调;而“静画般的乡土素描”一方面增加了“生活感”和“画面感”,使之更有乡土风俗的丰盈情味,另一方面以“大泥坑”、“扎彩铺”增加小说的“象征性”,更为生动、凝练地捕捉东北农民的精神状态。在看似“散化”的小说结构中,萧红建构出具有高度象征意涵的乡土中国。《马伯乐》所展现的幽默讽刺与《呼兰河传》的细腻抒情风格迥异,这是萧红首部以“人物”,而非以“乡土”作为主人公的长篇小说,然而萧红“流水般蔓延的叙述”依然流贯其间,并将《呼兰河传》中所展现的“生活感”发挥到极致,随着叙述的所到之处展开马伯乐具体而琐碎的生活细节,从而呈现马伯乐胆小怯懦、庸庸碌碌的精神性格。

然而,如同《生死场》透过金枝的塑造镕铸萧红离开东北前的坎坷遭遇,写于生命终点的《呼兰河传》和《马伯乐》也同样寄寓了萧红个人的生命经验。《呼兰河传》追忆她的东北故乡与童年,呈现她对乡土和农民群众的整体感受和思考;《马伯乐》记录她离开东北故乡之后,在中国各地流浪、漂泊的行迹与岁月,展现她对战争时期各种社会现象的观察,以及对包括自己在内的知识青年的反省和嘲讽。两书合观,正好完整地呈现了萧红一生的思考、反省和回忆,她在生命的终点,说着乡土与社会,也仍说着自己。

作者简介:

苏敏逸,台湾成功大学中文系副教授,研究方向为中国现当代文学、台湾文学。

《野玫瑰》本事与人物原型

——与《〈野玫瑰〉的人物原型初探》一文商榷

孔刘辉

[摘要]《〈野玫瑰〉的人物原型初探》一文认为，抗战期间，陈铨与刘云樵（时为国民政府特工人员）为西安一家医院的病友，受刘云樵所述其特工经历而感发，陈铨创作了话剧《野玫瑰》，并把刘云樵写进剧本中。但通过考证，文章作者所出示的证据并不可靠，其结论也当然不足为信。其实，关于《野玫瑰》的创作的背景、缘由、过程、材料来源等，陈铨本人已有清楚的说明。

[关键词]《野玫瑰》；人物原型；素材来源

[基金项目]本文为作者主持国家社科基金青年项目《陈铨评传》(13CZW062)、教育部人文社会科学研究青年基金项目《陈铨研究》(11YJC751038)中期成果之一。

2011年第4期《北方文学》有《〈野玫瑰〉的人物原型初探》(下称"《初探》")一文，文章声称"对于陈铨的这部命运多舛的话剧《野玫瑰》的一些内幕，依然缺乏深入的研究，其中最典型的就是陈铨写《野玫瑰》的真正动机，至今未见相应的披露文章"，而该文旨在"揭开历史上的'天字第一号'锄奸特工刘云樵的真实身份、他和陈铨之间的关系，以及陈铨创作《野玫瑰》的最初动机"[①]《野玫瑰》及其作者陈铨的确"命运多舛"，长期遭受非议，乃至污蔑，很有"深入研究"的必要。但遗憾的是，《初探》一文对关键的证据缺乏辨析，错用了胡编乱造的资料，其结论不足为信。事实上，关于《野玫瑰》创作的材料来源、背景、缘由、过程等，陈铨本人已有清楚可信的说明。

一、刘云樵与两件民国大案并无关联

从题名看，《初探》是要"探究"《野玫瑰》的"人物原型"，但事实上，文章只

---

① 张许平：《〈野玫瑰〉的人物原型初探》，《北方文学》(下半月)，2011年第4期。

讨论了剧中一个次要角色刘云樵。其核心观点是,剧中人物刘云樵的“原型”是真实历史人物刘云樵,而这位当时的为“政府”工作的人员曾与陈铨有当面的接触,并谈到了其特工经历,陈铨有感而发,于是创作了话剧《野玫瑰》。其证据一共有两条:一是刘云樵所编一本武术著作《八极拳》正文前的作者介绍《永远的天字第一号·刘云樵》(下称《永远》)一文中所述人事。此文称刘云樵幼时即逞勇好斗(人称“小煞星”),练拳习武,后受业于武林名师,1929 年成为“负责情报”的“政府”工作人员(即特工)。抗战期间,刘云樵在“西安的‘西京医院’”养病,其病床恰在陈铨“旁边”,病中与陈铨聊起其传奇经历,陈铨后以其所述人事为题材创作了《野玫瑰》,并把刘云樵写进剧本(即《野玫瑰》中从南方潜入北平从事秘密抗战的特工)。[①] 二是作者的问访。据作者访问的对象刘云樵的弟子郭肖波称,“刘老师曾说过他在抗战受伤住院期间(西安)有人来访问他,他也讲述了很多情报工作的故事”,“知道他说的故事被编成剧本”。根据这两点,作者推断出陈铨创作《野玫瑰》的“最初动机”是陈、刘二人的这一段偶然的交往。如果这一切都是真实的,当然可以作此判断。但实际上,《永远》中所述刘云樵杀敌锄奸的英雄事迹与实际情况矛盾重重,而《永远》中称刘氏与陈铨的所谓的一面之缘也大可怀疑,除其一面之词外,缺乏其他可信的证据。

《永远》中称刘云樵就是抗战期间“坊间”所传“天字第一号”的特工、杀手,文中依次叙述了刘氏做的四件大事,也是与“天子第一号”之名相称的功业:(1)协助施剑翘成功暗杀孙传芳;(2)在天津挫败骄横的日本剑手;(3)暗杀唐绍仪;(4)逃离运城大监狱。第二件事姑且信其真,而其余三件事则大有问题。最后一件事刘的弟子郭肖波已纠正道:“刘老师在山西运城日军监狱的故事就有错误”。[②] 而最具传奇性、可能成为创作素材的两个轰动一时的暗杀事件,从已披露史料和相关研究看,其实均与刘云樵毫无关系。

首先,《永远》中称刘家“与孙传芳是世交”,刘云樵“从容带领施剑翘”进入孙所在道观中,“轻易击毙孙传芳”。施剑翘刺孙传芳案为民国大案,颇具传奇色彩,施氏本人留有详细的回忆录。据施氏所述,为报杀父之仇,她辗转多年,终于探知孙传芳隐居天津。为了接近杀父仇人,施氏经人介绍加入孙任理事长、也经常去做佛事的“居士林”,遂能自如进出庙门侦探孙氏行踪。准备行刺

---

① 《永远的天字第一号·刘云樵》,载刘云樵《八极拳》,台北:新潮社文化事业有限公司,1992 年,此文附在著者《序》、手迹之后,共 4 页。

② 张许平:《〈野玫瑰〉的人物原型初探》,《北方文学》(下半月)2011 年第 4 期。

那天(1935 年 11 月 13 日)早晨有雨,施以为孙不会去"居士林",但她还是去了,只是没带武器,未曾料孙现身"居士林",她又返回取武器,并抓住机会,当面击杀孙氏,血溅庙门。[①] 施氏自述以及各版本施氏刺孙叙述中,均未说到有什么人带领施剑翘接近孙传芳之事,更无人只字提到刘云樵。

其次,《永远》中称:"刘云樵基于民族的大义血忱,奉命狙击这些卖国贼,其中尤以暗杀汉奸唐绍仪而大快人心。……刘云樵以周密的计划,顺利达成任务。"唐绍仪为民国首任国务总理,有一定声望,是抗战初期日本人所谓"南唐北吴"(拉拢的对象)计划之"南唐"("北吴"为吴佩孚)。而刺杀唐事件也是民国大案,多个版本的叙述也大同小异。大致情况是,唐绍仪蛰居上海,不愿离开,并与日本人暗中来往,有当汉奸的迹象,戴笠(是否是奉蒋介石之意说法不一)下令军统上海区区长周伟龙制定"制裁"(刺杀)方案。具体行动中,由与唐氏关系亲近的军统特工谢志磐(唐氏与日本人来往、可能事伪的消息也由其探得)负责情报收集,众人合计再三,最后决定的刺杀计划是投唐氏喜收藏之所好,以古董商之名接近防范森严的唐绍仪。具体行动中,谢志磐负责联系并领人进法租界唐宅,由军统著名杀手赵理君(扮成古董商人)与李阿大(扮成随从)等人执行,终由赵理君以藏于古董盒中的利斧劈之,唐氏失血过多,当晚不治身亡(1938 年 9 月 30 日)。[②] 虽然各家在叙述细节、行动成员等方面略有差别,但均未提及刘云樵,而此案中刺杀得手的最关键人物谢志磐和赵理君,在各家叙述中均系为举足轻重的决定性角色。而《永远》称为刘氏之功一说,当属子虚乌有。

二、陈铨与刘云樵并无相遇的经历

关于刘云樵的事迹,其授业弟子、曾任刘氏私人秘书的郭肖波先生所创网页 www.bajimen.com 中有专门介绍,个中细节与《永远》一文也有出入。如涉及刘氏特工生涯,也是与本文密切相关的一节,该网页称:"坊间流传刘公是抗日战争中神秘的长江一号,报章上都有此记载。但是根据我的记忆,刘公从未亲口说过他是。曾有一位记者访问刘公,我亦在场,这位记者问:'外面传说您

---

① 施剑翘:《我为报父仇手刃孙传芳》,《武汉文史资料》2009 年第 2 期。

② 参见邢建榕:《唐绍仪被刺之谜》,《上海档案》1988 年第 2 期;江绍贞:《戴笠和军统》,郑州:河南人民出版社,1994 年,第 111—114 页;艾经武:《暗杀唐绍仪的经过》,载陈楚君等编:《特工秘闻:军统活动纪实》,北京:中国文史出版社,2001 年,第 207—208 页;王铭鋆:《军统和中统秘史》,海口:海南出版社,2002 年,第 98—102 页。

是鼎鼎大名的长江一号,这是真的吗?'当时刘公哈哈大笑没有任何的回答。或许这位记者先生据此认为是'默认',但是我相信没有人从刘公口中听过正面的、直接的、肯定的承认。"[1]很显然,刘氏本人没承认,与刘氏亲近的郭先生也不知道此事。实际上,关于抗战期间对日谍战风云的回忆录、论文著作中也未见有"天字第一号"刘云樵之名,如沈醉、陈恭澍、文强等回忆录皆未见其名,而所谓"天字第一号"、"长江一号"其实来自两部谍战电影中角色的代号。[2]

通览《永远》,叙述凌乱,所述之事时间地点、前因后果含混其词,模糊不清,无非是胡编乱诌的拼凑之作,尤其是文中所述极富传奇性的两个暗杀(也是可能引起陈铨创作谍战剧《野玫瑰》的兴趣)事件,纯属张冠李戴、向壁虚造,甚至连传主都不承认,而把这样的"事实"作为研究证据,显然很荒唐。至于《初探》的结论:"陈铨创作《野玫瑰》的最直接原因,是因为他在西京医院遇到了负责锄奸的特工刘云樵,听了刘云樵讲的许多关于锄奸的故事。"并推算出二人相遇的具体时间是在1940年间。其实都是作者在缺乏逻辑证据情况下一厢情愿的臆测。

据陈铨自述,1938年到1942年在西南联大任教期间,"除1939年暑假回四川富顺省亲,带家眷来昆明和1941年暑假,偕杨西孟、陈康(按:均为西南联大教授)赴安良(按:今四川康定县)休息,寒暑假均留昆明",未提及西安之行与住院一事。事实上,除《永远》一文,无其他材料表明陈铨有到西安的经历。陈铨一生都栖身于校园之中,1921年从四川省立一中考入清华学校,1928年毕业后先后留学美、德两国,1934年起先后任教武汉大学、清华大学、长沙临时大学、西南联大、中央政治学校、同济大学、南京大学,其学习工作经历、亲朋好友、社会关系均与西安无涉。陈铨家乡为四川富顺,其妻娘家在四川江津(今属重庆),过从交往除富顺、江津两地亲属外,以同学、校友、同事为主,亲密的师友如吴宓、向理润、贺麟、张荫麟、林同济、杨西孟、陈康等抗战期间均在大后方昆明、贵阳、重庆等地,无理由在战乱时远赴西安。而从作者的引文看,即使在访问中,郭肖波并没有提供比《永远》一文中更多的信息,也根本并未提及陈铨。笔者为此事也专门问过陈铨次子陈光还先生,陈先生说:"父亲生前对我

---

① http://www.bajimen.com/index.php? page=legend&lang=ch

② "天字第一号"之称谓当来自电影《天字第一号》(据《野玫瑰》改编,屠光启编导,欧阳莎菲、周刍主演,1946年上演),片中女主角特工秦婉霞代号"天字第一号"。而"长江一号"之称谓当来自台湾电影《扬子江风云》(据邹郎间谍小说《死桥》改编,李翰祥导演,李丽华、杨群等主演,1969年上演),该片中地下情报员代号"长江一号"。

们谈过不少解放前的往事，但我从未听父亲说过此事，想来是杜撰的，……也从未听说父亲在西安住过院。”[①]

三、《野玫瑰》的素材来源与创作动机

其实，关于《野玫瑰》的素材来源陈铨在1950年代“肃反运动”中的“交代材料”《野玫瑰生活资料来源》中已有明确说明，最早披露此材料的是沈卫威先生[②]。这份手稿现藏于南京大学档案馆《陈铨档案》中，全文如下：

1941年我在昆明西南联大写第二本反动戏剧《野玫瑰》，那时我担任联大学生剧团的名誉团长，先后上演《祖国》和《黄鹤楼》两剧，但是《黄鹤楼》人物太多，服装布景道具太花钱。他们要我再写一个人物较少，布景简单的剧本。我想人物布景既然简单，内容必然要富于刺激性，才能抓住观众。我早知道当时军事间谍剧本，如像《黑字二十八》、《这不过是春天》、《女间谍》、《反间谍》、《夜光杯》都非常受人欢迎。并且我当时在戏剧方面，还没有地位。我决心写一个军事间谍剧本。为着要把它写好，我从图书室借了几本英文间谍故事来仔细研究。头一幕写完，北大数学教授申有忱看，他说“太像李健吾的《这不过是春天》”。我知道要失败，放弃不写了。正在这个时候，昆明传遍了汉奸王克敏的女儿，逃到香港，登报脱离父女关系的故事。我认为这是一个戏剧的好材料。我立刻写了一个短篇小说《花瓶》，登在昆明《中央日报》副刊（那时是封凤子主编）。隔些时候，我根据这篇小说写《野玫瑰》（我还记得写《花瓶》时，我还请教过清华大学电机系教授孟昭英，花瓶里面放收音机是不是可能，他是无线电专家，他说是可能的，所以后来我写入《野玫瑰》。

这份专门为《野玫瑰》“生活资料来源”的“交代材料”中，陈铨很清楚地说明了创作的背景、缘由与材料来源，甚至还包括创作过程的一些细节，如研究“英文间谍故事”、“花瓶里放收音机”的可能性、初稿不满意再修改等。而这些情况也可与其他材料互证，如陈铨与“联大剧团”的创办、演出和兴盛，短篇小

① 陈光还（陈铨之子）访谈，2011年9月21日。

② 沈卫威：《寻找陈铨——从〈学衡〉走出的新文学作家》，《徐州师范大学学报》（哲社版）2005年第4期。

说《花瓶》的发表及其与《野玫瑰》的关系等等[①]。但《初探》作者却认为:"陈铨的交代材料是在建国后特殊的历史年代中写的,陈铨写交代材料的目的是为了洗清自己和国民党当局的关系,对于一些历史事件,陈铨必定会有所隐瞒,不可能也不敢完全交代清楚。"其潜台词是陈铨隐匿了《野玫瑰》创作的"最初动机",即作者在西安与刘云樵的过从往来。假如二人真有这场会面,试问:萍水相逢、一面之缘的病友之间的谈话,更何况是以抗战勇士事迹作为文学创作的来源,为保密,当时隐瞒倒是有可能,多年以后还有隐瞒的必要吗?事实上,陈铨与国民党官方并无说不清、道不明的关系,连和戴笠的一段心惊胆战的交往都一五一十地彻底交代了[②],更何况上引的"交代材料"中也没有"洗清"什么。而作者却凭一篇胡拼乱凑的文章,就遗憾的轻易否定陈铨本人的说法,显然缺乏起码的史识(众所周知,档案材料的重要价值是一个基本常识)。

至于《野玫瑰》真正的创作动机,其实并不复杂。陈铨曾在清华学校求学时受业于戏剧家王文显[③],留学美、德,钻研西洋话剧,对莎士比亚、歌德、席勒等世界名家皆有精深研究,抗战之前,他已编译过几部西洋话剧,并发表过多篇相关研究长文。抗战爆发后,陈铨开始从事创作、导演、排练等戏剧实践活动,从长沙临时大学(1937 年底)到昆明西南联大(1938 年初),一直带领学生排演话剧,尤其对谍战剧情有独钟(如排练的就有阳翰笙的《前夜》、于伶的《夜光杯》等)。在《野玫瑰》之前,已带领高小文、汪雨等学生在昆明成功上演过《祖国》(陈铨改编)、《黄鹤楼》(陈铨编剧)等弘扬爱国精神的抗战剧作。也就是说,陈铨编写剧本,从事戏剧活动,无非是个人的兴趣爱好、学业专长与时代思潮相遇合,而爆发出创作的灵感。而其最初的动机则很现实,是为联大学生剧团提供抗日剧本,以戏剧艺术为手段,宣扬不怕牺牲、抗击敌寇的爱国精神。

至于关涉《野玫瑰》创作动机的诸如主题意蕴、人物塑造等具体问题,陈铨曾解释道:

意大利诗人但丁,分析文学上最合宜的题材,永远能引起人类兴趣的是:战争,爱情,道德。《野玫瑰》就是想把三种题材,联合表现出来。在战争方面,

---

① 关于原素材如何从新闻事件,到短篇小说《花瓶》,再到剧本《野玫瑰》等详细情况,请参见孔刘辉:《谍战题材的两种叙述方式——〈色·戒〉与〈野玫瑰〉》,《抗战文化研究》(第 5 辑),桂林:广西师范大学出版社,2011 年。

② 参见孔刘辉《谍战题材的两种叙述方式——〈色·戒〉与〈野玫瑰〉》。

③ 众所周知,现代许多戏剧家如曹禺、李健吾等皆出自其名下。

正的有艳华，王安，刘云樵。反的有王立民和警察厅长。在爱情方面，有艳华、曼丽、云樵的三角关系，然而艳华的爱情，虽然还不少留恋，早已为着国家民族而牺牲。在道德方面，王立民所抱的极端个人主义，是错误的思想。所以曼丽问得他山穷水尽，艳华再指出他的理想主义是建筑在动摇的基础上面。假如作者能够在这三种题材之上，表现出中国新时代的精神，不引起任何的误解与事实的歪曲，就心满意足了。①

通读剧本，若能以中正之眼光观之，陈铨自述的大体不差，符合实情。只是《野玫瑰》不幸卷入到以“左翼”文化界为代表的中共和执政当局之间的意识形态与话语权之争中，陈铨成为了夹在中间的无辜牺牲品。虽然当时的文化界对《野玫瑰》的意见并不一致，但随着时局的发展和政权的更替，到“左翼”文化一统天下之时，一部雅俗共赏的抗战名剧最终以“糖衣毒药”之恶名，被钉上历史的耻辱架，陈铨也因此遭遇厄运，为历史的泥沙所掩埋。② 直到 1980 年代的相关回忆录和评论文章，对《野玫瑰》的贬损还是衡量思想“进步”的标杆，甚至到二十一世纪仍有人坚称：“到现在重读该剧，剧本的思想我仍认为是错误的，不是什么香花。”③比起有意无意地贬低、丑化《野玫瑰》，《永远》一文本意并非因袭旧说，但却对所涉资料缺乏辨析，轻信盲从，欲以其昏昏，使人昭昭。笔者无意苛责，只是想辨明事实，探究其真，不使本来就已经漫漶难辨的历史公案和沉冤受屈的陈铨，再坠入另一个说不清道不明的迷雾之中。

作者简介：

孔刘辉，滁州学院文学院副教授，文学博士，主要从事中国现代文学和抗战文化研究。

① 陈铨：《〈野玫瑰〉的题材》，原载《野玫瑰演出特刊》(1942 年)，引自《民族文学》(重庆)第 1 卷第 1 期，1943 年 7 月 7 日。

② 可参见孔刘辉《〈野玫瑰〉上演的前后》，《新文学史料》2009 年第 2 期。

③ 张颖：《有关话〈野玫瑰〉——抗战中的一桩公案》，《百年潮》2002 年第 9 期。

抗战后期重庆文学界对无名氏小说的批评

熊飞宇

[摘要]抗战后期,无名氏的《北极风情画》和《塔里的女人》畅销一时,重庆文艺界针对其色情成分和灰色的人生观展开批评,同时论及其流派特征与创作动机。其中李长之、邵子南多侧重于艺术分析和思想评价,何其芳则上升为政治批判。这次批评活动,在中国现代文学史的书写上缺席已久。

[关键词]无名氏;重庆;批评

[基金项目]重庆市首批高等学校优秀人才资助计划——重庆抗战移民文学研究

抗战时期,重庆文艺界曾开展多次重要的文学论争,其中对无名氏《北极风情画》及相关作品的批评,较少被论者提及,主要见诸冉庄《抗战时期重庆文艺界重要活动及论争》一文(以下简称"冉文")。在他看来,《北极风情画》主要写的是:"'九一八'后,东北抗日名将苏炳文部下的一个军官主人公林流亡异国(苏联),一天在街上走,一个不相识的苏联女郎奥蕾利亚拼命追赶他,追到后,他们就'紧紧地拥抱,接吻了'。而且,'她不仅没有一点退缩,反而热烈得几乎令我发抖'。于是他们相识了。后来她特别挑她母亲不在家的时候,请他到她的闺房,他们不但又是'接吻',而且这次还发生了不便明写,只能用虚点暗示的,用'二十分钟后'来点明的事情(当然,小说比较详细地写了他们的'风情')。"[①]论者将故事梗概浓缩为大街接吻和闺房做爱两个情节,固然可以突出小说的"荒诞"与"色情",但其行文欲盖弥彰,极具诱惑。因此,冉文的介绍,暴露出内在的缺失,即视点的偏斜。同时,材料的搜集,也多有遗漏。

《北极风情画》与《塔里的女人》的出版和畅销,是抗战时期大后方文艺界的一个奇观。据《无名氏年谱简编》,1942 年 9 月,无名氏作为韩国光复军参谋长李范奭的秘书,从重庆赴西安工作。1943 年 11 月,应《华北新闻》总编辑赵

---

① 冉庄:《抗战时期重庆文艺界重要活动及论争》,《重庆社会科学》1995 年第 4 期。

荫华之约,无名氏以李范奭过去所提供的题材,于11月9日奋笔疾书,至29日,写成14万字的中篇《北极艳遇》,日均书写七千余字。发表时首次使用"无名氏"的笔名。连载仅三四日,即轰动西安,《华北新闻》销量也随之剧增,一时洛阳纸贵。翌年1月载完,已然是"满城争说无名氏"。1944年夏,华北新闻报社出版单行本,易名为《北极风情画》,初版两千册,预约即售光,市面书店无一本可销。因社长赵自强侵吞版税,不与作者分文,无名氏遂愤而再以西安友人周善同的故事,创作《塔里的女人》,自筹出版。初版两千册,预约几乎售罄,再版亦迅即售完,乃自费重印《北极风情画》和《一百万年以前》。三书都成为当时西北的畅销书。

同年底,无名氏回重庆。1945年3月,《北极风情画》在重庆出版;5月,《塔里的女人》也再度面世。两书的发行,造成重庆读书界的"海啸"。初版三千册,两天即一售而空。有六家书店,门市日售50余册。再版三千本,四天内告罄。当时重庆的茶馆、餐馆、舞场、咖啡馆、旅馆,到处有人阅读、谈论两书。其风靡盛况,超过西安时代。而无名氏则独自隐居于重庆长江南岸山中,静心构思六卷《无名书》的创作。同时开设"无名书屋"出版社,只印《北极风情画》和《塔里的女人》,雇一会计,一工友。后六弟卜幼夫失业,也前来帮忙。11月中旬,无名氏离开重庆。[①]

对无名氏小说,尤其是《北极风情画》和《塔里的女人》的风行,重庆的文学批评界并非无动于衷。1945年,《时与潮文艺》第5卷第4期,有署名为方稜的作者逐一展开的评论。一是《露西亚之恋》,"卜宁著,夜星文艺丛书,三十[一]年一月,中国编译出版社出版,价□□□,□四五页"[②]。该书收《古城篇》《海边的故事》《日耳曼的忧郁》《鞭尸》《骑士的哀怨》《露西亚之恋》6篇小说。二是《北极风情画》,"无名氏著,无名丛刊,三十三年十二月,无名书屋出版,价一百五十元,页一八八"[③]。由此也可见出,《年谱简编》对该书在重庆出版时间的说明,并不准确。其三,《塔里的女人》,"无名氏著,无名丛刊,三十四年五月,无名书屋出版,页一五二"[④]。方稜是李长之的笔名,时任《时与潮》副刊的主编。

---

① 赵红滨:《从边缘到超越——现代文学史"零余者"无名氏学术肖像》,上海:学林出版社,2005年,第165—167页。

② 方稜:《露西亚之恋》,《时与潮文艺》1945年第5卷第4期。所据期刊因为虫蚀,其中有些数字难以辨识。

③ 方稜:《北极风情画》,《时与潮文艺》1945年第5卷第4期。

④ 方稜:《塔里的女人》,《时与潮文艺》1945年第5卷第4期。

其后,则有何家宁的《略评无名氏的小说——北极风情画,塔里的女人,海艳——》,载《萌芽》1946年第1卷第4期。何家宁,即邵子南。1947年"一月十二日深夜"①,何其芳作《北极风情画:小说解剖之一》,化名"萧闲",发表于《彷徨》新第二期,2月15日出版。

"无名氏"在重庆文坛上的横空出世,首先引发的,便是论者对其真实身份的猜测。当时据说《北极风情画》和《塔里的女人》的作者无名氏,就是写作《露西亚之恋》的卜宁。而抗战初期,无名氏在香港、重庆发表文章时,均使用笔名"卜宁",并已初具文名。李长之认为,所谓"据说",其实包含着极大的可能。《北极风情画》写一个韩国人和波兰女郎的恋爱,其《后记》已显示出此书与《露西亚之恋》的关联,但《北极风情画》只写风情而未写革命。《北极风情画》很可能就是"两个短篇同一材料来源的去取"而已。《日耳曼的忧郁》,用日记补叙经过的事实,正如《塔里的女人》的手法。《海边的故事》写一个在伪满做过三年囚徒的人的回忆,其中著者也以好奇心为理由而发出询问,此人亦先提出不得告诉别人的条件而开始自叙,这也极似《北极风情画》和《塔里的女人》的机杼。《古城篇》写一青年对在敌人占领中的故都北平,作最后一瞥而出了远门,其中用贝多芬的交响曲来形容青年的性格,见出作者对音乐的爱好及造诣,与《塔里的女人》是同一手笔。《鞭尸》写伍子胥,其中爱用重叠的句子,风格亦与后来两部长篇作品相近。② 而邵子南开门见山即说:"卜乃夫用无名氏的笔名"发表"三部小说:《北极风情画》,《塔里的女人》,《海艳》"③。无名氏的身份,至此已经不再是秘密。不过,因其湮没既久,笔者愿就此之便,对无名氏再作介绍。无名氏(1917—2002),原名卜宝南,后改名为卜乃夫,又名卜宁,原籍江苏江都,生于南京,及长,负笈北京,入俄文专科学校,曾旁听于北大。抗战爆发后,考入金陵大学外文系,未就读。先后担任国民党艺文研究会编译员,中央图书杂志审查委员会审查员,香港《立报》、《星报》、爪哇吧城(雅加达)《新报》驻重庆特派员,重庆《扫荡报》记者,重庆《新蜀报》、贵阳《中央日报》驻西北特派员,西安《华北新闻》主笔,上海真善美出版公司总编辑。1946年4月,迁居杭州。

对《北极风情画》,李长之的第一印象是:"作者未尝不是没有才华","然而

---

① 萧闲:《北极风情画:小说的解剖之一》,《彷徨》1947年新第2期。

② 方稜:《北极风情画》,《时与潮文艺》1945年第5卷第4期。

③ 何家宁:《略评无名氏的小说——北极风情画,塔里的女人,海艳——》,《萌芽》1946年第1卷第4期。

我们为这才华惜”;“书中也不能说没有思想”,“可是主要的地方”却“不康健”;“读者的数量”虽然“很大”,“可是其中少数人将得到毒害,大多数则读时有些愉快,读完不会对它怀有很高的敬意,自然也有些人,不识不知,把它列入消遣的书内,消遣而已”。[①] 而《塔里的女人》,毫无疑问,较《北极风情画》为佳。不过,对这部小说,大部分的情感,仍是“反感”居多。这反感源自它与《北极风情画》的“雷同”,而且多半是“坏处的雷同”,甚至“雷同到不必要”的地步。先说结构,仍是华山逢见一个孤僻的怪人的故事。再说人物,男主人公依然是回忆十年前的遭遇;依然是三十与四十之隔。女郎也仍是由二十到三十岁“岁月中的牺牲者”。就是情节,同是“由热爱而得到痛苦”的一幕悲剧。字句也还是那样“油”,甚至一些令人费解的句子,如“美丽得不忍回忆”;“身子睡着,却醒着”之类,依然不曾割爱。原本“不必有二”的小说,居然又来一个复本。[②]

邵子南的批评,则从《北极风情画》和《塔里的女人》延伸到后来的《海艳》。尽管无名氏的小说“在部分读者中很流行,但一般严肃的著者和读者对之却很冷淡。原因何在?”在他看来,“著者善于幻想,善于抓住青年人的心理,常常是落后心理的一面,以幻想构成险境”。《北极风情画》和《塔里的女人》,“构造的是恋爱故事”;《海艳》,“构造的是敌伪统治下的恐怖,以热情和夸大的笔触出之,放开浅薄的自以为高尚的某些青年读者喜欢的语言,顺利地完成他的小说”。然而,“真正崇高的思想,为了理想的热情,可触摸的有现实感的人物”,却都没有。其语言,表面上看,虽然“漂亮”,但却“空虚,模糊”。三书既流行又遭受冷淡,原因无非在此。[③] 不过,奇怪的是,《海艳》的出版,上册是 1947 年 9 月在上海问世,1948 年 3 月,下册完成,两册均由真善美出版公司出版[④],而邵文的发表,却在 1946 年。不知是资料的失误,还是邵子南未卜先知,提早便洞悉《海艳》的情节与人物?

李长之和邵子南的批评,主要还是艺术分析和思想评价;何其芳的“解剖”则已上升为政治批判。对无名氏的《北极风情画》,何其芳直截了当地指斥其“既侮辱了我们的盟邦苏联,又侮辱了我们的抗日战士”[⑤]。

---

① 方稜:《北极风情画》,《时与潮文艺》1945 年第 5 卷第 4 期。

② 方稜:《塔里的女人》,《时与潮文艺》1945 年第 5 卷第 4 期。

③ 何家宁:《略评无名氏的小说——北极风情画,塔里的女人,海艳——》。

④ 赵红滨:《从边缘到超越——现代文学史“零余者”无名氏学术肖像》,第 24 页。另一方面,冉文在叙及“对《北极风情画》的批评”时,所举邵子南的文章,也是置于“抗战时期”。

⑤ 萧闲:《北极风情画:小说的解剖之一》,《彷徨》1947 年新第 2 期。

由“风情”而“色情”,是无名氏小说醒目的标签,也是批评者攻击最为猛烈的地方。何其芳就曾质问:《北极风情画》给了我们什么呢?那就是:好便宜的“风情”。故事的前半应该加一个题目,叫做“吊膀子的具体说明”。第一条:不要脸。第二条:满嘴浅薄的俏皮话。第三条:有时也要讲点正经事情,但其目的仍是为了“风情”。第四条:“激将法”,等等。故事的后半,则勉勉强强可以叫做“颓废和荒唐”。不仅有“术”[①],还有“理论”。无名氏借林先生的嘴讲道:“在天下的一切真理中,最真最真的真理只有一个,就是:一个女子必须和一个男子共享有一张床。”“对于一个少女,床就是她的最高真理。很少有一个少女不是为床而生的。”[②]李长之则认为,《北极风情画》虽有一些热情的话语,但那热情中并没有理想,结果,女的方面只有“爱我吧,享受我吧,玩我吧,把我玩个够吧!把我像妓女一样的取乐吧,玩个痛快吧!不要辜负我的火,我的热,我的美丽,我的肉体!”爱不但不美丽,而且变得“极其难看”和“可怕”。“热情的结果已如此”,其“过程”又如何呢?可以说充满着对“女性的玩弄”,例如对女子总是形容为小猫、小动物,讲策略,讲术,讲“激将法”;又说“一百个少女,九十九个是为床而生”;并且斤斤于俗丽与秀气,像挑肥拣瘦地买猪似的。总之是“不妥”。[③] 至《塔里的女人》,主人公不唯仍然“玩世”,而且又加上一半流氓态度。对女性,亦表现出同样的轻视。[④] 邵子南也认为,严格地说,《北极风情画》不是一个恋爱故事,而只是“一个男人怎样进攻女人”的故事。这和真正以恋爱为主题的小说有着原则上的区别。《塔里的女人》亦有同声色彩。作者对女人的色相,接近女人的“安逸”,展开极度夸张的描写,可以说仍未逃出“张资平的龙脉”——“不要说你想女人,女人想你还要想得厉害”。称之为有害的色情小说,不无原因。两书中的男女,不是“社会的有历史发展的男女”,而是“两足羊”。因此之故,悲剧虽然“惊天动地”,却是纯生理性的。这样的人物,到了敌伪统治区,就显出诸多的不合理。《海艳》便是如此。具体言之:第一,错认和敌伪斗争的英雄。小说的“英雄”,以及“英雄”夏莱的上司,完全不能成为与敌伪斗争的英雄。其次,所写的敌伪统治区完全是虚构的,没有生活实感;同

---

① 这种“吊膀子术”,曾为读者活学活用。1945年《万象周刊》第108期,刊载余易的《致“无名氏”先生——感谢〈北极风情画〉》。感谢的原因是:作者将书中朝鲜志士对付波兰女郎的战略,告诉恋爱中一筹莫展的朋友,经其如法炮制,终于如愿以偿,猎获到倾慕已久的对象。《北极风情画》让读者得到意想不到的“宝贵”收获。

② 萧闲:《北极风情画:小说的解剖之一》,《彷徨》1947年新第2期。

③ 方棱:《北极风情画》,《时与潮文艺》1945年第5卷第4期。

④ 方棱:《塔里的女人》,《时与潮文艺》1945年第5卷第4期。

时，夏莱在这之中的“奋斗”也是虚构的。再其次，夏莱的做法，也不值得称颂。可以说，夏莱是这三部小说的总结。《北极风情画》和《塔里的女人》中的男女，如果碰上政治斗争、抗日时代的对敌斗争，甚至一般的社会斗争，其结果，都会和《海艳》里的夏莱一模一样。赞美夏莱这样的人及其荒淫、懦怯、无耻，这便是三部小说的关键和要害。[①]

无名氏的小说，贯穿着一种“灰色的人生观”。批评者以为，其毒害青年处，较之色情尤大。作者“根本的态度”是“愤嫉和堕落”。文艺生于爱，并非出于恨。艺术制作基于一种艺术家的人格，或者说良知，其核心一定是爱。作者对波兰既具同情，可知其良知未泯，但却偏要去描写一个“鬼魂与死尸”的“野兽”，从而导致“不谐和”，以及对“爱的本心”的“辜负”。再者，作者所理解的人生，也有“讨论的余地”。对于人生，大概不外两种看法，一是看作目的，就是把饮食男女看作目的，另一种乃是把人生看作手段，“着重在每一张生活”“背后的意义”，亦即所谓“理想”。不幸作者所采用的态度是前一种。《北极风情画》以“玩世态度”始，以“我们相约：在这个星期中，我们要尽情地享受，不许谈一句正经话，做一件正经事”为过渡，以“只有用自己的□[②]为自己造成永久的黑暗”终。[③] 至《塔里的女人》，作者生活的态度，仍然不健康，即：讨厌人类，以最忧郁为最美丽。[④] 书中充满“世纪末的情调”和“十分悲观的思想”。[⑤] 这种态度，假若只是由韩国军官传染给波兰少女，影响倒还有限，倘若不幸由作者传染给读者，则“十分危险”。

“或者有人以这故事与战争无关相责”，李长之以为“不必”，“因为它与整个的人生”，“已经早有着颇大的距离”。[⑥] 当时重庆的文艺界，是否将“与抗战无关”的棍棒砸向无名氏的小说，目前尚无文献佐证。但在2003年，何满子对此却有回忆和评说，认为在国族存亡所系的年代，无名氏的专写“与抗战无关”的“黄色小说”，其实际效应是“诱导转移目标”，“涣散救亡图存的战斗意志和同仇敌忾之情”，从而为“正派人所抵制，所嫉鄙”。不过，何满子也承认“单

---

① 何家宁：《略评无名氏的小说——北极风情画，塔里的女人，海艳——》。

② □为缺字。原刊字迹模糊，难以辨认。据《北极风情画》原著，该字为“手”。另外，本句引文中的“永久”原作“永恒”。

③ 方稜：《北极风情画》，《时与潮文艺》1945年第5卷第4期。

④ 方稜：《塔里的女人》，《时与潮文艺》1945年第5卷第4期。

⑤ 何家宁：《略评无名氏的小说——北极风情画，塔里的女人，海艳——》。

⑥ 方稜：《北极风情画》，《时与潮文艺》1945年第5卷第4期。

就《塔里的女人》这类小说看,事过境迁,也看不出多大问题"。[①]《北极风情画》和《塔里的女人》的确与抗战无关,这是事实,无需刻意寻出蛛丝马迹,曲为原宥。但在整个抗战时期,无名氏还是创作过大量直接反应抗战的新闻、散文和小说,如《薤露》,副题即为《"八一三"三周年谨献给全体死难将士之英灵》;再如《火烧的都门》,则是写于"一九四〇年夏重庆被日机轰炸后"[②]。此类作品,并不鲜见。

另外,作者在创作《北极风情画》时,曾自陈其动因和目的,一则在于故事的妙趣;再则是靠它得稿费出风头,供人茶余酒后的消遣;三则是使人多了逛嫖的机会。[③] 批评也多据此展开。《云海与火》,是抗战后期某一[④]学校文艺团体的自办刊物,蜡印,仅出 4 期。其《刊头语》对杂文的来稿有过要求,即"公正"与"深涵"。因为"前数月[⑤],《北极风情画》等书曾风行一时,吸引了不少的读者",遂有"笔戈","从《北极风情画》说起",意在挥"戈"止日。批评的鹄的,一是"赚钱":"谁能说投机生意只有商人才会做,握笔杆的人,照样可以投机"。二是"搏名":"'作家'们为了要拥进'文豪'之列,而显示自己的声名,去绞血呕心地写几篇肉麻文章,迎合读者的胃口",这与妓女的"倚门卖笑",并无区别;而且"比任何犯罪的人底罪恶还要重"。"为了这代青年们",作者"控诉"并"呼喊":"救救孩子们!"[⑥]很显然,无名氏的小说,在当时已经等同于洪水猛兽。

对无名氏小说的流派特征,这次批评也作出初步的界定。李长之认为,作者在《北极风情画》中所表现的机智,只是调情之用,不过增加书中男主角"小生似的身份"而已。就此而言,小说可说是一种"新的佳人才子派"[⑦]。《塔里的女人》和《北极风情画》同样,属于新才子佳人式的小说,男主角照旧是"英俊动人","眼睛很美,很美"的小生式的人物。表现"洋场少爷"的生活处,则更为露骨:上午划船,中午野餐,下午看电影,黄昏听音乐,翻画报,晚上跳舞。不过,较《北极风情画》"提炼"而"纯粹",故可称为中国的新浪漫主义,或者新唯美主

---

① 何满子:《有权拒绝有权鄙视——从知人论世谈无名氏》,《文学自由谈》2003 年第 3 期。

② 无名氏:《无名氏代表作:塔里的女人》,北京:华夏出版社,2008 年,第 235 页。

③ 方稜:《北极风情画》,《时与潮文艺》1945 年第 5 卷第 4 期。

④ 之所以称"某一",是因为从刊物本身尚无法获知。

⑤ 《云海与火》的刻印时间不详,不过据此可以推知,刊物面世的时间,当在 1945 年年底或 1946 年年初。

⑥ 笔戈:《从〈北极风情画〉说起》,《云海与火》第 2 期。

⑦ 方稜:《北极风情画》,《时与潮文艺》1945 年第 5 卷第 4 期。

义。就"新浪漫主义"论,可列入徐訏一派;就"新唯美主义"论,却可自为一派[①]。至20世纪80年代,有关的论断,更是众说纷纭[②]。

同时,也正是在此基础上,开启了徐訏与无名氏的比较。西安时期,黄震遐曾面告无名氏:"从前拜伦写了《柴尔德·哈罗德》旅游诗,发现自己一夜之间,名满伦敦。足下现在正是当之,大家compare you and chuxu(徐訏)。"[③]比较源于这样一种事实,即1943年3月,徐訏的《风萧萧》开始在《扫荡报》副刊连载,一时名声大噪,故该年也被称作"徐訏年"。其后,黄修己也从语言和描写方法上,对二人进行比较,不过得出的却是政治性的结论。杨义则认为:徐訏在"展示西欧的柔情"时,"晃动着"的是"若隐若现的梅里美的靓丽的影子";而无名氏"从抒写北国的强悍开始","闪动着"的是"乍明乍暗的陀思妥耶夫斯基的悲戚的面容"。[④]

不过,无名氏的小说,收获的也并非只是抨击。靳以在重庆主编《国民公报》副刊《文群》时,即从1939年冬起到1940年止,相继刊载其短篇小说《古城篇》《日耳曼的忧郁》,以及一些散文,赞许其创作态度严谨,行文字斟句酌,推重其为文坛最有希望的新人,还将其与何其芳、卞之琳并举,视为北大出文人的典范[⑤]。李长之也指出《北极风情画》的"好处",主要体现在三个方面:结构上,作者叙述韩国军官和波兰少女在一度狂热的爱情享受之后,忽然因奉命离俄赴欧而分手,由顶点降到下坡,跌宕起伏;内容上,虽然"粉红色的氛围"铺张得太多,但在讲述波兰和居里夫人时,却道出对"这个民族的敬意,和一种伦理思想";描写上,因为作者对艺术尤其是音乐的爱好,书中特别充满了"审美的意趣"。这些"优长",均"不容抹杀"。[⑥]《塔里的女人》则更胜一筹。其"较佳

---

① 方稜:《塔里的女人》,《时与潮文艺》1945年第5卷第4期。

② 如曾庆瑞、赵遐秋的《中国现代小说140家札记》,将其概括为"新鸳鸯蝴蝶派"的代表;钱理群、温儒敏、吴福辉、王超冰的《中国现代文学三十年》,将其列入"洋场小说",并把《北极风情画》和《塔里的女人》看作"哀艳的鸳鸯言情体";黄修己的《中国现代文学发展史》则将其视为"洋鸳鸯蝴蝶派"的代表性作品;严家炎的《中国现代小说流派史》,把徐訏与无名氏俱归入"后期浪漫主义"。余者如孔范今认为是"后期现代派",陈思和主张"消极浪漫派",吴福辉认定为"后期海派",许道明直接将其纳入"海派",朱德发和耿传明等持"新浪漫派"之论,吕周聚则认为是"现代主义兼浪漫主义",不一而足。参见厉向君《人生悲苦命运的象征——无名氏与其他中国现代作家作品论》(巴蜀书社,2009)第200、206页。

③ 赵红滨:《从边缘到超越——现代文学史"零余者"无名氏学术肖像》,第166页。

④ 杨义:《中国现代小说史》(第三卷),北京:人民文学出版社,1986年,第501页。

⑤ 赵红滨:《从边缘到超越——现代文学史"零余者"无名氏学术肖像》,第163页。

⑥ 方稜:《北极风情画》,《时与潮文艺》1945年第5卷第4期。

处”在于中间“故事的纯粹”,更能表现作者对于人生“好的方面”,如审美、情感的态度,也更能充分施展作者在艺术方面特别是音乐的修养。屏去头尾不论,故事的本身,的确比《北极风情画》强。[①] 不过,李长之推许的,却是《露西亚之恋》。作品的“潦草粗糙”和“不和谐”,尽管还十分显然,但毕竟有些光明所在,可以挽回《北极风情画》及《塔里的女人》某些“可议甚而可怕”的成分。作者的态度还是基于同情和敬意。面对波兰和韩国两个悲惨的民族,其有意描写革命者虽然不多,但在风格和句字之间,却有一种“挣扎,坚实,严肃,以求达到止于至善的企图”。总之,没有后来两部书的“流”,而又给人愉快。其中《古城篇》的对话,“逼真而简练”。而不能不“惊赏”者,乃是《骑士的哀怨》对人与马亲爱的描写。其次可读的就是《露西亚之恋》。两篇的写作,都“十分卖力”。李长之的批评,大多基于审美直觉和审美经验,不以政治原则取代艺术标准。通过对作品得失一分为二的剖析和总结,论者希望作者迷途知返,再从出发处起程。[②]

作为被重新发现的作家,无名氏一度颇受青睐,其作品也重新得到肯定与推崇。但时至今日,关于《北极风情画》和《塔里的女人》的评价,依然褒贬不一,甚至针锋相对。而抗战时期即已出现的这些批评,尚未引起研究者的充分关注。其中的部分观点,不乏灼见;至于批评者的态度,更是值得借鉴。

作者简介:

熊飞宇,重庆师范大学助理研究员,文学博士,研究方向为重庆抗战文化。

---

① 方稜:《塔里的女人》,《时与潮文艺》1945 年第 5 卷第 4 期。

② 方稜:《露西亚之恋》,《时与潮文艺》1945 年第 5 卷第 4 期。

抗战时期的军歌及其文化价值

王巨川 黄 伶

[摘要]抗日战争时期,国共两党领导的军队中都有着激励官兵浴血奋战的军旅歌曲,这些军歌不但在战斗中担负着宣传鼓动、激励斗志的作用,而且在活跃将士文化生活方面也起到了重要作用,使之成为中国军队在抵抗外敌入侵斗争中"以笔代刀枪"的有力武器。文章梳理中国军歌产生的历史源流,分析抗战时期国共两党所制定的文化政策与军歌文化形态的关系,以及抗战时期军歌的历史文化价值。

[关键词]军歌;抗战时期;《八路军进行曲》

军旅歌曲作为特定范围中的一种特殊文化形态,历来是军队征战和将士日常生活必不可少的文化组成部分。中国的军歌在发展过程中同样承担着政治与文化的双重功能,特别是在抗日战争时期,国共两党领导的军队中都有着激励官兵浴血奋战的军旅歌曲,这些军歌不但在战斗中担负着宣传鼓动、激励斗志的作用,而且在活跃将士文化生活方面也起到了重要作用,使之成为中国军队在抵抗外敌入侵斗争中"以笔代刀枪"的有力武器。同时,抗战期间的军旅歌曲又是中国近现代以来发展的成熟阶段,在以"抗战建国"为核心思想的文艺政策指导下,不论是军队将士还是各方的抗日知识分子、音乐家们都积极投入抗战歌曲创作,形成了一股抗战军歌热潮,这些军歌广泛流行在各个抗日队伍和广大人民群众之中,逐渐演进成为抗战时期特殊的文化形态。本文简单梳理中国军歌产生的历史源流,进而分析抗战时期国共两党所制定的文化政策与军歌文化形态的关系,以及抗战时期军歌的历史文化价值。

一、中国军歌产生的历史源考

中国的军旅歌曲是伴随近现代军队的建立而发展起来的,它的雏形最早可追溯到《诗经·秦风》中秦国抗击西戎入侵的《无衣》一诗:"岂曰无衣?与子同袍。王于兴师,修我戈矛。与子同仇!岂曰无衣?与子同泽。王于兴师,修我矛戟。与子偕作!岂曰无衣?与子同裳。王于兴师,修我甲兵。与子偕行!"诗歌中所唱的是秦人兵士在出征前动员的情形,诗歌在回环反复的"同袍"、"同仇"、"同泽"中表达出面对敌人时的同仇敌忾和偕同并行共御外侮的精神,具有强烈的激励作用和感染力量。在中国几千年的军旅征战历史中,大量对战争的追述、描写的歌诗虽然并非严格意义上的军旅歌曲,然而它们都如《无衣》一样,是将士征战中不可缺少的精神力量和文化组成。如三国时期被称为"字硬句坚,一扫沉靡"的《魏鼓吹曲》十二首和《吴鼓吹曲》十二首。或是对战捷后的颂歌和戍边杀敌的激励,这一类当属唐代的边塞诗为代表,诸如王昌龄的"但使龙城飞将在,不教胡马度阴山"、"黄沙百战穿金甲,不破楼兰终不还",杜甫的"男儿生世间,及壮当封侯。战伐有功业,焉能守旧丘。召募赴蓟门,军动不可留。千金买马鞭,百金装刀头。闾里送我行,亲戚拥道周。斑白居上列,酒酣进庶羞。少年别有赠,含笑看吴钩。"据《唐会要》上记载:"入魏晋以来,鼓吹曲章多述当时战功,是则历代献捷必有凯歌。"[①]在出征抗敌前或者战后大捷之时为了激励、鼓舞官兵士气而创作、编唱的军旅词曲成为各个历史时期军队文化中的一个重要组成部分,并逐渐形成一种特殊的体裁形式和现代军旅歌曲生成的基础。

现代军歌产生于清以降的晚清时期,闭关锁国的内循环式发展和庸碌腐朽的国政形态最终导致中华民族犹如沉睡不醒的雄狮,饱受西方列强的欺侮与分割。面对家破国亡的危险境遇,大批警醒的知识分子开始寻求救国的方法和振兴的良药,"革命"成为当时社会进程中的最强音。伴随着"师夷之长技以自强"和新文化运动思潮的兴起,西方新思想、新文化不断地冲击着国人破旧图新的吁求,接受西方新文化、新知识成为知识分子们启蒙国人、改变国家命运的一条重要路径。在"改良"、"革命"的过程中,许多知识分子意识到军歌在铸就"兵魂"、强健"国运"中的重要作用,相继表达了自己的看法和观点。启蒙思想倡导者之一的梁启超从南宋诗人陆游那里找到异代共鸣,创作《读陆放翁集》一诗:"诗界千年靡靡风,兵魂销尽国魂空。诗中什九从军乐,亘古男儿一放翁。"他热烈地赞赏陆游诗歌中渴望建功立业、为国驱驰之志,以及至老不衰的高昂格调和千古难遇的奇男子气概。同时,流亡日本的梁启超又深深感

① 柳羽:《中国古代军乐》,《民族民间音乐》1987年第6期。

慨于日本人的尚武精神，在对陆游爱国精神的体认和日本尚武精神的认同中反思中国社会所面临的衰微之境，认为中国革新的当务之急首先是要铸就“兵魂”精神，即“中国有兵之形而无兵之神，有兵之人而无兵之魂，无魂之兵，犹如无兵。……今日所最要者，则制造中国魂是也。中国魂者何？兵魂是也。有有魂之兵，斯为有魂之国。夫所谓爱国心与自爱心者，则兵之魂也。而将欲制造之，则不可无其药料与其机器。人民以国家为己之国家，则制造国魂之药料也，使国家成为人民之国家，则制造国魂之机器也。”[①]唯有如此，才能达到“富国强兵”和“军国民教育”的目的。其学生蔡锷更是标榜日本的音乐教育在凝聚国民爱国精神的作用，他说：“日本自维新以来，一切音乐，皆模法泰西，而唱歌则为学校功课之一。然即非军歌军乐，亦莫不含有爱国尚武之意。听闻之余，自可奋发精神于不知不觉之中。”[②]在先驱者们为中华民族的“国运”衰微而振臂疾呼中，黄遵宪创作于1902年的《军歌二十四章》改变了“中国向无军歌”的历史，成为近代军歌的开端之作。其中有《出军歌》、《军中歌》、《旋军歌》等各八章，全诗格调大气磅礴、雄浑雅正。每一章最后结句均为三个叠字，取尾字联结即是：“鼓勇同行，敢战必胜，死战向前，纵横莫抗，旋师定约，张我国权。”表现出勇者胜、壮军威、增士气、保国土的军人气概。梁启超曾“读之狂喜，大有‘含笑看吴钩’之乐”，他评价说：“其精神之雄壮活泼沉浑深远不必论，即文藻亦二千年所未有也”，认为“军歌”是关系到“国运”升沉的重要一端，他在《饮冰室诗话》中说：“吾中国人向无军歌，其有一二，若杜工部之前后《出塞》，盖不多见，然于发扬蹈厉之气尤缺。此非徒祖国文学之缺点，抑亦国运升沉所关也。”[③]由此我们看到，近代军歌中有一个凸显的内涵，即在救亡图存的背景下具有唤醒国民意识和增强士兵爱国精神的“国民性”色彩，以救国、强兵、御侮等爱国思想为主题，激发国民的参与意识和奋斗精神。

从清末到民初的这一段时期中，军歌已然成为军队中不可或缺的文化形态。张之洞1904年创作了《军歌》，要求颁其所部“各营兵勇，令其熟读歌唱”。1905年，梁启超创作的《从军乐》：“从军乐，告国民：世界上，国并立，竞生存。献身护国谁无份？好男儿，莫退让，发愿做军人。”这一时期的军歌在题材和内容中无不表达出“晚晴志士企望形成为国战死的军人意识，使中国在强敌环

---

① 梁启超：《中国魂安在乎》，《清议报》第33期，1899年第2月第23日。

② 《中国近代音乐史料汇编(1840—1919)》，张静蔚编选校点，北京：人民音乐出版社，1998年，第184页。

③ 梁启超：《饮冰室诗话》，北京：人民文学出版社，1959年，第43页。

伺、弱肉强食的危境中,得以发愤图强,反败为胜"的思想内涵。[①] 辛亥革命之后,中国内战纷乱,各派系军阀征疆夺地,然而无论是东北张作霖的"奉军"、湖北吴佩孚的"直军"、安徽段祺瑞的"皖军",以及冯玉祥的"西北军"和广东革命政府的"北伐军"都很注重军歌在战斗中的作用,把要求军人唱军歌列为重要的激励形态,这是中国早期军队生活中的一个普遍现象。在这一时期,出现了许多流行的军队歌曲,如《中国海军》《中国陆军》《射击军纪歌》《国耻歌》《军人争气歌》、军人十诫歌》《战斗动作歌》《忠勇歌》《国民革命军军歌》等等。这些军歌大都有一个共同的特点,就是便于记忆、通俗易懂、语言朴实,符合战士的训练和实战要求,例如当时影响较大的"西北军"军歌,大都是冯玉祥结合治军过程的问题并合乎战斗要求亲自编写教唱,他后来曾说:"我在书上看到戚继光教士兵唱歌的事,也曾读过曾国藩编的许多军歌。我觉得这唱歌对于官兵的身心及其他方面都有极大的益处。所以,我在训练军队的时候,自己编过许多歌子给他们唱,收到很大的效果。"[②]据史料统计,冯玉祥编写的军歌歌谱前后共整理出 102 首。其中《射击军纪歌》、《战斗动作歌》和《利用地形歌》在当时被称为是西北军部队的三大军歌。[③]

整体来看,中国近现代军歌发展一直是伴随着国内的政治运动与抵抗外侵御侮的思想形态,其内涵则围绕着"救亡"、"启蒙"、"富国强民"等思想意识来展开。同时,现代教育的全面发展与成熟和"五四"新文化、新文学的兴起为军歌的创作、传播提供了丰厚的文化基质。这里需要指出的是,中国共产党自成立以来,对军歌在军队中的作用有了明确的认识,并把军歌列为文化宣传工作中重要的一部分,例如在 1929 年 12 月 28 日召开的古田会议上通过的毛泽东主持起草的《中国共产党红军第四军第九次代表大会的决议案》(史称《古田会议决议》),其中关于"宣传工作问题"中就明确了"宣传的任务,就是扩大政治影响争取广大群众。"针对"革命歌谣简直没有"的状况要求"各政治部负责征集并编制表现各种群众情绪的革命歌谣,军政治部编制委员会负督促及调查之责。"同时,"宣传队中设口头宣传股及文字宣传股,研究并指挥口头及文字的宣传技术。"《古田会议决议》先后在红四军和各地工农红军中贯彻执行,不但使中国共产党领导的军队成为一支新型的人民军队,同时,宣传方面的政策规定指明了文化工作的方向,使中国共产党的宣传工作得到较大的发展,也

---

① 宋颖:《近代中国军歌的发展》,《辽宁高职学报》2008 年 3 期。

② 冯玉祥:《丘八歌与丘八》,《音乐月刊》第 1 卷第 6 期,1942 年 11 月号。

③ 《冯玉祥军歌选》,谭胜功、黄砚如编,开封:河南大学出版社,1986 年。

为后来的军歌及抗日歌曲的创作和发展起到指导性的作用。

二、抗战时期文化政策与军歌发展

1937 年 7 月 7 日卢沟桥事变之后中国开始进入全面抗战，这一时期国共两党达成了“停止内战、一致对外”的认同，进而形成“抗日民族统一战线”。在抗战八年中，中国军歌的创作从数量到内容都有了较大的发展，国共两党分别就军歌在军队建设和国民抗战中的积极作用给予了高度的重视，从政策的制定、实施方面做了大量的工作。通过针对革命音乐文化而制定、实施了一系列的文化政策和措施，使军歌的创作走向成熟发展的道路，并在这一时期成为抗战文艺形式中一支重要的文化武器和精神力量。

自“九一八”事变之后，中国共产党为了配合党的政治思想贯彻、号召全体民众投身抗战和促成抗日民族统一战线的需要，把宣传工作列入党的重要工作序列之中，为了更好地开展工作，制定并发布了一系列的宣传工作制度和政策。如《中央关于宣传教育工作的指示》(1936 年 5 月 17 日)、《抗战以来中华民族的新文化运动与今后任务》(1940 年 1 月 5 日)、《中央关于发展文化运动的指示》(1940 年 9 月 10 日)、《总政治部、中央文委关于部队文艺工作的指示》(1941 年 1 月 18 日)、《关于党的宣传鼓动工作提纲》(1941 年 6 月 20 日)、《中央宣传部关于各抗日根据地群众鼓动工作的指示》(1941 年 7 月 10 日)等等。[①] 这些指示和政策加强了党内外宣传组织机构的建设和完善了抗战文化宣传策略，成为抗战时期指导军队与民众文艺创作与宣传方向的纲领。其中，尤为注重部队文艺宣传鼓动对政治思想统一、军队士气凝聚和对外影响的重要性，在《总政治部、中央文委关于部队文艺工作的指示》中明确提出：“部队文艺工作，是指部队中的戏剧、音乐、美术、文学等等活动而言。部队文艺工作是部队政治工作的一个重要部分，因其不仅在于能够帮助部队的政治教育与宣传鼓动，调节部队生活，提高部队战斗情绪，而且是密切部队与群众联系及对外扩大我军影响的有力武器。”[②]在党的政策指导下，各级军队纷纷建立起剧团和宣传队，并配备专门的部门与专业人员进行有计划、有组织的文艺活动。《指示》中特别强调：“在音乐方面，除剧团本身的音乐活动外，还应当在连队中普遍发展歌咏活动。”正是这些政策的制定和实施，使抗战期间的军歌不论是

---

① 有关具体宣传政策文件详见《六大以来 · 宣传教育》、《中共中央文件选集》。

② 《六大以来——党内秘密文件》(下)，中共中央书记处编，北京：人民出版社 1989 年版，第 835 页。

在创作方面还是在普及方面都有了一个迅速的发展。在这项活动中,军队中的各级军官士兵以及各地音乐家们都积极地参与其中,例如《新四军军歌》的歌词是以陈毅的新诗《十年》为初稿,"在叶挺、项英的主持下,组织力量,集中各方意见,对这个初稿进行修改。袁国平、周子昆以及军部秘书长李一氓、军政治部宣传部长朱镜我及秘书长黄诚等,都热情而又积极地参与讨论和修改"①,由音乐家何士德为最终的歌词谱曲。再如1939年,中央政治部为了培养军队的音乐创作和指挥人才特别组织了一个为期三个月的文化训练班,专门"教唱革命歌曲。当时学唱的歌曲比较多,有《新四军军歌》《三大纪律八项注意》《大刀进行曲》《义勇军进行曲》《在太行山上》《延安颂》《黄河大合唱》等。每逢上课、点名前就唱歌、游戏、开文娱会唱得更多。"②

在抗日战争的过程中,由国共两党领导的各个军团部队是抵抗侵略打击敌人的重要军事力量,在这些部队中都有各自的军歌,如在徐州会战中发挥重要作用的滇军的《六十军军歌》、台儿庄战役中的川军军歌、长城抗战中浴血奋战的三十二军的《三十二军军歌》,以及《五十二军军歌》《二十九军军歌》《第十四集团军军歌》《新四军军歌》《中国远征军军歌》等。这些军歌无一不体现出全体将士面对侵略者奋起反抗的爱国主义精神,保家卫国、收复河山等民族精神通过音乐的歌声深深地印刻于每一名将士的心中。如"为祖国的生存而奋斗,团结得好比钢一样。服从命令,保卫边疆,联合民众,抵抗暴强,把自己的力量,献给祖国,完成中华民族的解放。"(《第十四集团军军歌》)"中华男儿血,应当洒在边疆上。飞机我不睬,大炮我不慌。我抱正义来抵抗!枪口对好,子弹进膛。冲!冲出山海关,雪我国耻在沈阳。中华男儿汉,义勇本无双。为国流血国不亡。凯旋作国士,战死为国殇。精忠长耀史册上,万丈光芒!"(《五十二军军歌》)"为了社会幸福,为了民族生存,一贯坚持我们的斗争!八省健儿汇成一道抗日的铁流,……深入敌后百战百胜,汹涌着杀敌的呼声。要英勇冲锋,歼灭敌寇;要大声呐喊,唤起人民。发挥革命的优良传统,创造现代的革命新军,为了社会幸福,为了民族生存,巩固团结坚决的斗争!"(《新四军军歌》)

另外,在前线战场和中原抗日根据地以外,我们不能遗忘的还有另一个坚持了14年的抗日战场——由杨靖宇、赵尚志等民族英雄领导的东北抗日联军。毛泽东在1938年2月《同合众社记者王公达的谈话中》说:"中国共产党

① 邵凯生:《云岭交响曲》,北京:解放军文艺出版社,1997年,第30页。

② 本书编辑组:《中共中央东南局》(上),北京:中共党史出版社,2006年,第173—174页。

和东北三省抗日义勇军有密切的关系。例如有名的义勇军领袖杨靖宇、赵尚志、李红光等等，他们都是共产党员，他们的坚决抗日艰苦奋斗的战绩，是人所共知的。那里也是民族统一战线，除共产党员外，还有其他的派别及各种不同的军队与民众的团体，他们已在共同的方针下团结起来了。”[①]《八一宣言》中也说：“我东北数十万武装反日战士在杨靖宇、赵尚志、王德泰等民族英雄领导之下，前仆后继地英勇作战，表现了我民族救亡图存的伟大精神，证明了我民族抗日救国的必然胜利。”[②]在抗日联军中有一首流传广泛、影响深远的军歌——《东北抗日联军第一路军军歌》。1936 年 2 月 20 日，东北各地的抗日武装力量根据《八一宣言》的精神发表了《东北抗日联军统一军队建制宣言》，同年 7 月 4 日，经南满党的第二次代表大会和第一、二军高级干部会议决定将第一、二路两军合并成为东北抗日联军第一路军，杨靖宇任总指挥兼政治委员。杨靖宇怀着异常激动的心情奋笔疾书，在充满着必胜的信念中完成了这首军歌的歌词，后经尹俊山谱曲并发到第一路军各部队教授传唱，它伴随着东北抗日联军艰苦卓绝的抗日斗争，成为抗联将士们巨大的精神力量，它“充分表现了奔腾澎湃的炙热情感、高尚的民族气节和前赴后继的大无畏牺牲精神，是崇高的爱国主义壮丽诗篇和叱咤风云铿锵作响的不朽乐章，是历史留给我们的一笔丰厚精神财富和文化遗产。”[③]李兆麟等人创作的《露营之歌》中唱到：“铁岭绝岩，林木丛生，暴雨狂风，荒原水畔战马鸣。围火齐团结，普照满天红。同志们！锐志哪怕松江晚浪生！起来呀，果敢冲锋！逐日寇，复东北，天破晓，光华万丈涌！……壮士们，精诚奋发横扫嫩江原！伟志兮，何能消减！全民族，各阶级，团结起，夺回我河山！”

与中国共产党如火如荼地利用各种文艺形式来鼓舞军队和民众抗击日本侵略不同的是，国民党政府虽然也提出了“三民主义文艺”和“民族主义文艺”的文化政策纲领，然而在具体措施与执行上依然停留在“纸上谈兵”，不论是具体的实施方案还是文艺创作都没有实质性的作为。虽然说作为当时的民国执政党的国民党军队也有自己的军歌，如《陆军军歌》《海军军歌》和《黄埔军校校歌》等，但是面对前线将士们浴血杀敌的惨烈以及日本侵略者的疯狂侵略，

---

① 毛泽东：《毛泽东文集》第 2 卷，北京：人民出版社，1991 年，第 103 页。

② 《中国苏维埃政府、中国共产党中央为抗日救国告全体同胞书》，《救国时报》1935 年 10 月 1 日。

③ 陈福顺：《杨靖宇〈东北抗日联军第一路军歌〉的历史价值研究》，《重庆大学学报》（社会科学版）2005 年 3 期。

这些军歌已经远远不能满足现实性抗战的需要,诚如《文艺月刊》的编辑王平陵所说:"我们抗拒暴日的侵略,已将近 20 个月了,军队与民众所急需的精神食粮,依然是非常贫乏,甚至连一支朗朗上口的军歌,都无从寻觅,不能不认为莫大的遗憾!"他认为"军歌是最有益于抗战的文字","为要强调军队的战志,丰富军队的生活,不能没有军歌;我们为要燃烧国民爱国的热情,统一国民的意志,凝聚国民的力量,更不能没有军歌。军歌是训练军队的武器,教育民众的工具,是代表军民一致的要求,是被压迫者反抗的呼声。"基于此,王平陵把军歌在抗战时期的作用提升到了要高于其他一切宣传形式的位置上,他说:"在抗战中,假使能有雄壮激昂的军歌;普及于军队和民众,宣传效率的悠久与伟大,至少要超过一千种重复的刊物,一万册空疏的小册子,十万篇无聊的短文,一百万条无用的标语!"[①]在他的提议和抗战形势的需要下,当时任宣传部长的邵力子提出在全国征集抗战军歌的方案,经中宣部政治部协商同意决定由中国文艺社组织开展军歌的征集工作,具体组织者为"六一社"会员、《文艺月刊》主编王平陵。经过王平陵、叶楚伧以及众多诗人、音乐家、文艺工作者的努力,短短的一个月就征集军歌稿件 2515 首,在其中初选了 260 首,由国民党教育部组织的文化界人士组成复审小组进行审核,其中包括诗人汪东、胡小石、汪辟疆、易君左、宗白华、梁宗岱,文艺工作者张道藩、老舍、王向辰、徐仲年,作曲家杨仲子、唐学咏、李拘忱、金律声、应尚能、贺绿汀、沙梅等人。

1939 年 2 月 1 日出版的《文艺月刊·战时特刊》第 2 卷第 11、12 期合刊为《军歌特辑》,上面刊载了征集军歌中的优秀歌曲 80 首,其中就有在抗战时期被广为流传、脍炙人口的《游击队歌》:"我们都是神枪手,每一颗子弹消灭一个敌人,我们都是飞行军,哪怕那山高水又深。"通过朴实通俗的语言、欢快活泼的曲调和生机勃勃的节奏把游击队员们的杀敌战术和勇敢形象刻画得淋漓尽致。贺绿汀在谈到这首歌曲的创作时说:"游击战争的战略战术是一回事情,如何把这些战略战术的方针体现在具体的群众歌曲中,那又是另外一回事情。它必须通过生活形象,赋予一定感情趣味,才能使唱和听的人有兴趣。"[②]

---

① 转引自张大明:《主潮的那一面——三民主义文艺与民族主义文艺》,北京:中国社会科学出版社,2010 年,第 70—71 页。

② 贺绿汀:《〈游击队歌〉创作经过》,《贺绿汀全集》第 4 卷,上海:上海音乐出版社,1999 年,第 249 页。

三、抗战时期文化形态与军歌的历史价值

抗战八年对于中华民族来说无疑是艰辛而惨烈的，在中国共产党发出的“坚决对日作战，恢复一切失地，驱逐日本帝国主义出中国”的号召下，中华各民族人民、各党派力量团结一致，通过艰苦卓绝的反侵略战争取得了抗战的胜利。与此同时，中国人民在抗战这一历史阶段中也培育出具有鲜明时代特色和深远历史意义的抗战文化，突显出“团结抗日、救亡图存”的爱国主义精神。这其中，军旅歌曲是传达抗战文化和提升爱国主义民族精神的重要载体。总体来看，抗战时期发展起来的中国军歌深刻地打上了这一特殊时代文化形态的印记。

1. 抗战时期的军歌基本都是围绕着一个主题，具有明确的导向性，体现出中国共产党一贯执行的宣传工作中重要的一个方面，即“文武两个战线”并行展开，在军事力量打击侵略者的同时积极利用文化力量提升士气和民意。毛泽东在《新民主主义论》中说道：“革命文化，对于人民大众，是革命的有力武器。革命文化，在革命前，是革命的思想准备；在革命中，是革命总战线中的一条必要和重要的战线。”[①]在中华民族反抗日本侵略者的战争中，保家卫国、收复河山、驱除鞑虏的爱国主义精神以及宣扬英雄主义式的战斗精神占据了这一阶段文艺宣传的全部。因此，不论是军队官兵自己创作的歌曲还是由进步知识分子谱写的歌曲都有一个共同的特点，即在“民族抗日统一战线”的强大力量驱动下，一切与抗战无关的音乐观念都被置于次要位置，每一首军歌的创作心理、语言形式、表现内容等方面都紧紧围绕抗战的总体要求，成为军队中提升士气、勇往杀敌、振奋军心不可或缺的精神力量。如我国最早的抗战歌曲《抗敌歌》第一次用音乐的形式响亮地喊出了“抗日”的口号：“中华锦绣江山谁是主人翁？我们四万万同胞。强虏入寇逞凶暴，快一致永久抗敌将仇报。家可破，国须保；身可杀，志不挠。一心一力团结牢，努力杀敌誓不饶。”《露营之歌》中表达了抗联战士的心怀壮志：“伟志兮！何能消灭，团结起，赴国难，破难关，夺回我河山。”可以说，这一时期的军歌不仅仅是鼓舞军队将士奋勇杀敌，它还是唤醒全民族人民起来反抗日本侵略者和激励人们抗日救国的精神武器，其中蕴含着明确的政治形态的思想导向。

---

① 毛泽东：《新民主主义论》(1940 年 1 月)，《毛泽东选集》第 2 卷，北京：人民出版社，1991 年，第 701 页。

2. 音乐的民族化和大众化在延安等革命根据地已经成为创作的核心思想,也是军歌创作时重要因素之一。毛泽东在1938年10月的中共六届中央委员会第六次会议上就提出要"废止洋八股","代之以新鲜活泼的、为中国老百姓所喜闻乐见的中国作风和中国气派"。[①] 在《新民主主义的政治和新民主主义的文化》中也提到中国文化应有自己的形式,这就是民族形式,我们必须尊重自己的历史,决不能割断历史,强调文艺需要民族化、要有民族的个性,文艺民族化对于构建新民主主义文化来说是十分重要的。《抗战以来中华民族的新文化运动与今后任务》(1941年1月5日)中关于"中华民族新文化的内容与性质"明确提出了"必须是为抗战建国服务的文化",这种新文化首先就是"民族的","抗日第一,反帝,反抗民族压迫,主张民族独立与解放,提倡民族的自信心,正确的把握民族的实际与特点的文化。"同时,它又是"大众的","主张代表大多数人民利益的、大众的、平民的文化,主张文化为大众所有,主张文化普及于大众而又提高大众。"[②]在共产党人的倡导和文艺政策的规范下,大多的音乐家们把音乐的民族性与大众化放到创作的首位,冼星海在为鲁迅艺术学院成立周年纪念而写的文章中就谈到:"我们创作怎样的新音乐呢? 我的回答是以'大众化'为第一要紧,音乐要有力量,节奏要明显,通过民族的形式和内容来创作民族的新音乐。"后来又强调说:"要获得民族解放战争的最后胜利,必须创作大量的大众化的战歌。"[③]贺绿汀对于音乐的民族性和大众化也发表了自己的看法,他说:"在抗战时期,我们要用音乐来动员民众……为了这个目的,我们应该理解目前抗战局面,理解现阶段各阶层民众生活的实况,到战争的最前线去,到敌后去,以体验一切来充实自己的生活,锻炼自己的思想、感情,这样参会产生为民众、为士兵所需要的歌曲。"[④]抗战本身就关乎中华民族生死存亡,具有强烈的民族性,军歌的创作也深深根植于民族的土壤之中,有着深厚的民族底蕴,从而使军歌能够经久不衰,具有旺盛的生命力。

3. 激励军队将士抗战的精神武器,塑造英雄主义的文艺形态。冼星海慰对抗战歌曲有着清醒的认识,他认为抗战救亡歌曲"是一种新的力量,一种敏

---

① 毛泽东:《论新阶段》,《解放》第57期,1938年11月25日。

② 中共中央书记处编:《六大以来——党内秘密文件》(下),北京:人民出版社,1989年,第789—790页。

③ 冼星海:《为什么研究民歌》,《我学习音乐的经过》,北京:人民音乐出版社,1980年,第108页。

④ 贺绿汀:《抗战音乐的历程及音乐的民族形式》,《搜索历史——中国近代音乐文论选编》,上海:上海音乐出版社,2006年,第249页。

锐的武器，用她可以保卫国土，唤醒民众；而且还可以粉碎敌人！”“她就是我们民族的唯一精神安慰者，更可以说是我们的国魂”，因而“她具有伟大雄厚的力量”，这力量“可以慰藉前方英勇的战士”。[①] 冼星海的这种创作意识同样反映在抗战时期军歌的创作中，在残酷的战争中，每一名战士都承受着失去战友的悲痛并随时准备着付出自己的生命，就像穆旦的诗句那样：“在阴暗的树下，在急流的水边，/逝去的六月和七月，在无人的山间，/你们的身体还挣扎着想要回返，/而无名的野花已在头上开满。……过去的是你们对死的抗争，/你们死去为了要活的人们的生存，/那白热的纷争还没有停止，/你们却在森林的周期内，不再听闻。/静静的，在那被遗忘的山坡上，/还下着密雨，还吹着细风，/没有人知道历史曾在此走过，留下了英灵化入树干而滋生。”（穆旦《森林之魅》）

综上所述，抗战时期不论是正面战场的军队中还是敌后武装的抗日力量中，军歌都是抗日过程中重要的一种文化形态，应该说，抗战时期的优秀军歌以其特殊的文化形态“汇合到抗日反汉奸斗争这总流里”（鲁迅）。与以往的军歌相比而言，抗战时期的军歌在主题、形式和内涵中都有所不同，创作数量之多、流行范围之广也远远超越了以往的军歌，在抗击日本侵略者的战争中发挥了巨大的精神武器的作用。同时，抗日战争期间的许多军歌不但在抗战期间广为流传，而且在解放战争时期和新中国成立以后也依然保留着，成为军队文化中重要的一部分。例如1939年由公木作词、郑律成谱曲的《八路军大合唱》八首中的《八路军进行曲》，“问世后很快流传于八路军各部队和抗日根据地，后被正式刊登在《八路军杂志》上，得到中央军委的正式认可。解放战争时期，《八路军进行曲》在华北等地区传唱中被更名为《中国人民解放军进行曲》。1988年7月25日，中央军委发布命令，正式将其命名为《中国人民解放军军歌》……成为中国新军歌中最具有代表性的作品之一。”[②]其他诸如《抗日军政大学校歌》（凯丰词、吕骥曲）、《延安颂》（莫耶词、郑律成曲）、《炮兵进行曲》（李伟词曲）、《我们的铁骑兵》（夏兵词、劫夫曲）、《没有共产党就没有新中国》（火星词曲）等歌曲在今天依然是军队中广为传唱的经典名曲。

---

① 冼星海：《我学习音乐的经过》，北京：人民音乐出版社，1980年，第90、99、101页。

② 王琴：《军歌嘹亮——现当代军旅歌曲的历史回顾》，《党史纵览》2007年9期。

作者简介:

王巨川,文学博士,中国艺术研究院副研究员,华南师范大学文学流动站博士后。研究方向为中国现代文学与文化研究。

黄伶,国家图书馆馆员,研究方向为中国现代文献学。

甲申之变竞相热演
——江苏敌后抗战末期戏剧活动一斑

朱安平

[摘要]在抗日战争即将转入反攻阶段前夕，郭沫若的《甲申三百年祭》被毛泽东和中共中央列为全党整风文件，在各个抗日根据地引起强烈反响，苏中、苏北几乎同时把它搬上舞台，生动、形象地对广大干部和指战员进行宣传教育，曾经风靡一时，产生很大影响。

[关键词]《甲申三百年祭》；创作；排练；演出

1945 年 5 月下旬，规模盛大的新四军三师政治工作扩大会议隆重开幕，三出皆为演绎崇祯祸国殃民与李自成骄傲致败的历史剧，同时在阜宁东沟广场临时自筑的舞台上精彩亮相。它们分别是新四军三师八旅文工队的话剧《李闯王》(阿英编剧)、苏中前线剧团的话剧《甲申记》(夏征农、吴天石、沈西蒙编剧)、淮海实验剧团的京剧《九宫山》(击楫词人即李一氓编剧)，观者如潮，盛况空前。这一极为罕见的三剧鼎立、同场竞演之举，将蓬勃发展的江苏敌后抗日根据地戏剧活动推向高潮。

一、配合整风教育

江苏敌后根据地热演李自成起义题材戏剧，与“曾经引起过轩然大波的一篇文章”有关①，这就是郭沫若 1944 年写于国民党统治中心重庆的《甲申三百年祭》。按传统纪年方式，当年正逢农历甲申年，适值中国封建社会规模最大的李自成领导的农民起义推翻明王朝统治三百年，也恰是这位农民革命领袖登上皇帝宝座却又旋告失败三百年。国民党御用文人以研究明王朝灭亡原因

---

① 郭沫若：《〈历史人物〉序》，郭沫若纪念馆、中国郭沫若研究会、四川郭沫若研究学会合编：《〈甲申三百年祭〉风雨六十年》，北京：人民出版社，2005 年，第 118 页。

为名,发表文章影射攻击共产党,说什么“流贼实因‘东事’而蜂起,‘东事’亦缘流贼而不救”。就在此时郭沫若偶然读到一部名为《剿闯小史》的罕见清初抄本,立即将其加以整理标点交付出版,并打算把李自成所代表的农民运动写成剧本,先行撰写出《甲申三百年祭》一文,用历史唯物主义观点,剖析明朝灭亡的原因和李自成领导的农民起义失败的教训,借以驳斥和回击对革命力量的诬蔑诋毁。① 文中包括三个方面内容:明朝末年,政治腐败、灾荒严重、崇祯昏聩,结果引起民变,致遭亡国之祸;李自成起义队伍由小到大,终至推翻明朝统治,占领北京,其中知识分子李岩起了重要作用;李自成占领北京之后,不听李岩主张,被胜利冲昏头脑,忽略敌人,不讲政策,有些首领生活腐化,发生宗派斗争,最后终于失败。文章于3月19日至22日在重庆《新华日报》连载,在社会各界引起强烈反响,国民党方面立即出来干预,《中央日报》专门发表社论,斥责“鼓吹败战主义和亡国思想”,声称“共同纠正这一种思想,毫不姑息,毫不放松”,后又连续刊登文章大肆围剿,诬指“诋毁崇祯,歌颂李自成、李岩、宋献策,显然是反对政府,赞成流寇,大有希望今年为三百年前甲申之再现的意思”。② 郭沫若虽极为蔑视,以“无理取闹”讥之,但“剧本的计划遭了打击”。③

与此同时,中共中央对《甲申三百年祭》非常重视,将其作为整风文件供党内学习。毛泽东在延安高级干部会议上发表的《学习和时局》的演讲中,特别讲到这篇文章,指出:“我党历史上曾经有过几次表现了大的骄傲,都是吃了亏的……近日我们印了郭沫若论李自成的文章,也是叫同志们引为鉴戒,不要重犯胜利时骄傲的错误。”接着,延安《解放日报》转载该文,并发表按语,指出“在这篇论文里,郭先生根据确凿的史实,分析了明朝灭亡的社会原因,把明思宗的统治与当时农民起义的主将李自成的始末作了对照的叙述和客观的评价——还给他们一个本来面目。郭先生虽然推翻了流俗关于李自成等的无知胡说,但是对于他的批评也是极严格的。不过无论如何,引起清朝侵入的却不是李自成而是明朝的那些昏君、暴君、宦官、佞臣、不抵抗的将军,以及无耻地投降了民族敌人引狼入室的吴三桂之流”,称赞其文章“充满爱国爱民族的热

---

① 郭沫若:《答费正清博士》,方诗铭:《〈甲申三百年祭〉写作前后》,郭沫若纪念馆、中国郭沫若研究会、四川郭沫若研究学会合编:《〈甲申三百年祭〉风雨六十年》,第113、139页。

② 《中央日报》1944年3月第24日社论《纠正一种思想》,叶青:《郭沫若〈甲申三百年祭〉平议》,郭沫若纪念馆、中国郭沫若研究会、四川郭沫若研究学会合编:《〈甲申三百年祭〉风雨六十年》,第94、102页。

③ 郭沫若:《答费正清博士》,郭沫若纪念馆、中国郭沫若研究会、四川郭沫若研究学会合编:《〈甲申三百年祭〉风雨六十年》,第113页。

情”,国民党的围攻乃“蚍蜉撼大树,只是增加了郭先生的文章的历史价值而已”。中共中央宣传部和军委总政治部联合发出通知,要求全党学习、讨论郭沫若的史论《甲申三百年祭》与苏联高涅楚克的剧本《前线》,强调它们“都是反对骄傲的”,“郭文指出李自成之败在于进北京后,忽略敌人,不讲政策,脱离群众,妄杀干部,‘纷纷然,昏昏然,大家都像以为天下就已经太平了的一样’,实为明末农民革命留给我们的一大教训。《前线》指出:总指挥戈尔洛夫之倚老卖老,粗枝大叶,喜人奉承,压制批评,而不去虚心向新鲜事物学习,向科学学习,向敌人学习,向青年知识分子学习,致在战争中屡犯错误,终被撤职”,“这两篇作品对我们的重大意义,就是要我们全党,首先是高级领导同志,无论遇到何种形势与实际胜利,无论自己如何功在党国、德高望重,必须永远保持清醒与学习态度,万万不可被胜利冲昏头脑,忘其所以,重蹈李自成与戈尔洛夫的覆辙。”①

对于中央发出的号召,江苏敌后抗日根据地积极响应。当时苏北盐阜区就专门成立了整风学习总会,下属 9 个县也都成立了整风学习分会,组织县、区、乡三级干部脱产轮训,《甲申三百年祭》被列为每个党员干部必读文件之一。② 为帮助广大干部、党员加深理解,也使更多战士、群众受到教育,各地运用文艺形式推动《甲申三百年祭》的学习宣传,着手将李自成农民起义从胜利至失败的经验教训搬上舞台。这一方面是从中共中央宣传部、总政治部的通知所提出“在巩固的根据地,如有条件,并可将《前线》上演,以达干部们深刻了解与警觉之目的”要求受到启示,当时苏中地区的“抗大”——苏中公学,就由总俱乐部组建班子排演了《前线》,对干部进行形象化教育,收到很好效果,③一方面则是由于戏剧在根据地整个文艺工作中占有十分重要位置,已成为文艺活动的主要方式,军队和地方各级领导都很重视,一般都设有戏剧委员会、戏剧协会等机构,并建立了戏剧表演团体,参与编演这一题材的新四军三师八旅文工队、一师前线剧团和淮海实验剧团,都是当时颇有名气的戏剧团体,有着

---

① 于立群:《难忘的往事》,毛泽东:《学习和时局》,《解放日报》转载《甲申三百年祭》编者按,关于学习《甲申三百年祭》的通知,郭沫若纪念馆、中国郭沫若研究会、四川郭沫若研究学会合编:《〈甲申三百年祭〉风雨六十年》,第 125、25—26、89—91、92—93 页。

② 曹晋杰、朱步楼、阴署吾:《〈甲申三百年祭〉在盐城等老解放区的影响》,郭沫若纪念馆、中国郭沫若研究会、四川郭沫若研究学会合编:《〈甲申三百年祭〉风雨六十年,第 132 页。

③ 陈绍贤:《庆贺“苏中前线剧团”成立五十周年》,《〈甲申记〉演出纪念集》,上海:学林出版社,1998 年,第 355 一 356 页。

紧密配合中心任务的传统。[①]《李闯王》即是新四军三师副师长兼八旅旅长张爱萍亲自提议,由三师八旅文工队队长黎一明、孔方等登门,约请正在新四军中的著名剧作家阿英创作的。[②]《甲申记》是苏中公学教育长夏征农亲自挂帅,与政文教育主任兼宣教科长吴天石、一师战地服务团戏剧组长沈西蒙,共同研究并由沈西蒙执笔编写,以《前线》演出人员为基础组建班子排演。[③]《九宫山》的作者李一氓,时任淮海区党委副书记兼行署主任,在繁忙公务中挤时间亲自编写剧本,排练开演前特地到剧团动员,强调"剧团排演好这个戏,是一项重要的革命任务,党中央、毛主席指示全党和各根据地军民,要学习和记取李闯王领导农民革命的历史教训,因此,剧团每个同志都要全力以赴,认真排练。"[④]

二、创作各具特色

尽管这三部作品源头均来自于郭沫若的《甲申三百年祭》,都是受到毛泽东和中央文件精神的影响而创作,基于同样一个动因,即借助李自成领导的明末农民战争的悲剧命运的形象表现,给当时即将赢得胜利进入城市的解放区广大干部和战士以启迪,而且在创作过程中,都尽力克服战争环境困难,参照所有能搜集到的历史资料,并且相互之间有过交流与帮助,《甲申记》剧组就观摩过《李闯王》的排练、京剧《九宫山》的剧本曾送请过阿英审改,但由于作者各自经历、艺术修养不同,对同一题材的把握及表现有着明显区别,立意、结构、风格各有自己的特点,正如阿英所言"同曲异工"。[⑤]

创作《李闯王》的阿英,是极具个人风格的资深剧作家,曾较长时间从事电影文学剧本改编和创作,特别是有过上海"孤岛"时期创作南明史剧的成功经历,当时他一方面积极参与领导进步戏剧运动,一方面借助历史题材抒发忧国忧民之心,化名魏如晦连续推出《碧血花》(又名《葛嫩娘》、《明末遗恨》)、《海国英雄》(一名《郑成功》)、《杨娥传》等历史剧,弘扬不屈不挠的民族精神与爱国

---

① 中共江苏省委党史工作办公室:《新四军和华中抗日根据地文化建设史》,南京:苏出准印 JSE—002798 号,2002 年,第 60—61 页。

② 阿英:《〈李闯王〉编演纪事》,《阿英全集》第 10 卷,合肥:安徽教育出版社,2003 年,第 557 页;阿英等著:《阿英年表》,《阿英全集:附卷》,合肥:安徽教育出版社,2006 年,第 433 页;钱璎、钱小惠:《镜湖水——钱杏邨纪传》,太原:山西人民出版社,2000 年,第 143 页。

③ 沈西蒙:《〈甲申记〉小记》,陈绍贤:《庆贺"苏中前线剧团"成立五十周年》,《〈甲申记〉演出纪念集》,第 202、203、356 页。

④ 流泽、丁瑶:《李一氓对淮海实验剧团的关怀和培育》,中共淮阴市委党史工作委员会编:《李一氓在淮阴》,南京:南京人民出版社,1993 年,第 74 页。

⑤ 沙惟:《阿英排练〈李闯王〉及修改〈九宫山〉亲历记》,《中国戏剧》1988 年第 5 期。

献身的人格气节,轰动沉寂的孤岛剧坛。来到苏北抗日根据地后,他又努力适应新的斗争生活和新的服务对象需要,在陈毅的支持之下,为创作反映共产党领导下军民与大自然艰苦斗争的话剧《宋公堤》作过准备,领导过苏北农村戏剧运动和平(京)剧改革。《李闯王》的创作正是在这样基础之上进行的,虽以《甲申三百年祭》为依据,但并未囿于其框架,而是结合自己多年来对明末历史的研究,紧紧扣住曾经叱咤风云的李自成农民起义军进入北京城前后短短半年内的变化,结构故事、安排冲突、刻画人物,最后以主人公礼佛二十年"参禅"忏悔,总结"大顺王朝"所以失败的教训,从而完成这个集农民思想、流寇思想与帝王思想于一身的历史人物的塑造,勾勒出一幅曾使反动王朝崩溃的农民英雄由于"纷纷然,昏昏然"导致最终毁灭的悲壮图画,形象揭示历史上以小生产者为领导集团的农民运动,本身阶级局限决定其斗争不可能取得彻底胜利,即使有极少数农民起义夺取政权,最后也必然在财产和权力的再分配中,以彻底背叛人民而告终。在表现形式上,没有按照所习惯的"传记剧"写法,截取人物一生中几个有代表性的横断面或转捩点,如实加以描绘,借以反映出其全部历史,而是写成"传记剧"与"传奇剧"的混合体,即在朴素的"传记剧"的基础上,加上某些"传奇的情节的穿插和表面的效果成分"。如第一幕的"点将"、第二幕的"杀官",以及第四幕的诸多战斗场面,充满了情节的紧张性和扣人心弦的吸引力。第五幕"搜山",从莫衷一是的李自成结局传闻中,采取"逃禅"出家之说,更是抹上一层浓厚的浪漫传奇色彩,在暮鼓晨钟的撞击声中结束全剧,沉痛告诫后人牢记李闯王失败的惨痛教训。

对于为什么要有意识地采用"传记剧"和"传奇剧"相混合的写法,阿英曾表明主要是由于观众的原因。当时处于敌后环境,观众构成主要是部队与农民,大部分文化水准相当低,戏剧欣赏上习惯于淮剧、平剧和其它地方戏,故事必须原原本本、有头有尾,情节上喜爱悲欢离合、变化曲折,形式上要求热闹、新奇、趣味,表演上则需唱和做兼而有之。为了使他们乐于接受还比较生疏的话剧,便于发挥戏剧的思想教育作用,因而《李闯王》在表现形式及手法上加以适当变化和改造,容纳了一些平剧、淮剧的成分。如第四幕的"战斗",按照话剧的写法,不必逐场交代,可以在对话中补叙。又如结尾《打渔杀家》里教师爷式的表现,依照话剧看来并无必要。但就总体而言,全剧基本上还是宗于话剧,充分发挥话剧描写刻画细腻的长处,特别注意情节发展的错综合理,挖掘人物复杂的心理,力避情节发展的直线和人物性格的类型化、脸谱化。第四幕写李岩被杀,由于第二幕李闯王与李岩矛盾的浪潮已掀起,第三幕用喜剧手法暂时压平,第四幕矛盾的浪潮又更高地掀起,山海关一战失败,成为李闯王由盛到衰一大转折,结果一路败下去,客观上造成李岩可能有新的打算而被怀疑,牛金星才有可能钻空子进谗言。有了以上曲折复杂的描写,不仅李闯王怒杀李岩有了合理解释,而且有助于深刻揭示李闯王性格中骄傲自大、贪图安逸、帝王思想等阴暗之面,对表现李闯王迅速失败的多方面主观原因大有好处。就连台词处理,也为着适应观众习惯,融合"话剧对白"和"平剧道白"于一炉,讲究声调的铿锵与动作节奏特别是古装大袖的配合,听起来和谐悦耳。[①]正是由于如此精心独到处理,使得该剧虽是配合形势奉命创作,却能为根据地广大观众所喜闻乐见,并跻身艺术性很强的优秀历史剧之列,成为阿英戏剧中最具影响力的代表作品。

《甲申记》的作者夏征农、吴天石、沈西蒙,作为"半是战士半书生",个人追求进步投身革命的道路选择、所在新四军曾遭皖南事变的惨痛经历,以及身处国民党、日伪、新四军三种力量角逐的特定环境,使他们对于《甲申三百年祭》的理解与认识,更多着眼于社会现实与政治斗争。诚如他们所述:"我们体味到郭沫若先生在重庆写这史论的心情:'狱囚累累,士无报国之心,征敛重重,民有皆亡之痛',这是崇祯的政绩,不也是蒋介石的政绩吗?'出仕专为身谋,居官有同贸易',这是崇祯的官吏,不也是蒋介石国民政府的官吏吗?'一苦于杨嗣昌之兵,而人不得守其田园,再苦于宋一鹤之兵,而人不得安其家室,三苦于左良玉之兵,而人之居者行者俱不得安保其身命矣'。这是崇祯时代纵兵殃民的实况,不也正是蒋介石部下汤恩伯、胡宗南等将军蹂躏人民的实况吗?而崇祯的亲下手诏,密遣大臣,与清兵议和'往返者数十',则尤与今日蒋介石与日本特务机关的密使来往如出一辙。想来郭沫若先生在写这篇史论的时候,一定抚今追昔,感事伤时。事实很明显,今天中国胜利的障碍,就是蒋介石独裁统治。他的错误政策,和明末的崇祯是一样的。因此我们决定以崇祯为主题,把这个历史搬上舞台,使观众和今天的蒋介石对照了来看。正统的历史学家,认为崇祯是个好皇帝,因此京剧中有《明末遗恨》。从今天来说,明末是有遗恨的,但不是为崇祯的缢死煤山而有遗恨,而是为李自成进北京后,忽略敌人,不讲政策,脱离群众,妄杀干部,致使农民革命遭致失败而有遗恨。我们的剧本题名为《甲申记》,《甲申记》者记'甲申'年之事也,记崇祯之祸国殃民,记李自成之骄傲致败。我们把历史从舞台上请观众来判断功罪。我们希望看过

① 阿英:《关于〈李闯王〉的写作技术》,《阿英全集》第10卷,2003年,第562—565页。

戏的人，一方面对崇祯这样的民族罪人加深了解，另一方面，对三百年前农民革命留给我们的教训，加深警惕。”①

正是从这样的立意出发，该剧同样“紧紧把握以历史还历史的创作方针”，所要“还”的“本来面目”，是“把称为所谓‘沉机独断’的崇祯，还原于媚外剿民的亡国之君，把所谓‘闯祸’的李自成，还原于农民革命的主将”，从而明白反映出明之亡于清，是由于崇祯之亡国政策，而非所谓“闯祸”。② 剧本布局结构及材料处理，相应采取对比的方法，即把黑暗与光明加以对照，如崇祯与李自成，崇祯的官僚统治与在饥饿挣扎中的广大人民，崇祯皇朝内部的忠与奸等。对于李自成等后来的“昏昏然”，也同样运用对比的方式，在充分予以暴露的同时，又特别表现了几个清醒人物，如李岩、宋献策和真正的农民张正才，而且强调李自成等虽然陷于“昏昏然”，但还有一点是比崇祯等清醒的，那就是对于抵抗清朝，因而全剧以听到吴三桂投降引清兵入关，李自成马上亲自出征抗清作结束，以此深入、形象地表明，崇祯是残酷镇压农民起义的暴君，是祸国殃民的罪人，由于他的错误政策，加以刚愎自用、不听忠言，致使国家灭亡，而李自成攻占北京后，骄傲自大、脱离群众，一些高级将领更是腐化堕落，这正是其失败的内在原因。这种对比方式的运用，也贯串于穿插剧中的六首插曲：《劝赈歌》《迎闯王》《征潼关》《庆元宵》《祝太平》《圆圆曲》，将蝗灾遍地、白骨载途之时，崇祯还在歌舞升平、醉生梦死，而李自成则与士卒同甘共苦、浴血安民，衬托得更为鲜明强烈，并加重了农民起义军进北京后由盛而衰、骄奢致败的悲剧色彩，起到了烘托主题、渲染气氛的作用。这六首插曲由曾任新四军一师战地服务团音乐组长的沈亚威为之精心谱曲，或气势雄伟，或华丽堂皇，或深沉壮烈，或悲怆凄婉，不胫而走、广为流传，使该剧为之增色，收到锦上添花效应。

李一氓的《九宫山》从内容到形式，则又有别于《李闯王》与《甲申记》。该剧更为侧重于李自成的传记性，着重描写李闯王率领农民起义军在几经失败挫折之后，由于广纳贤士制定正确政策，依靠群众取得胜利，但称王北京后被胜利冲昏头脑，对明朝投降官将执行错误政策，纵容部下骄奢淫逸，结果在吴三桂勾结清军攻击下兵败九宫山。尤其是为深化主题，对结局所作精心处理，与阿英的《李闯王》选择“逃禅”不同，《九宫山》让李自成被“击毙”，更为尖锐地凸显农民起义难以克服局限而遭致覆没的惨烈，深刻警示克服骄傲自满的迫

---

① 吴天石：《关于〈甲申记〉》，《〈甲申记〉演出纪念集》，第 192 — 193 页。

② 夏征农：《我们是怎样编演〈甲申记〉的》，《〈甲申记〉演出纪念集》，第 35 页。

切与重要。这与李一氓身为老共产党人,曾参加过第一次和第二次国内革命战争,经历过二万五千里长征,从事过地下工作、军队工作、保卫工作、政权建设工作等,对于“万万不可被胜利冲昏头脑”有着更为清醒的认识有关,而京剧样式的采用,则因他主政淮海行署以后,注重地方文化建设,为满足群众文化物质生活,亲自组建了以演唱平剧为主的淮海实验剧团,而且其本人精于词曲,对京剧艺术的研究很有造诣。阿英就曾击节赞赏《九宫山》的思想力度和手笔,称大部分唱词和韵白写得又美又上口,结尾凄楚苍凉,动人心魄,是话剧所难企及的。[①]

三、排练难中见巧

戏剧乃舞台演出艺术,排练是必不可少阶段。《李闯王》《甲申记》《九宫山》作为特定历史题材,属于场面大、人物多的古装戏,处于敌后艰苦的农村环境,各方面条件有限,遇到困难不可避免。由于编剧、导演、演员、舞台美术以及道具、效果、化妆、服装等各个环节通力合作,坚持发扬“艰苦奋斗,自力更生”精神,采取“因陋就简,因地制宜”做法,一道道难题迎刃而解,排练任务顺利完成。

阿英创作态度一向严谨,自 1944 年 11 月 12 日接受创作《李闯王》的任务,虽对明史素有研究,动笔之前仍花费相当功夫搜读尽可能找到的历史资料,对有关历史人物逐个加以考证、分析和研究,这一“准备工作”就用了近两个月时间,尔后拟出分幕、分场提纲,才进入剧本写作,完成初稿后再反复修改,又是两个来月,随之由其亲自担任导演,在一个多月的排练过程中,仍继续不断地修改剧本,边排边改、边改边排,甚至整幕重写,一直是白天为剧团排戏,晚上动手修改剧本。[②] 李一氓曾委派专人去找阿英对京剧《九宫山》剧本提意见,亲眼目睹阿英夜以继日加紧编排《李闯王》情景:“工作日程是每日上午 9 点到 11 点半,下午 2 点到 10 点半排戏,晚饭也在排练场上吃,只给 6 点到 6 点半的时间。夜间 10 点半回宿舍吃点稀饭,11 点他开始改剧本,直到后半夜 2 点左右。”[③]

排演《李闯王》的新四军三师八旅文队,阵容颇为整齐,艺术水平亦高,但

---

① 沙惟:《回到淮河母亲的怀抱里——忆李一氓同志》,《李一氓纪念文集》,北京:中华书局,2002 年,第 263 页。

② 阿英:《〈李闯王〉编演纪事》,《阿英全集》第 10 卷,第 557 — 558 页。

③ 沙惟:《阿英排练〈李闯王〉及修改〈九宫山〉亲历记》,《中国戏剧》1988 年第 5 期。

囿于条件舞台装置较差，后来得到淮海实验剧团的支援，借来一部分新行头和道具，布景变得漂亮多了，加之剧本不断地在改，戏演得逐渐好了起来。[1] 而淮海实验剧团所以能施以援手，在于李一氓对创建该团非常重视，下决心改变以往根据地演戏“从庙里神像身上剥几件破袍子”的“与叫花子差不了多少”的做法，设法通过敌区工作部动用社会关系，从天津、北平采购服装、把子、道具和戏箱，配备了完整的舞台演出装置。[2]

《甲申记》的创作酝酿于 1944 年冬，次年 3 月初调集演员准备排练，因剧本还未完全写出，采取边创作边排演的方式，每写出一幕戏就油印发给演员，先对台词，再分幕分场排演，同时着手安排舞台布景装置，排演地点就在苏中公学校部附近的一个小庙里。虽然此时距离确定首演的当年“五四”青年节已不到两个月，但由于组织领导坚强周密，集中了当时条件下所有精华人才，创作热情旺盛高昂，仍圆满实现预定计划。排练面临的诸多困难中，最为突出的是对古装戏不熟悉。就连导演王啸平，当时已是苏中地区著名导演，先后上演的《日出》《雷雨》《蜕变》《流寇队长》《独立大队》《重庆交响乐》等诸多大戏都是由他执导的，但古装戏还是首次接触，为此特地由负责组织演出的苏中公学总俱乐部主任邵钟牵头成立导演小组协助。担当近 40 位主配角的演员班子，是由新四军主力部队南下苏浙敌后开辟新区留下的一师文工团部分成员和从苏中公学的学员中挑选文艺骨干组成的，因排演《前线》一剧而命名为前线剧团，普遍存在这样那样的惶惑：“我又不懂历史，怎能演历史剧？”“要我扮演三百年前的人物，从何着手揣摩人物的性格？”“古时候的人应该怎样说话，语调该如何？”“穿了这样的古装叫人如何动作，如何走路？别扭！”甚至疑虑到“古时候的人怎样做表情？那时表情会不会有现代人这样复杂？”“彩袖楚腰是怎样个格式？怎样舞步摆弄的？”“那时的姿态？礼节？习惯？”为了拔除这些通往演出的障碍，剧作者对剧中涉及的历史背景作了详细介绍及剧情说明，帮助全体演员进一步深入理解郭沫若《甲申三百年祭》的精神实质，从史实上逐渐靠近和熟悉所扮演的角色，导演则从舞台形象创造入手，从语调、姿势、动作、台步等予以具体细致指导，演员们也纷纷主动参阅明末史料，还想方设法从旧小说、连环画，特别是京剧、淮剧的古装地方戏中，寻找、借鉴可供作为角色塑造的参考。因台词带有古代语汇特点，一度成为最大难关，更是通力合作苦心摸

---

① 阿英：《〈李闯王〉编演纪事》，《阿英全集》第 10 卷，第 558 页。

② 李一氓：《李一氓回忆录》，北京：人民出版社，2001 年，第 334 — 335 页。

索,剧作者尽量使之生活化,并根据演员口齿特点,在不影响人物身份与性格下加以修改,使念者顺口,导演则在帮助演员做到音调、音阶、节奏与动作、台步、气氛的和谐上下功夫。演员之间采取个别钻研与集体帮助结合方式,发动对历史剧较有经验的演员逐字逐句口授,而且注意相互纠正因来自广东、苏锡常、南通、上海及本地等四面八方的乡音土语,下决心学习运用国语。经过这样悉心努力,公演时终于得到观众反映:"这样对话倒有些像历史剧的味道了。"①

《甲申记》排练中遇到的另一突出难题,是当时处于穷乡僻壤物质匮乏,服饰、道具筹办非常艰难,只好本着"能借就借,借不到替代"的办法加以解决。剧中四五十个明末人物的服饰,是从农村十几个旧剧班子商借集齐的。明末朝衣及李自成服装有史料记载尚可为据,李自成就基本仿效《水浒》里林冲的教头打扮,头套圆翼凉帽,身着箭袖戎装,肩披猩红大麾,英姿勃勃,气概万千。其余则无从考证,便按照明末规矩装饰。配饰则需自己动手配备,如穿上朝服没有垫肩不行,便想办法到校部供给科领来一批旧棉裤,穿在朝服里面显得十分魁伟。朝靴也是自行制作,用木块做成厚厚的靴底,上面钉上帆布,再涂上色彩,俨然成了一双像样的朝靴,只是木块太沉,必须用带子系在腿上,走起来不仅格格作响,而且因靴底太狭,不留神容易蹩足。"髯口"旧剧班虽有,但演话剧不能用,就找了一些黑的、花白的毛线,用梳子梳理好,化妆时随时选用。最伤脑筋的是宫女的舞衣,到处寻借不得,最后还是用纱布染成粉红色、水绿色再缝制而成,结果不仅合身,而且十分雅致,腰间再系一飘带,舞起来飘飘欲仙。道具同样煞费心思,仅第二幕皇宫大道具就有十件,龙桌一只需四人才能抬走,小道具共计三十余种,均是从各处借来。"征潼关"一幕中需要擂鼓助阵,就是开了借条向庙主求援,抬来有半人高的大鼓三个,又自制十几个鼓槌,戏中演至打仗场面,三个大鼓齐鸣,气势雄伟震人心弦。②

排演《九宫山》遇到的最为困难的是人才匮乏,此时淮海实验剧团建立才半年多,当时根据地专业京剧演员原本就少,该团真正科班出身的艺人只有方樵(艺名方金林)一个,其余皆为从机关、学校及县里文工队抽调而来,此前排演《失街亭》《空城计》《斩马谡》《贺后骂殿》《辕门斩子》《汤怀自刎》和《四郎探

① 沈西蒙:《〈甲申记〉演后》,朱星:《前线剧团和〈甲申记〉》,顾绛:《白发"宫女"话当年》,《〈甲申记〉演出纪念集》,第226、227、280、290页。

② 沈西蒙:《〈甲申记〉演后》,《第一届演出小统计》,李振家:《忆〈甲申记〉的演出》,朱星:《前线剧团和〈甲申记〉》,《〈甲申记〉演出纪念集》,第228、257、270、271、280、281页。

母》中的“坐宫”等老戏，“依葫芦画瓢”尚能对付，遇到《九宫山》这样自编大型历史剧就“捉襟见肘”了，于是又从淮海、灌沭两个中学动员了一批男女学生前来参加，而最为亟待解决的是排演这样的新戏不能没有导演。虽然李一氓在党内外文名卓著，京剧艺术鉴赏水平公认在一般“戏迷”之上，而且极为重视与关心剧团，以往排戏几乎必到，从演出安排到服装、化妆，甚至大幕怎么拉，事无巨细全都问到，剧团人员给他起了个外号叫“总导演”，但身为淮海地委副书记兼行署主任不可能坐镇剧团，也无法取代导演应当履行的职责及作用，但他善于放手使用人才，果断采纳时任剧团团长吴石坚的推荐，大胆起用能文能武又能打鼓拉琴的多面手方樵出任“土导演”。当吴石坚向方樵告知这一决定，并转达李一氓对吴石坚的嘱咐“你这个团长要把握好，不要因为排我的戏而过于拘谨。要做到：顺其自然，因陋就简，就地取材，不用声张”，方樵欣然接受任务，表态说：“要没有这十六个字，我还真不敢排哩！”正式开排前，剧团设宴酬谢编剧和导演，李一氓举杯向方樵敬酒，方樵说：“我这个穷导演怎么能同李主任平起平坐呢？”李一氓说：“我这个编剧的也不比你富嘛，你只管大胆地工作！”两句话说得方樵热泪盈眶。这位因不愿在敌占区唱戏而落魄以明志的旧艺人，为自己能受到共产党的重视，和鼎鼎大名的李一氓并列于《九宫山》榜首而激动不已，果然不负重托，不仅承担起总导演、技导、教戏老师的作用，而且还是大半个作曲，全部唱腔由其一人先行哼出，让琴师记谱再加工修饰，锣鼓经也是由他先行设计，再由打鼓佬编定。在方樵的带领下，还是“生葫芦头”、“生外行”的青年演员起早贪黑练功学唱，参加武打戏的人员不顾年龄大、腰腿硬，坚持苦练，有的腿扭了筋，甚至膀子骨折了，也不肯歇息。剧团上下齐心协力，仅一个月左右，就将能演出 4 个半小时的一台大戏排练出来。[①]

四、演出盛况空前

1945 年 5 月，三部作品相继正式公演。虽是艰苦战争年代，又在特定农村环境，要演出这样大型的历史剧，遇到的困难是可想而知的。没有室内舞台，就在露天筑土台；没有古代服装，就设法通过各种渠道租借，或是自己动手制作；舞台照明唯有简单的汽油灯，千方百计使它可以变幻出各种灯光；道具、布

---

① 吴石坚：《学习李老的卓识远见——回忆淮海实验京剧团的创建》，流泽、丁瑶：《李一氓对淮海实验剧团的关怀和培育》，中共淮阴市委党史工作委员会编：《李一氓在淮阴》，第 67、68、74 页；顾聆森：《剧坛大将——吴石坚传》，上海：上海古籍出版社，2012 年，第 63、64 页。补：阿英：《〈李闯王〉编演纪事》，《阿英全集》第 10 卷，第 558 — 559 页。

景困难也不少,但也一一克服。它们的演出情况都很热烈,经常一演就是通宵或半通宵,演员始终保持充沛的革命热情,观众看戏的劲头也不小,常常一往返就是几十里,披星戴月来去,甚至在广场上坐通宵,还是精神抖擞兴致盎然,其持续时间之长、场数之多、影响之大,在江苏敌后抗日根据地均属前所未有。

最先公演的是京剧《九宫山》,当年"五一"劳动节晚上,在泗沭县(现属泗阳)里仁集东南的韦庄操场上进行。新四军三师师长黄克诚和淮海军分区的金明、刘震等领导都来观看,一致认为这是个对根据地党政军民很有教育意义的好戏,应该为部队、党校和各级政府工作人员多演出。李一氓在看了演出并听取了领导意见之后,专门来到剧团谈了修改意见。经过进一步加工后,前往淮南地区为新四军军部和二师部队、淮南行政公署等演出,各方面反映十分强烈,一致认为看了一出十分难得的好戏,敲了警钟,受了教育。在军部演出时,正逢陈毅代军长去延安开会,出席观看演出的有政委饶漱石、副军长张云逸、参谋长赖传珠和政治部副主任张凯、宣传部长钱俊瑞等,均给予很高评价。本来有些领导干部对李一氓在淮海区搞这样的剧团还有些意见,看了《九宫山》演出之后,改变了看法,认为李一氓是很有远见的,做了一件好事。[①]

继之面世的是《甲申记》,正值5月4日青年节,苏中青年代表座谈会在苏中公学举行,当晚以首场公演招待与会代表。接着,又为苏中党政军机关干部、驻地部队及群众演出近十场,直至7月间一场台风将搭建的戏台刮倒才暂停。这一轮观众近二万余人,周围一百里范围,《甲申记》三字尽人皆知,老百姓无不奔走相告,竞相观看这出"大戏好戏",而对于部队指战员和广大干部,更是一堂生动的政治课。其间剧团派人秘密前往上海招募文艺人才,曾与夏衍会晤,夏衍听说《甲申记》在苏中演出盛况,由衷为之高兴,特意嘱咐设法弄一套《甲申记》剧照,经他手转给郭沫若。[②]

《李闯王》首场演出于5月6日庆祝阜宁城光复大会会后,地方和军队首长,参加阜宁战役的营以上干部,还有机关干部、职工和群众代表共两千余人,齐聚益林镇郊外广场观看了演出。许多观众是从几十里外赶来的,有的席地而坐,有的自带小凳,还有的干脆站在大凳上,爬到草堆上、房顶上,蹲在树头上。演出从晚上9点开始,一直演到凌晨两点半结束,没有一个中途退场的。

---

① 流泽、丁瑶:《李一氓对淮海实验剧团的关怀和培育》,中共淮阴市委党史工作委员会编:《李一氓在淮阴》,第74—75页。

② 《第一届演出小统计》,李振家:《忆〈甲申记〉的演出》,《〈甲申记〉演出纪念集》,1998年,第257、269、272、273页。

第二天，三师师长黄克诚亲笔写信给阿英，热情洋溢地祝贺演出成功，认为该剧的演出给正在整风的干部有很好的影响。他还规定把《李闯王》作为干部参加整风学习的形象化辅助教材，要求文工队到各地巡回演出。八旅文工队先后去盐阜党校、盐阜地委和行署机关、三师部队演出了30多场，还到苏中地区为一师部队演出。[①]

苏中、苏北根据地互为近邻紧挨一起，形成一个连成一体的整体区域，《九宫山》《甲申记》《李闯王》交错上演于淮海、苏中、盐阜，成了“三足鼎立”之势，在军民中激起强烈反响。5月下旬在益林召开的新四军三师政治工作扩大会议，特意将它们调集到一起进行会演，成为江苏敌后抗日根据地戏剧活动最为精彩与辉煌的标志。这次会演连续进行了几天，阿英先前创作的历史话剧《洪宣娇》亦由十旅文工队同时演出，在益林镇郊外开阔的广场上，沿东西南北搭起四个大舞台，观众人如潮涌，演出盛况空前。据当时《盐阜报》报道，单是盐阜区前后看过这三出戏剧的观众即达百万人之多，占全区总人口三分之一以上。当时在群众中，李闯王、刘宗敏的名字几乎成了口头禅。谁要是参军、支前怕苦怕死，马上就有人说，你是刘宗敏(享乐)思想！谁要是对群众要态度，马上又有人说，你这是刘宗敏(骄傲)思想！尽管这些比喻并不恰切，但从中可以看出借助它们的形象化演绎，《甲申三百年祭》在老解放区影响之广泛与深入。[②]

这种热演景象持续至抗战胜利之后，并延伸相当时间。正当《九宫山》在新四军淮南黄花塘军部演出结束时，传来了日本天皇宣布无条件投降的喜讯，淮海实验剧团奉命到六合县竹镇集为欢迎从南京来的汪伪起义部队演出该剧，继而又奔赴两淮光复前线，为最终驱逐日寇战地服务，并以此剧向两淮解放军民庆祝大会献礼，此后又在苏皖边区政府成立庆祝活动中演出，剧团名称改为“苏皖实验剧团”，解放战争开始不久，受华中军区委派赴淮北前线演出，

---

① 上海市文化局党史办公室、江苏省文化厅史志办公室、安徽省文化厅史志办公室、浙江省文化厅史料征集办公室合编：《华中抗日根据地文化工作大事记》，南京：苏出准印(96)第200号，1996年，第268页；阿英：《〈李闯王〉编演纪事》，《阿英全集》第10卷，第558页；阿英等著：《阿英年表》，《阿英全集：附卷》，第433页。

② 上海市文化局党史办公室、江苏省文化厅史志办公室、安徽省文化厅史志办公室、浙江省文化厅史料征集办公室合编：《华中抗日根据地文化工作大事记》，第269页；刘则先：《益林、淮阴会演》，《〈甲申记〉演出纪念集》，第259—260页；曹晋杰、朱步楼、阴署吾：《〈甲申三百年祭〉在盐城等老解放区的影响》，郭沫若纪念馆、中国郭沫若研究会、四川郭沫若研究学会合编：《〈甲申三百年祭〉风雨六十年》，第133—134页。

还曾代表苏皖边区政府以此剧慰问起义部队。其间,烟台京剧团排演过该剧,阿英自任导演。[①]《甲申记》则由随苏中军区进驻东台的前线剧团,为抗战胜利以后新形势下加强部队与干部教育重排上演,从江南北撤途经的部队几乎全都观看过,此后剧团又南下如皋城作短期公演。这一时期都是固定在剧场里演出,三个多月累计演出四十余场,观众达四万余人次。1946 年 3 月,前线剧团开往苏皖边区政府所在地淮阴参加宣教大会,除演出夏衍的《离离草》外,应大会与文艺界的热烈要求,再次排演《甲申记》,此时原来几位主要演员已相继调离,再度演出等于从头开始难度很大,但在全团共同努力与各方支持下,经过不到半月准备,包括替换演员、制作布景、服装与道具等,仍如期与观众见面。[②] 新四军三师在日本投降不久奉命进军东北,《李闯王》也继续由三师文工队一路随演过去。成立西满军区后为了对干部进行教育,西满分局书记李富春调集西满军区文工团、嫩江省文工团、五师文工团、铁路局文工团等,联合演出该剧,从 1946 年冬至 1947 年春,一共演了五六十场。与此同时,东北民主联军文工团在哈尔滨一带进行了演出。原在山东临沂演过《李闯王》的山东文工团开赴东北,分别扩展成四野政治部文工团、辽东军区文工团,均继续演出了该剧。全国解放后,东北军区将剧本翻印了 40 万册作为学习材料,并由东北军区政治部文艺工作团话剧队进行演出,首先在本地区,以后又巡回到华东、华北,包括上海、南京、北京等地,演出一百几十场。该剧还传到国外,1956 年就曾由捷克斯洛伐克民主共和国布拉格民族剧院翻译并演出过,并将它作为保留剧目。[③] 值得提及的是,在《李闯王》《甲申记》《九宫山》问世近半个世纪后,江苏省人民艺术剧院曾以它们为基础,合并改编为五幕话剧《甲申纪事》,于 1992 年 5 月在南京上演,再现了抗战剧坛上罕有的同一题材"三足鼎立"风采。[④]

作者简介:

朱安平,中国妇女报社记者,曾从事过影剧评论及创作,研究方向为抗战文艺。

---

① 流泽、丁瑶:《李一氓对淮海实验剧团的关怀和培育》,中共淮阴市委党史工作委员会编:《李一氓在淮阴》,南京:南京人民出版社,1993 年,第 75 — 76 页;李一氓:《李一氓回忆录》,北京:人民出版社,2001 年,第 337 页。

② 李振家:《忆〈甲申记〉的演出》,《〈甲申记〉演出纪念集》,第 269 页。

③ 阿英:《〈李闯王〉编演纪事》,《阿英全集》第 10 卷,第 559 — 561 页。

④ 陈绍贤、李诚:《南京重唱〈团圆曲〉》,《〈甲申记〉演出纪念集》,第385 页。

桂林抗战文化城音乐翻译研究

袁斌业

[摘要]本文较为详细地介绍桂林抗战文化城音乐翻译的状况，讨论其特点和影响。就其特点，本文指出两点，一是相当部分苏联和德国音乐作品的中文译文转译自英语译文；二是中国抗战歌曲的译出借助于外国人。就其影响，本文提出，该活动给我国音乐界创造了几项独一无二的成果。

[关键词]桂林抗战文化城；音乐翻译；影响

[基金项目]2012年度教育部人文社会科学研究一般项目《桂林抗战文化城翻译出版研究》的部分研究成果，项目编号：12YJA860026(项目负责人：袁斌业)。

在桂林抗战文化城存在的近6年时间里，翻译是丰富多彩的文化活动之一，而音乐翻译又是整个翻译活动的重要内容，本文要讨论的就是当年的音乐翻译，包括译介的状况、特点及作者对这时期音乐翻译所产生影响的补充研究。此前有几点说明：第一，为存历史原貌，人名、书名、曲名照录，当时的译名和用词与现时通用的译名和用词不一致的，保留原译名，在歌曲、歌词、译者名字的后面，有些用“译”，有些用“译配”，本文照录；第二，本文所列出的绝大部分期刊译文分别刊登在当时桂林出版的期刊《音乐知识》、《新音乐》和《音乐与美术》上；第三，本文如果没有注明原作者或译者的，就是原译文没有列出原作者或译者；第四，本文所指的西方音乐，是指泛欧洲音乐文化，包括美国和日本的音乐文化；第五，当时有些译著在正式出版前曾在以上三个音乐期刊上摘要刊出，本文照录。

一、翻译状况

桂林抗战文化城的音乐翻译分译入与译出两部分。

(一)译入的国外音乐

桂林抗战文化城翻译的国外音乐包括以下几个方面的内容。

1. 音乐史

出版的译著有J. C. Fillmore的《西洋音乐史教程》(韦壁译)。该书1942年12月由桂林立体出版社出版,1943年9月再版,包括东方和古代音乐、1—10世纪的基督教音乐等18章,每章附有问题若干条,书前有导言,书末附有《世界通史和音乐史上重要事件的比较编年表》《重要音乐家及音乐事件年代表》。

期刊上发表的译文:罗曼·罗兰的《音乐之史的发展》(傅雷译)、《古希腊的音乐》、《关于古代几个国家的音乐》、Cecil Gray的《乐史专论》和《俄罗斯乐派论》(靳干行译)、菲尔谟的《器乐的过去和现在》(上下)(韦璧译)、大卫·欧温的《谈美国歌剧》(李嘉译)、《苏联民族歌剧运动》(亚选译)、David Edwen的《美国的民间音乐》(白燕译)、A. 金海雅的《音乐的伟构》(方明译)。

2. 作曲家和歌唱家

出版的译著主要有:

1)罗曼·罗兰的《歌德与悲多汶》(梁宗岱译)。本书开篇有罗曼·罗兰1930年4月15日写的序曲,"告诉法国读者近代欧洲最大底诗人也属于我们底音乐同业会",接着有4篇文章:分别是:《歌德与悲多汶》《歌德底缄默》《歌德与音乐》《贝婷娜》。该书1943年由桂林华胥出版社出版;

2)B. 拨拉希的《莫扎特》(沙蒙译)。此书由桂林集美书店1942年出版发行。这是一个三幕剧,介绍奥地利作曲家Leopold Mozart(即维也古典乐派Wolfgang Amadeus Mozart之父)在他音乐创作生涯的最后岁月里尽管受穷困、痛苦及疾病的折磨,仍然坚持音乐创作。

期刊上发表的译文较多。主要有贝尔南支的《丹捏耶夫》(茁萌译)、《巴格尼尼》(赵伯可译)、《论舒伯特》(靳干行译)、《悲多芬准备迎接他的生命》(白悌译)、O. Jonas的《悲多芬是怎样作曲的》、《亚力山大诺夫底奋斗》(韦简明译)、《凡尔地与华格纳》(靳干行译)、Henderson的《钢琴艺术与帕德勒夫斯基》(译者不详)、伊凡诺夫的《柴可夫斯基与西方》(纪坚博译)、多里达维多夫的《忆柴可夫斯基》(徐洗尘译)、G. Yelenina的《苏联歌剧坛上十大艺人》(张洪岛译)、S. Mariel的《格吕克——伟大歌剧改革者》(白澄译)、V. Muradeli的《杜那也夫斯基》(张洪岛译)、G. Gruzd的《N. 米雅可夫斯基和B. 格利埃尔》(叶林译)、施其威克的《黑种女声乐家玛丽安·安德生》(宗玮译)、A. Gayamov的《德里德米萧斯塔珂维契》(徐洗尘译)、Wharton-Wells的《世界音乐名家》(洛辛译)和《作曲家与思想家》(韦简明译)、《索斯泰可维克》(韦简明译)、A.

Shavekdyan 的《现代苏联著名作曲家》(尹默译)、卡露苏(Enrico Caruso)的《金嗓子的机匠》(俞明译)、《格瑞克和他的挪威风音乐》(薛良译自 The Complete Book of the Great Musicians)

3. **音乐理论**

期刊译文:《奏鸣曲与交响乐》(申生译)、《对位法与赋格》(申生译)、《旋律的摩仿》(仕唐译)、莉莉·莱门夫人的《歌者的生理研究》(孔德译)、A. 托尔斯泰的《萧斯塔珂维契第七交响乐的预奏》(靳干行译)。

4. **音乐教育**

期刊译文:Dubovsky 等人的《和声学教程》(张洪岛译)(连载)、《莫斯科音专的战时教育》(韦简明译)、里利勒曼的《唱歌艺术》(念一译)、G. L. Linsay 的《音乐教学法的几个问题》(陈乔德译)

5. **歌曲歌剧翻译**

出版的歌曲(歌剧)集:

1)《穿上了征衣的女郎——苏联最新抗战歌曲》(灵珠等译)。该书 1943 年由桂林河山出版社出版,内有《中国抗战之歌》、《祖国在呼唤》等 20 首歌曲。

2)《最新苏联名曲选》(陈原译)。该书由桂林新歌出版社 1941 年 7 月初版,1941 年 9 月再版,内有 42 首歌曲,附有苏联音乐常识、俄罗斯音乐的发展、苏联的民族音乐、苏联的歌唱艺术和苏联歌唱家、苏联红军歌舞团的历史等介绍。

3)《苏联名曲选》。此书由桂林歌曲研究社 1943 年编印,内包含《夏伯阳之死》、《祖国进行曲》等 52 首歌曲。

笔者对杨益群①等学者研究成果的译文部分进行统计,发现其中有 34 首外国歌曲。实际上当时翻译的外国歌曲远不止这个数。按照当时的音乐刊物登载外国歌曲的情况和这些刊物上刊登歌曲广告的统计,那时翻译的外国歌曲在 150 首以上,这里只录在三种音乐刊物上刊登的外国歌曲,它们是:

苏联 Koprass 作曲的《青春之歌》(沙可夫译);

苏联电影插曲《夏伯阳》(林予译);

波兰 IA. Szlendak 作曲的《我们的歌声》(劫夫译);

苏联歌曲《孤儿歌》(塞克译配);

Pokrass 作曲的《假如谁要投降》(毕品译配);

---

① 杨益群等编:《文艺期刊索引》,南宁:广西人民出版社,1986 年,305—364 页。

Leenna 作曲的《我的玛丽亚》(林予译配);

Bwevrep 作曲的《天空进行曲》(秉英译配);

衣沙可夫斯基作词、布篮铁尔作曲的《喀秋莎》(赵沨译);

S. Marshak 作词、Kabalevsky 作曲的《结成一个力的集团》(念一译);

悲多芬作曲的《变奏曲》《梅花》《渔夫》;

阿尔曼德作曲的《带枪的人》(赵沨译);

可齐图作曲、卢德曼译自中国诗歌的《中国抗战之歌》(赵沨译);

亚历山大洛夫作曲的《伏尔加之歌》(赵沨、白澄译);

S. 亚里莫夫作词、A. 亚力山持罗夫作曲的《夜是青色的》(陈原译);

A. Simonetti 作曲的《牧歌》(希嘉译配);

亚力山大洛夫作曲的《我流浪遍了西方》(赵沨、白澄译配);

《塔乘卡之歌》(洛辛、海鹰译配);

马耶可夫斯基作词、夏白作曲的《在好的生活里》(王春江译配);

格列尔特作诗、悲多芬作曲的《仰望苍空》(赵沨译);

S . Alymov 作词、A . Navikov 作曲的《图拉来福枪》(洛辛、海鹰译);

发尔地作曲的《短剑之歌》(赵沨译);

卡巴列夫斯基作曲的《海军歌》(赵沨译);

叩巴里作曲的《母亲的惜别》(赵沨译);

歌德作诗、柴伊可夫斯基作曲的《只有她才知道我的痛苦》(赵沨、白澄译);

海涅作诗、柴依可夫斯基作曲的《告诉我为什么玫瑰花这么苍白》(赵沨、白澄合译);

拉查鲁士作曲、罗曼·罗兰作诗的《自由的节日》(赵沨、光未然译);

德热尔仁斯基作词作曲的《啊,静静的顿河》、《放我去吧,母亲》(赵沨译);

吐铁尔白列依作曲的《兵士》(光未然、赵沨译);

朝鲜民歌《异乡寒衣曲》(白澄译)、海涅作诗、叔曼作曲的《夜夜梦见你》(光未然、赵沨译);

克利斯坦作诗、叔曼作曲的《我不愿流浪》(光未然、赵沨译);

海涅作诗、叔曼作曲的《我不责骂你》(光未然、赵沨译);

Wra. D. Hendriehhson 曲的《一个年轻的兵》(梁得所译);

杜那夫斯基的《海上哨兵》(士新译配);

Shostakovitch 的《联盟国歌》(刘良模译)。

6. 其他

出版的译著有《袖珍音乐辞典》(林路编译),1943年桂林立体出版社出版,该辞典以美国 Carl Fishcer 公司出版、Oscar. Coon 编辑的 *The Pocket Standard Dictionary of Musical Terms* 为依据编译。本辞典所收条目包括中外音乐家传略、音乐作品、音乐理论、乐器、乐种、音乐流派、音乐团体等有关名词术语共4440条。

期刊译文:

Scholes 著的《军乐和军乐队》;

Koussevitzy 著的《漫谈音乐》、《红军与苏联音乐文化》(赵沨译);

H. Eisers 著的《音乐的危机》(草微译)、《绘画与音乐》(阮思琴译)、《我怎样成为歌剧的歌手》(杜矢甲译);

Janet Leeper 著的《放逐中的波兰音乐》(白燕译)。

(二)译出的中国音乐

当时译出的中国音乐只有中国抗战歌曲。1940年初,国民党中央宣传部国际宣传处认为有必要向世界其他国家宣传中国抗战歌曲,于是委托音乐家李抱忱先生具体实施此项工作。李抱忱先生在征求全国音乐界朋友、学生和民众歌咏团体及贺绿汀、刘雪庵等音乐专家意见的基础上编译了《中国抗战歌曲集》,内有12首中国歌曲被推向世界。详见下表①:

歌名	作词者	作曲者	译词者
党国歌	孙总理(即孙中山)	程懋筠	杜庭修
国旗歌	戴季陶 .	杜庭修	杜庭修
义勇军进行曲	田　汉	聂　耳	李抱忱
自　卫	马祖武	赵元任	李抱忱
救国军歌	塞　克	冼星海	隐名氏
牺牲已到最后关头	麦新、孟波	麦新、孟波	马彬和
长城谣	孟波、潘子农	刘雪厂②	隐名氏

① 李抱忱:《编辑英文版中国抗战歌曲集的经过》,《新音乐》1940年第4期。

② "刘雪厂"应是"刘雪庵"之误。刘雪庵(1905—1985),四川铜梁人,作曲家、音乐教育家,抗战时期积极参加音乐抗日救亡活动,解放后在数所高校任教。

续表

歌名	作词者	作曲者	译词者
大刀进行曲	麦　新	麦　新	梅克敌
出　发	劳景贤	劳景贤	戴爱士
中华民族不会亡	柳　青	吕　骥	杜庭修
游击队歌	贺绿汀	贺绿汀	梅克敌
抗敌歌	韦瀚章	黄　自	戴爱士

二、译介的特点

桂林抗战文化城的音乐翻译具有当时整个翻译活动所共有的特点,即前苏联作品占多数,这在歌曲翻译方面最为明显。在译入的100多首外国歌曲中,苏联的歌曲最多,译介前苏联作曲家、歌唱家的传记和音乐教育等方面的内容也比较多。另外,期刊译文占多数,这从以上的介绍可一目了然。此外,它还具有自身的特点:

第一,不少苏联和德国音乐作品的中文译文是从英语转译过来。例如,张洪岛先生翻译的《苏联歌剧坛上十大艺人》、《和声学教程》、《杜那也夫斯基》,徐洗尘先生翻译的《德米特里·萧斯塔珂维契》,叶林先生翻译的《N.米雅可夫斯基B.格里塔尔》等就是转译自英语,依据是,这些译作的原作者署名都是用英语。如《苏联歌剧坛上十大艺人》署的名字是G. Yelenina,而且在译文前的简介中有这样的说明:本文所介绍的十大艺人都是近年来获得斯大林奖金的人物,如Valeria、Barsova、L. S. Kozlovsky等等。《和声学教程》署的是莫斯科国立音乐学院研究组Dubovsky、Evseef、Sokolov Sposobin合著。三幕剧《莫札特》原用德文创作,后由L.伊利亚译成法文,然后沙蒙再从法文译成中文。

第二,抗战歌曲的译出借助于外国人。据李抱忱先生介绍,向世界其他国家人民宣传上述12首歌曲,译词是最难的工作,也是最重要的工作,他一个人无法胜任,于是请了几位英国和美国的友人共同翻译,经过很多次的反复推敲和试唱,最后得到的也只能是一个差强人意的结果。[①] 以上《救国军歌》和《长城谣》的译者署的是隐名氏,很有可能是英美朋友所译或者是集体翻译的结果。

---

① 李抱忱:《编辑英文版中国抗战歌曲集的经过》。

三、影响

笔者在另外一篇论文中曾指出桂林抗战文化城中外音乐作品译介的影响,包括桂林抗战文化城的音乐翻译在传播他国人民抗击异族侵略的心声、激发本国军民抗日救国的情绪方面起了积极的作用,在向普通民众普及西方现代音乐文化知识方面起了积极的作用,桂林抗战文化城的中国抗战歌曲的对外译介具有特殊的意义,桂林抗战文化城的音乐翻译丰富了我国20世纪上半叶西方音乐译著的宝库。① 就这个问题,还可以补充一点,即桂林抗战文化城的音乐翻译曾给我国音乐界创造了几项独一无二的成果。

第一项成果是抗战时期我国音乐人编译的唯一一部音乐辞典,这部音乐辞典就是上文提到的《袖珍音乐辞典》。有学者评论说,《袖珍音乐辞典》等新中国成立以前的音乐辞典,"从质量上看都存在一定的问题"、它们的内容"也以翻译外国音乐家人名和音乐表演术语为主,从知识构建的角度来看还不能称其为真正意义上的音乐辞书"。② 台湾一位音乐人评论此辞典时说,"据说林某为一共产党员,老一辈的音乐家才知道他,但这本辞典的内容并没有什么色彩,站在研究学术及编史的立场,还是不能把它舍弃。"③至少从这位台湾音乐人看来,该词典具有一定的学术价值和史料价值。这位台湾音乐人说,他所搜集到的抗战时期国内出版的音乐辞典仅此编译本,④作者从国华对20世纪上半叶中国音乐辞书建设的研究成果⑤发现,《袖珍音乐辞典》是抗战时期国内出版的唯一一部音乐辞典,由此也可以看到该编译辞典独一无二的史料价值。

第二项成果是产生了对后世影星深远的译名——"美声唱法"。这个译名与薛良有关,所以,在讨论该译名前,有必要先介绍薛良。薛良是我国著名的声乐理论家、音乐学家、音乐教育家和音乐翻译家,是桂林抗战文化城音乐作品翻译领域最活跃的人物。薛良,原名郭可诹(1917—1998),1938年春天来到桂林文化城主编《新音乐月刊》《音乐知识月刊》和翻译出版外国音乐作品,同时任教于设在桂林的广西艺术师资训练班、成达师范学校。从现在查有实据

---

① 袁斌业:《桂林抗战文化城文艺翻译活动的成就及贡献》,《抗战文化研究》(第六辑),桂林:广西师范大学出版社,第33—43页。

② 国华:《缪天瑞音乐贡献评述》,北京:首都师范大学出版社,2007年,第69—70页。

③ 赵广晖:《现代中国音乐史纲》,台北:乐韵出版社,1986年,第224页。

④ 赵广晖:《现代中国音乐史纲》,第223页。

⑤ 国华:《缪天瑞音乐贡献评述》,第69页。

的文献看,他在桂林文化城翻译、编译、校译出版的外国音乐作品有8部,在刊物上发表相关译文12篇。[①] 另外,为了不引起国民党有关部门对他的注意,薛良在桂林期间出版著作和发表译文时多用笔名,他用过的笔名有文英、文行、白燕、黄英、赵名、客舟、佚名等等。[②] 目前,以这些笔名发表译文的数量尚未穷尽。

1942年,薛良在他自己和甄伯蔚合作主编的《音乐知识》(1943年1月16日在桂林创刊)上发表了题为《连载特稿·实用音乐词汇》的文章(从1943年第一卷第二期开始)。在第一卷第三期,薛良把意大利文Bel Canto译为"美声唱法"。在意大利文里,Bel Canto直译应该是"美好的歌唱",并无"唱法"之意,薛良的译文与原文的真正意义相差甚远。西洋音乐中并无"美声唱法"的名称与说法。让薛良没有想到的是,他的这一误译在近半个世纪后成为我国大陆地区普遍接受的音乐术语之一。

20世纪80年代,国内开始定期举办全国性的"唱法"比赛,评奖委员会的裁判们为区分嗓音类别而使用"美声唱法"的说法。为什么他们不用"西洋唱法"呢?这是当时的政治气候所致。当时,推行极左路线、持续十年之久的"文革"甫毕,"文革"中对西洋唱法的严厉批判让他们对这个术语心有余悸,于是,有人提出使用薛良根据意大利语翻译的"美声唱法"。[③] 如今,薛良的这一译名频频出现于各种媒体中,特别是电视上,成为老百姓耳熟能详的音乐术语之一。中国音乐学院何昌林教授认为这是误译,薛良去世时何昌林教授曾作诗一首,题《挽歌》,总结薛良抗战时期在长沙、桂林和贵州的音乐救亡活动,诗曰:

立说长沙方弱冠,
际会桂林亦年青;
默对太白仰天笑,
暗步牧之霜叶吟。
漓江一波留误墨,
重洋四渡备铭旌;
耄耋鹤童扶桑木,

---

① 王小昆:《桂林抗战音乐文化研究》,北京:大众文艺出版社,2005年,第168—209页。

② 王小昆:《桂林抗战音乐文化研究》,第168—209页。

③ 何昌林:《大木扶桑,耄耋鹤童——悼薛良》,《中国音乐》1999年第1期。

黔山高处郭公鸣。[1]

诗中的“漓江一泼留误墨”就是指薛良的上述误译。

1997年,薛良在全国声乐学会会议上直言自己过去对所谓“美声唱法”翻译有误及由此而带来了负面影响,坦陈自己对这一译名的新认识。[2] 1997年6月9日,江苏《扬子晚报》在第6版发表了该报记者吴舟沫采访薛良的报道,题目是《著名音乐理论家薛良说,我们应有自己的“中国唱法”》。薛良他明确指出,当年他把Bel Canto译为“美声唱法”是不准确的。他认为,他的上述译名有两个问题。第一,称西洋唱法为“美声唱法”有贬低自己的意思。西洋的是“美声”,中国的是否就不美了呢?第二,西洋有“西洋唱法”,那么中国有没有自己的唱法?中国字多以闭口音结尾,不似意大利语多以元音结尾,适于歌唱。事实证明,若用纯正的“西洋唱法”来唱中国歌,声音再好也不好听,要把中国的歌唱得既清楚又亲切,确实需要用一种“中国唱法”来唱。“中国唱法”是什么?目前尚无定论,但唱出中国语言韵律的特色、唱出中国语汇的风格,符合中国人的审美情趣应是“中国唱法”的基础。

第三项成果是在我国影响广泛的苏联歌曲《喀秋莎》。这与我国著名音乐家赵沨有关。赵沨(1916—2001)祖籍河南开封,桂林抗战文化城时期与我国另一位著名音乐家李凌一起担任在桂林出版的音乐期刊《新音乐》主编。李凌曾经亲自到桂林抗战文化城主持《新音乐》的编辑出版工作[3],但赵沨自始至终没有来过桂林。然而,他在桂林出版的《新音乐》、《音乐知识》等音乐刊物上发表了不少译作。从现在掌握的材料看,他的主要成果是外国歌曲翻译,在《新音乐》各期共发表了14首外国歌曲,另外,他还发表了《红军与苏联音乐文化》(《新音乐》1卷2期)等译文,出版了《世界名歌选集》(一)(与李凌合作,桂林文汇书店1943年2月出版)。

《喀秋莎》(*Катюша*)(依沙可夫斯基[4]作词、布篮铁尔[5]作曲)是赵沨翻译的一首苏联歌曲,发表在《新音乐》1941年第2卷第4期上,中文译词共两节:

---

① 何昌林:《大木扶桑,耄耋鹤童——悼薛良》。

② 李爱群:《中国音乐情结》,《中国音乐》1999年第1期。

③ 何昌林:《大木扶桑,耄耋鹤童——悼薛良》。

④ 原文名是 Михаил Исаковский,现通译“米哈伊尔·伊萨科夫斯基”。

⑤ 原文名是 Матвей Блантер,现通译“马特维·勃兰切尔”。

正当梨花开遍了天涯，
河上飘着柔曼的轻纱，
喀秋莎站在峭峻的岸上，
歌声好像明媚的春光。

站在峭岗年轻的战士，
心中怀着遥远的姑娘，
勇敢战斗保卫人民，
喀秋莎爱情永远属于他。

对比译文和俄语原文，赵沨删节了比较多的内容，他的中译文是使用概括性翻译的结果。

原文是一支脍炙人口的苏联歌曲。歌词是著名诗人米哈伊尔·伊萨科夫斯基(Михаил Исаковский)写于1938年的一首同题诗，1939年作曲家马特维·勃兰切尔(Матвей Блантер)为它配上了曲，苏联卫国战争时期曾在红军指战员中广为传唱。它表达了花季姑娘们对红军战士的纯真爱情，深情地歌颂了奋战在抵抗德国法西斯一线的红军战士，成为一首鼓舞抗德卫国斗志的战歌。尽管赵沨所译的内容不完整，但主要含义已经表达出来，对当时奋战在抵抗日本侵略者一线的中国军民也发挥了极大的激励和鼓舞作用。

抗战胜利后直到今天，《喀秋莎》在我国有多人翻译成中文，但首译者是谁？我国俄苏文学专家蓝英年说："塞柏即沙可夫……在四十年代就译过《喀秋莎》，起码1949年以前我就会唱这支歌。"[①]俄语文学专家盛海耕依据蓝先生的这一说法，断定沙可夫是这首名歌的首译者[②]，但作者查阅了沙可夫[③]的创作成果，也查询了其他学者对他的相关研究[④]，这些研究并没有提到他曾经翻译过这首名曲。我国当代外国歌曲翻译的学者薛范认为，赵沨是首译者[⑤]，笔

① 盛海耕:《〈喀秋莎〉谁译得更好》,《语文新圃》2010年第2期。

② 盛海耕:《〈喀秋莎〉谁译得更好》。

③ 沙可夫(1903—1961)原名陈维敏,浙江海宁人,艺术教育家。

④ 刘运辉、谭宁佑主编:《沙可夫诗文选》,北京:文化艺术出版社,1990年;周巍峙:《默默耕耘终一生——纪念沙可夫》,钱贵成主编《苏区文化新论》,北京:中国戏剧出版社,2006年,第157—164页;白鹰:《要收获的好,就必须勤勤恳恳地耕耘——缅怀先辈沙可夫同志》,钱贵成主编《苏区文化新论》,北京:中国戏剧出版社,2006年,第199—第206页。

⑤ 薛范:《歌曲翻译探索与实践》,武汉:湖北教育出版社,2002年,第196页。

者认同这一观点，由此看来，《喀秋莎》这个中译名也应该是他首译。

作者简介：

袁斌业，广西师范大学外国语学院教授、翻译学博士、硕士生导师，研究方向为翻译理论与实践。

抗战时期徐悲鸿、关山月等国画家在桂林的创作

李建平

[摘要]抗战时期，一些著名的国画家来到桂林，在这里开展抗日救亡艺术宣传和教育工作，并从事国画艺术创作，产生了一批艺术精品。文章介绍徐悲鸿、关山月、尹瘦石、阳太阳等国画艺术家在桂林的活动与创作。

[关键词]抗战时期；桂林文化城；抗战美术；国画；徐悲鸿

抗日战争爆发后，由于北平、上海、武汉、广州等大城市的陷落，大批美术家相继来到桂林，国画、漫画、木刻等美术形式十分活跃。国画家在桂林的美术活动，是桂林抗战艺术的重要组成部分。

(一)徐悲鸿

由1935年到40年代初，徐悲鸿一共六次来到广西，度过了他一生中柳暗花明的时光。1935年9—10月间，徐悲鸿第一次来到广西，受到李宗仁、白崇禧等广西政要的热情欢迎。李宗仁恳请徐悲鸿来广西发展广西美术事业，两人商谈了筹办桂林美术学院、广西省第一届美术展览等事宜，徐悲鸿十分欣喜，决定来广西常住。

1936年5月，徐悲鸿再次来到广西，担任广西省画会名誉会长，在南宁积极筹备"广西省第一届美术展览"。广西方面对徐悲鸿的工作给予大力支持。为丰富展览内容，6月，徐悲鸿将其视为"悲鸿生命"的书画珍品装在几十只大箱子里，经上海取道香港、广州准备运抵广西，岂料在途经广州时遭到当地军人的扣押，李宗仁获悉此事之后，立即饬令驻粤办事处负责人王逊志出面，就此事与各方周旋，经多方努力，得以放行。1936年7月5日，美展开幕，大约5000余件书画作品参加展出，徐悲鸿将自己的作品和珍藏的齐白石、张大千、张若凡、马万里等人的佳作，安排在展览会亮相，其盛况在广西前所未有，规模十分宏大。徐悲鸿在开幕式上致辞，赞扬广西各民族致力于文化运动的精神，

表示愿意牺牲一切，尽力帮助推动广西的美术事业。

徐悲鸿在广西的活动，广西当局给予大力支持，可谓关怀备至，关爱有加。徐悲鸿弟子张安治回忆道："当我应徐先生之命到桂林后，他还热情对我叙述此间如何待他亲如兄弟，食共桌，寒送衣，提倡美术。"[①]1936年冬，广西省政府由南宁迁到桂林，徐悲鸿被任命为广西省政府顾问，也迁居新省会桂林。他泛舟游览漓江，来到阳朔，流连于山水之间，叹为画境，显出恋恋不舍之情。李宗仁得知后，买下漓江边一座三开间平房的庭院赠送给徐悲鸿，给他作为休憩作画之家。1936年到1938年，徐悲鸿在这里住了近两年，十分惬意，请金石家林半觉刻了一枚"阳朔天民"印章，表露出爱恋桂林山水，愿做阳朔人的心愿。

徐悲鸿面对祖国的奇山秀水，艺术创作的逸兴时时飞升。徐悲鸿在桂林创作了《漓江春雨》《鸡鸣不已》《青岩渡》《马》《风雨思君子》《晨曲》《逆风》《雪景》《柳鹊》《牧童和牛》等许多作品，其中《漓江春雨》《鸡鸣不已》更是驰名中外的名作。《漓江春雨》如廖静文所说："描写了祖国河山的美丽，以激发人民在国破家亡之际对祖国河山的爱恋"，[②]洋溢着强烈的爱国主义情感。《鸡鸣不已》一幅，徐悲鸿题写了"风雨如晦，鸡鸣不已"词句，以报晓的雄鸡，象征着苦难中的祖国对光明未来的呼唤。这些作品，大都融有强烈的爱国主义情感和深刻的思想内容。徐悲鸿在桂林的创作，后大多收在他的《彩墨画画集》中，其彩墨技巧，在美术界别开生面，深有影响。

为回报李宗仁等的知遇之恩，徐悲鸿于1936年夏用了几个月时间创作了一幅大型油画《广西三杰》（又名《广西三雄骑马图》《眺望》等）。此画横4米、纵3米，画面的人物就是当时号称"广西三杰"的李宗仁、白崇禧和黄旭初。此时，两广政府发动了反蒋抗日的"六一运动"，抗日热潮在广西各地涌动。徐悲鸿正是在这种国家遭受外侮、抗日情绪高涨的时代背景下创作这一巨幅油画的，画中融入了他对广西政要坚持抗战政治态度的敬重与期望。画中以桂林山水为背景，李、白、黄三个人物身着戎装，骑着骏马，眺望北方。人物描绘注重写实，传达精神，李、白骑在马上似担负神圣使命欲飞奔而去。黄旭初则策马朝向李、白，似乎在拱卫着两人的前行。[③] 张安治先生回忆说："徐先生这时

---

① 张安治：《一代画师——忆吾师徐悲鸿在桂林》，《抗战时期桂林美术运动》，杨益群编著，桂林：漓江出版社，1995年，第647页。

② 廖静文：《徐悲鸿一生》，北京：中国文化艺术出版社，1986年，第155页。

③ 韦芳：《艺术大师与抗日将军的知交》，《抗战文化研究》第五辑，桂林：广西师范大学出版社，2011年，第86—87页。

着力最多的创作是大幅油画李、白、黄的骑马像。”[①]如此宏幅的油画,在徐悲鸿先生一生作品中极少,马作为军马,为军人所驾驭,更是徐悲鸿画作中仅见的一次。徐悲鸿对此画十分厚爱和得意,完成后恰逢全国第二届美展在南京举行,他派张安治带此画前去参展,曾被安排在画展正中醒目的墙上悬挂。时任国民党中宣部部长的张道藩得知后,大发雷霆,因为还没有人为蒋介石画这么大的画,令人撤下挂在了另一处不显眼之处。但这并不影响该作成为画展中最为引人瞩目的作品。此后多年,徐悲鸿的各个美展,《眺望》都是不可缺少的展品,在广州、香港、南洋、印度等地都展出过。[②]

徐悲鸿在桂林竭力推进广西美术事业发展。他积极筹备桂林美术学院的工作,请学生张安治来协助工作,只是由于抗日战争的爆发,学院的建设中止了。他又倡办起广西省会国民基础学校艺术师资训练班、广西省立艺术师资训练班,为广西美术界培养新生力量。

(二)关山月

关山月(1912—2000),原名关泽霈,笔名子云,广东省阳江县人。抗战爆发后,他逃难到澳门,继续从事美术创作,创作了不少抗战作品。1939 年秋,在澳门举办了一次抗战画展。1940 年秋,他回广东韶关再次举办抗战画展,展览结束后,从韶关经衡阳转到桂林,开始他的“行万里路”写生计划。桂林的美景是画家的美妙素材,徐悲鸿曾说:“山水甲天下之桂林,非身历其境不能知其美。……桂林山水甲天下,终不能否认也。”[③]关山月因而留了下来,桂林成了他实施“行万里路”计划的第一站。从 1940 年秋至 1941 年 12 月,关山月在桂林共居住一年左右的时间,其间也曾外出赴黔、滇、川写生。他在桂林四处勘踏,跋山涉水,深入荒山郊野,步入少数民族地区,通过写生积累了很多创作素材,也创作出许多新作。

正是在他“行万里路”的实践中,形成了创作《漓江百里图》的构思。在桂林的日子里,他常常带着干粮,背着画夹去写生。他努力师法自然,攀岩涉水,凝思挥笔,漓江两岸的风光,尽收笔下。白天,他外出写生,晚上归来又彻夜整理写生画稿,经过几个月的辛勤工作,他收获了一大批单幅漓江写生作品,也

---

① 张安治:《一代画师——忆吾师徐悲鸿在桂林》,《抗战时期桂林美术运动》,杨益群编著,第 648 页。

② 参见韦芳:《艺术大师与抗日将军的知交》,《抗战文化研究》第五辑,第 86—87 页。

③ 徐悲鸿:《南游杂感 · 桂林》,《旅游杂志》第八卷第 12 期,1934 年,转引自《桂林烽烟》,天津:百花文艺出版社,2003 年,第 94 页。

产生了画漓江百里图的大构想，立志把两岸胜景尽收画卷之中。他开始闭门作画。桌子不够宽，他就把纸铺在地板上蹲着画，有时趴着画。经过废寝忘食，足不出户的整整一个月的苦干，他终于画完了一幅 32.8 厘米×2850 厘米的水墨长卷《漓江百里图》。

《漓江百里图》是关山月在桂林的精心之作，画面的漓江由漓江桥起，沿着漓江下，直到阳朔为止，画上的山峦、岩石、洞穴、水流、瀑布、田野、岸树、江村、小路，逶迤连绵，云烟环绕，展现出百里漓江清新自然、变幻迷离的景致。1941 年 3 月 15 日至 16 日，《漓江百里图》在关山月到桂林后的第二次画展会上展出。此次画展由“漓江雅集”主办，展览设在桂东路广西建设研究会会议厅（八桂厅），同时展出的还有他此时期画的《月牙山全景》《訾洲晚霞》《桃花》《衡阳炸后》等作品。《漓江百里图》在展览会上引起了轰动，来观赏的人络绎不绝。这幅长卷在当时美术界形成很大影响，成为抗战时期桂林国画界的代表性画作。

在艰苦创作的同时，关山月还举办了多次画展，许多作品反映了抗战内容。这一时期，他在桂林共举办了三次个人画展。1940 年 10 月 31 日至 11 月 3 日，关山月在桂林举行首次个人抗战画展，展出地点是乐群社礼堂。这次展览的展品主要是他在港澳时的作品，有 40 幅，再加上初来桂林一个多月里的山水画 30 多幅，共 70 多幅，[①]参加过苏联“中国美术展览”的《三灶岛外所见》《渔民之劫》《渔娃》和在香港展出的《从城市撤退》《游击队之家》等揭露日本侵略者暴行、反映中国人民抗日斗争的作品也在展出之列。据 1940 年 11 月 2 日《救亡日报》第 2 版的一篇消息稿介绍，展出期间，有十多幅桂林山水和写侵略者之末日的作品“已为桂林爱好艺术者巨资定购”，广西省主席黄旭初、广西省临时参议会议长李任仁都前往参观并题词。《广西日报》副刊《漓水》发表了林镛的《介绍“关山月个展”》，《救亡日报》在 1940 年 11 月 5 日特地出版了《关山月画展特辑》，发表李任仁的《略谈关山月的作品》、刘侯武的《艺术创造与文化创意——关山月先生画展题词》、陈此生的《赠画人关山月》、余所亚的《关氏画展谈》、夏衍的《关于关山月画展特辑》等文章，肯定了关山月国画创作反映抗战内容的新成就，称赞其作品“内容卓越，为国画进步之表征”。夏衍的《关于关山月画展特辑》指出：“《救亡日报》是一张以巩固强化民族统一战线为任的报纸，‘文岗’是以巩固文化界统一战线为职志的副刊，所以只要对于抗战救

---

① 《关山月画展今日举行》，1940 年 10 月 31 日《救亡日报》。

亡多少有点裨益的文化工作,我们都不惜替它尽一点绵薄……对于这些旧艺术形式的作家,尤其是那些已经不满于过去的作风,而开始走向新的方向摸索的人,特别要用友谊的态度来帮助他们,鼓励他们,使他们更进步。”肯定了关山月抗战时期的创作开始了新的方向。继 1941 年 3 月 15 日至 16 日关山月第二次画展即《漓江百里图》画展之后,1941 年 11 月 30 日,关山月第三次个人画展在桂林国民党广西党部举行预展。这次共展出作品百余幅,多为他 1941 年用了几个月时间游历黔、滇、川、桂四省名胜及乡村的写生作品,主要有宜山的《龙江渡》,川西的《灌口堆》,峨眉山的《猿啼谷》《龙江栈道》等,其中有许多是人物特写。12 月 5 日,画展正式展出,共展出三天,称为“农村写生画展”,深受桂林各界欢迎。展览结束,关山月又一次前往黔、滇、川写生、创作,1941 年 8 月 8 日回到桂林。

关山月在桂林从事写生、创作、办画展的同时,还积极参加桂林美术界举办的抗日救亡进步文化活动,如参加抗战募捐义卖活动。1940 年 9 月,关山月刚到桂林不久,就赶上桂林各界掀起轰轰烈烈的征募寒衣运动,桂林的音乐、美术、戏剧、舞蹈等各界文化人士都参加了征募活动,关山月也踊跃参加,于 9 月 22 日捐画作义卖,义卖所得募捐寒衣支援前线将士。

1941 年 12 月 27 日,关山月和妻子李小平一起离开了桂林,到西南、西北一带写生、创作,继续实施他的“行万里路”计划。

(三)马万里

马万里(1904—1979),著名篆刻家,书画家,江苏常州人。1934 年他随著名画家黄宾虹入游八桂山水,并在南宁市举办联展,后留在南宁,在广西普及国民基础教育研究院工作;1936 年 6 月,与徐悲鸿一道筹办广西第一届美术展览会,两人一起任审查委员;7 月 5 日“美展”正式开幕,为期将近一月,共展出徐悲鸿、张大千、齐白石、张聿光、汪亚尘、高剑父、刘海粟、马万里等人及本省作者作品 500 多件。1937 年 7 月全民抗战爆发后,马万里于 11 月初参加广西妇女抗敌后援会主办的书画义展,同年十二月初参加“雅脱书画社”画展。以后几年,他一直在桂林从事美术教育和创作,参与创办桂林美术专科学校,任教师;担任桂林榕门美术专科学校董事,后任校长兼国画系主任,还担任广西美术会审查委员。他参与了桂林抗战文艺运动多项活动,开办个人募捐画展,为广西各界抗敌后援会筹款义卖书画作品,支援前线抗战,是抗战时期在桂林活动时间最长,出力颇大,做出突出贡献的美术家。

马万里在桂林创作的作品,国画主要有《南溪山烟雨》《山水观瀑》《苍松翠竹》《枫林双蝉》《群雀寒梅》等。他爱画花卉鸟虫，但也画山水人物。花卉中他尤善藤本，如凌霄、紫藤、葡萄等，所绘藤蔓，婀娜多姿，顾盼生情，格外精妙。有人评价说："他画紫藤很讲究布局，真是空白处可以走马，繁密处却不容针，从干枝到花叶，以雄浑之笔一气呵成，看去觉得花叶垂垂，临风欲舞，别具神趣。他画葡萄更是不同凡制，一般画葡萄的，过于工细，则刻意求形似而不能传神；写意的又过于形象化，缺乏现实感，两者各有所偏。他对于这两种画法能够舍短取长，融会贯通，自成一格。他画的葡萄颗颗圆满润泽，落落如贯珠，设色更为注意，每颗都是中淡边浓，具有西画的光感，别具匠心。画枝叶则笔酣墨饱，挥洒淋漓，非常生动而又层次分明，因此，熟人就送了他一个别号，叫做'葡萄马'"[①]。他与张大千、徐悲鸿、张安治等多有合作，所绘画幅，颇为珍贵。1935 年，与徐悲鸿合作《猫儿松石》，徐悲鸿画猫、石，马万里画松。1936 年，张大千画松、徐悲鸿画梅、马万里画竹，合作绘成《岁寒三友图》；与徐悲鸿、张安治合作绘成《迎春图》；与张大千合作的手卷《云溪精舍图卷》，所绘《桂林独秀峰》为画界多人喜爱，数人为之题诗，徐悲鸿也为其题词作序。1938 年与张大千合作的《九百石印精舍图卷》，为张大千绘图并题词，马万里印拓，达 168 方，甚有规模。这些作品，都已成为世间罕见的艺术珍品，其中，《桂林独秀峰》《云溪精舍图卷》《九百石印精舍图卷》三幅长卷现收藏于广西博物馆。

马万里是美术全才，金石书画，无所不爱，无所不工。他对中国文字学下了不少功夫，由小篆、大篆而上溯殷周金文，旁及秦砖汉瓦，无不心摹手追，运化入印，自成风格。他刻有《历动不磨》《集古》《我师造化》《阳湖》《徐悲鸿》《万里长城》等印章，其中，《万里长城》《历劫不磨》印章，在坚硬质地的刻石上注入充盈的抗战精神。他的朋友评他的金石作品是："巧而不纤，拙而弥古，浑厚典重，如其为人。"[②]他的书法，和他的画风相似，笔墨饱酣，丰腴流畅，题画多用行书。友人虞逸夫评论马万里书法时说："笔调极似米海岳，八分如邓石如，篆书如赵撝叔。"[③]

马万里抗战前便从事美术教育工作，深刻地理解到美术教育工作的重要

---

① 虞逸夫：《金石名家画更奇——忆马万里兄》，《江苏画刊》1981 年第 2 期，转引自杨益群：《抗战时期桂林美术运动》，漓江出版社，1995 年，第 726 页。

② 虞逸夫：《马万里及其〈九百石印精舍图卷〉》，《抗战时期桂林美术运动》，杨益群编著，桂林：漓江出版社，1995 年，第 573 页。

③ 虞逸夫：《金石名家画更奇——忆马万里兄》，转引自杨益群：《抗战时期桂林美术运动》，第 726 页。

性和必要性。1941 年 10 月,在抗战时期艰难的境况下,他在桂林和郑明虹、沈樾、帅础坚、张家瑶、范新琼等合力创建了桂林美术专科学校,由郑明虹任校长,马万里任教师。1942 年 1 月校址迁至定桂门陈文恭公祠,易名为桂林榕门美术专科学校,马万里任校董事。是年 8 月 10 日,校董事会开会决定,由马万里任校长兼国画系主任。他就任校长后,着力宣扬"简朴生活与高尚思想"的统一是提高艺术创新力量的主张。他在《私立桂林榕门美术专科学校目录·序》中明确指出:"抑艺术事业最重创造,艺术教育尤重培育创造力量。创造力量何自来?来自个人的简朴生活与高尚思想合流。"因此,他特别注意在艰难的学校环境中加强学生的思想品德以提高学生的艺术独创性,并通过办画展争取社会扶助,解决经费困难。从此,学校越办越好,至 1943 年,学校的科系由 3 个增至 4 个,班数由 3 个增至 10 个,学生由 200 名增至 400 多名,教员由 40 名增至 67 名,其中有阳太阳、龙潜、周叔雨、林恒之、范新、李瘦石、宋荫科(吟可)、张家瑶、黄新波、杨秋人、帅础坚、姚牧、邓俊群等,成为桂林抗战美术教育的重要阵地,直至 1944 秋桂林疏散时才被迫停办。[①]

1944 年秋,日寇侵犯湘桂,马万里离桂避难至重庆、成都等地。

(四)张安治

张安治是在桂林生活时间较长的美术家。1936 年,他应徐悲鸿之邀,来桂林筹办桂林美术学院。由 1936 年冬到 1944 年夏,在桂林生活了八年,创作成果甚丰,是桂林美术界重要的美术家。

张安治是桂林美术运动的重要组织者。桂林美术学院由于抗日战争爆发没能办成,广西省政府在 1938 年 8 月办了一个中学艺术师资暑期讲习班,广西教育厅音乐督学满谦子为班主任,并负责音乐教学方面的领导工作,美术方面由张安治负责。在此基础上,1939 年正式成立"广西省立艺术师资训练班",在桂林、南宁、梧州、柳州分区公开招生,培养抗战艺术干部。张安治担任教师,培养了许多艺术人才。1940 年,广西省立艺术馆成立,欧阳予倩任馆长,张安治任美术部主任,先后参加美术部工作的有郁风、龙廷坝、周令钊、黄养辉、傅思达、徐德华、郑克基、曹佩芹、刘元、尹瘦石、卢巨川、张苏予、禤海松等艺术家。美术部开展并举办了美术创作学习班和理论讲座(素描、木刻、漫画等),出版了《抗战画报》(一周至半月出一期),开展美术宣传、接受招广告和橱窗等室内装潢设计业务等多项工作。美术部组织过广西全省美展、广西全省儿童

① 引自魏华龄、李建平主编:《抗战时期文化名人在桂林》,桂林:漓江出版社,2000 年,第 309 页。

画展等大型画展，还多次举办个人画展。由广西艺术馆美术部和广西艺术师资培训班联合主办，每周出版一期的街头宣传画、漫画橱窗展览，共出版100余期，历时3年而不辍，是桂林街头宣传画、漫画的一个重要阵地。张安治还主编了广西艺术馆刊物《音乐与美术》，在推动桂林抗战艺术宣传、普及艺术教育、发展美术创作等方面发挥了重要作用。

张安治在桂林创作的作品较多，主要发表在《音乐与美术》《省艺画报》等刊物上。他出版了画集《苦难与新生》，创作有油画《后羿射日》，国画《石工》《深山立马》《持戈者》《担草妇》《避难》《压路工人》《漓江渔女》《洞中日月》《漓江大桥》(组画)《避难群》《小贩与士兵》《空袭下的酣睡者》等作品，反映了作者热爱祖国和人民的高尚情怀。特别是他的国画，不论内容和形式、技法，都充满时代气息，他有深厚的素描功底和深湛的书法造诣。他的国画中既没有宽袖长袍的人物形象，也没有泥古不化的墨情笔趣。他笔下的人物，刚健朴实，充满内在的张力。如《深山立马》《持戈者》《压路工人》等，这在30、40年代的国画界来说，是十分难能可贵而走在时代前列的。

张安治也创作油画，他的油画作品《群力》，表现了劳动者的团结力量，在1940年的"战时美展"展出后，曾有人称其为该次展览会上的"最坚实的力作"，画面上"五六个人的表情，肌肉与姿态，各不相同，但精神非常集中。"①《石工》《漓江渔女》等作品也十分精彩，在当时获得人们的好评。1941年7月，张安治举办个人画展，展出1930—1940年的代表作品90件。同年，张安治速写画册《苦难与新生》由桂林国防书店出版发行，全书收有16幅速写，主要是反映战时人民群众的深重灾难，如《避难群》《炸后》《日暮》《谁家的女孩》等。《前方一老农》《游击战士》《一夫当关》《时代的女性》《石工》《打樁》等，则记录了军民齐心协力抗击日寇的生动场面。《日本反战同志》则是对日本反战同盟西南支部部分同志的头像速写。

1944年夏，日军南犯，桂林大疏散，张安治撤到广西东部的昭平县，后赴重庆。

(五)尹瘦石

尹瘦石(1919—1998)，江苏宜兴人。抗战爆发后，尹瘦石离开了已沦陷的家乡，到武汉考入武昌艺术专科学校，开始美术学习和创作。1940年，尹瘦石来到桂林，被时任广西省立艺术馆馆长的戏剧家欧阳予倩聘为该馆美术部研

① 白轸:《绘画创作与理论问题——战时画展的小感》，1940年6月3日《救亡日报》。

究员。他醉心于历史人物画创作。在桂林的几年,他踏勘靖江王府、王陵等历史古迹,探访明代靖江王后裔,结交柳亚子、端木蕻良等有"历史癖"的文人学者,熟读历史典籍,潜心创作,完成了《伯夷叔齐》《屈原》《正气歌》《郑成功海师规劝留都图》《史可法督师扬州图》《瞿张二公殉国史画》等历史人物画,形成较大影响。其中,《瞿张二公殉国史画》一幅,画的是明末忠臣瞿式耜、张同敞二公。他二人抵御清兵,守卫桂林,城破被俘后忠贞不屈,就义于桂林叠彩山。这幅画"画面上两棵并肩而立的青松,树干粗壮,枝叶繁茂,气宇轩昂。作为背景的远山迷蒙,雄浑巍峨,画面疏朗而又肃穆,象征两位英烈坚贞的意志与高洁的情怀。历史的风云与现实的危机在画中结合为一体,具有震撼人心的力量。"[①]著名戏剧家田汉看了尹瘦石的这些画,十分赞叹,作诗称道:"宜兴并代两神工,瘦石悲鸿意境同。"给予很高的评价。

1944 年 6 月,尹瘦石的历史人物画在桂林展出,其作品蕴含的历史教训、爱国情感,给人强烈的震撼,产生了较大影响,获得了较高的评价。朱荫龙评论说:"尹瘦石将他近年所作的画,举行了一回预展,这意义不是寻常的。我们从壁上几幅力作,如《伯夷叔齐》《屈原》的巨像,《正气歌》的史图,可以窥见作者的用心。在那壮健有力的线条上,如火的愤怒,正借着笔透露出来。尤其令人警惕的是十四幅南明永历四年庚寅秋冬间桂林的'时事写真'——瞿式耜、张同敞殉国史绘。在北都沦陷的纪念日,来看南都灭亡的开端,这里面血的教训太大了。"[②]

徐悲鸿 1945 年写了题为《尹瘦石之画》的一篇文章,文中论及尹瘦石在桂林创作历史人物画的情况和意义。他说:"尹瘦石君精于绘事,尤工人物画(在今日为最难能可贵)。凡所兴起,多民族英雄史迹,与古特立独行之士,暨民间苦痛及其憔悴呻吟者。其为史画,尤精考据。凡当时之典章文物,与衣冠服饰佩戴之微,无不广事搜讨,并与历史专家议论其事。历年所作,如《明末瞿式耜、张同敞二公在桂林殉国史事全部》,《正气歌十四首》,《石壕吏八幅》,以及大幅之《伯夷》、《叔齐》、《屈原》、《郑成功》等贤哲,以其精严、生动之笔,摹绘可歌可泣壮烈之史。作者必有所感,慷慨书写,必定以世道人心为对象。但居今之世,当艰难凄楚死生人兽之际,览其激昂悲壮之形,苟有人心,能无感动

① 转引自黄国乐:《桂林抗战文化城期间主要国画家研究》,《抗战文化研究》第二辑,桂林:广西师范大学出版社,2008 年,第 175 页。

② 朱荫龙:《尹瘦石画展先睹记》,1944 年 4 月 18 日《大公晚报》(桂林出版社)。

耶。"[①]这段话状写尹瘦石在桂林期间的美术艺术创作实践和成就，十分准确全面，可谓时代的定评，艺界的褒奖，十分可贵。

（六）阳太阳

抗战时期活跃在桂林的众多美术家大多是因战乱从全国各地来到桂林的，但也有在广西本土成长起来的美术家，如阳太阳、徐杰民、龙廷坝、林半觉等。其中，阳太阳是最杰出的一位。

阳太阳（1909—2009），原名阳焕，后改名阳雪坞，广西桂林人，油画家、诗人、艺术教育家。1937 年 7 月至 1944 年 6 月，阳太阳在桂林生活了 7 年时间，是抗战时期桂林美术界重要的艺术家、艺术教育家之一。

1928 年，阳太阳考入上海美术专科学校，1935 年赴日本深造，翌年创作油画《女青年》《赤色之恋》参加日本美展，受到美术界人士赞扬。1937 年 7 月"卢沟桥事变"爆发，阳太阳放弃赴巴黎作艺术考察的计划，于 8 月乘船回国，9 月回到阔别十年的故乡桂林，积极投身抗日进步文化运动。1937 年 10 月，应徐悲鸿之邀在桂林美术院举办"阳太阳个人画展"；1938 年 5 月，在桂林加入第五路军国防艺术社，任美术部主任；1939 年 7 月 4 日，同夏衍、艾青、田汉、舒群、王鲁彦等一起被推选为中华全国文艺界抗敌协会桂林分会筹委会委员，负责总务工作；1940 年初，参加中华全国木刻界抗敌协会；1943 年，同林半觉、龙潜、张家瑶、龚绍焜、林垣之、冯静居等被选为广西美术会理事。1944 年秋湘桂大撤退，阳太阳离开桂林到贵县覃塘中学任教。

从事抗日美术宣传工作，创作大量充满战斗激情的作品，是阳太阳在桂林的重要活动内容。这一时期阳太阳创作的作品主要有油画《骑者与马》《磨刀的人》，水彩画《持枪的人》，国画《农户》《女战士》《打刀的人》等。他的画生动形象，感染力强，艾青特地为《女战士》题诗。他还画有揭露日军暴行的漫画《奸杀》、动员抗战力量的宣传画《纪念"七七"要充实国防》等。阳太阳也画了不少表现山水田园风光的作品，如油画《阳朔风景》《沙原上的船》《漓江暮色》《象鼻山》《残》《白鹭》《晓》，水彩画《巷》《早雾》《雪》，还有《秋林山居》《残月》《夜航》《青色的调子》《风车》《农村》《雨之街》《早雾》《雪罩着的村子》《暮》等。他的作品，得到了评论家的赞誉。黄超当年在《广西日报》著文评阳太阳的画，说："虽然在画面上看不见流血的场面，但是，在他用纯熟的技巧制作的绘画里，仍多战斗的内容。"他举《战士和马》与《打刀的人》二幅为例，说：前者"写出

① 徐悲鸿：《尹瘦石之画》，《尹瘦石书画集》扉页，武汉：武汉出版社，1990 年。

了荷枪的人和马都是参加战斗的”,后者则“很清楚地说明了要为灾难复仇而寄希望于刀上”。他指出阳太阳的国画“充满抒情的韵味,也是难得之作”。[①]孟超说:“所谓阳太阳的画,富有现实感,企图着一个理想,这也不是抽象的概念。太阳最喜欢画机器的动律,喜欢画受难者的愁苦,喜欢画战斗者的奋昂,有时也常带一丝哀愁,有时也失望,但他那爱世的心,正义的情绪,深伏画幅骨骼里。新写实主义作风应该是正确的人生观与高度的情感的结合,这,太阳是当之无愧的。”[②]李传信在《阳太阳画展观后》一文中指出:“看他油画的几张山水吧,尤以《阳朔风景》的表现的手法为独特,对南国这种峭壁削岩,直立千寻的石山,写来非常真切。又如《残》《白鹭》《晓》那几张的境界,真令人有幽深飘然之感。”[③]1942 年 10 月 24 日,《广西日报》在“关于阳太阳画展”的通栏标题下,发表了陈迩冬等的署名文章,对阳太阳抗战时期的画作作了综合性的评论。

参与抗日文艺界的多次画展筹备并多次举办个人画展是阳太阳在桂林的又一重要活动内容。1937 年 8 月,他刚刚从日本回国到桂林时,就应徐悲鸿之邀在桂林美术院举办“阳太阳个人画展”,展出作品近百幅,向家乡人民汇报。1938 年 1 月,他代表国防艺术社召开广西省艺术工作者会议,筹备“广西全省美展”,绘制大型宣传画、漫画并从事诗文创作。1939 年 6 月,他代表国防艺术社发起筹办留桂画家抗战流动画展,并组织来桂的漫画宣传队,连同国防艺术社、《阵中画报》社筹集作品到广西全州等地展出。1940 年,他组织国防艺术社美术部与《阵中画报》社联合举办抗战街头诗画展览。1940 年 10 月 18 日同万昊、张在民、黄超、陈件艳、惠若、林恒之、盛此君、陈颐模、吴宣化、张兰芬等人举办十一人油画展。1942 年 9 月下旬,选油画二幅,定价 5000 元,捐赠本战区慰劳伤兵。1942 年 10 月 23 日,第二次举办个人画展,展出作品 80 幅。4 月初同张安治等参加“儿童的展览会画展”。6 月 26 日,在桂林创办初阳画院,年底,主办初阳画展。1944 年 6 月初,同张光宇、刘火子等参加西洋名画欣赏展览。1945 年在玉林县城第三次举办个人画展。

从事艺术教育,培养艺术人才,是阳太阳在桂林的活动另一项重要内容。1941 年,阳太阳担任桂林美术专科学校教务长并以教授的身份授课。1943 年 6 月,阳太阳办起初阳美术学院,又称初阳画院,自任院长,主导教学和建院工

---

① 蔡定国:《阳太阳抗战时期年谱》,《阳太阳艺术文集》,南宁:广西美术出版社,1992 年。

② 孟超:《从太阳画作谈到初阳画风》,1944 年 2 月 27 日衡阳版《力报》。

③ 李传信:《阳太阳画展观后》,1942 年 10 月 28 日《广西日报》。

作，李济深、茅盾、欧阳予倩、田汉、熊佛西、周钢鸣、李文剑为赞助人，院址设在桂林建干路。初阳画院第一年招生 18 人，第二年增至 30 多人。课程设有中国画、油画、水彩素描、色彩、艺术史论、文艺理论。院内备有石膏模，人体模特，静物等，供学员室内写生基本练习。师生时常访问农村、工厂，进行社会调查，到山水风景田园中去写生，收集素材。1944 年 1 月 1 日，该院在桂林青年会礼堂举办初阳画院师生作品展览会，展出师生创作的国画、油画、水彩、水墨画、素描作品 100 余幅。此外，阳太阳还任桂林榕门美术专科学校西画系主任，为广西艺术师资训练班及桂林美术界举办的各种美术讲座讲课。阳太阳为桂林美术界培养了一批优秀人才。

阳太阳还是一位激情澎湃的诗人，他写有《火·自由》《给战友们》等战斗的诗作。发表在桂林《半月文艺》第 17－18 合期（1942 年 1 月 20 日）的《给战友们》，表达了他的抗战到底的决心："我们知道，/我们为什么而战斗着呵/今天/让我们踏在兄弟们的血迹上/重新再说一次吧/我们必须从敌人手里/夺回我们被夺去了的欢乐。"1941 年 6 月，他和李文钊、胡危舟等办起大型诗刊《诗创作》，李文钊任社长，阳太阳、胡危舟、陈迩冬任主编。《诗创作》发表了郭沫若《罪恶的金字塔》、田间《她也要杀人》、艾青《赌博》等重要诗作和茅盾、胡风、黄药眠等的重要诗论，成为抗战时期桂林乃至西南大后方重要的诗刊。他写的政治抒情诗《消灭纳粹党徒》长达 300 行，是阳太阳的代表作，当时形成较大影响。

1944 年秋，湘桂大撤退，阳太阳被迫离开桂林，到玉林、贵县等地活动，后在贵县覃塘中学任教。抗战胜利后他去了广州。新中国成立后，他回到广西，长期担任广西艺术学院院长。

（七）何香凝

何香凝（1878—1972），女，原名谏，又名瑞谏，广东南海人，中国民主革命的先驱，著名的画家和诗人。1941 年底，太平洋战争爆发，香港沦陷，何香凝老人在中共的营救下，于 1942 年 2 月同柳亚子一道离开日军占领下的香港，经过广东东江游击区，长途跋涉，备尝艰辛，同年 7 月到达桂林。何香凝到桂林，一家几口，生活十分清苦。蒋介石从重庆派人到桂林，送来了一张十万元的支票和一封信，请她到重庆去。何香凝提笔在信封上批了两句诗："闲来写画营生活，不用人间造孽钱。"连信和支票一起，原封交来人退了回去，拒不接受蒋介石派人送来的安抚费。艰苦的生活中，除了养鸡种菜有一部分收益外，她一家主要就是靠卖画为生了。她喜爱画菊、松、梅，表达自己抗争的性格和对时局的悲愤之情。1944年"三八"节,她写了一篇文章,题目是《纪念今年"三八"不要忘记大众的苦难》,述说她的这种对信仰的忠贞与坚守:"我追随中山先生奔走革命三十余年,我深深理解他的三民主义,是志在救国救民。就在他垂危的时候,我曾答应过他,我要永远坚守政治节操。当我没法解救大众的苦难时,我宁可吃粗米红薯,和大家同样吃苦,分担大家的苦难。"她还说:"此刻我是一个老百姓,我只藉卖画来维持最低限度的生活,我的生活是可以对得住中山先生,对得住死难的同志和千千万万正在受苦的同胞的。然而革命尚未成功,同志仍须努力。我希望人家不要粉饰太平,等待胜利,我们要脚踏实地刻苦奋斗;从多方面努力去争取民族的解放和社会的进步,实在,也只有民族真正解放了,大众生活真正合理了,然后妇女才能彻底解放。"她的一首《卖画》的诗也表达这种心境:"结交从古重黄金,贫贱骄人感慨深。写幅岁寒图易米,坚贞留得万年心。"这既是她在桂林生活的真实记录,更是她自己一生的真实写照。1944年6月,桂林大疏散,何香凝不去重庆,南下桂东的贺县(今贺州市);9月到达昭平;12月4日,到达贺县八步,在这里,她看到了许多老朋友,有陈劭先、梁漱溟、陈此生等,她很高兴地居住了下来。何香凝在桂林和贺县八步期间,所画作品大多在战乱中失散了。她在八步居住10个月的时间里创作了大量作品,现留下的作品有:为刘校长作的《墨梅》,为她当时的房东廖仕汉作的《腊梅》,为当时在信都中学任教的赖又莘作的《枫叶》,另一幅《菊花》是赠给当时当地工商界人士韦冠英。这些作品现藏贺州市博物馆。1945年8月15日日本宣布投降,抗日战争取得最后胜利。何香凝于10月离开贺县八步,经梧州去了广州。

作者简介:

李建平,广西社会科学院文史研究所研究员,广西抗战文化研究会会长,研究方向为中国现当代文学、抗战文化。

抗战大后方民歌民谣专题文献调研情况概述

王兆辉　王祝康　张冰梅

[摘　要]抗战大后方民歌民谣作为中华民族全民抗战的有机组成部分，是抗日战争时期民众生活斗争的鲜活载体，更是中华民族文化宝库中优秀的非物质抗战历史文化遗产。抗战大后方民歌民谣文献调研具有学术、历史与现实意义，在确定科学合理的调研方法基础上，通过对大后方出版发行的报纸、期刊与图书等文献资料进行广泛而深入地专项普查工作，就选取的抗战歌谣样本的文献来源、时间数量等情况进行统计与分析，从而获取第一手的全面翔实、系统完整的文献信息数据资料。

[关键词]抗战大后方；歌谣；调查研究

[基金项目]本文系重庆社会科学规划项目青年课题“重庆中国抗战大后方历史文献中心构建的战略研究”阶段性研究成果，项目编号：2011QNCB23。

一、前言

抗战大后方民歌民谣作为中华民族全民抗战的有机组成部分，是抗日战争时期民众生活斗争的鲜活载体，更是中华民族文化宝库中优秀的非物质抗战历史文化遗产。

从文化发生学的视角看，抗战大后方民歌民谣是在中华民族抗战历史语境下产生的一种文化形态，是人民群众自强不息的民族意识与歌谣创作者锐意进取的抗战精神融合碰撞的结晶。它们是社会的明镜，是人民的心声，是抗战历史的缩影。① 从1931年九一八事变起，抗日歌谣就开始出现。1937年卢沟桥事变发生，中日战争全面爆发后，内容丰富、形式多样、数量众多的抗战民

① 王宁远、王祝康：《抗战文献的保护与利用研究——重庆图书馆馆藏抗战文献民歌民谣的主题意蕴》，《四川图书馆》2011年第4期。

歌民谣大批涌现,并漫卷全国,遍及各地和各阶层。从政治区域上看,当时抗战大后方包含两大范畴:一个是以大西南地区为重心的国统区,狭义上人们习惯称之为抗战大后方;另一个则是以陕甘宁边区为中心的解放区,亦即敌后抗日根据地。前者在抗战前期,主要由左翼文艺者组织开展了一系列规模宏大的群众歌咏活动;后者于抗战中后期,在中共引领下掀起了新秧歌运动与新歌剧运动。

从文艺创作学的视角看,作为中国抗战文学的重要组成部分,作为我国人类非物质文化遗产的一种文化传承和表述手段,抗战歌谣是一个开放性的文艺题材。抗战时期,广大文艺工作者深入民间,与底层民众广泛接触,创作了大量抗战歌谣,使抗战歌谣逐渐发展和成熟起来,并以丰富的形式和内容,赢得了广大军民的喜爱。这些抗战歌谣植根于民族文化的肥沃土壤之中,汲取民族音乐的丰富营养,具有浓郁的乡土气息和鲜明的民族风格、民族气质。同时,这些抗战歌谣歌词通俗易懂、形象生动,被广大人民群众传唱不衰,具有永久的艺术生命力。无论是歌曲歌唱、民谣山歌,还是短歌小唱、民俗唱词,或者童谣儿歌,作品大多做到了深刻思想性与高度艺术性的和谐统一,具有很高的艺术欣赏价值与艺术魅力,创造了歌谣崭新的艺术格调与境界。

二、调研意义

(一)学术意义

抗战大后方民歌民谣课题调研是通过搜集整理、调查分析与研究,还原抗战歌谣产生、发展演变及高潮的历史语境,从而为对抗战大后方民歌民谣进行全景式研究提供可供参考的文本数据基础。同时,调研课题有利于发掘抗战歌谣浓郁的乡土气息与鲜明的民族民间音乐风格,重构其与国家政治史、民众生活史之间的交融脉络,从而探讨抗战歌谣的文化内涵、历史价值、历史地位及传承发展,亦即抗战歌谣在国家独立、民族复兴、民众生活中所承担的社会时代功能的研究探索。

(二)历史意义

课题组将抗战大后方民歌民谣研究纳入到中国现代化进程的语境之下,不仅将之看做是抗日战争与抗战历史文化的重要组成部分,更视为抗日民族解放战争投射在社会民众生活的鲜活载体,并在国家政治与社会文化语境中探寻抗战民歌民谣的产生、发展、演变与高潮。抗战大后方歌谣调研有利于真实再现波澜壮阔的抗战历史,铭记革命先辈的丰功伟绩,传承不屈不挠的民族精神,展示不畏强暴的中华民族英勇气魄,展现中华民族优秀传统文化和革命历史文化。

(三)现实意义

重庆图书馆抗战大后方文献中心民歌民谣课题调研有利于弘扬中华民族抗战优秀文化,进行爱国主义教育,学习和借鉴文艺创作宣传创新意识,丰富和拓展社会主义先进文化。同时,抗战歌谣承载了海峡两岸、国共两党共同的一段历史发展轨迹,其所蕴含的抗战历史文化是包含台湾人民在内的整个中华民族的共同文化遗产,是中华民族灿烂的历史文明里的一朵奇葩。深入挖掘抗战歌谣,对于广泛传扬抗战历史文化,增进两岸同胞的相互了解与共识,增强台湾同胞对祖国大陆的文化认同感与同根同祖的民族归属感,促进两岸共同传承和弘扬优秀的抗战历史文化,推动祖国和平统一大业进程具有重大的现实意义。

三、调研组织

(一)调研方法的运用

抗战大后方民歌民谣研究是一个复杂而庞大的课题,涉及政治、经济、军事、历史、文化、艺术等多方面的内容,确定合理的研究方法,对于确保课题研究的可操作性十分必要。而研究方法的运用取决于研究的对象、目的和任务,在实际的操作中对研究方法的运用一般是以某种方法为主的综合应用。本课题组主要采取文献调查法、数统分析法,运用定性与定量相结合的科学方法,对抗战大后方民歌民谣的体例类型、特点与主题,分布与流传等情况进行系统地搜集、整理、统计与分析,从而获取第一手的全面翔实、客观真实、系统完整的信息资料。同时,在思考与研究的过程中综合借鉴艺术学、民俗学、文艺学、民间文学等知识,辅以历史学的考证、辨析,对抗战大后方民歌民谣的文化内涵、艺术特点、历史价值等进行学术理论上的研究探讨。

(二)调研样本的选取

历时两年,课题组主要就重庆图书馆馆藏抗战时期我国大后方出版发行的报纸、期刊与图书等文献资料进行了广泛而深入地专项普查工作,从而于数以千计的歌唱作品中筛选出 1081 首抗战歌谣。从时间范畴来说,此次抗战大后方民歌民谣的搜集整理主要集中于 1937 年七七事变至 1945 年抗日战争胜利的全民抗战时期;从地域范畴来说,搜集重点侧重于重庆、四川、广西、贵州、云南、陕西、内蒙古、西藏、新疆、甘肃、青海大部及湖南、湖北、江苏、福建等部

分地区的各种文献出版物，囊括了46种报纸、70种期刊杂志和44种图书专著。(详见表1:抗战大后方民歌民谣样本选取列表)

表1:抗战大后方民歌民谣调研样本选取列表

序号	文献种类	文献名称	数量
1	报纸	《新民报》《新蜀报》《商务日报》《大声日报》《西北文化报》《国民公报》《成都快报》《万州日报》《西北日报》《新华日报》《兴中日报》(含成都版)、《阵中日报》(含成都、湖南版)、《中央日报》(含成都、贵阳版)、《大公报》《扫荡报》(含桂林版)、《朝报》《建国日报》(含成都版)、《西南日报》《新秦日报》《济川公报》《甘肃民国日报》《川东日报》《华北新闻》《广西日报》《南京晚报》《国难三日刊》《时事新刊》(含成都)、《复兴日报晚刊》(成都版)、《西南日报晚刊》《时事新报》《达县日报》《评论晚报》《重庆新民报晚刊》《中央日报星期刊》(贵阳版)、《党军日报》《理报》《晚晚报》《新新新闻》《包头日报》《保山日报》《华西日报》《救国日报》《南方日报》《宁远报》《云阳公报》《新中国日报》等	46种/56份
2	期刊	《光明》《大声周刊》《川中学生》《文化战线》《时事类编》《半月文摘》《川东文艺半月刊》《抗战三日刊》《青年界》《全民抗战——保卫大武汉特刊》《内政研究月报》《战潮》《抗战文艺三日刊》《全民周刊》《文艺战线》《战歌》《民众知识》《抗战戏剧》《江西地方教育》《抗敌导报》《战时民训》《西线》《慰劳半月刊》《文化动员》《四川省合作通讯》《文艺阵地》《兵役半月刊》《抗战艺术》《广播周刊》《全民抗战》《战时民众》《抗到底半月刊》《隆昌县总动员宣传周特刊》《战时中学生》《民族诗坛》《教育短波》《渠县县政令公报》《蒙藏月刊》《战时后方画刊》《乐风》《西北工合通讯》《西北工合》《文艺月刊——战时特刊》《抗建通俗画刊》《四川兵役》《军民旬刊》《经世》《中国教育》《时代精神》《抗建》《五十年代》《国民教师月刊》《奋斗》《田家半月报》《好男儿》《儿童月刊》《三民主义周刊》《本行通讯》《西北论衡》《反攻》《士兵月刊》《宇宙风》《职工通讯》《士兵周报》《国讯》《党工通讯》《农民通讯》《文学》《荣中校刊》《正信抗战半月刊》《美术家》等	70种/71份

续表

序号	文献种类	文献名称	数量
3	图书	《成都市学校青年训练团抗战歌集》(新记成都启文印刷局,1937)、《大家唱·一集》(重庆上海书店,1937)、《大家唱·二集》(汉口交通路教育书店,1937)、《抗战歌选》(大路书店,1938)、《战地歌声》(生活书店,1938)、《抗战歌曲集》(上海生活书店,1938)、《救亡歌曲集》(出版者不详,1938)、《抗战与歌曲》(商务印书馆,1938)、《保卫祖国》(独立出版社,1938)、《抗战歌声》(中南图书公司,1938)、《叱咤风云集》(生活书店,1938)、《抗战大鼓词》(新知书店,1938)、《杂耍》(生活书店,1938)、《人人唱·第二集》(救亡出版部,1938)、《战时大鼓词》(战时出版社,1938)、《抗敌歌集》(军事委员会政治部,1939)、《二期抗战新歌初集》(新知书店,1939)、《抗战歌谣·第一辑》(老百姓编刊社,1939)、《人人唱·第一集》(救亡出版部,1939)、《中国抗战歌曲》(中国电影制片厂,1939)、《抗战建国纲领浅释》(生活书店1939)、《抗战通俗韵文选》(中国国民党中央宣传部,1939)、《抗战虎啸歌曲》(西安大东书局,1939)、《抗战歌谣选·第1、3集》(福建省政府教育厅,1940)、《抗战歌曲新集》(教育部第二社会教育工作团,1940)、《救亡歌曲》(二二五童子军书报用品社,1940)、《二期抗战新歌》(新知书店,1940)、《金鸡岭》(国民出版社,1940)、《二期抗战新歌二集》(艺术图书社,1941)、《齐唱曲集》(中国文化服务社,1941),《抗战漫画歌谣集》(成都市民教馆,1941),国民常识通俗小丛书:《募寒衣》(国民图书出版社,1941)、《王铭章血战滕县城》《陈怀民肉弹击敌》《杏儿山尽忠》《苏武》《袁专员守土抗战》《抗战小曲》(国民图书出版社,1942)、《梁镇球助军歼敌》(国民图书出版社,1943)、《温生财刺孚琦》(国民图书出版社,1944),《抗战歌选》(越新书局,1942)、《创作新歌选集》(立体出版社,1942)、《歌林·二集》(格林出版社,1942)、《抗战二部合唱歌曲集》(抗战歌曲刊社,1943)、《二期抗战新歌续集》(亚洲印书馆,1943)、《儿童歌曲》(华华书店,1944)、《抗战歌谣》(国民图书出版社,1945)、《创作之歌》(现代书局,1945)、《儿童新歌集》(海屋出版社,1945)等	44种/49册
合计		160种/176册(份)	

四、调研情况

(一)文献来源分析

抗战时期,书刊报出版事业得到了长足的发展。无论是解放区还是国统区,书刊报事业皆取得了辉煌的成就。围绕教育民众,积极参加抗日救亡斗争,书刊报发挥了积极的作用。当时,各党派、各阶层、各团体都重视书刊报出版发行工作,利用书刊报宣传自己的主张、观点和立场,并充分利用通俗歌谣的文化形态,向广大民众灌输民族意识,宣传抗战思想。这些书刊报刊载的抗战歌谣记录了这一艰苦而伟大的岁月,也记录了这一英勇悲壮的斗争历程,并为夺取抗日战争的胜利作了充分的思想准备,发挥了极大的宣传作用。在此背景之下,书刊报积极倡导和传播通俗文化形式,大量的抗战民歌民谣于各书刊报上登载。其中,单从调研样本选取的歌谣图书出版发行者来看,当时的出版发行者多种多样,有出版社、书局、书店、政府机关、商业机构、印刷厂等等。

同时,书刊报有着各自不同的出版、发行、传播、读者群特点:"图书"是对某个专题或某个学科的论述,具有明显的单本独立性、内容系统性、出版时间机动性的特点;"期刊"是具有一定出版周期或不定期的出版物,其特点在于内容专、文章短、知识新和精、出版发行快等;"报纸"是出版周期最短的定期连续出版物,其特点在于及时性、内容新、涉及面广、读者最为广泛。本课题组根据书刊报的不同特点及其宣传影响力,在搜集抗战歌谣的文献来源上多有所偏重。但是,由于抗战歌谣自身的创作特点与传播特性,其所刊于载体并不完全与书刊报的特点相一致,加之虽然重庆图书馆馆藏抗战文献在国内可谓首屈一指,然而毕竟也有其不足之处。故此,谨根据课题组选取的1081首抗战歌谣调研样本的文献来源进行统计,其结果如下:46种报纸,所占比例29%;70种期刊,所占比例43%,44种图书,所占比例28%。(详见"图1:抗战大后方民歌民谣调研文献来源图")

(二)时间数量考察

在调研搜集到的1081首抗战歌谣中,对创作时间(出版时间)和数量情况进行统计,结果如下:1937年,51首,占4.71%;1938年,179首,占16.55%;1939年,289首,占26.73%;1940年,146首,占13.50%;1941年,114首,占10.54%;1942年,76首,占7.03%;1943年,71首,占6.56%;1944年,63首,占5.82%;1945年,92首,占8.51%。从"图2:抗战歌谣创作时间及数量图"中,我们对抗战民歌民谣的发展趋势可简单总结为:兴起——高潮——衰

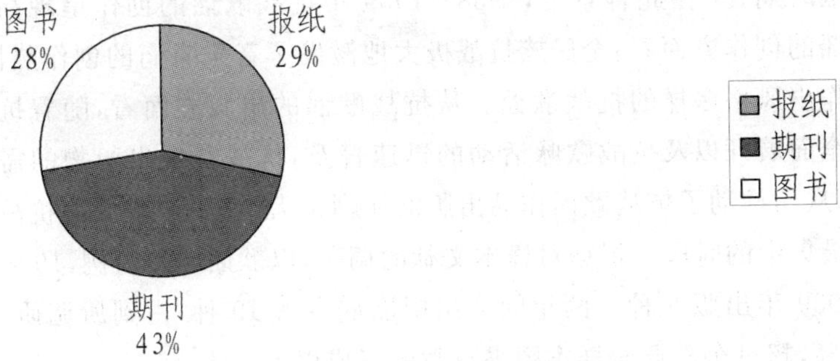

图 1:抗战大后方民歌民谣调研文献来源图

落——复兴等几个阶段。其中,1937—1938 年是逐渐兴起到迅速上升趋势阶段,至 1939 年达到抗战歌谣的最高峰。之后的 1940 年开始呈现出急剧下滑迹象,1941—1944 年间处于整体衰落势态,1945 年有小幅回升,再掀一个小高潮。

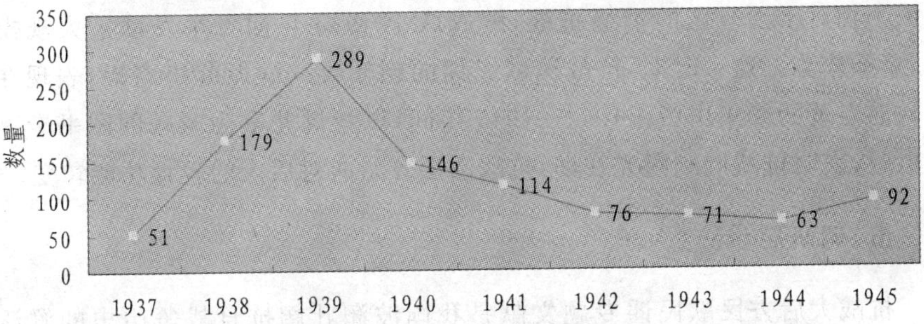

图 2:抗战大后方民歌民谣创作时间及数量图

1937 年七七事变揭开了中华民族全面抗战的序幕,国共两党再次携手合作,抗日民族统一战线最终形成。与此同时,中国音乐界与文学界的各方面人士在全民性的抗日救亡歌唱歌咏运动中逐渐汇聚拢来,以抗战音乐为旗帜和武器,高唱民魂战歌的嘹亮乐章与日军誓死拼杀。中华全国歌咏协会、中华全国音乐界抗敌协会等组织机构纷纷成立,并积极组织举行抗战宣传周、纪念会、音乐会、游园会、歌咏游行等抗战歌咏活动,从而使我国进入到一个全民族抗日歌唱时期。[①] 在此背景下,1938—1939 年抗战歌谣的创作呈现高潮。从抗战歌谣的创作方面看,全民族抗战极大地激发了音乐家们的创作热情,他们不断创作出风格多样的抗战歌谣。从抗战歌谣的出版方面看,随着抗战歌谣创作的全面展开以及抗战歌咏活动的迅速普及,抗战音乐出版物的需求亦急剧增长,从而推动了抗战歌谣作品出版的加剧扩大,这一阶段成为抗战音乐作品出版最集中的时段。根据对样本文献的调研,以歌谣专著为例,1938 年出版 11 种,1939 年出版 8 种。两年间共出版歌谣专著 19 种,占到所调研 44 种图书的 38%,超过全部调研样本图书总数的三成以上。

1941 年 1 月,蒋介石制造了震惊中外的“皖南事变”,使抗日民族统一战线遭到严重破坏。与此同时,国民党当局对舆论的控制、对进步新闻出版事业的摧残和对进步音乐工作者的迫害也日益频繁,许多报刊被封禁。在各种客观环境错综复杂的因素作用下,1941—1944 年的抗战民歌民谣创作逐渐转为低潮。但所创作的抗战歌谣无丝毫的悲观失望,而是充满了坚持抗战到底的决心,仍以其旺盛的生命力,在夹缝中求生存,呼吁国人团结抗日,唤醒民众抗战意识。相对于国统区的消极抗战,解放区于 1945 年向日军发动了大规模的春、夏季攻势。这一时期,抗战民歌民谣的创作再一次掀起小高潮,表现在一些歌谣专著的续集出版。1944—1945 年间,以童谣儿歌为主题的图书专著陆续出版,表明抗战胜利曙光在即,抗战歌谣开始向对后人的教育功能转变。

五、调研启示

抗战大后方民歌民谣专题文献是我国波澜壮阔抗日战争历史的鲜活载体。抗战大后方民歌民谣调查研究是针对抗战大后方历史的一项基础性专题文献考察探索。其与抗战历史文献资源建设紧密相连,与抗战历史文化研究息息相关,与国家民国文献普查保护项目交相呼应,通过抗战歌谣专题文献调研可以获取有益于我国革命历史文献整理开发与民族民间文化研究的历史启示。

(一)文献整理的需要

文献整理是文献资源建设与开发研究的基础性和先导性的工作。只有在抗战文献整理基础上,才能为抗战文献资源建设与研究提供物质基础。2012

① 王兆辉、魏兵、任竞:《追寻聆听:民魂战歌的嘹亮乐章——抗战歌曲专题文献研究》,《重庆社会主义学院学报》,2012 年第 3 期。

年国家图书馆启动了全国民国文献(革命历史文献)普查保护工作,更为抗战歌谣文献整理提供了政策导引方向。

1.抗战歌谣文献整理的紧迫性。从历史文献整理与保护的角度看,民国时期是我国出版业由手工造纸印刷向近代机械造纸印刷的过渡时期,机械技艺不够纯熟,印刷的纸张酸性强,保存期限比古籍文献还要短暂,以至于海内外各藏书机构所收藏的文献均呈现不同程度的老化或毁损现象[①],老化破损程度高达90%以上。可见,抗战歌谣文献具有严重的脆弱性,亟待开展整理保护工作。同时,抗战歌谣作为口头流传性较强的文艺作品形式,有着明显的时代演绎变迁特征。柯仲平认为:“民歌是会跟着人民生活的变化而变化的。若没有人搜集它,研究它,它有一部分便会随着生活的大变动而渐渐消灭掉,有一部分会就化为新的民歌,使你不易找出它的历史线索来。”[②]由此,抗战歌谣文献如不及时整理,可能面临着流失,甚至是湮灭的危险。从这个意义上说,对抗战歌谣文献的整理是传承我国历史文化的紧要工作,否则,那将是对我国民族文化保护的失责。这也表明:抗战歌谣文献整理、保护工作愈加显得艰巨与紧迫。

2.抗战歌谣文献整理的必要性。抗战文献是民国文献的核心内容,抗战歌谣文献则是我国民国文献乃至近现代革命历史文献中最具生命力的组成部分。抗战歌谣文献是最直接、最真切表现人民群众在抗战期间战斗生活与思想情感的历史资料素材,它记载了全国军民英勇抗战的历史脉络,总结了中华民族抗日战争革命斗争的经验,是抗战将士和人民群众共同谱写的一部“抗战百科全书”,为中国近现代革命历史研究领域提供了别具风采的珍贵资料[③]。同时,抗战歌谣的创作队伍涵盖面极其广泛,除了一般知识分子、业余作家、前线将士、后方民众等普罗大众外,更囊括了当时中国几乎所有著名的作曲家、文艺家等各方面人才。既包含了冼星海、塞克、贺绿汀、吕骥、周巍峙、麦新等音乐家,也包括了胡适、郭沫若、闻一多、老舍、欧阳予倩、成仿吾等著名作家,还包容了诸如于右任、冯玉祥、陈立夫、陈毅、杨靖宇等军政要员。因此,抗战歌谣文献是全国人民抗战历史的鲜活见证,是中华民族抗战精神的重要载体,

① 张丁、王兆辉:《浓墨重彩沧桑厚重——民国文献的价值及馆藏现状》,《图书与情报》,2011年第2期。

② 柯仲平:《论中国民歌》,《中国文化》1940年第4期。

③ 王兆辉、张冰梅:《解放区抗战歌谣的历史价值》,《抗战文化研究》第六辑,桂林:广西师范大学出版社,2012年,第124—132页。

也承载和反映出我国近现代著名历史人物的人生轨迹与思想脉搏,其历史文献与研究价值突出,需要加强整理保护工作。

(二)开发利用的需要

抗战大后方民歌民谣其内容之丰富、创作之集中、流传之广泛、作用之巨大、影响之深远都是前所未有的。并且,这些抗战歌谣历史价值无比、历史意义非凡、艺术魅力无穷。可以说,对抗战歌谣的开发利用既是历史需求,也是时代需要。

1. 抗战歌谣文献开发利用的历史需要。抗战期间的歌谣作品拓展了中国民间歌谣的思想内容,创造了中国民族音乐史上的新体例和新境界,诠释了中华民族同仇敌忾、共赴国难的全民抗战精神,支援了抗日民族解放战争的胜利,成为中国革命精神的重要载体和中华民族精神宝贵财富。[①] 可见,抗战歌谣文献作为一种中华民族抗日解放战争语境下诞生的非物质文化遗产,具有重要的历史价值与意义。这也决定了抗战歌谣文献开发利用是传承、保护中国抗战精神与爱国文化的历史需要。同时,抗战大后方民歌民谣是由国共两党、国统区与解放区军民共同演绎的一段抗战神曲,承载了一段兄弟两党荣辱与共的抗战传奇。因此,抗战歌谣文献开发利用是挖掘研究国共两党摒弃前嫌、携手抗战历史的重要史料,并有助于启迪后人在外侮面前,以民族大义为旗帜,维护祖国主权统一。

2. 抗战歌谣文献开发利用的时代需求。在当下社会语境中,抗战歌谣文献开发利用也是满足时代发展的需要。第一,社会大众需求。抗战歌谣文献作为我国抗战历史文献中最生动、最鲜活的部分,不仅是深受中老年人喜爱的阅读题材,也是少年儿童喜闻乐见的阅读书系。由此,抗战歌谣文献的开发利用更能适应广大人民群众阅读的社会需求,且能进一步激励全民阅读兴趣。第二,学术研究需求。抗战歌谣文献是多种学科与专业的交叉载体,是民俗学、民族学、音乐学、文学、历史学等学科研究领域的重要原始资料,吸引了各类科研院所的研究人员的广泛需求。因此,抗战歌谣文献的开发利用有利于为相关领域的科研活动提供史料支撑。第三,文化宣传需求。抗战歌谣作为抗战宣传武器在抗战时期发挥了举足轻重的作用。对于现代社会而言,抗战歌谣文献的开发利用则实际上是一种挖掘民族精神内涵和拓展爱国主义视野的方式,其有利于弘扬优秀的抗战历史文化,有利于丰富和发展社会主义先进

---

① 王兆辉、魏兵:《解放区抗战歌谣的历史意义》,《延安大学学报》(社科版)2012 年第 1 期。

文化。同时,抗战歌谣宣传手法也值得当代文化宣传工作学习与借鉴。第四,政治使命需求。抗战大后方民歌民谣是国共合作下两岸同胞共同的历史文化遗产。因此,抗战歌谣文献开发利用具有政治意味也是历史使命需要。它有助于消除海峡两岸隔阂,促进海峡两岸交流合作,增进中华民族大团结,推动国共两党再度合作,实现祖国和平统一。

作者简介:

王兆辉,重庆图书馆馆员,硕士,主要从事文献整理开发与图书馆事业研究。

王祝康,研究馆员,重庆图书馆研究辅导中心主任,主要从事图书馆理论与实践研究。

张冰梅,副研究馆员,重庆图书馆副馆长,主要从事图书馆文献与管理研究。

十年磨一剑 廿年成一书

——评《季节燃起的花朵——西南联大文学社团研究》

孙子雅

1937年，战火的硝烟侵染了中国高校这最后一片净土，北大、清华、南开三校的师生被迫一路南下，历经艰险，最终迁至昆明，组成了国立西南联合大学。这是中国学院派知识分子有史以来第一次走出象牙塔，与云贵地区的本土文化碰撞，燃起了抗战季节西南边陲的一支奇异的花朵。在短暂的九年中，西南联大先后成立了一百多个社团，形成了20世纪中国校园文学的一座高峰①，毫无疑问是非常值得认真研究的。然而长期以来，都没有引起学术界足够的重视，除了李光荣的前期成果外，只有一篇论文和一部专著做过较为集中的论述，其他皆为回忆性文章。② 直到2011年12月，由李光荣、宣淑君两位先生合著的《季节燃起的花朵——西南联大文学社团研究》横空出世，终于填补了这片空白，成为第一部研究西南联大文学社团的专著。

任何一项开创性事业的艰辛都是可想而知的，这本厚重的著作，从申报国家社科基金项目成功到完成验收并出版共经历了九个年头，而这九年的背后更是长达二十余年的前期积淀。可以说，这部著作是作者用其生命在西南联大这片沃土上耕耘结出的硕果。为什么作者心甘情愿地投身于如此艰辛的工作？这是有历史渊源的。

该书作者李光荣和宣淑君系云南师范大学七七级学生，自上大学起至毕业工作一直生活在西南联大遗址上，这里的一草一木都在洗涤陶冶着作者的情操，每每瞻仰闻一多先生的塑像，默念着《一二·一运动始末记》，心中便会

---

① 李光荣：《中国校园文学的一座高峰——论西南联大学生创作》，云南师范大学学报（哲学社会科学版）2012年第6期。

② 李光荣、宣淑君：《季节燃起的花朵——西南联大文学社团研究》，北京：中华书局，2011年，第368页。

汹涌澎湃。联大师生在艰苦的战争岁月里对祖国的赤胆忠心以及他们那顽强不屈的灵魂深深地震撼着作者。同时,西南联大师生纯粹的学术精神、严谨的治学态度也都通过云南师范大学的教师传递给了作者。作者的老师主要由三部分组成:一是西南联大的助教和学生,二是西南联大的再传弟子,三是与西南联大有间接关系的老师,在这些老师的门下读书,作者将西南联大师生做学问的精神继承下来,作为自己日后做学问的准绳。毕业之后作者到蒙自师专工作,此前美国学者易社强到蒙自采访搜集材料进行西南联大研究,此事启示作者:一个美国人不远万里到中国进行西南联大研究,为什么我们生活在这片土地上的中国人不能呢?这坚定了作者进行此项研究的信念,遂开始了西南联大材料的收集,1993 年,应主编之托主持编纂了《西南联大在蒙自》一书。作者后来调回云南师范大学任教,于 2000 年参与发起成立了"西南联大研究所",此时作者开始更为广泛地收集资料,2003 年获得国家社科基金项目之后,便全身心投入这项工作中。这个发展过程也是作者对西南联大感情愈来愈深厚的过程,以至于后来只要看到与西南联大相关的资料,即便是很小的东西,都会激动良久。一个对西南联大有如此深厚感情的人,必然会克服重重困难,将研究进行到底。

对于任何一项研究,史料都是基础,作者在《跋》中说"在研究中,花费精力最多的工作是搜集材料。"[①]西南联大距今已有七十多年的历史,许多当事人都已相继离世,后人无法直接从当事人那里得到材料。而当时文学社团的作品又多以壁报的形式发表,每次组稿之后,抄写在纸上,张贴于人流量大的地方,阅读后再揭下来保存,这种方式本来就很容易造成遗失,再加上正处于战乱年代,能完好保存下来的纸质材料无异于凤毛麟角。面对现成材料几近空白的情况进行一项具有开创性的工程,其难度可想而知。然而,这些都丝毫不能动摇作者的坚定信念,为了搜集材料,他们奔波于北京、上海、成都、重庆、昆明等地,采访联系了西南联大前辈或其家属近百人,查阅大量报刊,广交朋友,购买书籍,多渠道获取国内外一切可以得到的相关信息或线索,使许多鲜见的资料得到首次披露。

关于史料的辑录,四川大学的陈思广教授曾说:"由于岁月动荡所造成的史料遗缺,或时代语境对接受者观念的束缚,或者当事人、亲属对可能关涉利害关系的顾虑,等等,如何辑录与辑录什么就成为辑录者不得不考虑的问

① 李光荣、宣淑君:《季节燃起的花朵——西南联大文学社团研究》,第 368 页。

题……就出现了无法避免的偏、漏、瞒的问题。"[①]虽然针对的是中国现代长篇小说,但却有普遍意义。《季节燃起的花朵》一书的史料辑录同样面临这些问题,需要作者一一甄别,弄清事实真相。如关于冬青社的成立时间,《国立西南联合大学校史》第357页说"1940年初",第387页又说"1940年9月",出现了矛盾,作者又综合参考了《闻一多年谱长编》及群社历史和杜运燮《白发飘霜忆"冬青"》一文,最终才分析认定冬青社的成立时间是1940年初。作者在《跋》中说,"为寻找一则资料寝食不安,为求证一则材料费时数月的事是常有的",然而当写作时又"往往因为一则材料而多方求证,耗费许多时日才继续下笔;或者因发现新材料而推翻先前的判断,重新写过。"[②]如此务真求实的严谨作风着实让人感动,更令当今学术界许多不顾基本事实,随意下结论,根据不可靠材料危言耸听的人感到汗颜。钱理群先生在《序言》中对作者的史料工作给予了高度评价:"本书在有关西南联大文学社团史料的发掘、搜集、爬梳、辨析、整理上,可以说是下足了功夫,不仅查阅了可以找到的一切文字材料,并且进行了认真的考订。这样,本书就大体上弄清了西南联大文学社团的基本事实,为进一步深入研究奠定了坚实、可靠的基础。"[③]

有了坚实的史料基础,作者才开始下笔写作。翻看目录就会发现,作者在书的结构上也做了精心的安排。第一章分为前、中、后期对西南联大社团进行综论,使读者在初读时就能形成一个大致的发展脉络。值得注意的是,作者并不局限于文学社团,而是将在文学创作和文艺活动方面做出了突出成绩的所有社团统统纳入视野,分综合社团、戏剧社团、文学社团三类一一进行介绍,在更高的层次上展现了西南联大社团的总体风貌。在第一章的最后,作者将西南联大文学社团的活动形象地概括为"山谷状","前期由南湖诗社到高原文艺社再到南荒文艺社,与冬青文艺社一起形成了一座高峰,中期经皖南事变出现低谷,后期由于文艺社、新诗社以及冬青文艺社、文聚社诸社团空前活跃再构成一座高峰……总的特点是:早期起点高,中期质量好,后期作品多。"[④]这的确是建立在对西南联大文学社团的整体把握基础上作出的精到论断。第二章至第八章介绍了七个文学成就较大且资料较为充足的社团。"由于事先把握住

---

① 陈思广:《如何辑与如何用——中国现代长篇小说接受史料与接受研究中的两个问题》,《青海社会科学》2012年第1期。

② 李光荣、宣淑君:《季节燃起的花朵——西南联大文学社团研究》,第368页。

③ 李光荣、宣淑君:《季节燃起的花朵——西南联大文学社团研究》,序言第5页。

④ 李光荣、宣淑君:《季节燃起的花朵——西南联大文学社团研究》,第35页。

了各个社团的特点，就能形成不同的文章结构，使各个社团即一章与一章的写法相异，最终，获得新的材料言说，新的理论概括，新的表达角度。”[①]这种根据各个社团具体情况而定的结构布局使全书行文十分紧凑、通畅。如西南联大的第一个文学社团南湖诗社，由于其存在时间不长，组织单纯，创作类型单一，全部为诗歌，所以作者就只分三节分别介绍南湖诗社的组成与活动、诗歌成就及历史评价。而冬青文艺社，由于“是联大文艺社团中历史最久远、影响最大的一个”[②]，在文学创作上，冬青社兼备各种创作方法和风格，诗歌、小说、散文的创作都已成熟，所以作者先分三节介绍冬青文艺社的前、中、后期情况，又分三节分别介绍诗歌、小说、散文的创作情况。七个社团七种结构，可见作者的良苦用心。

在这部著作中，作者以史料说话，客观严谨的治学态度随处可见并贯穿始终。在这种精神的烛照下，作者为中国现代文学史做出了以下几个方面的贡献。

第一，理清了一些史无定论的问题。如关于冬青文艺社恢复的时间，一般认为在“倒孔运动”之后，而《国立西南联合大学校史》说“1944 年夏”。面对两种说法，作者做出独立的判断：前一说不确切，后一说不正确，冬青社恢复的时间应该是 1944 年 1 月上旬。作者是如何判定的呢？于产曾有《星原文艺》一文讲到冬青社的恢复情况和自己被选为社长而后匆匆离开，由何扬继任的经过。作者首先从普通人性出发，认为一个人被选为社长的记忆是深刻的，且作者亲眼见到了于产的遗墨，所以认为于产的回忆是可靠的。于产被选为冬青社社长而又匆匆离开，那么他离开西南联大的日期对于确定冬青社恢复时间至关重要。作者认为此时间应为 1944 年 1 月，除了有于产《星原文艺》一文为证，另外还有陈盛年的《怀念刘波同志》、秦泥的《你好吗？于士奇》《从“老黄校”到“滇西王”》以及萧荻的《吴显钺同志逝世十周年祭》等文佐证，这些人都是“当事人”，根据如此多“当事人”文章都说于产离校为 1944 年 1 月，作者初步推断冬青社的恢复时间是 1944 年 1 月。但是作者并没有就此下定论，而是进一步思考：1944 年 1 月上旬在“倒孔运动”之后，符合冬青社恢复组织的时间是“倒孔运动之后”的概说，但离 1942 年 1 月的“倒孔运动”整整两年，是否太“后”了点？冬青社会不会在 1942 年或 1943 年恢复组织呢？提出这样的疑

① 李光荣、宣淑君：《季节燃起的花朵——西南联大文学社团研究》，第 370 页。

② 《国立西南联合大学校史》，西南联大北京校友会编，北京：北京大学出版社，2006 年，第 334—335 页。

问,可见作者思想之缜密,要将所有的可能性完全排除才敢下结论。作者通过当时政治环境不允许进行排除,并且用西南联大校史专家张源潜的话进行佐证,张源潜回忆《耕耘》壁报创刊时的校园景象说:“1943年秋季开学后不久,新校舍北区的围墙上出现了一种名叫《耕耘》的壁报,它在‘招领’、‘寻物’、‘征求’、‘出让’一类启事的海洋里,显得十分突出,也给沉默了两年多的校园稍稍增添一些生气,因此吸引了不少同学驻足观看。”这篇回忆文章曾请多人看过,不是一个人的记忆,所以冬青社不可能于1942年或1943年恢复组织与活动。经过层层推理排除后,作者才下最终结论:冬青社恢复组织的时间为1944年1月。如果每一位学者都能有作者这样精益求精,不留一个漏洞的求证精神,那么学术研究不知要省去多少不必要的麻烦!

第二,纠正错误的观点,提出自己的见解。例如,有论者在提到文聚社与冬青社的时候把它们当做彼此无关的社团,作者认为这是有悖于两个社团的发展事实的。作者运用文聚社发起人林元和冬青社骨干杜运燮这两个代表性人物的言论进行推理证明。林元曾说:文聚社的最初社员,“多数是群社社员,或参加过群社的活动,有的是冬青文艺社社员……文聚社与冬青社、群社,可以说是一脉相通的”。[①] 细心的作者抓住了林元的语言顺序:前一句话从群社说到冬青,后一句从冬青说到群社,也就是说,从发展关系看,先有群社,再有冬青,而后有文聚;从关系密切程度说,是先冬青后群社。这表明文聚与冬青是一脉相承并且有密切关系的。再看杜运燮在《白发飘霜忆“冬青”》一文中,把《文聚》和冬青社的《中南文艺》副刊放在一起讲述,可见他认为《文聚》杂志是冬青社的一块园地,冬青社与文聚社关系密切。另外,作者又根据文聚社与冬青社在文学主张、艺术追求、作品风格上一脉相承的事实,得出自己的判断:文聚是“冬青”老树上长出的新枝,两个社团最初是一个团体,两块牌子,后来文聚逐步生根独立,长成大树了。又如,姚丹在评论新诗社的朗诵诗时说“或许朗诵诗,不能从‘独创性’这样的标准来要求它,因为它是集体的艺术,甚至按闻一多的溯源,朗诵诗还是‘原始的’。这样‘原始的’、‘集体的’诗,它有另外一套衡量的标准,不能与‘现代的’、‘个人的’诗混为一谈。”[②]作者认为此话后一句完全正确,但说朗诵诗不存在“独创性”的观点有失偏颇。新诗社的代

---

① 林元:《一枝四十年代文学之花——回忆昆明〈文聚〉杂志》,《碎布集》,北京:文化艺术出版社,1991年,第384页。

② 姚丹:《西南联大历史情景中的文学活动》,桂林:广西师范大学出版社,2000年,第380页。

表人物何达说新诗社写的是闻一多“所提倡的比田间更新的诗”[1]。作者认为“比田间更新”就是“独创”，那么新诗社的朗诵诗究竟新在何处？作者总结为，第一，它是集体的而非个人的。这在西南联大历史上没有，在中国文学史上也与殷夫、田间、艾青等人有所不同。第二，它是可听可看的，既可朗诵又可阅读，既有“音乐美”又有“图画美”，这是一种新的诗歌美学观，在整个中国文学史上都是全新的。作者把这种“新”的诗称为“学院派朗诵诗”的确是把握住了新诗社朗诵诗的本质性特征。

第三，对长期被忽略的问题给予关注，进行研究。作为西南联大所有文艺社团中创作势头最旺并且取得不小成就的南荒社却被人们遗忘了，是作者一点一点拂去历史的尘埃，将这样一个不容忽视的文学社团呈现在世人面前。南荒文艺社由高原文艺社转化而来，是因萧乾倡导而组织起来的文学社团，该社采取“以文代费”的方法，要求每个社员向社里交作品，文末注明“南荒社”几个字，社里推荐发表，稿费归社里。《大公报》是当时最著名的报纸之一，其《文艺》是最有吸引力的文学副刊，大多刊登名家之作，一般作者则以在上面发文为荣。而南荒社的作品在《文艺》上出现了一百多次，这足以说明南荒社文艺水准之上乘。再如当人们谈到穆旦在南荒社时期的创作时，往往忽略其诗中的积极进取的人生态度和抗战思想。作者对此展开深入探讨，首先从《防空洞里的抒情诗》谈起，这首诗写了人们在防空洞里的所言所做所想，琐屑杂乱，没有任何重大意义，诗人厌倦反感这种态度，“我是独自走上被炸毁的楼，/而发见我自己死在那儿/僵硬的，满脸上是欢笑，眼泪，和叹息”。诗人将自己分解为新我和旧我，让无聊空虚的旧我死去，表达诗人对自己的审视和想要更新的愿望。以往论者多注意这首诗的反讽、分裂等现代手法，作者认为不应忽视这首诗的思想意义。诗中对于现实人生的厌弃和对旧“我”的告别，都表现出穆旦积极进取的人生观，这种向上的人生态度是穆旦此时所有诗歌内容的思想基础，论者津津乐道的内心反省、自我解剖、灵魂拷问都是建立在这种人生态度之上的，作者那具有穿透力的眼光一下子就追溯到了事物的源头，只有找准了源，才能生出悠长的流。作者提出的在穆旦研究中另一个被人们忽略的内容是诗中的抗战思想。如未被《探险队》收入的《祭》就是一首抗战诗，诗中没有一般抗战诗的大声呼喊号召，没有英雄形象，而是将象征和暗示结合，前方出力牺牲者“瞑目的时候天空中涌起了彩霞，/染去他的血，等待一早复仇的太

---

① 何达：《闻一多 · 新诗社 · 西南联大》，《北京文艺》1980 年第 2 期。

阳”,后方出钱者虽然跳狐步舞,喝酒,但“身上/长了刚毛,脚下濡着血”。后方的朋友以血祭前方战死者,这也是为抗战出力做贡献。再如《漫漫长夜》中的“老人”是诗人心态的象征,“老人”厌恶“防空洞里”的人,想要为国家做一些事却失去了能力,于是“老人”支持“杀死海盗”的正义战争,这表达的正是诗人的抗战态度。关于穆旦的抗战诗,作者在《“化入树干而滋生”——论穆旦的抗战》[①]一文中有更加详细的论述。

以上所论在历史上纠缠不清的、被误读的、被忽略的问题,在这本书中作者都一一进行分析论证,并且坚持论从史出、有理有据的原则,因此提出的观点都是极具学术参考价值的,与其他学者的观点构成一种学术对话,为西南联大研究开拓更广阔的视野。

西南联大为中国培养出了一大批杰出人才,有汪曾祺、穆旦这样的文学大家,杜运燮、郑敏、刘北汜、辛代、于产、秦泥等著名作家,对于他们来说,西南联大时期是他们创作风格的初步形成期,是至关重要的,在《季节燃起的花朵》一书中作者对他们的早期创作进行深入研究并挖掘出许多不为人知的史料(如汪曾祺初期四篇小说),无疑将对这些作家的进一步研究起到极大的推动作用,《季节燃起的花朵》在这方面的贡献已有不少评论文章做了精到的评述,笔者无须赘言。西南联大文学社团虽以学生为主体,但导师们的热心帮助也起到了至关重要的作用,如朱自清、闻一多、李广田、沈从文等对社团的指导,要全面研究这些作家,西南联大时期的生活是无法绕开的,本书在对各个文学社团进行介绍的过程中,也为我们展现了这些大师们的活动轨迹。

朱自清是南湖诗社的导师,在全体动员大会上,朱自清“强调新诗应该有一定形式,有相宜的格律,要注重声调韵脚,新诗形式问题值得不断探索。”[②]提出理论指导后,朱自清还仔细阅读社员们交给他的稿件,提出意见,亲切地与同学们讨论新诗创作与诗歌研究等问题。时为中文系三年级学生的周定一的《南湖短歌》就充分体现了诗歌的“建筑美、绘画美、音乐美”,是师生共同努力下的一首佳作。朱自清在文聚社的刊物上又提出诗歌要走出“老家”,到“民间”去的主张,在艺术上提倡散文化。这前后的变化体现了朱自清诗歌观念的发展历程,在《朱自清先生在昆明》[③]一文中,《季节燃起的花朵》的作者对此时期朱自清的文学主张与创作情况有更为全面深入的介绍。

---

① 李光荣:《“化人树干而滋生”——论穆旦的抗战》,《社会科学辑刊》2012 年第 4 期。

② 赵瑞蕻:《梅雨潭的新绿》,《离乱弦歌忆旧游》,上海:文汇出版社,2000 年。

③ 李光荣:《朱自清先生在昆明》,《新文学史料》2011 年第 3 期。

《季节燃起的花朵》是李光荣、宣淑君两位先生用生命熔铸的杰作，它的闪光点，它的成就远非拙文所能穷尽，在漫长的文学历史长河中，它必然会不断地给后世研究者带来惊喜。同时，这也是一部开放式的著作，作者在书中提出了许多具有启发性的问题（如汪曾祺的家庭、早期创作与“著名作家汪曾祺”的关系），引导人们在西南联大这片沃土上耕耘出更多的硕果。

作者简介：

孙子雅，西南民族大学文学与新闻传播学院2012级硕士研究生，研究方向为中国现代文学。

端木蕻良年谱·续

(1941年—1945年)

曹革成

1941年(29岁)

1月1日　端木蕻良和萧红收到许地山夫妇邮来的自制贺年片。

同日　端木蕻良《三十年来中国新文学运动》发表于香港《大公报》。

1月7日　皖南事变爆发。抗日形势恶化，重庆、桂林一批进步文化人士陆续赴港。

1月15日　香港文协在坚道中华中学举办第二届“文艺讲习会”。会期两个月，至4月27日结束。期间请端木蕻良和萧红等人去办讲座。端木蕻良讲《创作方法》。

1月29日　萧红给华岗去信，说她正在读《中国民族解放运动史》第二部；提到《马伯乐》(上篇)就要出版；说香港春节“很热闹”，“但在外久居，未免的就要思念家园”。

2月1日　萧红的长篇《马伯乐》(下篇)在香港《时代批评》杂志64期开始连载。

月初　迁居到九龙乐道八号二楼，与大时代书局为邻。

2月6日—2月21日　端木蕻良反映皖南事变沉重打击了东北沦陷区人民复土希望的小说《北风》在香港《星岛日报》副刊《星座》连载。

2月14日　萧红复华岗的信。信中提到端木蕻良主编的《时代文学》定在4月1日出版，3月20日下稿，约华岗的稿件；提到“(民族史)第二部我在读，写的实在好”；约华岗来港旅行。

2月15日　《阿Q论拾遗》发表于《学生杂志》21卷2期。

2月16日　端木蕻良《中国三十年文学之流变》发表于香港《东方杂志》38卷4期。

端木蕻良《科尔沁前史》在香港《时代批评》65期连载结束。

香港文协所属文艺通讯部的刊物《文艺青年》10、11 期合刊出版，发表《新四军解散事件(即指“皖南事”——作者按)讨论大纲》，不久遭港英当局搜查，以非法出版物为名，迫使《文艺青年》于 25 日停刊。

2 月 27 日　香港文协等团体在思豪酒店举办茶会，欢迎史沫特莱、宋之的、夏衍、范长江等人来港。萧红担任主席，端木蕻良等出席。月中萧红长篇《马伯乐》(上篇)，作为“大时代文艺丛书”，由香港大时代书局出版(版权页写 1 月)。

春天　端木蕻良和萧红陪同史沫特莱去看望茅盾。

3 月 14 日　端木蕻良复华岗信。信中提到他给香港时代书店(《时代批评》的发行部门——作者按)主编文学月刊《时代文学》，定在 4 月 1 日出版。建议连载华岗委托出版的新著《社会发展简史》。同时把《民族史》第二部和萧红的新作《马伯乐》(上篇)一并托朋友带给华岗。

3 月 26 日　萧红完成反映皖南事变沉重打击了东北沦陷区人民复土希望的小说《北中国》。

三四月间美国女作家史沫特莱接萧红与她同住香港主教罗纳德·霍尔(中文名何鸣华)博士的乡间宅院——地啃号玫瑰园。史氏回忆萧红在她那里完成了一部抗战小说。可能是指《北中国》，或《马伯乐》(下篇)创作。

4 月 1 日　端木蕻良主编的《时代文学》原定是日创刊，实际推迟到 6 月 1 日出刊。

4 月 4 日　端木蕻良写于 1937 年的短篇《吞蛇儿》，收入香港《文艺丛刊》第 1 集《第一流》。

4 月 13 日　萧红《北中国》在香港《星岛日报》副刊《星座》连载至 29 日。

4 月 16 日　端木蕻良有关红学的论文《论忏悔贵族》在香港《时代批评》3 卷 69 期发表。

4 月 17 日　香港文协等团体在温莎餐厅举办“香港文艺界联欢会”欢迎茅盾等人来港。茅盾(3 月中旬来港)报告抗战以来文艺运动及讲述民族形式大众化问题。端木蕻良和萧红出席。

月中　《时代批评》主编周鲸文倡议营救张学良，争取“人权运动”，得到香港文协等团体支持和响应。端木蕻良等人在该刊发表多篇有关文章，实为声讨皖南事变。史沫特莱预见日本会近期攻占香港，力主萧红和端木蕻良早作准备去新加坡，并做出了安排。端木和萧红与史氏来见茅盾，史沫特莱预测 6 月日军会进攻香港，当面劝茅盾和端木夫妇去新加坡。(茅盾《悼念 A·史沫特莱女士》)准备离港因萧红生病中断。史氏通过香港政府医务总监夫人的关系,使萧红住进香港最大的公立医院——玛丽医院。

4月28日—5月8日　端木蕻良《再论阿Q》在香港《大公报》副刊《文艺》连载。

5月1日　端木蕻良《论人权运动》在香港《时代批评》70期发表。

5月4日　香港文协举行"1941年度会员大会"(又称"第三周年会员大会")。推选茅盾、夏衍、许地山、杨刚、端木蕻良等9人为理事。

5月5日　香港《华商报》(1941年4月8日创刊,范长江任主编)副刊《灯塔》21期登载茅盾、巴人、叶以群、林林等人纪念五四的文章。其中有萧红的《骨架与灵魂》,端木蕻良的《五四和人权运动》。端木一文五分之四被报检部门砍删,开了"天窗"。

月初　史沫特莱被美国总领事列入遭日军进攻时应紧急撤退的名单,因她已列入日军搜捕的黑名单,因此决定离港回国。走前应端木蕻良之邀,留下10篇作品和签名式,并将萧红和端木蕻良的5月8日　香港文协理事会召开本年度首次会议,选定各部负责人。研究部负责人为杨刚、夏衍、茅盾、乔冠华、端木蕻良。

5月14日　端木蕻良的《再论阿Q》发表于《大公报》(桂林版)。

月中　萧红生病住进玛丽医院。

5月20日　香港《学习》第4卷第4期《学习播音》登载:端木蕻良、萧红两作家,将合编一巨型文艺刊物,正计划本月内在香港出版。月中萧红《呼兰河传》由重庆上海杂志公司出版,收入《每月文库》丛书中。

香港《星岛日报》登载香港文协举行"第三周年会员大会"与会签名,其中有端木蕻良、夏衍、戴望舒、许地山等。

作品带回美国。萧红托她把《生死场》送给美国作家辛克莱。

6月1日　标出"香港唯一巨型文学月刊,全国名家创作总汇"的《时代文学》由端木蕻良、周鲸文(挂名)主编在香港创刊。本期发表巴人、华石峰(华岗)、杨刚、林淡秋等人的文章。设鲁迅和许广平的画刊,登出许广平和海婴合影和许先生来信手迹。并出史沫特莱专号。因稿量不够,端木只好自己撰文,以多种笔名补充版面。本期中端木蕻良作品有:创刊词《民主和人权》和后记;"苦亭诗抄"中有:《赠华君》《过河偶感有赠》《赠静农》《哀迅师》4首旧体诗;"人海杂言·荆天丛草"专栏里,署多种笔名文章有《调寄西江月》(红楼内史)、《醒世姻缘》(蒲梅龄)、《春末闲谈》(阮咸)、《姑恶篇》(陶栗里)、《救火三昧》(庄生)

等杂文；有书讯类《海上新两种》（珊瑚）、《俄文名著四大翻译》（珊琥）等。整个版式也由端木自己设计，化名丁宁。刊物人手很少，由香港文协文艺通讯部的袁大顿做他助手。

6月4日　美国作家辛克莱给萧红写信，感谢她托史沫特莱带来的“美好的礼物和问候”，同时还附寄了自己的著作。

7月1日　端木蕻良《论人权运动的行动性》发表于香港《时代批评》73、74期合刊。此期为“人权运动专号”同时登有茅盾、邹韬奋、胡绳、张友渔、于毅夫等多人文章。

同日　《时代文学》第二号出版。登载茅盾、刘白羽、艾芜、葛一虹、史沫特莱等人的文章和章一泯的剧本。本期发表萧红的小说《小城三月》，文末注“1941年，夏重抄”。题目为萧红手迹，端木蕻良以“荆坪”（端木本名曹京平）、“金咏霓”的笔名为小说配了题头画和一幅插图。本期起，目录页天头上配有端木蕻良绘制和设计的鲁迅、茅盾、高尔基、托尔斯泰、萧伯纳、歌德等16位文豪的肖像画。

本期端木蕻良作品有：开始连载长篇小说《大时代》；“苦芹亭诗抄”栏里：《赠人》《去顶峰口号》《有赠》《中秋忆母》《悼寒水》《悼范筑先》；“人海杂言·荆天丛草”专栏里：新制时调鼓词《陪都空袭大惨案》（署名萝松窗）、《阿Q正名》（署名代代）、《素王赞》（署名度曲郎）等。

8月1日　《时代文学》第三号出版。发表聂绀弩、刘火子、史沫特莱、伯修等人文章；发表葛一虹、戈宝权、林林等人的苏俄文学译作6篇；发表丁玲从延安寄来雷加的小说《帽子》，将丁玲信中介绍雷加的部分以手迹影印，用《关于雷加》一题向香港读者介绍延安作家。“南国一天”征文发表7位新人作品。本期有荒烟为萧红《生死场》木刻插图。

端木蕻良作品有：《大时代》连载之二，散文《纸篓琐记》。“人海杂言·荆天丛草”栏里《孤愤诗二首》（署名红楼内史）等。本期预告第四期特载稿有《辛克莱致萧红女士信》《辛克莱签名式》《辛克莱反法西斯广播词》等。

8月4日　端木蕻良与萧红去香港大学讲学。

下午　许地山先生病逝。端木蕻良写挽联：“未许落华生大地，徒教灵雨洒空山”。

8月16日　端木蕻良《人权运动的进军》在香港《时代批评》四卷77期发表。

月中　端木蕻良撰写《追怀许地山先生》一文。

9月1日　《时代文学》第4号出版。本期有纪念"九一八"专号,发表文章6篇,其中有署名萧红的《给流亡异地的东北同胞书》。"苏联文学专辑"发表夏衍、曹靖华、叶以群、章一泯等人文章和译作11篇。发表辛克莱《告欧洲沦陷书》。

端木蕻良作品有《大时代》连载之三,《苦芹亭诗抄》五首:《悼武汉》《黄昏》《无题》《哀曹雪芹》《有赠》。手迹影印"许地山先生千古"挽联等。

茅盾主编的《笔谈》半月刊杂志创刊。该杂志经端木蕻良介绍由时代书店作担保。

9月11日(或之前一两天)　骆宾基到香港。因无处落脚,打电话向未见过面的东北同乡端木蕻良求助。端木蕻良亲自写信给时代书店经理林泉和编辑张慕辛(又名张廷珍),请他们帮助安置。随后骆与林、张、董秋水同住《时代批评》职工宿舍。

9月16日　端木蕻良《民主建国与复土抗战》发表于香港《时代批评》79期。本期刊出《旅港东北人士"九一八"十周年宣言》,签名者有端木蕻良、于毅夫、周鲸文等代表374人。本期还登出《时代文学》编辑部征文启事,主题是《鲁迅和青年》。

9月18日　为纪念"九一八"10周年,端木蕻良《土地的誓言》发表于香港《华商报》。

同日,梁漱溟为社长,萨空了为总经理的《光明报》在香港创刊。登出端木蕻良的文章《在战斗中长成》。同期还有茅盾、柳亚子、叶以群、胡风、叶灵凤等的文章诗词。

9月20日　萧红《九一八致弟弟信》发表于香港《大公报》副刊《文艺》。

月中　美国女作家海伦·福斯特(斯诺前夫人)用尼姆·惠尔斯笔名与人合作翻译史沫特莱带回的萧红小说《马房之夜》,发表在自己主编的《亚细亚》月刊9月号。

与于毅夫、周鲸文、张庭枢、王福时等349位东北籍人士发表《关于日本侵华十周年之宣言》。

香港时代书店刊登售书广告,列出端木蕻良著作有:《科尔沁旗草原》《大地的海》《新都花絮》《大江》《憎恨》《江南风景》《风陵渡》《端木蕻良短篇甲集》《科尔沁前史》(即出)。

10月8日　香港《青年知识》第10号的"文化广播"中提到:"萧红女士因肺病留玛丽医院已将三月"。

10月11日　端木蕻良《从一个中国人看中国三十年——谈鲁迅〈三十年集〉》发表于香港《华商报》副刊《灯塔》。

10月19日　香港文协在德辅道西"福建商会议学"主办纪念鲁迅逝世五周年纪念晚会。端木蕻良与茅盾、夏衍、乔冠华等200人出席。

10月20日　柳亚子作《鲁迅先生逝世五周年》七律诗，交端木蕻良在《时代文学》发表。

11月1日　《时代文学》5、6两期合刊出版。本期有"纪念鲁迅先生逝世五周年"专刊，发表柳亚子诗作和于毅夫、胡绳、周鲸文、林焕平等9人文章。开辟"鲁迅先生逝世五周年纪念画刊"专栏，发表司徒乔、荒烟、黄少强等人作品。发表柳亚子《图南集两辑》诗17首，发表臧克家、曹靖华、叶以群等人诗文。

为使9月来港的骆宾基有稿费维持生活，端木蕻良从本期称"病"，停发《大时代》，转发骆宾基的《人与土地》第一章。

本期扉面有时代书局刊出销售萧红作品的广告，其中《马伯乐》注有"上篇已出"文字。端木在本期发表指画《鲁迅先生造像》。在《大地的海》一书介绍广告中，引用他的《土地的誓言》一文。

萧红《马伯乐》(下篇)连载于香港《时代批评》4卷82期(15次)后停载，共发9章。

11月7日　端木蕻良与萧红、茅盾、郭沫若、柳亚子、邹韬奋、周鲸文、胡风、夏衍等百余人联名《致苏联人民书》在香港《华商报》发表。

月初　端木蕻良助手香港文协的袁大顿去医院告诉萧红，《马伯乐》下篇积稿已于本期连载完毕。萧红表示暂不能续写，要求发停载启事。

时萨空了夫人金秉英在玛丽医院偶与萧红相识。萧红出院后，常请女佣去约她来家叙谈。并与她相约在圣诞节请朋友搞个聚餐会。

柳亚子来端木宅过访，恰遇萧红出院在家，两人由此相识。

11月上旬　柳亚子来宅看望端木夫妇。回去记下"月中余再顾萧红女士于病榻，感其挚爱之情，不能弥忘也"。

11月16日　端木蕻良与萧红、茅盾、柳亚子、邹韬奋等127人联合在香港《华商报》副刊《灯塔》发表《敬祝沫若先生五十初度》。下午4时，文化界90余人在温莎餐室举行祝寿会。端木蕻良与马鉴、柳亚子、邹韬奋、茅盾、胡绳、胡风等出席。

《时代批评》4卷83期登出启事："启，萧红女士的长篇《马伯乐》，因患肺病,未能续写,自本期起,暂停刊载。于此,我祈祝作者早日健元,并请读者宥谅!”

11月16日　下午与茅盾、马鉴、邹韬奋、夏衍等90余人出席香港文化界庆祝郭沫若诞辰50周年大会。

11月中旬　萧红因肺病加重再次住进玛丽医院。

11月18日　端木蕻良去看望柳亚子。柳亚子写《端木蕻良过存,述东北痛史甚详,感赋一首》和《再赠蕻良一首,并呈萧红女士》两首七律诗。

11月下旬　萧红因不满医院服务态度,由前去探望她的于毅夫(香港地下党员,时任香港东北同乡会负责人,端木夫妇的朋友)接回乐道寓所。

11月30日　柳亚子去医院看望住院的女儿柳无垢后,来端木蕻良家中看望萧红,作《赠萧红女士病榻》七律一首。

月底　延安的丁玲从端木蕻良来信中得知萧红月初已出院。

12月3日　《时代文学》2卷1号(即7期,或称12月号)出版。内容有柳亚子多篇诗作,其中有《亚子近诗——寄怀润芝先兼呈伯渠玉章必武特立曙时诸老三十年十一月十三日晨枕上作》《访萧红女士于病榻赠以两律》《赠司徒美堂先生》等。曹靖华译的苏联作品《穿过火网》、正明译的斯诺夫人与人合著的《翻过阿梨兰山的最后一峰》、骆宾基的连载小说《人与土地》第二章等。本期并登出1942年1期的目录,因突遭太平洋战争而中断。

12月6日　端木蕻良的助手,经常协助他照顾萧红的袁大顿,离开九龙回东莞结婚。

12月8日　(珍珠港的日期为7日)日机突袭美国太平洋海军基地珍珠港。日本政府对英美两国宣战,太平洋战争爆发。华南日军第23集团军从沙头角、深圳、福田进犯九龙半岛。上午8时,日机轮番轰炸九龙启德机场。九龙上空响起突袭警报,拉开香港守卫战序幕。

上午　端木蕻良托人捎信给柳亚子,说是打仗了,不是演习,萧红很害怕,要柳亚子来安慰她。柳亚子认为是演习,回信叫萧红安心养病。随后从报馆得知战争实情,特地来看望萧红。端木蕻良和萧红有出走东莞找袁大顿的设想,因战局发展未能成行。骆宾基打电话向端木蕻良告别。端木蕻良考虑自己一人难以里外照料萧红,请骆留下协助。

当夜　在于毅夫协助下,端木蕻良护送萧红渡海到香港。

深夜　周恩来致电八路军驻港办事处主任廖承志,要求迅速作好应变准备,将滞留港九的进步人士撤离到东江或南洋。

12 月 9 日　晨，周恩来再次致电廖承志，要求迅速转移在港的各界朋友，可经澳门、广州湾（湛江）或东江转入大后方。

港九间海运通航中断。端木蕻良到时代批评社找人，后经张慕辛等帮忙，与萧红住进思豪酒店张学良的弟弟张学铭的包房。

12 月 10 日　日军占领九龙几处山头。炮口指向香港市区，一日里不断炮击。香港交通中断，粮食危机，港币只有小额钞通行。市民争相逃亡，社会秩序混乱。

12 月 11 日　粮食实行配济，每人可买一元或十元的米。由于卖米点少，黑市活跃。私家汽车被港府征用。

12 月 12 日　日军攻占九龙。中午派人来港府劝降，遭港督拒绝，日军随即全面突袭、炮轰，香港地面大火熊熊，时而断水断电。

12 月 15 日　香港自本日起由下午 19 时半起到翌晨六时半止戒严。食品实行管制售卖，面包只在一早有供应。

12 月 16 日　彻夜炮声震天。

12 月 17 日　9 时半日军炮击民众聚区。12 时至下午 3 时日方派人来港劝降遭拒，16 时炮声大作至夜愈加猛烈。

期间思豪酒店中弹，萧红因无法行动不能下楼避难。端木蕻良、民夫把萧红抬到后山的别墅，又因遭炮火，被迫下山。

12 月 18 日　晨，日机轰炸，西角油池大火。

下午　廖承志在香港哥罗士打酒店，分批会见文化界和爱国民主人士，传达撤退方案。确定分组负责人，分发必要的经费。端木蕻良因萧红病没有去参加。事后被告知，他和萧红由于毅夫同志负责转移。于毅夫协助端木蕻良把萧红护送到周鲸文家。随即转移到哥罗士打酒店。

是夜　日军从香港岛北角登陆。电厂停止供电一夜，炮声未曾间息过。

12 月下旬　登陆日军接管哥罗士打酒店，成为指挥部。端木蕻良和于毅夫把萧红几经转移，住过何镜吾家、一家缝纫铺。后经周鲸文安排，住到时代书店书库。书店同仁与端木蕻最相熟，环境相对良好。

12 月 24 日　端木蕻良去找周鲸文，在香港酒店前碰到萨空了，同去周家。萨空了回忆说："端木的夫人萧红女士，据端木说正住在那附近，我们知道她的肺病在九龙时已很严重，现在又遇到战争，东迁西搬，饮食都成问题，真为她着急。"

下午　日机"大炸全港"。

12 月 25 日　港英政府投降,香港沦陷。日军派出特务搜捕抗日人士。东江纵队大营救开始。周鲸文打算出走香港,来书库与端木蕻良和书店同仁告别,在萧红入睡中离去。

全港自本日起停电停水。日军布告,只许十元以下港币通用。日军举行"入城仪式"。

1942 年(30 岁)

1 月 3 日　九龙设立军票物品交换所,规定军票一元为港币二元。香港实行物品定限分配:每人每次按规定价可购米麦 2 两 5 钱,米盐鱼肉 2 钱。

1 月 9 日　茅盾夫妇、邹韬奋等人在营救行动中离港。

同期　于毅夫安排端木蕻良和萧红离港。由于萧红病重无法行走,于毅夫从组织方面安排王福时留港等待。

1 月 12 日　香港最大的私人医院——跑马地养和医院恢复开业。端木蕻良得知后把萧红送进此院。经主治大夫李树培诊断,说萧红患气管瘤需立即开刀。端木知结核病人刀口不易愈合(他二哥曹汉奇因骨结核开刀失败卧床八年),不同意手术拒绝签字。萧红治病心切,自己签了手术单。

当日　敌民政部通告 100 元、500 元港币恢复通行。实际购物并不畅通,黑市为 7 折。

1 月 13 日　萧红手术后喉管插入金属管,只能用气声发音。端木倾其所有安排特护。

当日　日军某部占领圣士提反书院,屠杀英军伤员 64 名,奸污 78 名女医护人员。

1 月中旬　萧红术后不封口,由于战乱缺少医药,病情恶化,养和医院束手无策。端木蕻良步行 40 里找到玛丽医院,医院同意接收。由于交通工具被日军军管,端木蕻良冒着暴露身份的危险,争取到朝日新闻社随军记者小椋的帮助,同意调车送萧红转入玛丽医院。

1 月 15 日　柳亚子父女陪同何香凝离港。柳夫人因枪伤留港治疗。之前曾因何香凝身体欠佳,萧红把自己食用的鱼肝油由端木蕻良送过去。

1 月 18 日　玛丽医院被日军军管,端木蕻良把萧红转送到一家法国医院。不久此家医院又被日军军管,一位法国大夫在圣士提反女校设立临时救护站,萧红被端木送到此处。由于医药早被日本占领军作为军事物资停止供应民用,萧红陷入无药治疗的困境中。

1月19日—21日　端木蕻良一直守在萧红身边，配合法国大夫维持妻子萧红的生命。

1月22日　清晨，萧红处于昏迷。上午10时病逝，年仅31岁。端木蕻良强忍悲痛，留下遗发，请照相师拍下遗容。

1月23日　负责处理港岛区尸体收集和埋殓事务的卫生督察马超棟率人来救护站收尸。端木蕻良冒着危险，请马超棟协助，避免日军施行乱尸火化，集中埋葬的野蛮规定。在马超棟指点下，端木蕻良通过小椋到日军有关机构办理萧红的死亡证和火化、认领骨灰手续。当晚又去敲开古玩店门买走两个瓷瓶装骨灰。

1月24日　端木将萧红遗体在日本人专用的火化场烧殓。为保住骨灰，端木蕻良将萧红骨灰分装两瓶。

1月25日　遵照萧红暂时埋在海边的遗嘱，端木蕻良在骆宾基陪同下，进入日军军事封锁区，将萧红一瓶骨灰埋在浅水湾丽都酒店前的石砌花坛里，树起"萧红之墓"木牌。回来后，端木蕻良转移到香港中文大学教授马鉴家住宿。

1月26日　傍晚，端木蕻良在一位香港中文大学学生陪同下，将萧红另一半骨灰秘密埋在圣士提反女校后院土山的东北向的树下，以求保住部分骨灰将来迁回内地。

26日后　冒险渡海到九龙住址取出萧红和自己的部分手稿。事后，给上海鲁迅夫人许广平写信，告之萧红病逝和后事安排，委托她请日本友人内山完造设法保护萧红墓地。

月底　端木蕻良经香港于毅夫的事先安排，由王福时陪同乘白银丸号船离港。原意赴雷州半岛广州湾转赴内地，途中觉被人跟踪，又听说广州湾被日军占领，正持黑名单捕捉爱国人士，端木因此携带萧红遗发等物在澳门登陆，住木刻家黄新波家，与其南开中学老师田聪及高剑父、戴南冠等会面。

2月至3月　端木取道西江经肇庆、开平等地到达坪石，由中共地下党员王坪等接应送至桂林。

3月　到达桂林，曾暂住孙陵在榕阴路的房子，不久搬到三多路13号，与彭燕郊为邻。

4月2日　完成随笔《关于四人画展》，当月发表于《桂林日报》。

6月7日　柳亚子从香港脱险辗转来到桂林。

6月20日　文论《向〈红楼梦〉学习描写人物》和《我的写作经验》发表于桂林《文学报》1期。

6月27日　柳亚子为夫人郑佩宜女士从香港脱险辗转来到桂林写诗表达心情,同时为端木写《悼萧红女士》诗。

7月6日　端木在桂林嘉陵川菜馆为柳亚子夫妇来桂林洗尘,田汉等作陪。宴后柳亚子写诗记之,称端木"甲帐君悲凤已空"。

7月14日　端木与茅盾、田汉、柳亚子的十几人出席桂林《戏剧春秋》召集的历史剧问题探讨会。

7月15日　端木"穷一天之力"完成万余字小说《初吻》。

7月30日　小说《托尔斯泰之死》发表于重庆《文艺阵地》6卷6期。

8月间　端木将妻子萧红的事迹写成梨花大鼓词,交著名女演员董莲枝去传唱。

8月20日　柳亚子为端木作萧红事迹梨花大鼓词一举写长诗记之。

9月5日　凌晨,完成小说《早春》。

9月15日　小说《初吻》发表于桂林熊佛西主编的《文学创作》创刊号。

9月21日　散文《风物的恩情》发表于桂林《大公报》文艺副刊《文艺》。

10月9日　在大风寺完成散文《哀李满红》。

10月15日　11月15日　小说《早春》分两期发表于《文学创作》2、3期。

11月10日　完成小说《步飞烟——故事新编之一》。

11月中　完成小说《雕鹗堡》。

11月25日　散文《哀李满红》发表于胡危舟主编的《诗创作》第16期。

12月3日　端木与田汉、巴金、柳亚子、杨刚、邵荃麟等出席文协桂林分会第4届会员大会。端木与杜宣、韩北屏等7人当选为候补理事。

12月15日　小说《雕鹗堡》发表于王鲁彦主编的《文艺杂志》2卷1期。

12月17日　与柳亚子、李白凤、尹瘦石等参加熊佛西等在榴园的宴饮。柳亚子有诗记之。

12月27日　与柳亚子、田汉夫妇、熊佛西等参加王羽仪在春明馆的宴饮。柳亚子有诗记之。

12月31日　下午2时,端木出席在桂林省文化艺术馆举办的洪深50寿辰庆祝会。

是夜　又与柳亚子、欧阳予倩、杜宣、萨空了等19人参加田汉夫妇在嘉陵川菜馆的宴饮。宴席上大家为洪深联句献诗。其中端木题首句"洪深一代才"及"啄余香稻米,桃花历劫灰"、"离离寄生草,仆仆京华街"等句。

1943 年(31 岁)

1 月 5 日前　端木有诗给柳亚子,柳亚子作《端木蕻良有招饮诗,次韵一首,一月五日作》。

1 月 13 日　柳亚子为尹瘦石作端木画像题诗《题端木蕻良画像》。

1 月 15 日　萧红逝世一周年之际,作小说《蝴蝶梦》发表于桂林《文学创作》1 卷 4 期。小说《步飞烟》发表于凤子、周刚鸣主编的《人世间》1 卷 3 期。小说《海港》发表于桂林《文艺杂志》2 卷 2 期。

1 月中　完成小说《红灯》。当月发表于重庆《新中华》创刊号。

2 月 16 日　端木与柳亚子、欧阳予倩、安娥、孟超、萨空了等出席嘉陵馆老板徐寿轩的招宴。席间,端木请柳亚子为他新作京剧《红拂传》中人物虬髯客、红拂、李靖写出场引子唱词,柳亚子欣然同意,当场写作一首,晚上又写作两首。

2 月 17 日　端木在梅影楼完成小说《女神》。

2 月 18 日　柳亚子派人把三首出场诗给端木送去。

2 月 19 日　元宵节。端木与柳亚子、田汉夫妇、熊佛西、尹瘦石等聚会榴园。众人联句赋诗,端木联句“因缘百世长”。

3 月　端木完成剧本《红拂传》。由马思聪谱曲,桂林四维京剧团排演。

3 月 10 日　熊佛西画绿梅,端木请柳亚子题诗。

3 月 15 日—11 月 1 日　端木开始创作《科尔沁旗草原》第二部,并在桂林《文艺杂志》连载了 5 章,后因战事停载,也未完成。

3 月 17 日　此日为旧历花朝节。端木与柳亚子、田汉夫妇、孟超等出席方镇华招饮。席上众人怀念萧红等人,柳亚子有诗称“相思桥下相思水,欲絜相思已隔生”。

3 月 22 日　端木与柳亚子夫妇、安娥寻访红玉墓。

3 月 23 日　端木与柳亚子、欧阳予倩、尹瘦石、李白凤等游览雁山、广西大学并拜谒马君武墓。柳亚子在《雁山纪游一百韵》诗中称“红(蕻)良拟雪芹”。

3 月 24 日　夜,端木出席在嘉陵馆为田汉举行的祝寿活动。

4 月 1 日　独幕话剧《林黛玉》发表于桂林《文学创作》1 卷 6 期戏剧专号。端木与柳亚子夫妇等出席。画家黄尧等在普陀山馆招饮。

4 月 12 日　端木与柳亚子夫妇、欧阳予倩、孟超、李白凤等 16 人出席熊佛西等在榴园的招饮。此为祝贺柳亚子“开笔”写自传《五十七年》。

4月19日　于桂林环湖南路8号完成散文《雅歌译记》。

5月　小说《饥饿》发表于桂林《艺丛》(孟超主编)1卷1期。

5月1日　小说《女神》发表于《文学创作》2卷1期。

5月5日　夜,端木与柳亚子、田汉夫妇、熊佛西等14人聚会杨子餐厅。

5月6日　端木与柳亚子夫妇、田汉等20余人出席安娥与聂耳哥哥聂守先在乐群社的招宴。

5月10日　端木请柳亚子等观看他的新剧作《红拂传》。此剧由著名京剧演员金素秋女士主演。观后,柳亚子作诗纪念。

5月15日　小说《海上》发表于桂林《时与潮》1卷1期。

5月17日　夜,端木在嘉陵馆宴请柳亚子等。

5月28日　夜,端木与田汉夫妇、孟超、熊佛西等桂林文化界百余人在嘉陵馆为柳亚子57岁举行祝寿活动。端木为祝寿活动12发起人之一。事后尹瘦石画记念此次祝寿活动的《漓江祝嘏图》,画有端木等48人,并有被画者在自己画像旁的亲笔题名。

6月1日　散文《雅歌译记》、独幕话剧《晴雯》发表于《文学创作》2卷2期。

6月10日　在梅影楼完成小说《琴》。

6月15日　陈迩冬主编的《大千》在桂林创刊。本期原要连载端木将柳毅传说改编的京剧《龙女传》,因当局要求剧本必须送"中央书审处"审查,故未能登出。

7月1日　小说《琴》发表于《文学创作》2卷3期。

10月　王鲁彦病重,端木受托代编《文艺杂志》。

10月1日　小说《前夜》发表于《文学创作》2卷4期。

10月5日　三幕话剧《红楼梦》发表于桂林《文学杂志》(孙陵主编)创刊号。

10月19日　端木找柳亚子参加在一个偏僻的茶馆举办的鲁迅先生7周年祭。柳亚子因有病及雨后道路泥泞未出席。

10月20日　端木与巴金、田汉、艾芜、黄药眠等出席祝贺茅盾长篇小说《霜叶红于二月花》第一部在桂林出版座谈会,并致电已去重庆的作者祝贺小说成功。

11月5日　散文《心浮私记》发表于桂林《人世间》1卷6期。

11月28日　端木与邵荃麟、欧阳予倩等21人出席由田汉主持、《文学创作》社在月牙山举办的第一次"战后中国文艺展望"座谈会。

12 月 1 日　文论《论艾青》发表于《文学创作》2 卷 5 期。

《文艺杂志》主编王鲁彦在 3 卷 1 期登出启事，正式委托端木蕻良主编该刊。长篇小说《科尔沁旗草原》第 2 部连载中断。

12 月 22 日　端木与田汉、孟超、司马文森等出席《文学创作》社在榴园举办的第二次“战后中国文艺展望”座谈会。

1944 年(32 岁)

1 月 1 日　小说《红夜》发表于桂林《当代文艺》(熊佛西主编)1 卷 1 期。

约 1 月 6 日　长篇小说《几号门牌》在桂林《大公晚报》开始连载。

1 月 15 日　桂林版《大公报》登出消息《桂林文化界为王鲁彦贫病捐款》。端木募得 1 万元，其中端木自己出钱 2 千元，开明书店 2 千元、良友图书公司 1 千元等。

2 月　端木应刘思慕约请去衡阳。短期编辑衡阳《力报》副刊《文艺新地》。在此刊发表诗歌《在衡阳听马思聪演奏赠诗一首》。

2 月 1 日　重庆《新华日报》登出消息，端木和柳亚子、田汉、熊佛西等再次发起为王鲁彦代筹医药费。

2 月 8 日　长篇小说《几号门牌》在桂林《大公晚报》连载到 30 节，以后情况不详。后因战乱停载，小说也未完成。

2 月 15 日　是日为戏剧节。端木出席桂林举办的西南第一届戏剧展览会开幕式。

2 月 27 日　散文《介绍初阳美术学院》、诗《赠马思聪诗一首》发表于衡阳《力报》副刊《文艺新地》93 期。

3 月 10 日　译诗《古诗今译》发表于衡阳《力报》副刊《文艺新地》96 期。

3 月 19 日　下午，端木与田汉、柳亚子等百余人出席文协桂林分会第 5 届会员大会。端木与田汉、巴金、柳亚子等当选为第 6 届理事会理事。

4 月　长篇小说《大江》由桂林良友复兴图书印刷公司出版。剧本《龙女传》在《八步日报》开始连载。

4 月 1 日　文论《论曹雪芹》发表于桂林《当代文艺》1 卷 4 期。

4 月 9 日　端木与柳亚子夫妇、陈迩冬、尹瘦石等 13 人出席琴可等在猫屋菜馆的招饮。

4 月 11 日　端木与柳亚子、田汉、熊佛西等多人出席尹瘦石画展；与柳亚子、李白凤、尹瘦石等合影留念。

4月16日　端木出席桂林分会举办中华抗战文协重庆总会成立6周年纪念会。会后,与柳亚子夫妇、陈迩冬、尹瘦石、李白凤等出席熊佛西在榴园招饮。柳亚子写诗,诗中提到端木正在赶写京剧《龙女传》,准备在柳亚子5月28日生日时公演。

4月19日　端木与千余人出席西南剧展秘书处在广西艺术馆主办的话报剧汇演。

4月29日　端木、柳亚子为瘦石画展留影题诗。端木题诗《赠瘦石》发表于《大千》4期。

4月30日　端木与柳亚子夫妇、田汉、李白凤等出席尹瘦石在蜀腴楼的招饮。

5月　诗《秋日访迩冬不遇戏题一首》发表于《大千》五、六期合刊。

5月2日　是日苏曼殊逝世20周年。夜,端木与陈迩冬、熊佛西、尹瘦石等11人出席柳亚子夫妇等在甘寂寞室举行的纪念晚餐。

5月8日　夜,端木与柳亚子夫妇、熊佛西、李白凤、尹瘦石等11人出席素野、方可在绿宫的招饮。

5月14日　端木与柳亚子夫妇、田汉夫妇、尹瘦石等出席熊佛西、王羽仪等先后在榴园和春明馆的招饮。

5月20日　柳亚子来端木寓所,恰端木不在家,柳亚子写《访红蕻不值》诗。

5月下旬　端木去柳州,未能出席27日柳亚子58岁寿诞,《龙女传》也未能届时上演;在柳州完成小说《三月手记》。

6月25日　重阳节,端木与尹瘦石、柳亚子在丽君庐小饮。

6月26日　当局发布战时疏散令,端木计划去宜山。

6月　端木主编的《文艺杂志》到3卷3期停刊。

6月　剧本《红拂传》、跋记《红拂传及其他》发表于《大千》7期。

7月上旬　剧本《龙女传》在《八步日报》连载结束。

8月22日　王鲁彦病逝桂林,端木闻讯从柳州赶过来与邵荃麟、司马文森、曾敏之等为鲁彦举办安葬活动。

8月30日　上午,端木与邵荃麟、欧阳予倩、曾敏之、司马文森等200余人出席王鲁彦追悼会。

9月　端木随抗敌演剧宣传第四队转移到贵阳,在此参与田汉和熊佛西组成的"文化垦殖团"活动。

短篇小说《红夜》发表于《春秋》9期。

在贵阳期间，应张一凡、惠全安的邀请，在贵阳青年会主讲《红楼梦》(共八讲)，并萌发要续写《红楼梦》。

11月　创作《谈我的创作经验》发表于《万象》4卷5期。

11月1日　给香港的戴望舒写信，表示自己当前去不了香港，希望戴望舒能代他“分神照料”萧红墓。信中透露，他有把萧红墓迁到杭州西湖旁的设想。

11月5日　随笔《从〈陈圆圆〉想起》发表于贵阳《星期》41期。

12月1日　上海《文艺春秋丛刊》之二《星花》刊登消息：“苏联近出版《中国小说》一册，内选有老舍、茅盾、姚雪垠、张天翼、端木蕻良、萧红等六人的最新作品，且附有陈烟桥的木刻，译者是罗果夫等多人。”

年底前后　端木一直受疾病困扰，几无创作。

年内　剧本《红拂传》由桂林太书屋出版。

1945年(33岁)

1月　“文化垦殖团”由熊佛西带队，组织端木蕻良、许辛之、陈迩冬、张光宇等去遵义。在遵义与熊佛西、秦牧接办《力报》。在遵义期间，多次被清华老同学张君川教授邀请去迁此的浙江大学讲授《红楼梦》等。在遵义住新城福音堂(今遵义市政协院内)。

1月3日　晚上6点，浙江大学校长竺可桢宴请文化垦殖团熊佛西、端木蕻良、许辛之、陈迩冬、张光宇等。

1月6日　在浙江大学学生现代文学班主讲《〈科尔沁旗草原〉的创作经过》。

1月15日　浙江大学学生陈耀寰参加浙江大学学生战地服务团，临行前去文化垦殖团去看望端木。端木正生病卧床。

2月2日　《新华日报》发表由郭沫若起草的《文化界对时局进言》。端木与郭沫若、茅盾等300余人签名。

2月11日　文论《我们的一面镜子》发表于贵阳《星期》43期。

2月18日　给重庆陈桂新去信，请他来遵义主持《力报》的编务。信中透露自己身体不好，但大家对搞好《力报》很有想法和信心。

2月20日　再次给重庆陈桂新去信，请他来遵义主持《力报》的编务。

3月16日　上午10点半，浙江大学学生陈耀寰去拜访端木，端木告之近来为编贵阳出版的《大刚报》副刊，常常凌晨4点就寝，来遵义几个月还没有出过遵义城,也一直没有什么创作。

3月21日　端木睡眠极不好,休息也不好,想找房子另住。

3月25日　与浙大学生陈耀寰、刘枯、安毅夫在茶馆谈中国文艺在抗战中的成就。端木认为诗歌的收获最大。

4月16日　端木已经搬家石家堡与张君川为邻,阳台可以俯瞰遵义城。中午浙大学生陈耀寰、刘赓书来找端木与张君川去游览观音阁、水洋阁。一路上,端木讲了《公主夫人》和《美丽的死》等故事。

5月5日　晚上6点半,浙江大学现代文学班等三个团体请端木、熊佛西、张君川、田德望等参加诗人节诗歌朗诵晚会。会上端木主讲《屈原生平及楚人的历史》。

6月17日　与浙大外文系助教裘克安及学生陈耀寰谈文艺和木刻艺术。

6月22日　与浙大学生陈耀寰、刘赓书谈星球之类科幻文学。

6月29日　与浙大学生陈耀寰谈他的习作《一株草》的优缺点,并谈到小说结构等问题。

6月30日　下午已毕业的浙大学生陈耀寰来话别端木。端木给他写了三封介绍工作的介绍信,其中,一封给重庆《大公报》记者曾敏之,一封给重庆美国新闻处陈烟桥,并托他把自己的稿件《读〈安娜·卡列尼娜〉》带去重庆。

7月12日　中午,已到重庆的陈耀寰把端木手稿《读〈安娜·卡列尼娜〉》送交建国书店的禹纲舜先生。

7月　翻译英国作家高尔斯华绥小说《苹果树》,单行本为"世界文艺杰作译丛"之一由重庆建国书店出版。

7月26日　重庆《新华日报》发消息《苏京新出版中国小说集》其中有端木蕻良和萧红、老舍、茅盾等6人短篇小说。

8月15日　抗战胜利。之前端木已由遵义迁往重庆,先住抗敌演剧宣传第四队,后搬到"民盟"总部。

10月22日　翻译瑞士诗人G·凯勒的诗《晚歌》英文版。

10月30日　文论《建设东北的意见》发表于上海《文萃》1卷4期。

11月3日　诗歌《鸶鹭树》发表于上海《文萃》1卷6期。

11月6日　翻译瑞士诗人G·凯勒的诗《晚歌》英文版发表于上海《文萃》1卷7期。

11月27日　古文译文《三千三百年前的演说词》发表于上海《文萃》1卷8期。

12月　多人短篇小说集《大时代的小故事》由沪大时代书局重排初版，内收入端木小说三篇：《找房子》《火腿》《泡沫》。

12月25日　文论《尊重东北人民意志，坚持释放张学良将军》发表于上海《文萃》1卷12期。

年内　在遵义某报副刊《启明星》[①]（陈福彬主编）发表步韵毛泽东《沁园春·雪》词一首，发表文艺随笔《葡萄私记》《水仙私记》等，七绝诗《青石》《桃花》等。在浙江大学文艺杂志《黎明》发表长诗《民主进行曲》等。

作者简介：

曹革成，北京出版社编审，研究方向为萧红、端木蕻良研究。

---

① 或《山蕾》，待核。

★ 研究档案库

抗战文化研究书信往来中的情缘和友谊(续)

魏华龄

编者按:2009年春,90高龄的魏华龄先生给我刊寄来《抗战文化研究书信往来中的情缘和友谊》一文,文章的开头部分写道:"自党的十一届三中全会以来,我在从事桂林抗战文化研究的过程中,结识了不少过去不曾相识的朋友,有的直到辞世也不曾晤面,可是书信往来不断,其中有抗战时期曾经在桂林文化城生活和战斗过的文化老人,也有热心桂林抗战文化研究的学者和专家。由于桂林文化城的情缘,我们成了同道,有的成了忘年交。30年来,我先后收到各地朋友近百人的来信,有的来信多达四五十封,我基本上每信必复,阅读朋友的来信、复信,从中获得不少乐趣,许多朋友在来信中对我的鼓励、支持和期待(其中有不少过誉之词),是我晚年不断前进的动力。……书信往来,友谊永恒。"当年,我们编辑了该文的前半部分,即与"抗战时期曾经在桂林文化城生活和战斗过的文化老人"相关的部分在《抗战文化研究》第三辑刊出了。为保存文章的全貌,现将该文的后半部分,即与"热心桂林抗战文化研究的学者和专家"相关的部分刊发,以延续友谊,并祝愿魏华龄先生身健笔健,安康长寿!

丘振声:还得干下去,多做事,才对得起社会

丘振声,广东惠州人,文学评论家、历史学家,1959年毕业于中山大学中文系。1985～1994年任广西社会科学院文学研究所所长,研究员,广西抗战文化研究会第二届会长,1986年被授予"国家级有突出贡献中青年专家"称号,1991年起享受国务院特殊津贴,现居香港。我与他过去不认识,由于桂林抗战文化研究学术活动的开展,需要双方密切合作,在上世纪90年代初,彼此书信往来

丘振声研究员

不断，我至今还保存他的来信16封，反映了桂林抗战文化研究，特别是在出版《桂林抗战文化研究文集》方面的艰难历程。现摘几件于下：

魏老：

来信均先后收到，你为论文集操了不少心，对一些问题考虑得也很周到。我们既钦敬您，也感谢您。估计论文集出来后会产生积极的影响。

信中所提出的问题，经研究觉得书名定为《桂林抗战文化研究文集》为好，也可不要副标题了。

副主编，我们拟增加李建平、蔡定国二人，不知你们意见如何。

朱荣同志的《序》写好了，现送上，请酌定。朱荣同志为我院党组书记，兼副院长，研究员，曾为《桂林抗战文艺辞典》总编纂。

另外，是否可增加拙作《党的统一战线在桂林抗战文化运动中的胜利》(《学术论坛》1985年第5期)。这是我在全区纪念抗战胜利40周年大会上的一个发言，拟留下一点历史的足迹。

我们拟让李建平把有关稿件送去桂林，同时，有些问题，也由他与你们商定，以免信件来回，耽误时间。

以上妥否？请酌定。

并颂

夏安！

有云[①]同志就此不另。

丘振声谨上

1991.9.2

① 有云：曾有云，时任桂林市文化研究中心主任。

魏老：

来信敬悉。编第二本论文集，合同按我们的意愿签订，这是很理想的。老蔡[①]回来，我们就编辑的具体问题商量过一次，遵照合同的要求办，署名问题较简单，问题不大。我初步想法是不设编委会，发起单位在收录论文时加以照顾，另在《后记》一一提及，这样可以省去许多麻烦。序言，我以为不写亦可，因为已收了林焕平先生的《桂林文化城大全》总序等文章，已相当充分了，写一个较完备的后记就可以了。不知您意下如何？

会议纪要已经寄出，谅已收到。李副部长[②]的讲话稿仍没有拿到，他说要整理后才给我。我将再去催要。

1995 年的讨论会，应尽早准备，这是很必要的。

目前，我杂事很多，评职称就花去我不少时间，没有办法摆脱。我的《桂林抗战旧剧改革运动》，目前只写了一部分，争取月底完稿。

此复，并祝

近祺！

丘振声

1993.10.24

魏老：

您给老蔡他们的信，我都看了，您的两篇大作也拜读了。您关心论文集编辑出版的精神使我感动。我也像您一样，既然主编的任务落在我的肩上，就只能尽力而为，把工作做好。

我很同意您的意见，尽可能多收新作。×××、×××等同志的文章存在您所指出的问题，是否您在方便时跟他们说说，请他们尽快地改好寄我，他们写出一篇东西来不容易，尽可能争取收进论文集。张鸿慰同志的新闻研究论文收进论文集也很必要，这是抗战文化的一个重要方面。

最近，我要参加评职称，桂版图书评奖等，杂事较多，拟于月底前，把论文集目录拟寄给您，请您酌定。

我的《桂林抗战戏曲改革运动》已脱稿，因为篇幅太长，有些内容就没有写了，现在已达 13000 字，专门有一节谈改革成果(含历史经验——对当前戏曲

---

① 老蔡：蔡定国，时任广西社会科学院文学所副所长、广西抗战文化研究会副会长。

② 李副部长：李俊康，时任中共广西壮族自治区委员会宣传部副部长。

改革的意义)。

黄绍清同志抗战诗歌概观的修改稿,我昨天收到,似乎仍过长。林志仪先生、苏关鑫先生的大作仍未见,望方便时催一催。陆华柏先生的旧作也拟登载,因为他本人要求。其余的问题,均照您的意见办。您的大作可多收。

余后叙,并颂

安好!

振声

1993.11.10 晨匆笔

魏老:

前两天寄出一信,谅已收到。

直至今天,苏关鑫同志的稿子仍未寄到。怕耽搁出版时间,就不等了。现在把稿子托李海鸣同志带交,请您最后定夺。特别是字数超出预算的40万字,是否还可以再抽出一些?

顺颂

春安!

振声

1994.1.23

魏老:

来信知悉,所见极是。对桂林文化城研究零敲碎打,成不了气候,产生不了大影响,应有意识地抓一些较大课题。所列各项,我以为都很有意义,只是出版经费问题较难解决,影响了大家的积极性。关于出版桂林资料集,我已按您的意见与龙谦同志打了招呼,他很乐意接受。

(抗战胜利)50周年暨学术研讨会,据宣传部的意见,还是在桂林举行为好,时间拟放在九月份。据我了解,现在写论文的还没有几个人。我身体不大好,去年又接受了"桂林文化城大全"戏剧卷的任务,现正在着手搞,他们催得紧,杂事又多,没有办法顾及其他。我想先把那篇序言写出来再说。

会议筹备情况,我会及时了解,互相通气。并颂

大安!

丘振声

1995.5.14

魏老：

来信早收到，迟复，请谅。

我从桂林回来，忙乱不堪，可以说弄得晕头转向。

《文集》(四)，按您的意见办。经费问题，我早就同意您的见解，力争在纪念经费中留下一点钱来出书，可就是得不到理解与支持，会后就苦了我们这些文人，人微言轻，吃尽无趣。不过，还得干下去。多做事，才对得起社会，对得住同行。在这一点，您是我们的楷模，您那种不折不挠的精神使人佩服。我本月中，可能到桂林看戏评戏，到时抽空去与您具体商量。

并颂

安好！

振声

1995.11.4

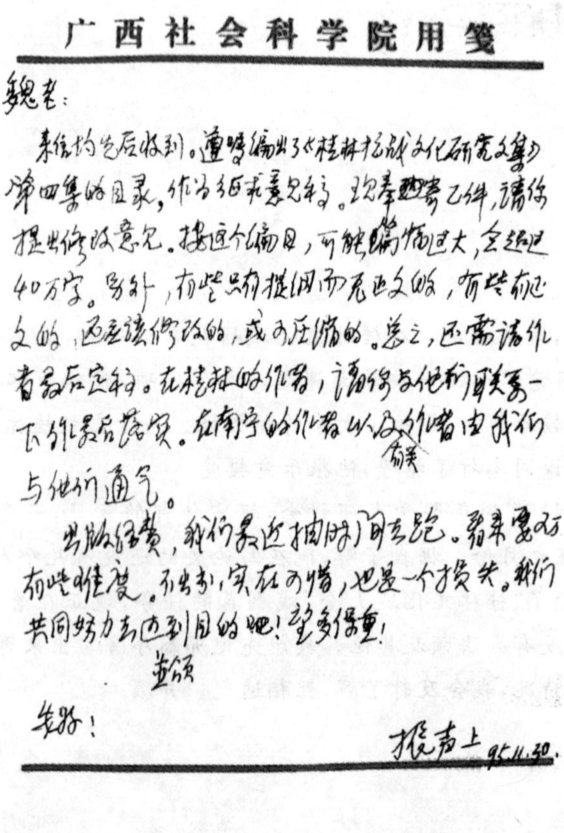

广西社会科学院用笺

魏老：

来信均先后收到。遵嘱编出了《桂林抗战文化研究文集》第四集的目录，作为征求意见稿。现奉寄乙件，请您提出修改意见。按这个编目，可能篇幅过大，会超过40万字。另外，有些只有提纲而无正文的，有些有正文的，还应该修改的，或可压缩的。总之，还需请作者最后定稿。在桂林的作者，请您与他们联系一下，作最后落实。在南宁的作者以及有关作者由我们与他们通气。

出版经费，我们最近抽时间去跑。看来要有些难度。不出书，实在可惜，也是一个损失。我们共同努力去达到目的吧！望多保重！

并颂

安好！

振声上 95.11.30.

魏老：

前后两信均收到，敬悉一切。您的认真负责，执着专心一意的精神，使我深受感动。只要有您这一种专注的劲头，做任何事情都可以成功。

我很同意您的发稿设想。我当在四月份把稿子编好，现仍缺李部长那篇会议小结，他正在写。

筹款，我深感头痛，实在没有太多把握，去年筹备会议时，为了那一万元，争得不亦乐乎，从南宁争到桂林，结果还是被挤掉了。如有进展，即奉告。

顺颂

新春安好！

振声

1996.3.5

魏老：

来信及复印稿收到。

我很同意对金稿（按：指韩·金会峻《关于桂林的"文艺的民族形式"论争》一稿）的这一部分作些技术处理，是否可以保留文中所列的王一樵等人的各章篇目，具体论点略去，把"批判"改成"非议"或"责难"或"不同意"，然后在文末注明，编者对此文做了些删节或技术处理。我想，这样作者也不至于提出意见。另外一种办法是，只删节，不改动，如"批判"等字样保留，具体论点删去。这样，在末尾只说略有删节便可。还有一法，即保留原文，只在文末写一简单说明，表明我们的态度。我认为最后一法是下策，第二法较省事。不知您意下如何？请最后审定。

并颂

夏安

振声

1996.6.4

魏老：

来函敬悉。

会议（按：即广西第三届桂林抗战文化研讨会）方案考虑得很周到，我给李建平等看了，没有什么补充。较难的是经费。本想等申请的经费有了确信后，才给你回信，但左催右催都没有结果。要办成一件事真难啊！你们从筹备到开会时间、地点、主题等的一一落实,可想而知是花了大量的时间与心血的,没有你这位热心人,善于组织工作的行家,是不会这么顺利的。我们衷心感谢你以及参与这个工作的桂林全体同志。

我大病之后,身体一落千丈,加上又有糖尿病,写作以及干工作都心有余而力不足。我想研究会的会长请李建平同志担任较好。他现在是文学所所长,学术上也有建树,为人也好。如果你同意的话,在这次桂林会议上就落实下来。

图书我们尽量多带,这些都是绝版书,对于从事这方面研究与教学工作,是有价值的,长期放在仓库里并不能很好地发挥作用。

其余的事情,见面再叙。

顺颂

安好!

丘振声

1998.10.21

杨益群:"将抗战文化研究作为终极目标"

杨益群,广东澄海人,研究员、作家,曾任广西社会科学院桂林抗战文化研究室主任、深圳市社会科学院文化研究所所长,长期从事文艺理论、抗战文化研究。早在1982年,他任广西社科院院刊《学术论坛》"桂林抗战文化"专栏主编时,我的第一篇研究桂林抗战文化的论文《抗战时期桂林文化城的形成》,就是经杨益群编发的。80年代,我每到南宁开会,都去社科院拜访他,与他谈起桂林抗战文化研究,两人都有许多共同的想法。我的《桂林文化城史话》发稿后,我们曾经研究由两人合作撰写《抗战时期桂林文化城人物志》(暂名),并向广西人民出版社申报了出版选题。不久,杨益群调去深圳,出版社原责任编辑也离开了广西,"人物志"的课题,暂时搁了下来。直到上世纪90年代初,桂林抗战文化研究会成立,在市政协文史资料委员会的支持下,才以《抗战时期文化名人在桂林》为题,重新组稿,在征稿的过程中,杨益群仍然是该书作者的主力。他曾提出要"将抗战文化研究作为终极目标",作为毕生的事业。在当今进行学术研究,本是"坐冷板凳"的工作,而杨益群竟以此作为"终极目标",退休以后,仍然坚持抗战文化研究,辛勤笔耕,令人敬佩!上世纪我俩为桂林抗战文化研究书信往来不断,近些年来,由于通讯的现代化,电话交流增多,彼此

魏华龄与杨益群(右)

写信也就少了。这里摘编几封他的来信,都与桂林抗战文化研究有关,其中有些对我的过誉之词,受之有愧。为保存史料,也原文照录了。

尊敬的魏老:

新年好。

桂林会议[①]归来后,一直很忙,未写信问好。现遵嘱将台湾已故学者、现代文学研究所所长周锦评孙陵的文章寄去。并附两张合影。

您对桂林文化城研究工作所做的卓著贡献,真是大矣!可以毫不夸张地说:如果没有您的号召力和多方设法,桂林文化城的研究工作肯定是要半途而废的。您的名字,将闪烁着光芒载入桂林文化城研究史册,昭示后代!

回来后,遵嘱完成上次参加大会的二篇论文,一是有关孙陵的,另是关于香港、桂林抗战文艺的比较,寄蔡定国转您指正。这是我百忙中赶出来的,望能刊用。

上次见您身体很健康,十分高兴。祝愿您健康长寿,带领大家完成桂林文化城研究大业。祝合家新年快乐!

杨益群

1994.1.10

① 即1993年10月6日在桂林召开的广西首届桂林抗战文化研讨会。

尊敬的魏老：

您好！

《抗战时期桂林美术运动》及《后记》,总算抄好(将解放前的繁体字改写成简体字),挂邮给您,收妥请即复。

说实在的,假如没有您如此热心促成,鼎力相助,在目前杂事缠身的情况下,我根本就没有信心整理此稿。这只有您如此德高望重的热心人才能促使我完成如此繁琐沉重的大工程。桂林文化城研究史上,务必大书特书您的丰功伟绩,您锲而不舍的事业心,是值得我们效仿学习的。桂林抗战文化研究工作,必须凭借您的威望和力量,齐心协力才能有所成就。因此,我衷心祝愿您身体健康,生活愉快！更望您千万勿伏案过劳。毕竟岁月不饶人,有些工作,多让年青人去干,以逸待劳,细水长流。唯此,桂林文化城的研究工作才有希望。

我现在全力以赴,开始《大撤退》(即《抗战时期中国文化人大流亡——湘桂大撤退》一书的写作,又得应付文化研究所的日常工作,故我再也无余力顾及《美术活动》一书,唯全权拜托您处理,万分感激。关于孙陵抗战时期在桂林的活动和创作成果一文,我已托老蔡交您,未知是否收妥。

杨益群

1994.10.15

尊敬的魏老：

新年好！

真抱歉,久未复信问候,望见谅！

最近,我连续看了黑龙江电视台播放的《中国漫画史》,是早几年拍的,对当年知名老漫画家如余所亚、特伟、廖冰兄、丁聪、沈同衡等逐个访问介绍,也再现当年桂林文化城的某些镜头,我深觉宝贵,尤其是像余所亚这样已去世画家,留下了生前的音容笑貌,弥足珍贵！时不再来！因此,我向您提出建议,是否组织一小组,赴全国各地,将目前还健在的当年客桂的文化名人,专访录音录像,保存下来,价值奇高！刻不容缓！希能引起桂林市政府的高度重视。我在广西时,曾与老蔡(定国)合作,对部分文化名人录了音,但远比不上如今的录相好。

近来看了一本《二次大战中对外文化交流》,重庆出版,其中基本没提及桂林。我决定接受您的委托,尽力完成《桂林抗战文化的国际性》一书。

您所领导的研究会，是脚踏实地地搞桂林文化城研究，我愿意一直同您们保持联系。

杨益群

1995.2.10

尊敬的魏老：

新春好！

连收两信，谢谢您的关照！更为您对桂林文化城研究一抓到底的精神所感动！

《抗战时期文化名人在桂林》一书，您老人家仍下决心，我也深感惭愧。记得早在80年代初，您我就曾拟编写《桂林文化城人物志》，已反复交流过意见，拟定了写作体例，确定了名单，但未能如愿，这主要是由于其他写作任务的冲击，更主要是我缺乏您那样的高度责任感所致。

今天由您领头再编写此书，多年的宿愿得以实现，喜出望外。我已积累了较完整的材料。一定在您的带领下，尽力而为，即使再忙，我也会争分夺秒，配合去做，为桂林文化城研究尽绵薄之力。

顺告知，1984年由我主编完成的国家“六五”社科重点项目《司马文森研究资料》(40万字)，“中国现代作家作品研究资料丛书”之一，即将由北京十月文艺出版社出版。

祝

新年合家安乐！

益群

1996.1.25

尊敬的魏老：

您好！

万分感激您对桂林抗战文化研究耗费的心血，没有您出面斡旋，包括我在内的一批有关专著绝不能问世；没有您不厌其烦地组织策划，桂林抗战文化研究决然开不出如此鲜艳的花朵，成为当今中外抗战文化研究的中流砥柱。我在衷心感谢您之余，决心以您为榜样，将抗战文化研究作为终极目标，决不受浮躁的环境和市场经济的猛烈冲击左右。最近我开始学电脑写作，以后又将开通国际联网，及时掌握国外有关抗战文化研究讯息，尽快以较科学的科研手段，争取在有限的余生中多出硕果，以报答您的关爱扶持！

《大撤退》一书，如能在年内出版，较为理想，只好拜托您老多为我过问。再致谢忱！望多珍重！

益群

1999.10.12

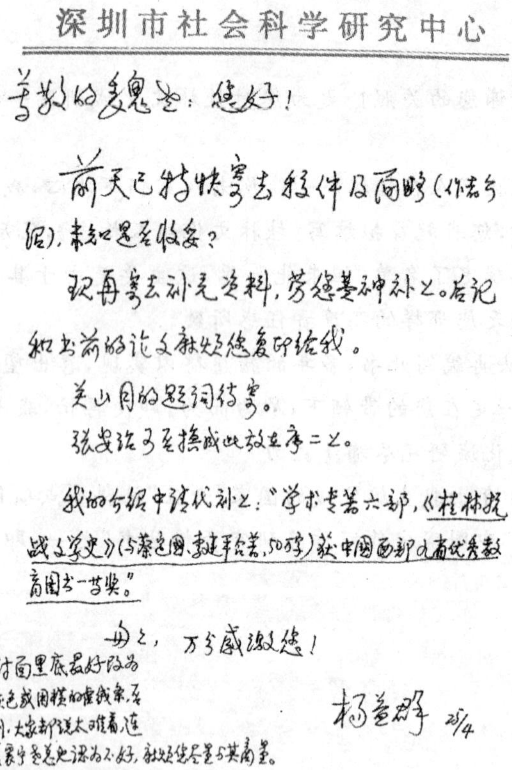
深圳市社会科学研究中心

尊敬的魏老：您好！

前天已特快寄去稿件及简历（作者介绍），未知是否收妥？

现再寄去补充资料，劳您费神补之。后记和书前的论文麻烦您复印给我。

关山月的题词待寄。

张安治可否换成此放在序二之。

我的介绍中请代补之："学术专著六部，《桂林抗战文学史》（与蔡定国、李建平合著，50万字）获中国西部地区优秀教育图书一等奖。"

匆匆，万分感激您！

△封面里底最好改为灰色或用模糊的虚线条，否则，大家都说太难看，连聂震宁总编也说尚不好，麻烦您尽量与其商量。

杨益群 25/4

李建平："将坚持把抗战文化研究做下去"

李建平，广西桂林人，研究员，广西社会科学院文史研究所所长，广西抗战文化研究会会长，长期从事桂林抗战文化研究，著作有《桂林抗战文艺概观》《抗战时期桂林文学活动》《抗战遗踪——广西抗战文化遗产图集》《大地之子的眷恋身影——论端木蕻良的小说艺术》《桂林抗战文学史》(合著)等。自上世纪80年代以来，为了广西和桂林抗战文化的研究工作，我俩长期亲密合作，并肩战斗，20多年了，我也老了，无能为力了，值得欣慰的是抗战文化研究工作后继有人，李建平同志于2007年8月8日给我来信说：他"将坚持把桂林抗战文化研究做下去”。

20多年来,共收到李建平同志来信30多封,都与桂林抗战文化研究有关,现选录几封于下。

魏华龄与李建平(右)

魏老:

王小昆来电话,同意写陆华柏、甄伯蔚二人,另建议增加吴伯超、满谦子、林路三人,您如同意,请直接写信通知他。

刚收到您5月5日来信,我认为叶剑英、李克农可以不收,陈望道、杨枣二人可列入。

顺颂

安好!

李建平

1992.5.9

魏老:

您好!

来信收到了,从寄来的《简报》看,你们已把这本书(按:即《抗战时期桂林文学活动》)列入新编的一套六本资料集中,这很好。

我这本《文学活动》,还有些细节想再斟酌一下,九月份开会再定下来,至迟明年初可以交稿,估计约35万字,望能列入明年出版计划。有您作后盾,我将拼力去干并尽量干好来。

根据您的来信,我和丘振声老师已就研讨会弄了一个补充通知,另给(自治)区党委宣传部起草了一个工作方案,已送去,筹委会名单增补了杨德华和聂玉梅。李俊康副部长说,准备7月中旬请桂林市来一人,开发起单位负责人协调会,具体落实研讨会(按:即"纪念中国人民抗日战争和世界反法西斯战争胜利50周年广西抗战文化研讨会")的具体工作。

祝

身体健康!

又及:丘(振声)老师说向您问好!他不另写信了。

李建平

1995.7.9

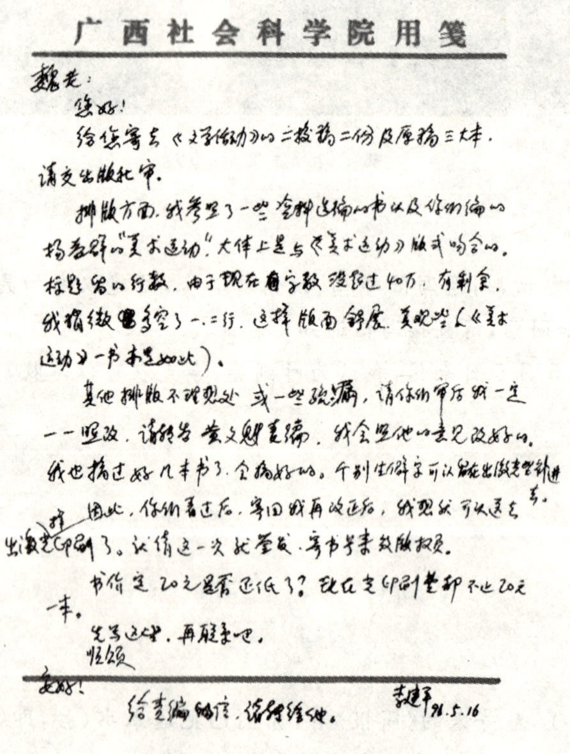
广西社会科学院用笺

魏老:

您好!

给您寄去《文学运动》的二校稿二份及原稿三大本,请交出版社审。

排版方面,我参照了一些丛书选编的书以及你们编的杨益群的"美术运动",大体上是与《美术运动》版式吻合的。标题占的行数,由于现在有字数没超过40万,有剩余,我稍微留多空了一二行,这样版面舒展(美术运动一书亦是如此)。

其他排版不理想处或一些疏漏,请你们审后我一定一一照改,请转告黄文赳主编,我会照他的意见改好的。我也搞过好几本书了,会搞好的。个别生僻字可以留在出微机室时补进去。因此,你们看过后,寄回我再改正后,我想就可以送去出微机室印刷了。以便这一次就签发,寄书号来及版权页。

书价定20元是否还低了?现在光印刷费都不止20元一本。

先写这些,再联系吧。

顺颂

安好!

给黄主编的信,请转给他。

李建平 96.5.16

魏老:

您好!

上月寄来的"编写计划"(按:《抗战时期文化名人在桂林》一书的编写计划)收到后,我又整理了一下,现寄给您最后定。

人物拟了121人，我想可再取消12人，剩109人，到时有些可能写不了，那就剩下约100人。您再斟酌看看有否重要的遗漏。

照片能收到最好，只是担心能不能每人都有，有的人可能空缺。到时看最后收集如何再定吧。

这本《文化名人在桂林》如能定下来，我们就集中精力在1997年里完成吧，我还担心，有的名人材料可能不多，只能写1000～2000字，我想，这也可以吧。如果您同意，我们两人就分头组织约稿。

另给您寄上两份稿件，望收入《文集》第五辑。

祝

健康安好！

李建平

1996.12.8

魏老：

您好！

先后两封信均收到了，27本书（按：指《桂林抗战文化研究文集》（六））也收到。书能印出来，您是第一功臣。我们能把这套书（按：即《桂林抗战文化研究文集》）出到6～7本，也是很不一般的了。

我和老蔡（定国）商量，今年秋冬季节时得开一次学术会暨会员大会，主要内容是第四次广西抗战文化研讨会，九八年开过第三次，到今年已经三年了，大家把论文带来，会后集成《文集》第七集。第二个内容是通过新的理事会，改选会长。我想，您和丘老师担任名誉会长。学术会的主题是“桂林抗战文化与建设有中国特色社会主义文化”。

先写这些，祝

健康！

李建平

2001.4.13

魏老：

您好！

昨天收到您的来信，今天又把您的回忆录《我与桂林抗战文化》读完了，很有感慨,特给您写信。

诚如您信中所说,20 世纪 90 年代桂林抗战文化研究的活动中心在桂林,几次研讨会在桂林召开,6 本论文集在您的主持下出版,还有几本资料集和《抗战时期文化名人在桂林》,都是在您的主持下完成的。您是桂林抗战文化研究"第二阶段"①的旗手和主帅。我的研究,也得到您的很多关心和支持,这是我永志铭记的。

我也将坚持把桂林抗战文化研究做下去,目前重点抓《抗战文化研究》年刊的编辑出版,以此凝聚队伍,汇聚成果,扩大影响。今年 10 月份(将)印出第一本,已受到全国学者的关注。若能坚持做几年,相信会有成效的。

您的书信(按:指抗战时期客桂文化人写给魏华龄的信),是很宝贵的资料,先放您家,我回桂林时去看看,再商量怎样宣传介绍出去,争取在适当时期能汇成一本书信集出版。

健康第一。敬请保重身体,对桂林抗战文化研究工作多做指导。

敬颂

夏祺!

李建平

2007.8.8

黄泽佩:一位潜心研究青年诗人严杰人的学者

黄泽佩,贵州毕节师专(今毕节学院)中文系教授,是一位在教学之余,潜心研究青年诗人严杰人的学者。过去我不认识,自上世纪 90 年代桂林抗战文化研究会成立之后,开始有了往来,我的通讯地址,他是从现代著名诗人彭燕郊那里知道的。自 1996 年初开始,前后近 10 年左右的时间,我先后收到他 50 多封亲笔信,他是我在桂林抗战文化研究活动中,来信最多的一位学者,我也几乎来信必复。他计划用若干年时间写一本《严杰人传》或《严杰人评传》,于是千方百计收集有关严杰人的点滴资料,有关严杰人的一切线索,特别是严杰人生前所发表的作品。他给我的 50 多封信,都是谈严杰人的,要我协助他收集严杰人的作品和有关资料,还谈了不少他研究严杰人的认识和心得。寄来

---

① 我将 20 世纪 80 年代看作桂林抗战文化研究的"第一阶段",其时的旗手和核心人物是著名文艺评论家林焕平。广西抗战文艺研究会 1988 年在桂林市成立,首任会长是林焕平——李建平注。

他研究严杰人的作品，希望我能介绍发表，我也在力所能及的范围内，在《桂林抗战文化研究文集》和《桂林文化名人》中刊用了几篇。他的来信，有些可以作为严杰人研究的重要资料。他对严杰人非常推崇，评价极高。的确，一个20来岁的青年，有如此多的佳作问世，并被誉为“年轻的人民诗人”，实在难得。

严杰人是广西宾阳人，《桂林抗战文学史》称他“以年轻诗人姿态出现在桂林文坛上，也是一位高产的有作为诗人。”可惜英年不永，彗星早殒，年仅24岁，是中国现代诗界的一大损失。对于这样一位有为的青年诗人，广西没有一位学者去研究他，而潜心研究严杰人并要为他写传的却是贵州毕节师专的黄泽佩。因此，我从心底里对黄泽佩深表敬佩，并对他的研究工作予以尽可能的支持。下面，摘编他的部分来信。

魏华龄先生：

您好！

近日收阅彭燕郊先生的来信，遵他所嘱写信向您请教，邮码和地址是他告诉我的。他说您是桂林抗战文化的专家，也有这方面的论著。

我研究桂林抗战文化城培养成长起来的青年诗人严杰人已有两年多，因为所见资料太少，加之能力有限，未能取得多少成果。正式发表的只有两篇小文，不足挂齿。很想继续深入研究他，希望得到您的指教。

去年我写有一篇题为《青年诗人严杰人简论》的论文，在贵州中国现代文学学会召开的第八届年会上宣读，受到省内外专家的好评，贵州文联主办的内刊《今日文坛报》随即刊登了此文的摘要三千字。此摘要我复印了两份，一份寄给黄绍清教授，一份寄给严杰人家人，严杰人家人把它投《广西政协报》发表了（删去一段）。黄绍清教授说我的严杰人研究填补了一项空白。我曾把《简论》的打印稿一份寄给彭燕郊先生请教，他说我的论文很好。都是过誉。我还寄了一份打印稿到香港曾敏之先生处请教，除了肯定之外，他认为稿中关于严杰人的历史、经历有些是讹传，但未具体指出。

现在我把登载内刊《毕节师专学报》上的《简论》复印一份给您，请您不吝赐教，以便我修改后拿去正式发表。

关于严杰人的历史、经历，我是根据杰人家乡新编的《宾阳县志》严杰人条，根据广西人民出版社出版贾植芳主编的《中国现代文学史词典》诗歌卷严杰人条，根据我直接向严杰人村上人、家人调查所得撰写的。您那里有资料可查，请给我核实一次，讹传成分应当剔除，遗漏的当补充，以保证绝对符合历史真实。

彭燕郊先生曾和严杰人共事于《广西日报》，情同手足（彭燕郊先生信上说），他对拙文中关于严杰人历史、经历的部分，并无半点异议。也许是他了解不全面或记不清楚罢。

《宾阳县志》说严杰人发表过小说《油瓶子》，是短篇还是中篇？何时发表于何刊物？他的长篇小说《小鹰》，我也没有见过。这两部小说各自的主要内容是什么？思想艺术如何？请简言告我。严杰人的诗与散文写得很好，当年评论界有何评论？也盼您能告知我一二。

即颂

春禧！

黄泽佩

1996.3.6

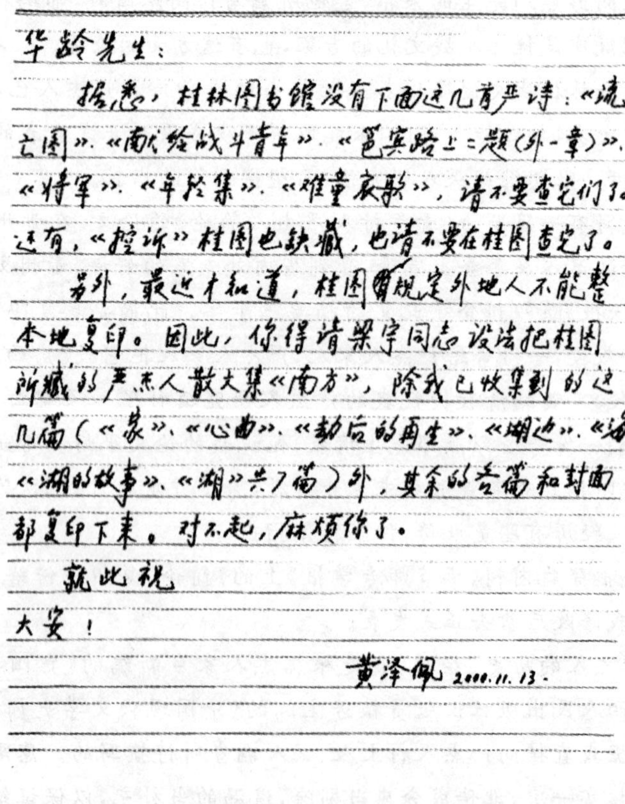

华龄先生：

据悉，桂林图书馆没有下面这几首严诗：《流亡图》、《献给战斗青年》、《邕宾路上二题（外一章）》、《将军》、《年轮集》、《难童哀歌》，请不要查它们了。还有，《控诉》桂图也缺藏，也请不要在桂图查它了。

另外，最近才知道，桂图有规定外地人不能整本地复印。因此，你得请梁宇同志设法把桂图所藏的严杰人散文集《南方》，除我已收集到的这几篇（《家》、《心曲》、《劫后的再生》、《湖边》、《海》、《湖的故事》、《湖》共7篇）外，其余的各篇和封面都复印下来。对不起，麻烦你了。

就此祝

大安！

黄泽佩 2000.11.13.

华龄先生：

您好！

两年多前，我托您到桂林图书馆复印严杰人散文集《南方》的封面、目录和《后记》之后，便托一位熟人的学生（他在广西师大读书）帮助复印《南方》里20多篇散文，看来此学生是靠不住了，两年半过去了，他却没有实践对他老师的允诺。

我现在只有再拜托您帮我复印了。《南方》中的《后记》、《家》、《夜归》、《还乡记》、《昆仑夜色》、《别离歌》这六篇，我有了，其余21篇（组），请都复印下来，花多少费用，请告知。

祝您

福体健康！

黄泽佩

2002.5.28

魏华龄先生：

这是一篇带总结性的严杰人研究的文章。我原本想写一部《严杰人传》，后又想写《严杰人评传》，估计要有12万字左右才能完成，都因受挫没有写下去。后来写了一篇长文《一代神童绝代诗——从严杰人的生平说到他的诗歌代表作》，三万二千多字，先寄给中国青年出版社，想以这篇长文再加上严杰人的诗文选，出一本5万字左右的小册子，结果，以"严杰人不出名"为由退了回来。我又寄给《新文学史料》，退稿信又说："请另作安排"。我又寄给《文艺理论与批评》，退稿信上说："请压缩为一万字以内"。我压缩了两次，还有一万六千字，又寄给它，结果石沉大海。我又压缩又补充，就得这篇带有总结性的文字。这篇只有一万多字的文章，称之为《严杰人传论要略》。成为文化人后，严杰人的行踪和创作，大都和桂林有关涉。我想把它放在《文集》（八）上发表，这样也可以以此文为准，订正以前《文集》上严研文字若干不准确或错误的地方，请审处。（注：该文已收入《文集》（八））

黄泽佩

2002.8.8

华龄先生：

告诉您一个好消息：我在北京《文艺理论与批评》2003年第5期上，发表了题为《不该忘记的革命诗人严杰人》的一篇长文,一万一千多字。该杂志是国家文艺理论类重要核心期刊,国家一级刊物。该文所谈主要是严杰人在桂林文化城的诗创作成就,文中评析的四首诗,都是他在桂林创作并发表的。

在《不该忘记……》一文中,我说严杰人是国际级文学神童,其诗歌创作实绩,有直逼当年诗坛骁将和赶超前贤巨擘的猛锐趋势。今后的文学史著作或诗史著作,应给严杰人写上亮丽的一笔。

此致

敬礼!

黄泽佩

2003.10.1

陈大文:一位80高龄的热心人

陈大文,广西文史研究馆馆员,南宁市第九中学退休教师。十一届三中全会以后,他收集了不少文史资料。后来知道他毕业于广西师专,抗战时期曾在桂林工作和生活,是文化城的见证人之一。《桂林抗战文化研究文集》(1~3)和市政协编印的《桂林抗战文化史料》出版后,我先后寄请陈老提提意见。

1996年7月28日、9月18日,1997年1月27日,我先后收到他三封长信,对《桂林抗战文化研究文集》(一)、(二)、(三)及《桂林抗战文化史料》等四本书的几十篇文章,读后写了一万多字的书面意见。他作为桂林文化城的知情人,不仅阅读认真,所提意见也很中肯,这是我主持桂林抗战文化研究会以来,反馈意见最认真的一位。来信不仅对一些史实做了订正和补充,而且对一些论文的论点也提出了他自己的看法和意见,这是很难得的。为推动桂林抗战文化研究的深入开展和学术交流,我征得陈大文同志的同意,把他给我的三封信,在《桂林抗战文化研究文集》(五)全文发表。

尤为难得的是陈大文已是80高龄的老人,多种疾病缠身,据他来信说,患有严重的冠心病,还有久治不愈的皮肤瘙痒症,兼之胯骨、肩骨麻痛,特别是冠心病发作之后,几次住院。就在这样的情况下,自1992年至2000年底,他先后给我来信达20封,彼此从未晤面,可从书信往来,彼此对抗战文化,对地方文史工作,却有着许多共同心声,而他那晚年对人生的执着追求和乐观精神,尤其令人敬佩。下面,是他1998年8月4日89岁时给我的来信。

广西壮族自治区南宁市住宅建筑公司

华龄副主席：

抗战前在桂林领导或参与学生运动的骨干人物我知道的有：曾诚，当时任师专支书，现在区文史馆离休，但有病，不愿写稿；李殷丹，师专支委，负责学运，但不轻易写文章；陈贞娴，也从事学运工作，但年老体弱，也不轻易写稿；覃桂荣，桂中支书，前天访他，已外出旅游，他爱人说，覃近年已不写作，只审阅外地送来稿件。我看广西大的抗援运动还是就近请砺锋同志写作为宜。砺锋同志还是省学生救国会的宣传部长，关于省学生救国会第二届代表大会的情况我建议由魏之民收集资料，砺锋同志归整理。现寄上《关于广西学生救国会的两次代表会》一文，以供审稿参考。顺颂

撰安！

陈大文 1992.9.6.

地址：民生路117—1号 电话：28733 22370

华龄同志：

7月30日来信收到，谢谢您对我的关怀。

1993年以来，我的冠心病有三次处于病重状态，今年是第三次。3月间，南宁市民革要我为《南宁市民主党派与民主人士》一书写一篇自传，开始时，我每天写200字，写了10天写不下去了，以后由我口述，老伴记录，写完后心肌严重劳损。同过去两次一样，不能看报，不能看电视，写两行字就会胸闷。四、五月间入院治疗，出院后连续吃了十几盒“劳格欣”，现在好得多了，一天可看一版4开报纸，一次可连续写二百字。

我每天除了看报纸外，没有精力再看书刊了，《文集》（五）还来不及看，如果身体继续好转，当先选读几篇，能否再写出书面意见，很难说了，当遵照您的嘱咐，不要勉强，健康第一。魏老，您也快80了，工作量不可过重，珍惜珍惜，保重保重！过10多天我就89周岁了，我希望再活几年，能看到我国国民经济总产值从世界第七位升至第五位。

祝

健康长寿!

陈大文

1998 年 8 月 4 日上午

他最后给我的一封信,是由他口述家人打印的,信中说:

我近年冠心病逐步加重,已到心力衰竭的地步,不能写字,不能读,有时多说几句话,也要吸氧气,现在吃一种“珍奥核酸”的营养品,略有好转,希望能幸运地再度过 2001 年。

在此风烛残年之际,我十分想念老同学、老同志、老朋友和远方的亲人,也十分想念您。

陈大文

2000 年 12 月 15 日于南宁

刘泰隆:“享受到一种罕有的愉悦”

刘泰隆教授

刘泰隆,广西师范大学中文系教授、研究生导师(退休)。历任中国现代文学研究会理事、中国鲁迅研究会理事、广西中国现代文学研究会会长等职,长期从事中国当代文学的教学与鲁迅研究,著有《鲁迅研究概要》(主要执笔)、《论鲁迅思想发展的一贯性》(为全国纪念鲁迅百年诞辰学术讨论会提交的论文)等。1993 年桂林抗战文化研究会成立,他已退休,年近古稀,仍积极参加桂林抗战文化研究的学术活动,十分难得。由于他长期从事中国现代文学教学和对鲁迅有所研究,所以他在桂林抗战文化研究活动中,确定以桂林文化城的鲁迅研究为主攻方向。

为了准备参加广西首届桂林抗战文化研究学术讨论会的论文,他足足花了一个月时间,呆在桂林图书馆里,翻文献,查资料,做笔记。在 1993 年 10 月的学术讨论会上,他提交了一篇题为《重大的贡献,宝贵的经验——略论桂林文化城的鲁迅研究论著》的论文(13000 字),获得好评。同年 11 月,中国鲁迅研究会在广州召开鲁迅研究新领域专题学术讨论会，他将这篇论文提交了大会，并安排在大会上宣读。中国鲁迅研究会副会长兼秘书长陈漱渝研究员、副秘书长张梦阳研究员、《鲁迅研究年刊》主编阎愈新教授等几位鲁迅研究专家发表评论，一致认为这篇论文“是开拓了鲁迅研究地方史新领域和鲁迅研究阶段史新领域的一篇论文。”在讨论中，一致认为当年桂林文化城的鲁迅研究论著称得上是鲁迅研究的一个高峰。一些专家学者希望刘泰隆教授在这篇论文的基础上，再深入一步，扩充内容，写一本《鲁迅研究的历史高峰》的专著。

刘教授从广州回后，同我谈了广州讨论会的盛况，他很激动，我也很高兴。我问他下一步有何打算？对写成一本专著有没有条件？当时，他虽然也感到任务很艰巨，但他同时又考虑自己从事中国现代文学的教学与研究已经40余年，读鲁迅的书和研究鲁迅所花的时间最多，加之收集资料也有一定基础，他认为继续深入研究，写成一本专著是可以的。我作为桂林抗战文化研究会的会长，同刘教授共同商订，把这个重要研究课题确定下来了。从此以后，我每隔几个月都要去看他一次，了解进展情况，有什么困难？同时告诉他，先写好可以单独成篇的，不妨在《桂林抗战文化研究文集》或其他刊物先发表，听听外地学者的意见。在研究和写作的过程中，每有所收获，或有新的发现，他都感到特别高兴，觉得这是他学术生涯中的一种乐趣，一种享受。从他给我的几次来信可以看得出来。

敬爱的魏老：

恭贺新禧，祝您新年更加健康，万事如意！

感谢您莅临茅舍！恰遇外出，殊歉！

拙稿《论桂林文化城的阿Q典型观》自感颇有新意；论述了桂林文化城的阿Q典型观是阿Q问题研究历史长河中的两大源泉，评述了阿Q典型问题研究上几个代表性观点的得失，探寻了阿Q典型问题论争意见分歧的根源，提出了我对阿Q，是什么典型的最新见解。我自信这些都具有相当大的说服力，会得到全国不少同行的赞同。此文本想投给北京的全国性刊物发表。现在在您的努力下，《社会科学家》拟开辟“桂林文化城研究”专栏，为了表示全力支持，愿将此文献给您和专栏，请审阅，多提批评意见，力争改得好些，使专栏收到更好的社会影响！

我现在日夜都在忙写拙著，因此未造府拜年，乞谅！

再祝

新年万福千祥!

刘泰隆

1995.1.9

敬爱的魏老:

您好!

我这次重读邵荃麟《阿Q的死》首先是为得到了学术上的三点发现而可喜:其一,荃麟同志在鲁迅研究史上第一个正确阐述了鲁迅对阿Q这个人物的态度,纠正了周作人论《阿Q正传》欠妥当之处;其二,鲁迅写阿Q的“大团圆”结局不是“太匆促”,而是写得很“细腻”,但作品中的“匆促”也是有的,是表现把总们“对于阿Q之收拾太欠匆促了,”而这恰恰是《阿Q正传》的优点;其三,荃麟同志说,鲁迅写阿Q的死“这不是没有苦心的,因为阿Q的死,究竟不仅是阿Q一个人的悲剧,而且还是中国历史的一个悲剧啊!”含有丰富深刻的历史内容。

但我觉得荃麟此文的更高价值是论述了“阿Q的死说明着什么”等三个问题。对这三个问题,我没有从理论上去作什么阐述,而是着重联系实际谈我的感想。我认为这部分文章是本文的重心所在,有可能对读者产生更好的作用。因此,我对本文似乎比对过去写的同类文章更多一些喜欢。如果我的看法对的话,我希望您将此文介绍给发行量较大的刊物同时刊出。谢谢!

谨颂

福安

刘泰隆

95.3.20

敬爱的魏老:

您好!

《爱国主义:宋云彬抗战杂文的总主题》已经印好,现寄上一份,请抽时间阅一阅,倘有不当之处,请予指正,以便在发出之前订正。

宋云彬对鲁迅的杂文也很有研究,我现在正在撰写的《桂林文化城对鲁迅杂文的总体研究》,出我意料的新意迭出,享受到一种罕有的愉悦。

谨颂

舍安

刘泰隆

1995.8.25

广西师范大学
GUANGXI SHIFAN DAXUE

敬爱的魏老：

您好！

《爱国主义：宋云彬抗战杂文的总主题》已经印好，现寄上一份，请抽时间一阅，倘有不当之处请予指正，以便在发出之前订正。

宋云彬对鲁迅的杂文也很有研究，我现在正在撰写的《桂林文化城对鲁迅杂文的整体研究》出我意料的新意迭出，享受到一种罕有的愉悦。

谨颂

全安！

刘泰隆 拜上 95.8.25

魏老：

您的电话林志仪老师转告我了，谢谢您的关心。

今天将拙作从头再读了一遍，发现在开会前一段时间呈送给您的那份校正稿第4页第3行打字员仍漏了一句，现在呈第二次校正稿一份，以供您作为向《社会科学家》推荐之用。同时请您在第一次校正稿上补上这一句为荷！

顺带告诉您一事，我九月份写好的《略评邵荃麟等论〈阿Q正传〉的主题和思想意义的贡献》，我校学报（广西师范大学学报）今年第四期已发排。

谨颂

道安

刘泰隆

95.10.15

老年人从事学术研究,也不是很顺当的,常有来自各方面的阻力,他在来信中有时也谈到他遇到的一些杂音。

敬爱的魏老:

您好!许久未见,念甚!

老年搞科研,儿女反对,不少好友也频加劝阻,压力是免不了的。写出了东西,社会并无反应,鲁迅曾经喻如置身毫无边际的荒原,认为是寂寞的。上周收到两个来件,有如您一贯给我的鼓舞,有些言辞未免过誉,然而在我这"老牛拖破车"的坎坷道上,实在是一声响亮的呐喊。现在复印寄上,请抽暇一阅,最关心我的科研情况者之一的您,如果也能从中得到一点欣慰,那我寄这封信的目的便达到了。

谨致

敬礼

刘泰隆

95.11.7

刘老甘于寂寞,默默笔耕,力排来自各方面的干扰和阻力,前后共花了五年时光,一本30多万字的《历史的高峰——桂林文化城鲁迅研究精华探索》的学术专著,终于脱稿了。在广西师范大学出版社的支持下,于1998年10月出版。该书公开出版后,获得了国内学术界,特别是鲁迅研究专家的一致好评,张梦阳认为"刘著的最大特点是没有满足于对桂林鲁迅研究高峰的历史描述,而是深入到学术理论的深层次中去,对鲁迅研究中的关键性课题进行了清晰的学术梳理与中肯的理论概括。"据我不完全统计,广西、北京、福建、广东、四川、云南、台北等地学者,先后发表评论20多篇,一致认为《历史的高峰》是"鲁迅研究的新开拓"。

作者简介:

魏华龄,广西抗战文化研究会名誉会长、桂林市政协原副主席,研究方向为桂林抗战文化、桂林地方史。

抗战时期旅桂文化人笔名辑录

魏华龄

[摘要]抗战时期，大批文化人来到桂林。在桂期间，他们写作大量时评、论文和文艺作品，发表时使用了多个笔名。文章叙述旅桂文化人的笔名使用情况，对笔名作考订整理。

[关键词]抗战时期；旅桂文化人；笔名

一、笔名的使用

笔名，是一个作家和文化人的代表符号，是研究一个作家不可缺少的参考资料。

笔名的使用，主要是由于客观的社会原因。抗日战争时期，桂林是国民党统治区，由于图书审查制度严厉以及文网森严，一些共产党人和进步作家发表文章，为了逃过国民党当局的图书审查这一关，往往得用笔名，日子久了，还得经常变换笔名让书审官摸不着头脑，使文章得以发表。由于文网森严，没有言论自由，在抗战后期，杂文兴起，而写杂文的作家笔名特多，如聂绀弩、孟超、秦似等。还有一种情况是由于作家受到政治迫害，如萨空了于 1943 年 5 月在桂林被国民党特务逮捕，关在甲山一座尼姑庵内，由隶属广西省党部调查统计室看管，还有一定程度的活动空间，他在被关押的一年里，先后写了《青年职业修养讲话》《科学的新闻学概论》《由香港到新疆》《科学的艺术概论》，编译了《宣传心理学研究》，节译了《一个民主的斗士——汤・潘恩》等书稿，悄悄把书稿通过探监的亲人带出，托熟悉的出版社出版，并由出版社的朋友预支一点稿费给他的两个女儿上学，在这种情况下，出书不可能署真名，而是用笔名实夫、艾秋飚、秋飚等。当时，还有一些地下党员和进步文化人给国民党主办的报刊写稿，也用笔名；一些解放区作家的作品在国统区的桂林发表，也得改用笔名，不然，就很难躲过国民党的图书审查这一关。

此外,也有不是由于社会原因,而是由于一些作者在同一刊物上发表多篇文章,这样,往往在同一期刊物上同一作者使用多个笔名,如秦似编《野草》,有时为了补缺,往往在同一期刊物上有自己两篇以上文章,最多的一期达6篇(包括译文),不便都署同一名字,因此,除署名秦似以外,不同的笔名也就同时出现了。据初步了解,秦似在桂林报刊上所用笔名达19个之多;还有傅彬然、金仲华在《中学生》上发表文章,也有类似情况,如傅彬然编《中学生》杂志,既要每期为“学习心理讲话”专栏写一篇文章,又要写“卷头言”、“半月时事展望”等专栏,他的笔名就有彬然、秉仁、逸文等。

二、抗战时期桂林文化人笔名辨析

对抗战时期桂林文化人笔名作调查整理和辨析,主要是为从事抗战文化研究者提供方便。所收笔名,以在桂林使用者为限。

一个笔名往往代表一个时代,反映一个人的心态,寄托一个人的愿望、理想和追求,也折射出一个人的修养和情操。如作家马宁,原名黄震村,后来向往革命,遂以马克思、列宁名字中各取一字为笔名;科普作家高士其,原名仕錤,年轻时他有志于“去掉人旁不做官,去掉金旁不要钱”,遂改名为士其,从此,士其成了他的笔名;社会科学家曹伯韩,以柏寒为笔名,一是谐音,二是取其柏树耐寒之意,体现了一个人的风骨;柳亚子以鲁速为笔名,是写《阿Q歪传》时的署名,很明显,这是与鲁迅的《阿Q正传》相对应的;散文作家秦牧以吴瑜为笔名,这是因为秦牧的生母叫吴琼英,继母叫余瑞瑜,秦牧不忘两位母亲的生、养之恩,所以从她们的名字中各取一字合成笔名,以志纪念;此外,还有一些文化人的笔名多系谐音,如张锡昌笔名有张西超、西超,陆华柏的笔名有芦花白、花白,傅彬然的笔名有秉仁等。

这个笔名录,包括了一部分著名艺人的艺名和与文化界有关的一些人的化名,如胡志明给桂林《救亡日报》写稿曾署名平山,范文同、武元甲等在桂林参加“中越文化工作同志会”的活动时曾分别化名为林伯杰和杨怀南。一些著名文化人如茅盾、巴金等,其本身就是笔名,大家都知道,在桂林又未使用过别的笔名,这里就不收入了。

笔名来源,除参考《抗战时期文化名人在桂林》一书外,还包括编者长期从报刊及作家本人或当年战斗在桂林文化城的一些文化界朋友所提供。柳亚子于1944年在桂林曾用笔名鲁速写过一篇小说《阿Q歪传》(发表在桂林出版的《剧声报》上),是柳亚子纪念馆研究员李海珉提供的,很难得,可惜直到现在还没有找到《剧声报》和《阿Q歪传》这篇小说。柳亚子是研究南明史的专家，在桂林写了很多诗，也写杂文，而写小说，这恐怕是他在桂林的唯独一篇了。

由于时间已经过去了半个多世纪，抗战时期桂林文化名人绝大多数已先后离开人世，健在的也多已八九十高龄，有的健康状况不佳，知情的人已越来越少了。在这样的情况下，笔名录已经整理修订过6次，要弄清楚和收全抗战时期桂林文化界所有文化人的笔名，实非易事。编者虽已尽力，但仍难免有误，恳请广大读者提出意见，以便日后补充修订。

三、桂林文化人笔名录

1. 社会科学家

杨　潮：羊枣　易卓
朱克靖：朱笃一　朱竹篠
施存统：施复亮
夏征农：一知　一得　记者　编者
马哲民：一鸥　小鸥君
金仲华：孟如　仲华　经纬　华
曹伯韩：伯韩　柏寒　木白　卑之
张锡昌：张西超　西超　锡昌
傅彬然：彬然　秉仁　逸文
杨承芳：承芳
张先畴：先畴
胡愈之：沙平　愈之
操震球：真求
张铁生：铁生
廖庶谦：廖伯华　庶谦
张尔华：敏思
陈依菲：陈同生
郑公盾：公盾
徐铸成：银丝
邝达芳：邝明
陈　东：陈晃
翁从六：毅夫

蔡北华： 蔡冷枫　冷枫
孙怀琮： 孙汝周
邹韬奋： 韬奋　木旦
胡希明： 奚名　胡希民
樊　康： 樊克昂
靳为霖： 何之　以平
徐寅初： 徐旭　许虚
周可传： 孟平
巨　赞： 如是斋主　育之　毓之　万钧　锱哉　周行
黄波拉： 欧查
邵慎之： 高旅
孙亚明： 亚明
千家驹： 一之
姜椿芳： 贺青
胡志明： 平山
武元甲： 杨怀南
范文同： 林伯杰
黄文欢： 李光华
范　用： 张敏
沈静芷： 沈国良
陈　原： 张琦
叶以群： 以群
王贵滨： 一青　易今　王易今　叶萌　世木
朱执诚： 朱希
诸宝懋： 诸建才
邵公文： 超
杜国庠： 杜守素
汪泽楷： 汪士楷　杜敬斋
宋斐如： 端华
杨贤江： 李浩吾

2. 文学家

聂绀弩： 耳耶　迈斯　肖今度　绀弩　澹台灭暗

宋云彬：　云彬　宋佩韦　佩韦　申公

孟　超：　南宫　林默　林麦　南宫熹　东郭迪吉　迦陵　迪吉

邵荃麟：　荃麟　荃　契若　荃麐

何家英：　丁明

冯培澜：　陈闲

郑拾风：　拾风　时学

林仰山：　林林　林青　蒲剑

夏　衍：　黄坤　黄子布　余伯约　黄似　衍

秦　似：　茹雯　余土根　令狐厚　徐曼　姜一　美罗　曹尚沂
水味　张筑　袁道　辛自　思秩　法那　顾元　碧珊
李炙　吴谪　王砚新　琛

蒋冰之：　冰之　丁玲

柳亚子：　鲁速　亚子　亚庐

叶圣陶：　叶绍钧　圣陶　秉臣　秉丞　孟言

司马文森：林曦　林娜　耶戈

萨空了：　艾秋　艾秋飚　秋飚　实夫

廖沫沙：　易庸

曾敏之：　敏之　寒流　望云　丁淙

林觉夫：　秦牧　觉夫　吴瑜　但珂　史铁儿

陈　凡：　周为

胡仲持：　仲持　宜闲

王鲁彦：　鲁彦

朱荫龙：　朱琴可　琴可　任隆

邢舜田：　林丁

刘　重：　仇重

陆静山：　陆洛

朱录园：　贺宜

钟望阳：　苏苏

梁建兴：　启迪

曾定之：　曾治品

沈西苓：　叶沉　一沉

高　滔：　高天行

高　灏：海蓝　俊
高　汾：汾
鲁　兵：严冰儿
孙师毅：施谊　孙施谊
雷维音：雷蕾
高仕錤：高士其
李宗大：司徒越　鸥外鸥
熊绍琮：司徒华
孔令杰：司徒宗
骆宾基：金羽衣
李育中：李航
黄震村：马宁
陈迩冬：淙峣　中遥　冬郎　皇甫鼎　淙　沈东
陈中宣：钟暄
严杰人：特克　什究　弃市
祝秀侠：佛朗　残月
许觉民：洁民
郭安仁：丽尼
吴奚如：奚如
谭丕模：一泓
严　辰：A. M　厂民
阿　垅：S. M
刘盛亚：S. Y
杲向真：向真
黄诗农：林辰
欧阳文彬：小俞　俞斌　兰茜
端木蕻良：黄叶、罗旋、叶之林、曹坪　丁宁　红莨　荆坪　金咏霓
朱自清：佩弦
冯剑南：甦夫
彭燕郊：陈漾　萧朋
钟惠琼：马兜铃
朱　雯：MONV　玉玟

邹绿芷：绿芷
林默涵：默涵
陈芦荻：芦荻
梅　雨：梅益
王　力：王了一
周　行：吴玙
周钢鸣：江川
李文钊：金刀　西岭　杰伦　啼鹃
徐光霄：戈茅
张　杰：桂生
柳无垢：无垢
袁水拍：马凡陀
王任叔：巴人
邝剑平：华嘉
蒋月淮：蒋路
陈诗永：斯庸　陈斯庸
伍仁超：孟昌　伍孟昌　伍梦窗
郭镛森：谷鸣　郭非洛　郭一民　郭谷铭
方　管：舒芜
伍延秀：苗延秀
林半觉：天晓　白水　觉斋　觉斋主人　钵园居士

3. 艺术家

封季壬：禾子　封禾子　凤子
许之乔：黄旬
田　汉：寿昌　田寿昌
瞿白音：白音
钟昭华：昭华
黄　茅：草予
陈雨田：陈颐模
沈士庄：高庄
周泽航：周千秋
黄新波：新波
余所亚：SOA

张安治： 张帆 雁子 紫
盛特伟： 特伟
叶仲寅： 叶子 仲寅
李 凌： 李绿永 绿永
郭可諏： 薛良 文英 文行 白燕
黄英 赵名 客舟 佚名
袁文殊： 舒非
宋 萍： 宋克君
丁 聪： 小丁
魏如晦： 阿英
刘建庵： 刘乐群
陆华柏： 华 花白 淡秋 华佗 芦花白
甘宗容： 甘露
林 路： 卜斯水 安俛之
熊佛西： 佛西
焦菊隐： 居尹
于 伶： 尤竞
温 涛： Wentao
司徒传： 沙飞
方昭媛： 小飞燕
尹 羲： 小金凤
李慧中： 金小梅
谢玉君： 如意珠
秦志精： 露凝香
王盈秋： 庆丰年

2013年5月15日第6次修订

作者简介：

魏华龄，桂林市政协原副主席，广西抗战文化研究会名誉会长，研究方向为桂林抗战文化。

台湾的抗战文学资料与研究成果

秦　弓

陈香梅著《往事知多少》，时报出版公司，1978年初版。

陈纳德著，陈香梅译《陈纳德将军与中国》，传记文学出版社（出版时间待考）。

谢嘉珍主编《抗战文选》，长桥出版社，1979年初版，含：《芦沟晓月》《漫天烽火》《中原铁流》《战地笛韵》《八方风雨》《黯黯行云》《山城曙色》《凯歌还乡》。

《王集丛自选集》，黎明文化公司，1978年初版。

《刘心皇自选集》，黎明文化公司，1979年初版。

邓文仪著《从军报国记》，正中书局，1979年初版。

《曾虚白自选集》，黎明文化公司，1981年初版。

《赵友培自选集》，黎明文化服务中心基金会，1981年初版。

《子珊行述——方先觉将军哀荣录》，黎明文化事业公司，1984年。

白天霖编著兼发行人《抗日圣战中的衡阳保卫战》，1984年初版。

秦贤次编著《抗战时期文学史料》，文讯丛刊1，文讯月刊杂志社，1987年。目录：自序；抗战时期文学大事记；抗战时期文学期刊目录；抗战时期文学作品目录；增订本书主要参考资料。

李瑞腾编《抗战文学概说》，文讯丛刊2，文讯月刊杂志社，1987年。目录：李瑞腾《序》；上篇　王寿南《抗战时期的文化活动》，王平陵《七年来的抗战文学》，陈纪滢《抗战以前及抗战时期的中国文艺发展概要》，王聿均《抗战时期文学之演变》，刘心皇《抗战时期南方、华北伪组织的文学活动》，纪刚《抗战时期的东北文坛》，叶石涛《战争时期的台湾新文学》；下篇　赵滋蕃《这样的创痛，还要沉默?》，端木野《整理抗战文学》，墨人《抗战文学的整理与再创作》，金剑《从抗战文学说起》，尹雪曼《我对抗战文学再创造的看法》，胡一贯《我思抗战文艺》，李辰冬《抗战时期文艺政策的订立》，钟雷《从抗战文艺谈起》，方向《抗战·木刻与我》，王志健《谈抗战文艺》，陈纪滢《〈抗战文选〉序》，周锦《〈中国的苦难、怒吼、奋斗、胜利〉选辑前言》，姚一苇《现代文学“抗战文学专号”编辑前记》,梁锡华《记巴黎所谓"抗战时期文学研讨会"》,周锦《抗战文学的整理与研究》,联合报《文学的历史不容篡夺——抗战文学的保卫与整理》,青年战士报《抗战文学作品·民族精神火花》。

苏雪林等著《抗战时期文学回忆录》,文讯丛刊3,文讯月刊杂志社,1987年。

黎明文化公司编辑委员会编"抗战文选",黎明文化公司,1987年7月再版。

传记类第一辑:《浩气壮山河》,第二辑:《英风照日月》;

散文类第一辑:《古城的呻吟》,第二辑:《嘉陵江的依恋》;

报导类第一辑:《烽火岁月》,第二辑:《神州鼎沸》;

小说类第一辑:《三千里长江》,第二辑:《故园》。

谢冰莹《抗战日记》,东大图书公司,1988年。

谢冰莹著《冰莹怀旧》,三民书局,1991年。

彭永贞《冼星海与抗战时期的歌咏运动》,台湾师范大学历史研究所硕士论文,1996年。

陈存仁著《烽火下的上海——十里洋场的八年抗战》,时英出版社,2005年版。

刘台平著,陆启东校阅《衡阳保卫战》,时英出版社,2007年版。

"中国知网"《抗战文化研究》发行与传播统计报告(2011年度)

发行地域	用户行业	机构用户总数	学术期刊总库	部分典型用户
中国大陆地区	高校	698	698	高端用户:北京大学、复旦大学、中国人民大学 中端用户:辽宁师范大学、首都师范大学、集美大学 低端用户:湖南文理学院、重庆文理学院、广西艺术学院
	高职院校	594	594	高端用户:北京电子科技职业学院、杭州广播电视大学 中端用户:商丘科技职业学院、大连教育学院 低端用户:保山师范高等专科学校
	公共图书馆	117	117	高端用户:国家图书馆、首都图书馆、天津图书馆 中端用户:贵阳市图书馆、吴江市图书馆 低端用户:北京顺义区图书馆、江苏溧水县图书馆
	党政机关	232	232	高端用户:国务院发展研究中心、北京市人大常委会 中端用户:中华人民共和国北京出入境检验检疫局 低端用户:广东省人民政府发展研究中心办公室
	企业	27	27	高端用户:云南产业投资管理有限公司 中端用户:大公国际资信评估有限公司 低端用户:神华神东电力有限责任公司
	医院	662	662	高端用户:解放军医学图书馆 中端用户:安顺市人民医院
	科研	174	174	高端用户:中国科学院、交通部公路科学研究所 中端用户:山东社会科学院文献信息中心 低端用户:四川博物院、北京市科学技术研究院科研开发处

续表

发行地域		用户行业	机构用户总数	学术期刊总库	部分典型用户
		军队	54	54	高端用户:防化指挥工程学院、国防大学 中端用户:上海航天信息研究所、91388 部队 低端用户:核动力运行研究所、63961 部队
		小计	2558	2558	
海外	中国港、澳、台地区	高校	104	104	高端用户:香港中文大学、台湾辅仁大学 中端用户:台中教育大学、香港浸会大学 低端用户:香港演艺学院、台北市立教育大学
		高职院校	19	19	高端用户:香港中文大学、东华三院社区书院 低端用户:台湾戏曲专科学校
		公共图书馆	10	10	高端用户:台湾教育资料馆、香港公共图书馆 中端用户:台中图书馆
		政府	22	22	高端用户:澳门特别行政区立法会、香港教育署
		企业	6	6	高端用户:香港招商局集团 中端用户:台湾电力股份有限公司综合研究所
		医院	9	9	澳门镜湖医院
		科研	7	7	高端用户:台湾"中央"研究院
	国际	北美	128	128	高端用户:哈佛大学、耶鲁大学、纽约大学、芝加哥大学 中端用户:罗切斯特大学、宾夕法尼亚州立大学 低端用户:俄罗斯国家人文大学
		澳洲	17	17	高端用户:澳大利亚国立大学、墨尔本大学 中端用户:惠灵顿维多利亚大学、格里菲斯大学
		西欧	143	143	高端用户:剑桥大学、牛津大学 中端用户:苏黎世大学、根特大学 低端用户:科隆大学
		韩国	62	62	高端用户:高丽大学、首尔国立大学 中端用户:韩国外国语大学、成均馆大学 低端用户:崇实大学校、淑明女子大学
		日本	48	48	高端用户:日本国会图书馆、东京大学 中端用户:立命馆大学 低端用户:亚细亚大学

续表

发行地域		用户行业	机构用户总数	学术期刊总库	部分典型用户
		东南亚	18	18	高端用户：新加坡国立大学、新加坡国家图书馆 中端用户：拉曼大学
	小计		593	593	
总计			3151	3151	

说明：1. 该表编制单位：中国学术期刊（光盘版）电子杂志社，报告编号：12957。制表人：李学杰，审核人：王艳均，编制时间：2012 年 5 月。

2. 机构用户：订购本产品的机构称为机构用户；学术期刊总库即：《中国学术期刊网络出版总库》之一《中国哲学与人文科学期刊文献总库》（刊号：CN 11-9106/C）。

★作者·编者·读者

我与《抗战文化研究》(第四辑)的故事[①]

刘 俊

2007年我考入广西师范大学历史文化与旅游学院,师从刘小林教授攻读中国近现代史。由于所学专业和研究方向的关系,我平时就注意搜集有关抗战文化的资料——主要是桂林抗战美术方面的资料。经过两年的搜集,手头上关于桂林抗战美术的资料渐渐多起来,同时,我也对桂林抗战美术有了自己的一点浅薄看法。经过一段时间的准备,我撰写了一篇8000多字的论文——《抗战时期桂林的美术讲座略论》,并准备投稿。

投哪呢?那时恰好在广西师范大学图书馆看到了由广西社会科学院文史所所长李建平先生与中国社会科学院张中良先生主编的《抗战文化研究》,而且正好是广西师范大学出版社出版的。当翻到《抗战文化研究》(第三辑)最后一页的"后记"时,我被这样的文字吸引住了:

> 《抗战文化研究》丛刊今后依然是每年编辑一辑,约30万字,当年5月30日截稿,9月30日前由广西师范大学出版社出版,……来稿以8000~10000字为宜,并且按照本刊样式排版。来稿请用电子版,发邮件到:ljp0123456@sina.com。
>
> ……衷心感谢广西师范大学出版社接纳书稿并精心编排出版,尤其感谢社长何林夏和编辑余金慧在出版工作中付出的辛苦。

于是我想:《抗战文化研究》是广西抗战文化研究会与广西社会科学院文史所主持的大型丛书,又由广西师范大学出版社出版,再者,我所写的论文与

---

① 该稿原刊于"广西师范大学图书馆网站"(http://www.library.gxnu.edu.cn/default/second/zheng-wen-details/id/1第2),原题为《作者·编者·出版者——我与《抗战文化研究》(第四辑)的故事》,本刊选登时改为现题。

该刊办刊宗旨及所征稿件的要求符合，这岂不正合孟夫子的“天时地利人和”之意吗？因此，我就抱着试试看的心理，按照《抗战文化研究》(第三辑)“后记”里征稿的要求，对文章进行了一次修改，并按指定的邮箱地址，用 Word 文档把已经写好的那篇文章发了过去。电脑显示的时间是 2009 年 11 月 30 日 21：01(星期一)。

邮件是发出去了，至于文章能不能发表，有没有回音，我就没有考虑那么多了。理由再简单不过了，逻辑也再正常不过了。你想想看，研究生要发表论文，不管到哪里都是要收取版面费的，这已是一个公开的秘密；况且一个研究生撰写的关于抗战美术方面的论文算什么呢？又有谁会在意这只丑小鸭呢？尽管如此，我还是安慰自己说：杳无音信也罢，石沉大海也罢，就当做是一次练笔吧。后来我忙于毕业论文答辩和找工作，把论文投稿的事给忘了。

然而，四个半月后的一天，出人意料的事发生了。由于投简历找工作，我在 2010 年 4 月 17 日晚无意中打开邮箱，发现收到了这样一封邮件：

刘俊先生：

您好！

大作《抗战时期桂林的美术讲座论略》已审，我刊拟发表在第四辑，约今年年底出版。

文章的注释请用页下注，不用尾注。请参考我刊第一辑到第三辑各篇论文的格式。其方法是：将光标设在要注释的文字处，然后选择“插入→引用→脚注”，进入对话框后，选择“位置中的脚注→页面底端、编号格式中的①②③、编号方式中的每页重新编号，最后点击插入”，在页下打上出处的有关文字。

请改好后于 4 月底前发来。

谢谢您对本刊的支持！

《抗战文化研究》 李建平

2010-4-16

我兴奋不已。这是李老师对我的肯定啊！所以我连夜按要求把文章修改好，又发给了李老师，并作如下回复：

尊敬的李老师：

您好！

我是广西师大的学生刘俊,来自“莲花佛国”——九华山。

虽然久闻先生大名,却不见先生模样;但经常拜读先生作品,固能想见先生人格之务实。今日能得到先生的赐教,实乃晚生之幸运!拙作业已按照先生的指教做了修改,不知能否合意?敬请不吝赐教!

由于毕业在即,当第四辑《抗战文化研究》年底付梓时,学生已离开桂林了,所以请求先生将样刊寄到:安徽省池州市第六中学(邮编:247000)。

非常感谢!

最后,祝李老师身体好、工作顺、合家欢!

学生:刘俊

2010年4月17日晚

时间在飞逝,匆匆,太匆匆。2010年7月份,我又收到《抗战文化研究》编辑部发来的函件:

关于签署《授权委托书》的函

刘俊　先生:

为遵守国家《著作权法》,尊重作者的著作权,现根据广西师范大学出版社的要求,请您填写以下《授权委托书》,以便办理《抗战文化研究(2010)》(总第四辑)出版合同事宜,及时出版。请您在8月3日前填好寄至广西南宁市新竹路5号广西社会科学院文史研究所,邮编:530022,联系人:李建平。

如您不便邮寄,也可用电子邮件或手机短信方式将姓名、身份证号、地址、电话号码发至以下邮箱或手机,通知我们代为填写:

电子信箱:ljp0123456@sina.com

手机:13086713457(李建平)

谢谢合作!

《抗战文化研究》编辑部(代章)　主编:李建平

2010年7月27日

……………………………………………………………

授权委托书

兹同意将本人著作《抗战时期桂林的美术讲座论略》收录入李建平、张中良主编的图书《抗战文化研究(2010)》(总第四辑)。全权委托李建平　主编处理与书籍出版相关的所有问题,包括与出版社交涉出版事宜,并且签订出版合同。

委托人姓名(签字):

身份证号:

地址:

电话:

2010 年　　月　　日

出版合同具有法律效力,我不敢怠慢。我认认真真地填好自己的姓名、身份证号、详细联系地址和手机号码,再一次回复给李老师了。事后我心里想,这下是铁板钉钉——稳能在年底前收到样刊和稿费了。

然而,计划不如变化。2010 年 12 月初,一封邮件不期而至:

各位专家学者:

我于 11 月下旬接到出版社通知,称:原定 11 月中旬可以出版的《抗战文化研究》,需送审,得推迟出版。近日我到了桂林,与广西师范大学出版社编辑接洽,得知推迟出版的具体原因是新闻出版署来指示,凡是有关抗日战争的著作出版前均得交省级新闻出版局审查,合格后才发给书号出版。这样,《抗战文化研究》的出版大约要推迟几十天了,请大家淡定平和,耐心等候。

闻此消息有感,作七绝《〈抗战文化研究〉丛刊(第四辑)编定待印有感》一首,附后,请指教:

抗战八年世事艰,
后生继业难安闲。
士人报国唯文墨,
一卷《丛刊》作史笺。

祝安康快乐!

李建平
2010/12/4

看完后我对爱人说:《抗战文化研究》(第四辑)推迟出版,李老师说自治区新闻出版局要审查,叫我们“淡定平和,耐心等待”。爱人看着我有点焦急的表情,安慰道:等呗,生活就是要学会等待嘛,我相信肯定能出版的,你就在家恭候佳音吧,等待可是一门艺术哟。

是啊,等待是一门艺术,等待更是一种心态。我和爱人还有可爱的小女儿在心里等待,期盼广西师范大学出版社能将《抗战文化研究》(第四辑)尽快出版。

功夫不负等待人。当2011年2月的一天,邮递员轻轻地敲响我家防盗门时,我心飞扬。哈哈,盼星星、盼月亮终于盼到这一天啦!原来是《抗战文化研究》编辑部邮寄来的一张400元的稿费通知单。接过汇款单的同时,我怀疑地质问邮递员:还有书呢?邮递员傻了:什么书啊,没有啊,哦——那——书估计要迟一点到。

不错,《抗战文化研究》(第四辑)样刊是迟一点收到的。拆开那由于长途运转以至于有点破损了的牛皮纸,一阵久违的墨香扑鼻而来,两本装帧精致、古色古香、沉甸甸、厚实实的《抗战文化研究》(第四辑)在眼前一亮。我激动地打开目录,迅速地找到自己的文章、名字、页码:《抗战时期桂林的美术讲座略论》 刘俊/216,然后,从封面开始一页一页地看将起来……

作者简介:

刘俊,广州白云广附实验学校教师,中学一级教师,研究方向为抗战文化和中学历史教学。

★ 资　讯

电视纪录片《方舟——桂林抗战文化城记事》在国际电影电视节获奖

曾　祁

2012年5月10日，由广西抗战文化研究会参与策划、该会专家担任主要撰稿、广西电视台和中央电视台联合制作的5集电视纪录片《方舟——桂林抗战文化城记事》在乌克兰“我们共同的胜利”国际电影电视节上获优秀节目奖。“我们共同的胜利”国际电影电视节由欧亚广播电视学会举办，从2005年开始，主要以反映抗击法西斯题材的电影、电视纪录片和广播节目为参评对象，分“不能忘记”、“黑海波浪”、“兄弟情谊”、“没有恐怖主义的战争”等评比单元。这次评奖有来自中国、法国、俄罗斯等16个国家近百部作品参评，《方舟——桂林抗战文化城记事》获“兄弟情谊”单元优秀奖。《方舟——桂林抗战文化城记事》2011年12月27日—31日在广西电视台首播，2013年9月13日—15日在中央电视台纪录片频道(9频道)黄金时间(20:00—20:30)播出精编版(3集)。《方舟——桂林抗战文化城记事》是一部关于中国抗战文化的大型历史纪录片，分为《文化集结号》《最后的阵地》《永远的国殇》《希望的山河》《壮志桂林城》五集，每集30分钟。该纪录片以宏大历史事件为背景，用真实的材料和感人的细节，为观众还原了上个世纪三四十年代发生在桂林的文化抗战历史。桂林是抗战时期的大后方，由于当时政治相对宽松，交通比较便利，许多爱国志士选择到此地坚守自己的政治理念。据统计，当时在桂林常住或短居的文人、学者多达1000多人，著名的有200多人，他们创作了大量的戏剧、音乐和文学等各种艺术作品，宣扬抗日精神，唤起民族觉醒，成为中华文明得以保存的“诺亚方舟”。为尽可能还原真实的历史史实，摄制组先后三次到桂林拍摄历史遗迹，详细采访亲历者和专家；同时，通过各种途径从台湾、日本、新加坡等地收集了许多珍贵影像资料，数易其稿，才完成此片，播出后，收到广泛关注。

后　记

《抗战文化研究》第七辑又编定送交广西师范大学出版社了。本辑文章共31篇同样来自全国各省,稿源分布情况是:北京(4篇)、四川(3篇)、江苏(4篇)、重庆(2篇)、广东(2篇)、湖北(2篇)、云南(2篇)、安徽(1篇)、广西(9篇)9个省、市、自治区和中国社会科学院(2篇),还有一篇来自台湾学者。本辑中的论文均为首次公开发表,有的是国家社科基金项目和教育部课题。本辑文章保持了选题新、内容丰、新见多、议论深的特点。其中,《中国共产党的非权力性影响力创造桂林抗战文化城——中国共产党对桂林抗战文化城非权力性影响研究之一》《史书写遭遇文学记忆——以从文80载的抗战期沦陷区女作家梅娘为例》《论〈讲话〉与〈我们所需要的文艺政策〉之异同》等阐述新见,启迪学术思考;《抗战时期的军歌及其文化价值》《抗战时期重庆马克思主义史学发展成就述论》等总结抗战文化成就,评价其价值及文化史意义;《方龄贵的旅行散文和抗战小说》《简论滇缅抗战背景下的西南旅行记》《抗战文学与1936年绥远抗战》《抗战大后方民歌民谣专题文献调研情况概述》《向培良抗战时期在桂林的抗日宣传活动》等提供新的发现,并作精当分析或专题整理,有助于学术研究的深化。几篇有关桂林抗战艺术与艺术家活动的论文,能使学界对抗战时期被称作"文化城"的这一区域文化现象有较充分的了解和一定的理性认识。"研究档案库"继续刊载中国学术期刊(光盘版)电子杂志社编制的《"中国知网"〈抗战文化研究〉发行与传播统计报告》,对比第六辑刊登的上一年度的发行情况可知,《抗战文化研究》电子版发行数又有增加,上升到3151份。

衷心感谢广西师范大学出版社接纳书稿并精心编排出版,尤其要感谢责任编辑邹旭勇在出版工作中付出的辛劳。广西社会科学院资助出版,在此致以深挚谢意。衷心感谢阅读和关心本书的各位读者,欢迎来函来电指导。联系方式详见《征稿启事》。

编　者

2013年7月15日

征稿启事

《抗战文化研究》丛刊以抢救和保存中国抗战文化和世界反法西斯文化遗产，弘扬抗战精神，促进中国抗日战争史、世界反法西斯战争史学科建设和当代先进文化建设为宗旨，反映和研究中国抗日战争（1931～1945年）和二战时期中国大陆、港澳台地区和东亚各国的文化史实、文化艺术成果、文化运动和文化思想流变，汇集今人的学术成果，尤其欢迎有关中国各地和东亚各国抗战文化遗产调查抢救开发的调研报告。

《抗战文化研究》每年出版一辑，当年5月31日截稿，广西师范大学出版社10月出版。主要栏目有：历史当代性（抗日战争与当代中国研究）；思潮与运动（有关爱国抗战思潮和抗战文艺、文化运动的研究）；人物研究（有关抗战人物思想事迹和作家作品的研究）；文本论析（作品分析研究）；抗战艺术研究（对抗战时期戏剧、美术、音乐、舞蹈、电影等艺术活动及其创作的专题研究）；文化遗产保护与开发（"二战"和抗战文化遗产的现状调查及其保护开发研究）；书评与史料（研究新著评介和文本、档案、图片、手迹的发现）；研究档案库（学术会议综述、研究机构介绍、学术信息汇编等）。

来稿以8000～10000字为宜，文章请按学术论文规范格式行文，包括以下要素：文章标题、作者姓名、摘要、关键词、基金项目、作者简介、正文、注释、参考文献、联系地址和电话。会议综述、书评等非论文不需摘要和关键词。文章请用word软件排版，注释请用脚注（页下注）①。文稿、照片均请用E-mail发到主编邮箱：ljp0123456@sina.com。发表后酌付薄酬。

编辑部地址、电话：中国广西自治区南宁市新竹路5号广西社会科学院文史研究所；邮编：530022；电话：0771－5865620（办）。

① word软件的脚注（页下注）步骤是：将光标设在要注释的文字处，然后选择"插入→引用→脚注"，进入对话框后，选择"位置中的脚注→页面底端、编号格式中的①②③、编号方式中的每页重新编号"，最后点击"插入"。

关于稿费支付的声明

为适应我国信息化建设，扩大知识信息交流渠道，《抗战文化研究》已送中国学术期刊（光盘版）电子杂志社“中国知网”CNKI全文数据库收录，其作者文章著作权网络使用费与纸质版稿酬由广西抗战文化研究会一次性给付。凡作者向《抗战文化研究》提交文章予以发表之行为即视为同意我社上述声明。如作者不同意文章被收录，请在来稿时声明，编委会将做适当处理。